GILLES VILLENEUVE

Couverture
- Conception graphique:
  Katherine Sapon
- Illustration:
  Arti Grafiche Ricordi S.p.A.
  EDIZIONI BEATRICE D'ESTÉ

DISTRIBUTEURS EXCLUSIFS:

- Pour le Canada:
  AGENCE DE DISTRIBUTION POPULAIRE INC.*
  955, rue Amherst, Montréal H2L 3K4 (tél.: 514-523-1182)
  Télécopieur: (514) 521-4434
  * Filiale de Sogides Ltée

- Pour la France et l'Afrique:
  INTER FORUM
  13, rue de la Glacière, 75013 Paris (tél.: (1) 43-37-11-80)
  Télécopieur: 43-31-88-15

- Pour la Belgique, le Portugal et les pays de l'Est:
  S. A. VANDER
  Avenue des Volontaires, 321, 1150 Bruxelles
  (tél.: (32-2) 762.98.04)
  Télécopieur: (2) 762-06.62

- Pour la Suisse:
  TRANSAT S.A.
  Route des Jeunes, 19, C.P. 125, 1211 Genève 26
  (tél.: (22) 42.77.40)

Gerald Donaldson
GILLES VILLENEUVE

**Traduit de l'anglais
par Jean-Pierre Quijano**

LES EDITIONS DE L'HOMME

Données de catalogage avant publication (Canada)

Donaldson, Gerald

  Gilles Villeneuve

  Traduction de: Gilles Villeneuve.

  ISBN 2-7619-0834-1

  1. Villeneuve, Gilles, 1950-1982.   2. Coureurs automobiles —
Québec (Province) — Biographies.   1. Titre.

GV1032.V54D6614   1989   796.7'2'0924   C89-096422-X

Édition originale: *Gilles Villeneuve*
McClelland and Stewart Inc.
(ISBN 0-7710-2846-6)
© 1989, Gérald Donaldson

© 1989, Les Éditions de l'Homme
Division de Sogides Ltée
Pour la traduction française

Tous droits réservés

Bibliothèque nationale du Québec
Dépôt légal — 3ᵉ trimestre 1989

ISBN 2-7619-0834-1

REMERCIEMENTS

Si je n'ai cessé de suivre pas à pas la carrière de Gilles Villeneuve, depuis sa première course de Formule I jusqu'à la dernière, il m'aurait cependant été impossible d'écrire ce livre sans la collaboration de tous ceux qui ont bien voulu m'aider dans mes recherches. Leur nom est souvent mentionné dans ce texte, mais je souhaite cependant rendre un hommage particulier à plusieurs d'entre eux.

Tout d'abord, je désire remercier de tout cœur Gaston Parent et Johanne Villeneuve. Sans eux, cet ouvrage n'aurait pu voir le jour.

Parmi les nombreuses autres personnes interviewées, je me fais un devoir de remercier tout particulièrement John Lane, Jody Scheckter et Ray Wardell qui se sont mis en quatre pour m'être utiles. René Arnoux, Mauro Forghieri, Kris Harrison, John Hogan, Marco Piccinini, Keke Rosberg, Antonio Tomaini, Brenda Vernor et Jacques Villeneuve m'ont tous généreusement donné de leur temps.

Dans le monde du journalisme sportif, je souhaite remercier tout particulièrement Len Coates qui a mis à ma disposition la documentation réunie pour un livre qu'il comptait écrire avec Gilles. Un grand merci également à Nigel Roebuck qui a bien voulu partager avec moi ses souvenirs de son bon ami Gilles.

D'autres journalistes m'ont communiqué des renseignements précieux. On me permettra de citer Pino Allievi, Derick Allsop, Didier Braillon, John Blunsden, Alan Brinton, Jabby Crombac, Mike Doodson, Maurice Hamilton, Alan Henry, Jeff

Hutchinson, Innes Ireland, Denis Jenkinson, Gordon Kirby, Franco Lini, Bob MacGregor, Jean-Louis Moncey, David Phipps, Giorgio Piola, Johnny Rives, Patrick Stephenson, Rob Walker, Peter Windsor et Eoin Young. Merci enfin aux photographes dont les photos illustrent cet ouvrage.

J'ai également une dette de reconnaissance envers les personnes suivantes qui m'ont aidé à un titre ou à un autre: Maria Bergamin (Alitalia), Philippe Belay, Harry Calton (Ford Angleterre), Peter Dick, Giuseppe Giraudi (Fiat), M. Gozzi (Ferrari), Yvonne Horwitz, Laurence Kimber (*CBC Sportsweekend*), Elizabeth Lane, Judy Lester-Stephenson, Sheila Piper, Dan Proudfoot et F. David Stone. Une mention toute spéciale pour Richard Tallman qui a revu mon manuscrit. Enfin, je suis tout particulièrement redevable à mon éditeur anglais, McClelland and Stewart, qui a eu l'idée de ce livre.

Pour le déroulement et le résultat des courses, j'ai essentiellement consulté *Autosport,* dirigé par Quentin Spurring, et les éditions annuelles d'*Autocourse,* publiées sous la direction de Maurice Hamilton. Parmi les autres publications consultées ou citées, je signalerai notamment: *The Champions of Formula 1* de Keith Botsford; *Ferrari's Drivers* de Michele Fenu; *Formula Villeneuve,* vidéo réalisé par Yves Hébert; *The Globe and Mail; Grand Prix* de David Hodges, Doug Nye et Nigel Roebuck; *The Grand Prix Drivers,* textes de Maurice Hamilton, Alan Henry, Denis Jenkinson et Nigel Roebuck, présentés par Steve Small; *Grand Prix Greats* de Nigel Roebuck; *Grand Prix International; The Grand Prix of Canada* de Gerald Donaldson; *Gilles Villeneuve* d'Alan Henry; *Gilles Villeneuve* de Nestore Morosini; *Gilles Vivo* de Cesare De Agostini; *Keke* de Keke Rosberg et Keith Botsford; *La Cometa Gilles* d'Enzo Russo; *Le Dernier Virage* de Christian Tortora; *Marlboro Grand Prix Guide* de Jacques Deschenaux et Werner Haefliger; *Motor Sport; Road and Track; SCCA Media Guide; To Hell And Back* de Niki Lauda et Herbert Volker; le *Toronto Star*; et, enfin, *Villeneuve* d'Allan de la Plante, Pierre Lecours et Linda Press Fisher.

Gerald Donaldson
Toronto, Canada
Février 1989

PROLOGUE

Samedi, 8 mai 1982
Zolder, Belgique

Un ciel maussade pèse sur les forêts de pins des Ardennes belges. 13 h 52. Encore huit minutes, et les derniers essais de qualification du Grand Prix de Belgique vont prendre fin. Il a plu dans la matinée, mais la piste est sèche malgré la grisaille. Les pilotes tentent encore d'améliorer leur position de départ pour la course du lendemain.

Aucun n'y met plus de cœur que le Québécois de la Ferrari rouge numéro 27. Il arrive pleins gaz sur la chicane et disparaît derrière une colline qui masque Terlamenbocht, l'un des virages les plus difficiles du circuit de Zolder. Ce sera son dernier tour de piste.

Tout à coup, le vrombissement des moteurs s'éteint. Un silence étrange se répand comme une tache d'huile sur le circuit de 4 260 mètres. Inquiets, les spectateurs se parlent à voix basse. Enfin, une voix stridente sort des haut-parleurs: un accident, un terrible accident, une Ferrari...

Quelques instants plus tard, les secouristes découvrent une scène effroyable au virage de Terlamenbocht. Sur près de 200 mètres, le circuit est jonché de débris. Au milieu de la piste gît le châssis de la Ferrari, complètement détruit. Une seule roue, la roue arrière droite, y est encore attachée. Plus aucune trace de la carrosserie. Tout l'avant de la voiture est cisaillé au niveau du siège du pilote.

Plus loin, au milieu des fils de fer enchevêtrés du filet de sécurité, à l'extérieur du virage, les commissaires de piste sont restés figés. Ils se reprennent très vite, dressent un rideau de bâches pour tenir les curieux à distance. Peine perdue. La foule accourt de partout et, avec l'aide de policiers armés de matraques, il leur faut repousser les curieux de force.

À 14 h 03, les haut-parleurs annoncent qu'on transporte Gilles Villeneuve à l'hôpital, en hélicoptère. Peu après, les organisateurs de la course diffusent un autre message laconique, en flamand et en français, les deux langues officielles de la Belgique, puis en anglais: «La roue avant gauche de la voiture numéro 27 a heurté la roue arrière droite de la voiture numéro 17. La voiture numéro 27 a fait un bond de plusieurs mètres. Le pilote a été éjecté de son siège dans les filets de sécurité. Il est très grièvement blessé.»

L'équipe Ferrari ferme déjà les portes de son stand. Dans les autres écuries, c'est la consternation. Regards muets, inquiets. Quelques conversations, à voix très basse. Reprise de l'accident sur les moniteurs de télévision. Certains pleurent sans honte, comme plusieurs pilotes qui se sont arrêtés sur les lieux de l'accident.

Les essais reprennent, pour huit minutes encore. Mais six voitures seulement repartent pour faire quelques tours. Le cœur n'y est plus. Les équipes rangent leur matériel pour la journée. Ferrari est déjà en train de charger tout son équipement à bord de ses camions, jusqu'aux tôles tordues de ce qui a été la voiture numéro 27. La caravane va repartir dans quelques heures pour l'Italie.

Dans la salle de presse de Zolder, les journalistes du monde entier envoient dépêches sur dépêches, au fur et à mesure que les nouvelles arrivent de l'hôpital. À 17 h 40, on annonce officiellement que Gilles Villeneuve est dans le coma et qu'il a subi une grave blessure à la nuque. Le bulbe rachidien est atteint. Ses fonctions vitales sont maintenues par des moyens artificiels.

Puis un dernier bulletin arrive de l'hôpital universitaire Saint-Raphaël de Louvain: «Gilles Villeneuve est décédé à 21 h 12.»

Les membres de la presse internationale envoient leur dernière dépêche. Plusieurs journalistes pleurent. Une voix, celle d'un Brésilien qui a pourtant une longue carrière de chroniqueur sportif derrière lui, s'élève quelque part: «Vous savez, mon plus grand regret aujourd'hui, c'est de n'avoir pratiquement pas connu Gilles. Je ne pouvais rien y faire. Il m'impressionnait tellement que j'osais à peine lui parler...»

I

LES DÉBUTS: 1950 — 1974

1   *Il faisait beau, c'était l'été. Il n'y avait personne... alors*
     mon père m'a laissé le volant. Quelle expérience !
                                                        Gilles Villeneuve

Joseph Gilles Henri Villeneuve n'est pas né le 18 janvier 1952, comme l'indiquent la plupart des ouvrages de référence. En réalité, il était plus âgé de deux ans, mais il avait décidé de le cacher, convaincu que son âge réel aurait pu le gêner dans sa carrière. Venu relativement tard à la course automobile, après des débuts qui n'avaient rien eu d'exceptionnel, Gilles Villeneuve croyait avoir besoin d'un peu plus de temps pour bâtir sa légende.

Son père, Séville, était accordeur de pianos itinérant. Séville Villeneuve avait perdu son père tout jeune et il avait abandonné l'école très tôt pour gagner sa vie comme homme à tout faire. Encore adolescent, il avait été recueilli par un couple sans enfants, les Montagne, qu'il finit par considérer comme ses parents adoptifs. M. Montagne, accordeur de pianos, découvrit un jour que Séville avait l'oreille musicale et, pendant des années, tous les deux voyagèrent aux quatre coins du Québec pour offrir leurs services.

Séville avait vingt-trois ans lorsqu'il épousa Georgette Coupal, dont la famille était propriétaire d'une petite entreprise de construction. Leur mariage fut célébré le 21 juin 1947 à Chambly, ville natale de Georgette, au bord du Richelieu, à une trentaine de kilomètres à l'est de Montréal. Pendant plusieurs années, ils vécurent juste de l'autre côté de la rivière, à Richelieu. Et c'est le 15 janvier 1950, à six heures du matin, que Georgette donna naissance à Gilles, à l'hôpital de Saint-Jean-sur-Richelieu. Encore trois ans, et la famille serait complète avec la naissance d'un petit frère, Jacques, né le 4 novembre 1953.

Les Villeneuve formaient une famille unie, même si Georgette et les garçons devaient souvent rester seuls pendant des semaines, quand Séville partait pour accorder ses pianos à des centaines de kilomètres de là, parfois jusqu'en Gaspésie. Celui-ci ne gagnait pas beaucoup d'argent, mais Georgette était une bonne mère et une bonne maîtresse de maison. Et la famille était heureuse. Le petit Gilles se passionnait pour tout ce qui touchait à la mécanique, avec une préférence marquée pour le matériel de construction de ses oncles. Bulldozers et camions furent très tôt ses jouets favoris. Mais il fallait qu'ils soient comme les vrais, qu'ils possèdent exactement le même nombre de roues et d'essieux que les vrais, sinon il refusait de jouer avec eux. Sa grande passion était de démonter et de remonter un mécanisme, même très complexe. Séville lui avait fait un carré de sable dans la cour où Gilles s'amusait pendant des heures d'affilée à construire laborieusement des routes et des ponts miniatures. Et puis, le circuit enfin terminé, il poussait ses jouets à toute allure dans les virages, en imitant les hurlements d'un moteur tournant à plein régime.

Tranquille mais aventureux, le petit garçon donna sans tarder la preuve de son courage et de sa détermination. Très tôt, trop tôt, il demanda à son père de retirer les deux roulettes de son premier petit vélo... et tomba aussitôt. Mais Gilles n'allait pas se décourager pour autant et, après quelques chutes, il maîtrisa bientôt la technique du déplacement sur deux roues. En 1955, il entrait à l'école où ses progrès furent rapides et faciles. Il prenait ses études très au sérieux

14

et, même si ses parents ne l'y poussaient pas vraiment, il était persuadé qu'il lui fallait toujours être le meilleur. Si par mésaventure il n'était pas le premier de sa classe, on le voyait rentrer chez lui à toutes jambes, en pleurs.

Ce n'était pas véritablement un enfant précoce, mais il était éveillé pour son âge. Un peu solitaire, il avait un esprit de compétition qu'ignoraient encore la plupart de ses camarades. Ses compagnons de jeu étaient souvent plus âgés que lui et il appréciait d'être ainsi poussé à faire de son mieux pour les suivre. Peut-être est-ce de ces camaraderies que lui vint son esprit de persévérance. Toujours est-il que rien ne lui faisait plus plaisir que de se mesurer avec un camarade plus rapide que lui, que de se rapprocher un peu plus de lui chaque fois qu'ils couraient ensemble.

Ce petit garçon avait des exigences inhabituelles dans les objectifs qu'il se fixait et semblait être perpétuellement à la recherche d'un domaine dans lequel il puisse exceller. Le piano, par exemple. Il y en eut toujours un chez les Villeneuve et, avec l'aide de son père, Gilles apprit très vite à faire courir ses doigts sur le clavier. Enchanté par ce succès, il décida alors qu'il deviendrait musicien professionnel et se mit en tête d'apprendre à jouer de la trompette. Jeux et devoirs durent céder le pas à cette nouvelle passion. Résolu à maîtriser son instrument, il s'exerçait cinq ou six heures par jour et finit par devenir un fort bon trompettiste. Et lorsqu'il abandonna la trompette quelques années plus tard, c'était, disait-il, parce que sa lèvre supérieure avait changé de forme et que jouer lui faisait mal à la bouche. En fait, Gilles était perfectionniste. Et il n'est pas impossible qu'il ait plutôt abandonné son instrument quand il comprit qu'il n'atteindrait jamais la virtuosité.

Gilles avait huit ans quand sa famille déménagea à Berthierville où habitaient les Montagne. C'est là, à environ soixante-dix kilomètres au nord-est de Montréal, au bord d'un paisible affluent du Saint-Laurent, que Gilles passa les années qui allaient forger son avenir. Berthierville — ou plutôt Berthier comme on a souvent coutume de l'appeler —, blottie au milieu de riches terres agricoles, est une petite ville tranquille d'environ quatre mille habitants; le genre d'endroit où l'on vous regarde avec un peu de curiosité si vous n'êtes pas du coin. Les maisons de bois, peintes de couleurs vives, somnolent à l'ombre de la grande église Sainte-Geneviève.

Les Villeneuve s'installèrent dans une vieille maison de ferme, à la sortie de la ville. Séville commença aussitôt à la rénover pour le plus grand bonheur de Gilles qui l'aidait de son mieux, armé d'un marteau et d'une poignée de clous. Avec les années, il avait perdu le goût des bancs d'école et leur préférait de loin l'activité physique. Pourtant, ses parents l'inscrivirent au séminaire de Joliette. Devenu pensionnaire, Gilles ne rentrait plus chez lui que pour les week-ends et les vacances, même si Joliette n'était qu'à vingt-cinq kilomètres. Cette expérience lui laissa un mauvais souvenir, car Gilles détestait cordialement la discipline du pensionnat — et plus encore la nourriture du réfectoire.

«J'avais horreur du séminaire. Je détestais que tout le monde doive courir se mettre en rangs quand sonnait la cloche des repas. Je détestais l'idée d'attendre en rangs, encore plus l'idée d'attendre en rangs pour manger cette nourriture infecte, dégoûtante, immangeable.» Avec sa débrouillardise habituelle et son esprit d'indépendance, Gilles remédia à ce dernier désagrément en introduisant en cachette des provisions sorties tout droit de la cuisine de Georgette, le plus souvent des gâteaux et des pots de beurre d'arachide. Il dira plus tard qu'il se contentait d'un repas par jour, le petit déjeuner: il cachait son précieux beurre d'arachide sous la table et, dès que les frères avaient les yeux tournés, en étalait subrepticement une épaisse couche sur ses tartines. Mais de retour chez lui, il se rattrapait grâce à la cuisine de sa mère. «Même à cette époque, j'étais difficile. Je voulais bien manger de la viande, surtout des hamburgers, et aussi du poulet avec des pommes de terre. Mais pas question de fruits, de légumes ou de poisson. Je devais rendre ma mère complètement folle. Le plus étrange, c'est que je n'étais jamais malade.»

L'explication réside peut-être dans son amour du grand air et de l'exercice. L'été, lui et ses camarades pédalaient

16

à toute vitesse dans les rues de Berthier ou jouaient à cache-cache dans les champs quand le foin était haut. L'hiver, ils se faisaient une patinoire sur la rivière gelée et «cognaient la rondelle» ou dévalaient les collines enneigées, assis sur des cartons. Gilles tirait le meilleur parti possible du climat rigoureux de cette région du monde où l'on dit que l'année compte dix mois d'hiver, plus deux mois pendant lesquels la traîne sauvage glisse quand même un peu moins bien. Son plus grand plaisir était de s'emmitoufler et de courir dehors en pleine tempête de neige. «J'adorais les tempêtes de neige. Il y avait toujours une voiture à pousser, un banc de neige à défoncer pour aller chez mes grands-parents. Passer à travers, aller quelque part quand on vous disait que c'était impossible, c'est ce que j'adorais.»

Un temps, la musique l'aida à tromper l'ennui et la monotonie du collège. Gilles étudia la musique classique et joua de la trompette dans la fanfare du séminaire de Joliette. À ses moments perdus, il jouait aussi du jazz et faisait parfois fonction de disc-jockey aux soirées dansantes organisées par son école. Mais une nouvelle passion s'était emparée de lui: les voitures, et plus particulièrement celles qu'on conduisait vite. La chose lui était venue tout naturellement, dans l'automobile familiale, car il faut bien dire que son père ne fut jamais très doux sur l'accélérateur.

Séville Villeneuve était, à plus d'un égard, un homme méticuleux et pondéré. Amoureux de «la belle ouvrage», il pouvait travailler des heures durant sur le plus désaccordé des pianos, tant que le résultat ne lui semblait pas absolument parfait. Au golf, consterné par sa maladresse, il pratiquait inlassablement ses coups et passait de longues minutes à chercher la position parfaite. Et pourtant, s'il pouvait donner la preuve d'une patience infinie dans sa quête de la perfection, Villeneuve père était toujours pressé — et plus que pressé — au volant d'une voiture, trait de caractère qui ne passait pas inaperçu en ville.

Jacques Villeneuve, qui a hérité lui aussi de ce goût pour la vitesse, se rappelle certaines promenades sur les routes des environs. «Papa conduisait vraiment très vite. Il dépassait toujours tout le monde, il fonçait toujours à toute allure. Et il a eu plusieurs gros accidents, à plus de 100 milles à l'heure. Je ne sais pas trop si nous devons notre technique de conduite à notre père, mais nous lui devons certainement le goût de la vitesse et de la conduite rapide.» À cause de leur différence d'âge, Jacques et Gilles n'étaient pas très proches durant ces années de formation, même si le développement de Jacques suivit pratiquement les mêmes lignes que celui de son frère aîné. Plus tard, quand la course s'emparera de leurs vies, ils deviendront d'excellents amis.

Ses deux fils n'étaient pas encore assez hauts sur leurs pattes pour voir par-dessus le tableau de bord de la Ford familiale que Séville les laissait déjà s'asseoir sur ses genoux, au volant. Gilles dira plus tard: «J'adorais le crissement des pneus. Je me souviens que je criais: «Plus vite, papa, plus vite !» ou «Double-le, double-le !» C'est peut-être pour ça qu'il se faisait toujours prendre pour excès de vitesse.»

Peu après leur installation à Berthierville, Séville et Georgette ouvrirent un petit commerce de confection qu'ils baptisèrent Industrie Séville. Georgette avait toujours fait de la couture à domicile pour de grosses entreprises montréalaises. Les Villeneuve s'inspirèrent de cette expérience pour recruter des voisines et lancer leur propre affaire. Elle prospéra si bien que Séville put s'y consacrer à temps plein, avec sa femme. L'une de ses fonctions consistait à acheter du tissu à Montréal et, dès que les finances familiales le permirent, Séville fit l'acquisition d'une camionnette Volkswagen flambant neuve. Ce sera le premier véhicule que Gilles conduira tout seul et elle restera pour lui le souvenir le plus vivace de toute son enfance.

«C'était en 1959 ou en 1960. Nous roulions sur une de ces longues routes de campagne, toutes droites, près de Berthierville. Il faisait beau, c'était l'été. Il n'y avait personne... Alors, mon père m'a laissé le volant. Quelle expérience !»

18

2   *Gilles n'avait absolument pas peur. Il conduisait toujours très vite, à fond. Il poussait tout ce qu'il conduisait à l'extrême limite.*
Séville Villeneuve

À l'âge de dix ans, Gilles reçut en cadeau l'une des premières bicyclettes dix vitesses de Berthierville. C'était un vélo de course, et c'est ainsi qu'il entendait l'utiliser, jouant constamment des vitesses, pédalant comme un dératé. Mais le plaisir que lui procurait la bicyclette n'était rien en comparaison de celui qu'il éprouvait sur quatre roues. Il harcela tant son père que celui-ci finit par lui donner la permission de manœuvrer les véhicules de la famille dans l'allée qui bordait la maison. Quand il eut 11 ans, Séville le laissa conduire une vieille camionnette dans les champs des environs. La guimbarde en avait vu d'autres. Secoué par les cahots, enveloppé dans un nuage de poussière, Gilles ne se sentait plus de joie: «J'étais fou de cette vieille camionnette!»

Mais la vitesse n'était pas tout pour Gilles. Il s'intéressait aussi au côté mécanique et essaya même de construire son propre véhicule. Un beau jour, Gilles réquisitionne donc la tondeuse, enlève le moteur et les roues, les monte tant bien que mal sur un châssis rudimentaire bricolé avec des chutes de contreplaqué et quelques bouts de bois. Il adapte la courroie de transmission de la tondeuse à l'essieu arrière de sa machine, bricole un embrayage à pression actionné par un manche de bois et le tour est joué. La pelouse des Villeneuve en souffrit quelque peu, au point de ressembler bientôt à un champ de manœuvre. Mais Séville se montra patient. En fait, il encouragea même son fils dans cette entreprise.

Gilles avait 15 ans quand son père lui offrit une vieille MGA 1958 de couleur rouge, achetée à un voisin pour la modique somme de 100 dollars. Pour ce prix, il avait eu droit en prime au manuel du constructeur, en aussi piteux état que la voiture. Gilles, qui n'avait qu'une connaissance très sommaire de l'anglais à l'époque, mit à contribution les schémas du manuel et sa propre ingéniosité pour deviner comment fonctionnait la voiture. Avec l'aide de quelques amis, il démonta complètement le moteur et réussit à en remonter tant bien que mal la plupart des pièces, si bien qu'il arrivait de temps en temps que le véhicule puisse rouler. En attendant de pouvoir effectuer une réparation plus permanente, il résolut le problème d'un volant cassé en fixant des pinces-étaux sur la colonne de direction. Puis, ainsi équipé, il descendit fièrement toute la longueur de l'allée de la maison familiale et fit même quelques tours d'essai sur une vieille route abandonnée, derrière la maison.

Légalement, il lui fallait se contenter de ces modestes aventures puisqu'il devait attendre encore un an avant de pouvoir passer son permis de conduire. Mais Gilles devenait impatient et commençait à regarder avec envie la nouvelle voiture familiale, une Pontiac Grand Parisienne 1966. C'était un modèle deux portes équipé de sièges baquets et d'une boîte automatique; mais le levier de vitesses était au plancher et surtout, le compteur de vitesse marquait 120 milles à l'heure, plus de 190 km/h. De guerre lasse, Séville laissa Gilles l'essayer dans les rues du quartier, à condition de la laver de temps en temps. Mais la tentation de pousser un peu plus loin ces excursions devint trop grande et, en secret, Gilles se fit faire son propre jeu de clés.

Un vendredi soir, Séville conduisit Gilles et un de ses camarades chez des amis, à quelques kilomètres de là. À minuit passé, tandis que tout le reste de la famille Villeneuve dormait à poings fermés, les deux complices revinrent et poussèrent silencieusement la Pontiac jusque dans la rue. Quand elle fut à distance suffisante pour qu'on ne puisse entendre le moteur, Gilles sortit son jeu de clés et les deux compères prirent la route de Joliette. Malgré la pluie qui tombait à verse, Gilles découvrit bientôt que la vitesse de pointe de la voiture était de 174 km/h. C'était à peu près l'allure à laquelle il roulait sur une ligne droite quand il découvrit soudain un virage serré, juste devant lui. La chaussée était glissante. Il dérapa, faucha un poteau de téléphone, puis planta la Parisienne contre un second poteau. En fait, il l'enveloppa même complètement autour du deuxième poteau, enfonçant la portière du conducteur presque jusqu'au tunnel de l'arbre de transmission. Bref, la voiture qui avait fait la fierté et la joie de Séville se trouvait en fort piteux état. Heureusement, son fils n'avait qu'une contusion au genou. Quant à son camarade, il s'en tira avec plus de peur que de mal.

L'accident s'était produit à quelques kilomètres de Berthier et les deux survivants, un peu ébranlés quand même, décidèrent que la meilleure chose à faire serait de rentrer chez eux sans tarder et de souhaiter que tout aille pour le mieux.

Ils partirent donc à pied sous la pluie battante, plongeant dans le fossé dès qu'ils voyaient des phares approcher. Arrivés à destination, ils se séparèrent et c'est avec une inquiétude certaine que Gilles rentra chez lui. À peine s'était-il glissé dans son lit pour réfléchir au triste tour qu'avaient pris les événements que le téléphone se mit à sonner: c'était la police qui informait Séville qu'on avait volé sa voiture et qu'elle avait été retrouvée au bord d'une route, complètement démolie.

Les Villeneuve laissaient à leurs enfants une grande liberté, mais il existait cependant chez eux un certain nombre de règles impératives. La franchise la plus totale était du nombre. Et notre Gilles, bien malheureux, raconta sa mésaventure. Les policiers vinrent et il dut leur faire une déclaration. Comme le conducteur n'avait pas de permis, Séville ne put rien obtenir de la compagnie d'assurances. La voiture était une perte totale, ainsi que les quatre mille dollars qu'il avait dû emprunter pour l'acheter. Et pourtant, aucune punition sévère ne s'abattit sur Gilles. Ses parents jugèrent que l'accident et ses conséquences financières pour toute la famille lui avaient donné une leçon suffisante.

Gilles resta tranquille quelque temps, pour retrouver toute son ardeur peu de temps après son seizième anniversaire, alors qu'il célébrait la nouvelle mobilité que lui procurait son permis de conduire. Suivirent alors un certain nombre de véhicules, dont une autre MGA, noire cette fois et un peu moins délabrée que la première. Pourtant, à côté de sa passion croissante pour l'automobile, Gilles commençait aussi à s'intéresser au sexe opposé, et plus particulièrement à une certaine jeune fille de Joliette. Un soir, il sauta dans sa MGA noire pour aller la voir.

Chemin faisant, sur une route de campagne, il rattrapa bientôt une Dodge Roadrunner. Pour Gilles, ce paisible veau aux prétentions sportives mettait au défi sa petite voiture anglaise, nerveuse et agile — sans parler de la virilité naissante de son conducteur. Il tenta donc de doubler. L'autre écrasa l'accélérateur... et la course était partie. Elle prit fin tout à coup lorsque la Dodge fit un tête-à-queue pour s'arrêter à quelques centimètres d'un troupeau de vaches qui traversait paisiblement la route pour regagner l'étable.

Or, en rafistolant la MGA, Gilles avait quelque peu négligé les freins qui rechignaient à la besogne. Voyant que son bolide hésitait à s'arrêter, Gilles voulut éviter l'obstacle. Un coup de volant, et la petite voiture sortit de la route, plongea dans le fossé dans une grande gerbe de boue et d'herbe, fit un demi-tonneau et remonta sur la chaussée pour s'arrêter enfin sur le toit — ou plutôt sur ce qui en tenait lieu puisqu'il s'agissait d'une décapotable en fort piteux état bien entendu. L'utilité de porter des ceintures de sécurité dans une voiture décapotable qui n'est pas équipée d'un arceau de sécurité est contestable, mais dans ce cas particulier, la question était purement théorique puisque la MGA était dépourvue de ceintures. Pourtant, le conducteur avait tenu bon pendant son exercice de haute voltige et Gilles sortit en rampant de sous sa voiture totalement détruite, le cuir chevelu profondément entaillé par des éclats de pare-brise.

Tôt le lendemain matin, un coup de téléphone apprenait aux Villeneuve que les restes de la voiture de sport de leur fils aîné gisaient dans la cour d'un garage des environs. Peu après, la famille apprenait que le propriétaire dudit bolide gisait lui aussi sur un lit de l'hôpital de Joliette, le crâne orné de quatre-vingt points de suture.

Ainsi donc, Gilles avait déjà détruit au cours de sa courte carrière deux spécimens de la technique automobile américaine et britannique, sans être pour autant convaincu des périls d'un usage inconsidéré de la vitesse. C'est alors que, faute de mieux, il se rabattit sur un vieux tacot tchécoslovaque, une Skoda, conduisant cette vilaine petite machine à moteur arrière beaucoup plus vite que ne l'avaient prévu ses constructeurs, ou que le code de la route du Québec ne l'autorisait. Le démarreur étant défectueux, il fallait généralement pousser l'engin pour le faire démarrer. Par contre, la pédale d'accélérateur marchait fort bien, merci. Les prouesses de Gilles et de son petit bolide finirent par attirer l'attention du policier de l'endroit, Claude Page: «Je le prenais très souvent à 130 dans une zone de 50. Mais il ne discutait jamais. Au contraire, il était toujours très poli et payait immédiatement l'amende — 10 dollars à l'époque. Il me disait: «Bon, vous m'avez pris. Mais j'aime rouler vite, c'est plus fort que moi.»

Heureusement pour Gilles, c'était le joyeux temps où personne n'avait encore entendu parler de points d'inaptitude. Il ne risquait donc pas de perdre son permis. La seule sanction était financière et, à ses yeux comme à ceux de tous les amis avec qui il allait danser le soir, le jeu en valait certainement la chandelle. Ces escapades lui laissèrent des souvenirs heureux: «Je ne crois pas m'être jamais autant amusé, m'être senti aussi totalement libre que cet été-là.»

La Skoda présentait deux défis intéressants: comment lui faire prendre un virage sur deux roues et, à plus basse vitesse, comment lui faire faire un tonneau. Gilles échoua dans cette dernière manœuvre, tentée à l'occasion de plusieurs slaloms auxquels il participa à bord de sa Skoda. Ces manifestations se déroulaient sur le terrain de stationnement d'un centre commercial où des cônes de plastique orange balisaient un circuit passablement sinueux. Mais ce genre de compétition ne convenait guère au style de Villeneuve qui avait tendance à laisser derrière lui un sillage de cônes renversés.

Sa vigoureuse technique de virage lui valut une certaine notoriété dans le village voisin de Saint-Thomas qu'il traversait de plus en plus souvent depuis qu'il allait voir cette jeune fille de Joliette. Le crissement des pneus de la Skoda annonçait de loin son entrée dans le virage serré que faisait la route au centre du village. Plusieurs fois, Gilles crut constater que certains citoyens de Saint-Thomas le suivaient des yeux. Le fait se reproduisit suffisamment souvent pour qu'il comprenne enfin qu'ils attendaient en fait son passage. Et il ne demandait pas mieux que d'amuser les badauds assis sur leurs galeries — ses premiers supporters.

La jeune fille de Joliette s'appelait Johanne Barthe. Elle aussi était québécoise, mais elle avait vécu quelque temps de l'autre côté de la frontière, au Connecticut. Alors qu'elle avait huit ans, son père avait abandonné la famille, laissant sa mère seule pour s'occuper d'elle, de son frère aîné et de ses deux sœurs cadettes. Mme Barthe souffrait d'une malformation cardiaque congénitalc qui l'empêchait souvent de travailler pour subvenir aux besoins de ses enfants. La vie était dure pour cette famille et les chèques du Bien-être social n'étaient certainement pas de trop. Johanne fit ses études chez les sœurs. Très vite, elle travailla comme caissière dans un dépanneur, le soir après l'école et durant les week-ends. Chez elle, elle aidait sa mère à s'occuper de la maison et confectionnait ses propres robes pour ne pas trop dépenser. Si sa vie n'était pas facile, Johanne était pourtant une fort jolie fille, optimiste et indépendante, lorsqu'elle fit la connaissance de son futur mari. Les choses se passèrent d'ailleurs assez curieusement.

Sa sœur Louise avait un ami. Et ce garçon avait un bon camarade que Johanne devrait bien rencontrer, pensait Louise. À l'époque — les années soixante — l'usage était que garçons et filles qui «sortaient» devaient avoir leur «blonde» ou leur «chum» attitré. Les esseulés paraissaient vaguement suspects. À plusieurs reprises, Johanne refusa les propositions bien intentionnées de sa sœur, convaincue que si ce garçon ne pouvait pas se trouver tout seul une «blonde», sans doute valait-il mieux ne pas l'avoir sur les bras, ne serait-ce qu'une soirée. Mais Louise insistait et Johanne finit par accepter une soirée à quatre un samedi soir, dans une salle de danse des environs de Joliette.

Gilles n'était pas plus pressé qu'elle de passer cette première soirée ensemble. «Mon camarade m'avait dit qu'elle était jolie, mais je ne le croyais pas. La plupart de ces rencontres organisées sont des blagues, mais pas cette fois-là.» De prime abord, Johanne ne fut pas emballée par Gilles, son aîné d'un an, qu'elle trouva tout juste «comme ci comme ça». Il était pourtant joli garçon, pensait-elle, avec son visage poupin et ses longs cheveux bruns, à la mode de l'époque. Mais il paraissait plutôt délicat et elle se demandait s'il n'était pas un peu trop petit pour elle, alors qu'en réalité ils avaient à peu près la même taille, 1 m 67. C'était un garçon très poli et, malgré une certaine timidité, il paraissait rempli d'une assurance tranquille, même si elle croyait déceler en lui quelque chose de vulnérable et d'innocent. Sa franchise et sa sincérité la frappèrent. Gilles lui raconta bientôt qu'il avait été accepté au Conservatoire de musique de Québec, en classe de trompette, mais qu'il n'était pas sûr de vouloir consacrer sa vie à la musique et que la perspective de passer encore plusieurs années dans une école ne l'enchantait pas.

Cette première soirée se passa plutôt bien et les deux jeunes gens continuèrent à se voir de temps en temps, le week-end. Quant aux réserves que Johanne avait pu avoir sur l'attrait de Gilles pour le sexe opposé, il apparut bientôt qu'elles n'étaient pas fondées: Gilles avait déjà une «blonde», du nom de Ginette. Fureur et consternation. Les deux tourtereaux se disputèrent et, une semaine plus tard, Johanne avait un nouvel ami. Cette fois, ce fut au tour de Gilles d'être très jaloux, d'autant plus que Ginette avait rompu avec lui lorsqu'elle s'était découvert une rivale, une certaine Johanne. La brouille dura quelque temps mais finalement Gilles alla voir Johanne et ils se raccommodèrent. Ils commencèrent à se fréquenter régulièrement en août 1967.

3   *J'aime l'odeur du caoutchouc brûlé.*
                                   Gilles Villeneuve

Johanne comprit sans tarder que la vie avec Gilles tournerait autour des véhicules automobiles. Après son séjour au séminaire, Gilles passa encore une année au collège de Sainte-Rose où il étudia la publicité. Puis, âgé de dix-sept ans, sa scolarité terminée, il poursuivit avec assiduité ses propres études qui n'avaient bien entendu qu'un seul et même sujet: la voiture. Pour commencer, il s'abonna à d'innombrables revues automobiles qui s'entassaient dans sa chambre aux murs tapissés de photos de voitures de course. Gilles dévorait ses revues, qui l'aidèrent d'ailleurs à améliorer sa compréhension de l'anglais. Il avait un peu étudié cette langue à l'école et son père, qui la connaissait relativement bien à cause de ses déplacements et de son travail, lui en enseigna aussi quelques bribes. Mais, surtout, Gilles s'aperçut que ces magazines parlaient en fait la même langue que lui, découvrant avec ravissement que ses deux passions, les moteurs et la vitesse, pouvaient s'allier dans la course automobile, et que certains faisaient une carrière de ce que lui découvrait jour après jour sur les routes de Berthier. Les récits de courses enflammèrent son imagination et il voulut bientôt entrer lui aussi dans le jeu.

Un beau jour, Johanne se retrouva donc pelotonnée dans le coffre de la dernière acquisition de Gilles, une Mustang 1967 équipée d'un moteur de 289 po^3. La raison de cette situation inconfortable? Ne pas payer l'entrée sur une piste locale de course d'accélération. Pendant quelque temps, ces courses servirent à Gilles d'exutoire pour son goût de la compétition et il participa avec sa Mustang à plusieurs épreuves organisées dans de petites villes, Napierville et Lavaltrie. Il modifia sa Mustang, rehaussa la suspension arrière pour obtenir une meilleure adhérence et remplaça le moteur 289 par un énorme 427, pour mieux arracher l'asphalte.

Les jours ordinaires, au volant de sa voiture, Gilles voyait dans chaque feu de circulation passant du rouge au vert un signal lui ordonnant de démarrer aussi vite qu'il était mécaniquement et humainement possible. Il adorait cette sensation: l'accélérateur au plancher, les roues qui patinent, les pneus qui hurlent, la fumée bleue du caoutchouc brûlé et le bruit tonitruant de huit cylindres mis à la torture. Il s'enivrait de ces accélérations brutales qui le faisaient passer de zéro à la vitesse maximale de sa machine et il s'entraînait inlassablement aux rapides changements de vitesses nécessaires pour atteindre cet état d'euphorie à la moindre occasion. Les courses d'accélération lui permettaient de le faire en toute légalité.

Pour Johanne, elles étaient pourtant d'un ennui mortel. Comme passagère dans une voiture conduite par Gilles, elle n'aurait jamais pu trouver le temps long. Mais là, durant ces courses, elle devait rester assise dans les tribunes toute la journée, attendant les rares moments où Gilles courait. Celui-ci ne tarda pas à penser comme elle. Le problème avec cette forme de compétition, c'était que tout était fini beaucoup trop vite: une courte bouffée d'excitation sur une piste de 400 mètres et c'était tout. Pour Gilles, la course d'accélération ne pouvait être qu'un prélude à des aventures de plus longue durée.

Mais surtout, il n'y avait aucun virage pour mettre à l'épreuve sa maestria, comme il le faisait sur les routes. Et l'idée de lutter contre d'autres voitures, roues contre roues, sur un vrai circuit de course, virage après virage, l'intéressait bien davantage. Dans leur forme la plus rudimentaire, ces courses se déroulaient sur des pistes ovales, composées essentiellement de deux pistes d'accélération parallèles, reliées par des virages aux deux extrémités. Dans ses revues, Gilles se passionnait pour les exploits des braves pilotes de l'USAC, comme A.J. Foyt et Roger Ward, qui tournoyaient sur l'ovale d'Indianapolis à plus de 240 km/h à bord de leurs monoplaces. Et sur les pistes dont les virages étaient relevés, par exemple Daytona et Talledega, d'extraordinaires héros comme Richard Petty et Junior Johnson malmenaient de somnolentes voitures américaines à des vitesses étonnantes.

Mais Gilles se sentait encore plus proche des pilotes qui participaient aux courses NASCAR, au sud de la frontière: leurs voitures ressemblaient davantage à sa Mustang. En réalité, une version rudimentaire de cette formule se déroulait presque à portée de voix de la maison des Villeneuve, sur une piste ovale de terre autrefois utilisée pour des courses de trot attelé. Le matériel était simple: une voiture de série très usagée, dépouillée de ses plaques d'immatriculation et de tous les aménagements destinés aux passagers. Gilles acheta une de ces épaves pour une poignée de dollars, la prépara sommairement pour la course — un travail qui se résumait pratiquement à gribouiller un numéro sur la carrosserie — et, ainsi équipé, participa à sa première véritable épreuve automobile. Le bruit, le chaos, le défonçage des pare-chocs et les dérapages dans la poussière n'étaient pas sans agrément, mais il se fatigua bientôt de tourner en rond. Non, décidément, il ne trouvait pas une satisfaction débordante à rester assis, le volant braqué à fond sur la gauche, pédale d'accélérateur au plancher.

Pour s'exprimer pleinement, pour mettre véritablement à l'épreuve son habileté et ses voitures, Gilles avait besoin d'une topographie plus variée. Il voulait participer davantage, changer de vitesses, écraser les freins, explorer les limites d'adhérence de son véhicule — et les bornes de son courage — dans des virages sans cesse changeants. C'était ce qu'il faisait sur les routes de campagne près de chez lui et c'est en lisant des articles sur les grandes courses européennes que le jeune Villeneuve commença à comprendre ce qu'il voulait vraiment. Il dévorait avec passion les articles merveilleusement évocateurs que Henry N. Manney III publiait dans *Road and Track* sur des circuits légendaires, comme le Nürburgring, en Allemagne. Là, de célèbres pilotes comme Jimmy Clark et Chris Amon s'agrippaient au volant de leurs exotiques Lotus et Ferrari de Formule I quand elles décollaient de leurs quatre roues au sommet d'une butte, pour soutenir des vitesses incroyables de plus de 160 km/h dans les 77 virages de ce circuit de 22,8 kilomètres, aménagé en plein cœur d'un massif montagneux, l'Eifel. Et puis, il y avait l'invraisemblable Targa Florio, où le Suédois barbu, Jo Bonnier et le bel Italien, Lodovico Scarfiotti, au volant de leurs Porsche et Ferrari, fonçaient sur les 70 kilomètres d'un circuit diaboliquement sinueux qui serpentait sur les petites routes de montagne de la campagne sicilienne.

Inspiré par leurs exploits, Gilles prenait la petite route de Berthier à Joliette. Dans son imagination, les virages devenaient ceux du Nürburgring ou du Targa Florio, et le village de Saint-Thomas prenait les apparences de Campofelice, en Sicile. Ou encore, Saint-Thomas se transformait en une de ces villes qui jalonnent la route de Rome à Brescia, dans la célèbre course des Mille Miglia. À bord de sa Mustang, le petit Québécois de dix-sept ans devenait le flamboyant

Espagnol, le marquis de Portago, franchissant en coup de vent avec sa Ferrari la ligne d'arrivée où l'attendait une splendide femme, l'actrice Linda Christian.

Alfonso de Portago s'était tué dans cette course en 1957. Dix ans plus tard, les revues de Gilles ne publiaient que trop souvent de solennelles rubriques nécrologiques en l'honneur de héros de la course tués en pleine action. Mais Gilles ne s'y attardait pas. Il était trop plein de vie, pensait trop aux voitures, à la vitesse et à Johanne pour s'arrêter longtemps au côté tragique de la course automobile. Les accidents qu'il avait eus n'avaient pas émoussé son goût de l'aventure automobile et sa nouvelle amie de Joliette ne lui donnait-elle pas une nouvelle raison de conduire vite? Johanne était le but à atteindre au bout de la route. Plus tôt il y serait rendu, plus vite il pourrait savourer sa victoire. Les deux jeunes gens devinrent inséparables et leurs rendez-vous à Joliette se firent plus fréquents.

Aujourd'hui, les virages de la route de Berthier à Joliette ont été redessinés et le trajet ne présente pratiquement plus de difficultés. Mais Jacques Villeneuve, qui plus tard s'essaiera sur cette même route, se souvient très bien de ce qu'était ce trajet de vingt-cinq kilomètres et de la façon dont son frère y conduisait — à plus de 100 km/h en moyenne. «La route tournait dans tous les sens, quelques courtes lignes droites, mais surtout des tournants, des tournants, des tournants, si bien que c'était vraiment l'endroit rêvé si vous vouliez voir ce que vous aviez dans le ventre. Et c'est ce que Gilles faisait tout le temps. Il lui arrivait de faire le trajet en onze, dix, parfois neuf minutes.»

Gilles et Johanne passaient beaucoup de temps ensemble, mais il arrivait encore à Gilles d'aller faire quelques frasques avec ses camarades. C'était le plus tranquille du groupe, mais son autorité naturelle, amplifiée par son étonnante bravoure au volant, imposait le respect aux autres. Leurs escapades prenaient généralement la forme d'une équipée vers les salles de danse de la région, le coffre de la voiture lesté de quelques caisses de bière. À la suite d'une de ces fugues, Gilles et sa bande d'amis décidèrent de faire une visite impromptue à une nouvelle piste de course aménagée près de Saint-Jovite, dans les Laurentides. Il était minuit passé et le circuit du Mont-Tremblant se trouvait à plus de cent soixante-quinze kilomètres au nord-ouest. Qu'importe ! Munis de tentes, de sacs de couchage et d'une glacière pour leurs provisions liquides, ils se mirent en route, partis pour la gloire.

Dans la brume du petit matin, ils étaient à pied d'œuvre. Quelque peu éméchés, nos lurons se faufilèrent sous la clôture du circuit et installèrent leur camp. Par deux fois, la police vint jouer les trouble-fête pour les expulser. Par deux fois, ils revinrent. Et quand la piste commença à s'éveiller, Gilles et compagnie avaient suffisamment repris leurs esprits pour contempler le spectacle. Le circuit était d'ailleurs magnifique: un ruban goudronné de 4 265 mètres, sinueux à souhait, lové au milieu des montagnes, dans un paysage de forêts, de lacs et de rivières.

Les courses de la journée se composaient d'épreuves régionales pour voitures de sport et berlines de série, d'épreuves sur monoplaces Formule V et Formule Ford et enfin — clou du spectacle — d'une course de berlines modifiées de la catégorie Trans Am. Gilles ne sut trop quoi penser lorsqu'il vit ces premières courses. «Tout cela me paraissait complètement inaccessible. Les voitures coûtaient beaucoup trop cher. Mais je regardais les pilotes aussi, et j'avais l'impression qu'à peu près 90 p. 100 d'entre eux étaient complètement nuls. Ils écrasaient les freins trop tôt, ils prenaient leurs virages n'importe comment. Je pensais que c'était facile. Lorsque vous êtes de l'autre côté de la barrière, tout paraît très simple. Mais je pensais bien que je pouvais faire mieux.»

4   *Tous les hivers, je faisais trois ou quatre énormes vols planés, et je sais ce que c'est que d'être éjecté sur la glace à 140 km/h.*
Gilles Villeneuve

Les projets d'avenir de Gilles étaient vagues. Il avait achevé sa douzième année scolaire, mais l'idée d'entrer à l'université ne lui plaisait guère — sans parler de la situation financière de ses parents qui n'était guère propice à des études prolongées. Ayant abandonné l'idée de faire de la musique, il pensa devenir ingénieur. Il prit même un cours par correspondance, mais son enthousiasme tomba bientôt et il ne l'acheva jamais.

Les études s'accordaient mal avec sa nature indépendante. Pourtant, il avait une facilité exceptionnelle à apprendre ce qui l'intéressait. Aucun schéma de câblage n'était trop compliqué pour lui et bien peu de ses amis connaissaient aussi bien que lui les secrets d'un moteur à explosion. Il aimait à se dire «fondamentalement paresseux» mais, dans les domaines qui lui importaient, Gilles était prêt à consacrer tout le temps nécessaire pour bien faire les choses. Et il s'agissait souvent de nombreuses heures de labeur car, dans les domaines qu'il considérait importants, il était devenu un perfectionniste d'une extrême exigence. Sur la route, il poussait peut-être ses voitures jusqu'à la limite de leur résistance mécanique, et souvent au-delà, mais ensuite il peinait le temps qu'il fallait pour les remettre en état.

Pendant quelque temps, il finança ses sorties avec Johanne en travaillant pour ses parents dans l'entreprise familiale de confection. Un peu plus tard, il trouva un emploi chez ses oncles qui construisaient pour Hydro-Québec les fondations des pylônes des lignes de transport. Il commença par conduire des camions, puis il apprit à se servir d'un théodolite de géomètre pour contrôler l'alignement des fondations. La précision qu'exigeait ce travail — dans le maniement des instruments, la lecture des plans et des épures techniques, le report et le tracé des mesures faites sur le terrain — l'intéressa quelque temps. Et puis, conduire des camions même lourdement chargés sur un terrain accidenté n'était pas fait pour lui déplaire. Le moins agréable, c'était peut-être l'obligation de se lever à cinq heures du matin et cette première incursion dans la routine du travail quotidien n'eut pas de lendemain.

Avec des chutes de plus de 160 centimètres chaque hiver, la neige ne manque pas au Québec et, comme tant d'autres à cette époque, Gilles se passionna très vite pour une nouvelle machine, la motoneige. Inventée en 1937 par un Québécois de

Valcourt, Armand Bombardier, les fameux *Ski-Doo* de Bombardier eurent bientôt de nombreux concurrents. Deux skis, un guidon semblable à celui d'une moto, une chenille de caoutchouc entraînée par un moteur de petite cylindrée, ces petites machines étaient fort simples mais elles permettaient d'explorer les campagnes les plus reculées au beau milieu de l'hiver et connurent une vogue extraordinaire vers la fin des années soixante, surtout comme véhicules récréatifs. À l'origine, Bombardier avait pourtant baptisé son invention «ski-dog» et, pour les trappeurs et les Inuit du Grand Nord, les motoneiges devinrent effectivement des véhicules utiles qui remplacèrent les traîneaux tirés par des chiens. Mais pour Gilles Villeneuve, la motoneige ne pouvait naturellement que se transformer en une autre machine de course.

Les constructeurs de motoneiges y avaient pensé eux aussi et ils ne tardèrent pas à constituer des écuries de course pour faire connaître leurs produits. Les amateurs étaient invités à se mesurer contre ces équipes professionnelles et semi-professionnelles. Séville Villeneuve acheta une motoneige et Gilles participa à plusieurs compétitions dans la région de Berthier, la plupart du temps organisées sur des champs de foire de petits villages. Gilles se trouva tout de suite dans son élément et commença immédiatement à remporter victoire sur victoire.

Sa témérité et son habileté de conducteur lui faisaient devancer ses concurrents qui pilotaient pourtant des machines parfaitement identiques à la sienne. À cette époque, les pistes n'étaient pas glacées comme elles le seraient plus tard et une course de motoneiges se déroulait donc dans un épais nuage de neige projeté par les chenilles des machines. Il fallait foncer dans ce blizzard et Gilles allait de l'avant comme si de rien n'était, laissant loin derrière lui ses rivaux plus timorés. Absolument sûr de lui, il poussait à fond le levier d'accélération et ne touchait que bien rarement à la poignée des freins.

Il avait acquis un sens étonnant de l'équilibre, un instinct qui lui disait jusqu'où il pouvait tenter la force centrifuge qui poussait sa machine vers les bottes de foin balisant le circuit glissant. Aiguisant inlassablement ses réflexes sur une machine prêtée par Gilles Ferland, un ami de la famille qui vendait des motoneiges Skiroule, il parvint à repousser son point de non-retour beaucoup plus loin que la plupart. Gilles remporta plusieurs courses et la concession Ferland prospéra. L'hiver suivant, 1969-1970, l'usine Skiroule l'engageait dans son écurie comme conducteur-mécanicien. Pour la première fois, on le payait pour faire de la course, et Gilles s'amusait fort.

Johanne, qui l'accompagnait souvent à ces compétitions, n'y trouvait pas autant de plaisir que lui. «C'est peut-être amusant quand vous regardez la course pendant quelques heures et que vous rentrez dès que vous avez froid pour prendre un bon café. Mais ça ne l'est plus du tout quand vous arrivez à six heures du matin et que vous restez toute seule dehors dans le froid, morte d'ennui, jusqu'au coucher du soleil. Pourtant, je préférais de loin aller le regarder courir plutôt que de rester chez moi à me faire du souci, sans savoir s'il lui était arrivé quelque chose. Alors, je faisais contre mauvaise fortune bon cœur.»

Johanne acceptait son sort parce qu'elle était sur le point de devenir la femme de Gilles. Elle avait abandonné ses études et leurs relations avaient atteint une phase cruciale puisqu'elle était enceinte. Les deux jeunes gens décidèrent de franchir le pas et, pour le meilleur et pour le pire, se marièrent le 17 octobre 1970 en présence de leurs familles et de quelques amis. Précédée par les nouveaux mariés dans une Mustang Boss 429 orange vif prêtée par un ami, la noce quitta l'église et fit le tour des rues de Joliette, à grand renfort de pots d'échappement pétaradants et de klaxons déchaînés. Après une petite réception, M. et Mme Gilles Villeneuve passèrent leur lune de miel d'une seule nuit dans un motel des environs.

5   *Je suis sorti plusieurs fois de la route. Mais je m'amusais vraiment et je gagnais 70 p. 100 du temps.*
Gilles Villeneuve

Trois jours avant son mariage, Gilles avait eu la mauvaise surprise d'apprendre que Skiroule se passerait désormais de ses services. Le directeur de l'écurie de course, pilote lui-même, était peut-être jaloux de Gilles, plus rapide que lui. Toujours est-il que l'écurie du constructeur comportait deux divisions, l'une canadienne et l'autre américaine, et que Gilles se fit dire qu'il devait se cantonner au nord de la frontière, alors qu'il était convaincu d'être assez bon pour participer à certaines courses américaines, beaucoup plus payantes.

Gilles n'accepta pas l'ultimatum. Le jeune marié futur père de famille se retrouva donc sans emploi.

Refusant de s'avouer battu à cause de questions personnelles et non sur une piste de course, Gilles tenta sa chance auprès des autres constructeurs de motoneiges. Il la trouva chez Motoski qui lui offrit trois machines, une assistance technique limitée et un peu d'argent pour ses dépenses. Désormais, Gilles courait donc littéralement pour gagner son pain quotidien, puisqu'il n'avait pas d'autres sources de revenus. Mais le plus souvent, le pain ne manquait pas. Gilles devint champion du Québec dans sa catégorie et termina la saison en beauté en remportant la série mondiale 440cc dans l'État de New York. Peu après, le Vendredi saint 9 avril 1971, les Villeneuve annonçaient avec fierté à leurs amis la naissance d'un fils, Jacques.

Sa vie tournant autour des véhicules moteur, il semblait logique à Gilles que sa maison soit elle aussi mobile. Il versa donc un acompte sur une maison mobile de 22 mètres de long, sortit de chez le vendeur en remorquant sa nouvelle acquisition et la planta sur un petit terrain d'un peu moins d'un hectare, en face de chez ses parents. Ces constructions préfabriquées sont livrées avec tous les aménagements intérieurs si bien que Gilles n'eut qu'à brancher l'eau, l'électricité et le téléphone. Johanne n'avait plus qu'à s'occuper de son nouveau foyer.

Si son mari était extrêmement méticuleux et même presque maniaque lorsqu'il s'agissait de ses machines, Johanne découvrit bientôt qu'il était pratiquement le contraire dans la plupart des autres manifestations de sa vie privée. Ainsi, la jeune mère de dix-neuf ans dut se contenter d'un baril d'huile renversé en guise d'escalier, sans doute pas la façon idéale de faire une entrée en fanfare dans sa nouvelle maison, avec un petit garçon et une poussette. Elle finit cependant par contourner cet obstacle en faisant installer quelques marches rudimentaires.

Leur demeure était juchée sur des blocs de béton; comme elle n'avait pas de véritables fondations, le dessous était exposé à toutes les intempéries. Ce qui devait arriver arriva: dès que les premiers vents glacés de l'hiver dévalèrent du Labrador jusqu'à Berthier, la tuyauterie gela. La solution que Gilles trouva à ce problème fut d'acheter un chalumeau à propane pour Johanne. Et dans le froid mordant des matinées glaciales, Johanne dut plus d'une fois ramper sous la maison avec son chalumeau pour faire dégeler la tuyauterie. Les jours de très grand froid, il arrivait que les tuyaux crèvent et que le chauffage surmené rende l'âme. Il ne restait plus à Johanne qu'à se réchauffer tant bien que mal avec son fameux chalumeau et à s'emmitoufler de son mieux, avec son bébé.

Pendant ce temps, Gilles s'occupait à ses distractions mécaniques, comme ce vieil autobus scolaire qu'il appelait la Grosse Bertha. Il le divisa en deux compartiments: l'avant servirait de dortoir aux courses, l'arrière de garage mobile pour ses machines. Au cours de l'hiver 1971-1972, Gilles renouvela son exploit en devenant champion du Québec, sur motoneige Alouette cette fois, remportant dix victoires sur quatorze courses. Des défaillances mécaniques l'avaient empêché de franchir la ligne d'arrivée aux quatre courses qu'il n'avait pas gagnées. Un résultat éminemment respectable. Et pourtant, Gilles ne supportait pas l'imperfection et il travaillait sans relâche à modifier les fragiles transmissions à courroie qui l'avaient contraint à abandonner quatre fois.

Il était maintenant très en vue dans le monde de la motoneige. Son style flamboyant et son sens du spectacle faisaient de lui un atout précieux pour les organisateurs de courses qui se disputaient ses services. La saison suivante, il élargit ses horizons et accumula kilomètres sur kilomètres à bord de la Grosse Bertha pour courir à l'extérieur du Québec, finissant avec le titre de champion du Canada toutes catégories. Sans doute restait-il absent plus longtemps, mais au moins il rapportait chez lui un peu plus d'argent — à peu près cinq mille dollars pour l'hiver. Ce n'était pas superflu, puisque, le 26 juillet 1973, Johanne lui faisait cadeau d'une petite fille, Mélanie.

Les responsabilités liées à la paternité ne tempérèrent en rien l'enthousiasme de Gilles pour la course, un Gilles qui ne manifestait aucun désir de se ranger et de trouver un travail «convenable». Pour lui, rien ne s'opposait à ce qu'il gagne sa vie avec ses courses hivernales. S'il fallait plus d'argent, il n'avait qu'à participer à davantage de courses et à gagner plus souvent. Naturellement, restait le problème de savoir quoi faire quand la neige fondrait. Si bien que lorsqu'on lui fit comprendre que son talent sur motoneige pourrait peut-être trouver son pendant au volant d'une voiture, Gilles ouvrit toutes grandes ses oreilles. Une de ses connaissances, un mécanicien-motoneigiste originaire de France où il avait tâté de la course automobile, fréquentait un peu les milieux de la course au Québec. Il expliqua à Gilles comment fonctionnait le système de licences et lui recommanda de faire ses débuts à l'école de Jim Russell, au circuit du Mont-Tremblant.

Gilles prit donc rendez-vous avec le directeur de l'école, Jacques Couture, et se présenta au circuit un matin, sous une pluie battante. Couture, ancien champion du Canada, trouva à son arrivée un élève manifestement motivé qui l'attendait déjà devant la porte. Quand les autres élèves furent tous là, Couture commença par un peu de théorie: position du pilote sur son siège, position des mains sur le volant, passage des vitesses, et ainsi de suite. Gilles écoutait attentivement les explications de l'instructeur sur le freinage, les limites d'adhérence, les techniques de virage, le dérapage contrôlé, mais il se rendait compte qu'il avait déjà appris tout cela en lisant ses revues et en acquérant une solide expérience pratique sur le Circuit Gilles-Villeneuve de conduite avancée, entre Berthier et Joliette. Tranquille et poli comme d'habitude, il ne montrait aucun signe d'impatience tandis que les autres essayaient d'assimiler les rudiments de la conduite automobile à haute vitesse.

On démarra les Formules Ford de l'école et les élèves bouclèrent leur ceinture de sécurité pour faire un premier tour d'essai sur la piste détrempée. Aussitôt, une voiture prit la tête et laissa toutes les autres derrière elle, dans un nuage de gouttelettes. Stupéfaction de Couture de voir le plus timide de ses élèves rouler si vite dès son premier essai. «Il pleuvait la plupart du temps et j'étais quand même un peu nerveux de voir à quelle allure ce petit Villeneuve pouvait aller en comparaison avec les autres.» Mais son inquiétude ne dura pas longtemps car il était bien clair que Gilles était parfaitement à l'aise et qu'il savait exactement ce qu'il faisait. Le samedi suivant, Gilles revenait au circuit à bord de sa voiture, une Ford Capri anglaise. Une fois de plus, il était le plus rapide de tous les élèves. Il passa haut la main son examen et reçut immédiatement un permis de course.

En fait, Gilles rentra du Mont-Tremblant avec plus qu'un morceau de papier en poche. Enivré par cette première expérience, il en voulait davantage. La nervosité de la petite Formule Ford, perchée sur ses pneus malingres, avait été une révélation pour lui et il bouillait d'impatience de se remettre au volant. Quelques mots à son ami le mécanicien-motoneigiste, et il faisait la connaissance de Jean-Pierre Saint-Jacques, un pilote-mécanicien qui construisait ses propres Formules Ford. Gilles donna un acompte sur une machine de deux ans, passablement rouillée, dont Saint-Jacques était prêt à se défaire. La Grosse Bertha reprit du service, en été cette fois, et Gilles partit disputer le Championnat provincial Formule Ford du Québec.

Quelques tours à peine pour se faire la main, et Gilles était bien en selle. Il remporta une belle troisième place dans sa première course et gagna la seconde. Les Formules Ford, équipées de moteurs Ford anglais de 1 500cc, étaient très fiables, si bien que Gilles n'avait pas à consacrer trop de temps à la préparation de son véhicule et pouvait ne s'occuper de rien d'autre que de le conduire — vite naturellement. Sur asphalte, son style était très semblable à celui qu'on lui avait connu sur la neige: flamboyant et spectaculaire plus que souple et contrôlé, et sa technique de virage en dérapage très prononcé devait certainement beaucoup à la motoneige. À l'occasion, son inexpérience et son exubérance mirent à l'épreuve les aptitudes tout terrain du châssis Saint-Jacques, rudimentaire mais robuste.

«La plupart de mes amis et de mes rivaux pensaient que j'étais stupide de conduire une si vieille voiture, dira-t-il plus tard. Ce n'était pas la voiture la plus compétitive à l'époque, mais elle était très solide et c'était exactement ce dont j'avais surtout besoin à ce stade de ma carrière. Je suis sorti plusieurs fois de la route. Mais je m'amusais vraiment et je gagnais 70 p. 100 du temps.» Au Mont-Tremblant, sur le circuit de Sanair et à Trois-Rivières, il gagna sept courses sur dix, ce qui lui valut le titre de jeune pilote de l'année, en plus de devenir champion de Formule Ford du Québec — tout cela avec une vieille voiture et contre des pilotes plus expérimentés que lui.

6   *Il est rentré un jour et m'a dit: «J'ai vendu la maison pour acheter une voiture.»*
Johanne Villeneuve

Irrémédiablement possédé par la fièvre de la course, Gilles attendait avec impatience la prochaine saison de motoneige. Avant le début de l'hiver, il installa chez lui une planche à dessin et commença à mettre au point son propre modèle, inspiré des techniques de la course automobile. Tandis que Johanne s'occupait de ses deux petits enfants, Jacques et Mélanie, Gilles «planchait» pendant des heures, dessinant les détails d'une nouvelle suspension à triangles, semblable à celle qu'il avait vue sur des voitures de course. Ainsi équipé, le châssis de sa motoneige serait plus souple et s'adapterait mieux aux accidents de terrain, améliorant la traction de la machine.

Une idée brillante sans doute, mais la suspension Villeneuve n'était pas impeccable et il fallut quelque temps encore pour la mettre au point. Or, pour donner libre cours à son inventivité et à son besoin impérieux de bricoler ses mécaniques, Gilles avait besoin d'outils spéciaux qu'il n'avait pas les moyens de se payer. Sa passion de la course était si forte qu'elle l'emporta cependant sur son sens des convenances et, durant cette période, Gilles se crut obligé «d'emprunter» parfois des outils dans une quincaillerie Canadian Tire des environs. Quand ses besoins dépassaient les possibilités de sa boîte à outils rudimentaire, il sortait du magasin avec l'article convoité sous sa veste. Cette indélicatesse n'était absolument pas dans la nature d'un jeune homme par ailleurs totalement honnête. Il se débattit avec sa conscience pendant de nombreuses années et se donna plus tard beaucoup de mal pour faire amende honorable.

Sa conscience le tracassait moins lorsqu'il s'agissait de sa famille, au point de négliger parfois les besoins de ses proches, de ceux qui lui tenaient le plus à coeur. La petite famille passa un autre hiver difficile, tandis que Gilles emmenait la Grosse Bertha toujours plus loin de chez lui. Les week-ends de course devinrent des semaines — trois, quatre, cinq d'affilée. Les beaux-parents de Johanne donnaient un coup de main à la jeune mère lorsqu'ils en avaient la possibilité, mais ils voyageaient souvent pour leurs affaires. Et durant les longues absences de Gilles, Johanne se trouva plus d'une fois bloquée par la neige dans sa maison, en train de se débattre avec des tuyaux une fois de plus gelés. Le plus clair du temps, elle aurait certainement pu se passer de réfrigérateur dans sa cuisine.

Pour Gilles, il était parfaitement naturel de dépenser leur dernier billet de vingt dollars pour acheter une pompe à essence, quitte à laisser sa femme se débrouiller comme elle le pouvait pour nourrir et habiller les enfants. Les factures s'allongeaient chez les commerçants du coin, les dettes grossissaient et Johanne se désespérait de l'insouciance apparente de son mari. Elle se plaignait souvent mais il ne semblait pas comprendre combien la vie était difficile pour elle. Et la débrouillardise de la jeune femme travaillait contre elle: après tout, elle s'en tirait fort bien avec son chalumeau. «J'ai l'impression qu'il pensait que puisque j'arrivais toujours à m'en tirer, il n'y avait pas vraiment de problème.»

Johanne n'avait aucun moyen de transport et devait patauger tant bien que mal dans la neige pour faire ses courses à Berthier. Parfois, un voisin prenait pitié d'elle et, armé d'une pelle, déblayait un chemin jusqu'à la route. Mais un jour, la situation de Johanne atteignit un point critique. Alors qu'elle devait aller chez le médecin avec Jacques, elle découvrit en se levant que la neige s'était entassée très haut devant sa porte. Le taxi qu'elle avait appelé attendait au bord de la route. Il n'y avait plus qu'une chose à faire: sortir quand même, et essayer de franchir ces 100 mètres de neige immaculée.

«Jacques avait à peu près deux ans et Mélanie quelques mois seulement, si bien que je ne pouvais pas la laisser. Il fallait que je porte les deux petits, les sacs de couches, mon sac, et j'avais de la neige jusqu'à la ceinture. Je croyais ne jamais pouvoir y arriver. J'ai crié au chauffeur de taxi de venir m'aider. Il m'a répondu qu'il n'avait pas de bottes. Je me suis dit: «Mon Dieu, pourquoi faut-il que ça m'arrive à moi?»

Au moins, Gilles continua à accumuler les succès durant la saison de motoneige 1973-1974. Il loua une ancienne porcherie à Berthier et engagea un mécanicien pour l'aider à préparer la machine qu'il avait dessinée lui-même. Heureusement, la température glaciale aidait à masquer l'odeur laissée par les anciens locataires. Gilles modifia substantiellement le châssis Alouette pour l'équiper de son propre système de suspension. Il dota aussi la petite machine d'un habitacle fermé qui la faisait ressembler à une voiture de course. Ainsi, elle ne passerait certainement pas inaperçue sur les pistes de course.

Les couchettes de la Grosse Bertha disparurent pour faire plus de place à l'atelier, tandis que Gilles et son mécanicien s'installaient dans une roulotte de camping. Gilles pouvait désormais se permettre de demander aux organisateurs de le payer pour qu'il participe à leurs courses et l'hiver se termina par rien moins qu'un championnat du monde. Johanne, qui prenait son premier week-end de congé depuis plus d'un an, confia ses enfants à sa belle-mère pour accompagner Gilles jusqu'à Eagle River, dans le Wisconsin, où il sema tous ses concurrents pour remporter le titre 650cc contre les meilleurs pilotes internationaux.

Pourtant, les treize mille dollars gagnés au cours de la saison fondirent aussi vite que neige au soleil. Il fallait bien payer les factures qui s'étaient accumulées et la famille continuait à tirer le diable par la queue. Mais Gilles était maintenant résolu à gravir tous les échelons qui allaient finalement le conduire à la Formule I. Loin de se contenter de son éclatant succès en Formule Ford, il voyait beaucoup plus loin et la possibilité d'atteindre un jour le sommet — le championnat du monde des conducteurs — commençait à le taquiner. Bien des années plus tard, au début de sa dernière saison en Formule I, Gilles dira ce qu'il avait ressenti après ses premiers succès. Il n'était pas homme à se vanter, et peut-être ne le formulait-il pas ainsi à l'époque, mais il se disait en lui-même: «Mon vieux, si tu ne vas jamais plus loin que le Canada, le monde sera privé d'un très grand pilote.»

La Formule Atlantique, qui mettait en lice des châssis sophistiqués équipés de moteurs Ford Cosworth 1600cc modifiés importés d'Angleterre, était le nec plus ultra des courses de monoplaces au Canada. Ce serait donc l'étape suivante. Gilles entendit dire qu'un pilote montréalais, Kris Harrison, était en train de constituer une équipe de course, Écurie Canada.

Harrison, qui était également propriétaire d'un garage et d'un magasin d'équipement de course, se souvient de sa première rencontre avec Gilles. «Ce jeune homme est entré, s'est présenté, puis a commandé une combinaison de pilote et un peu de matériel. Ensuite, il m'a expliqué qu'il voulait courir en Formule Atlantique et m'a demandé ce que cela pourrait lui coûter. Je lui ai répondu que je ne voulais pas d'un pilote sans expérience. Au moment de s'en aller, il m'a dit d'appeler Jacques Couture.»

Impressionné par l'assurance tranquille de Villeneuve, Harrison ne voyait cependant pas très bien comment un motoneigiste qui n'avait que dix courses de Formule Ford à son actif pourrait aider sa jeune Écurie Canada de Formule Atlantique. Il parla pourtant du jeune homme à Couture qu'il avait fréquenté sur les pistes de course et dans le monde des affaires. «Jacques m'a aussitôt dit de prendre ce type dans mon équipe, qu'il était tout simplement sensationnel. Une semaine plus tard, Gilles me téléphone et je lui demande de venir, ce qu'il fait. Une poignée de main, et le marché était conclu.»

Une poignée de main suffisait à Kris Harrison: comme Couture le lui avait dit et comme il l'apprendrait par lui-même, «la parole de Gilles était sacrée». Mais pour Gilles, c'était une autre paire de manches: pour remplir sa part du marché, il allait devoir faire un lourd sacrifice financier. En effet, Gilles devait apporter la majeure partie des fonds dont Harrison se servirait pour importer deux châssis March 74B et un lot de moteurs Ford BDA. Selon le nombre de courses auxquelles il participerait, la saison 1974 coûterait à Gilles entre cinquante mille et soixante-dix mille dollars.

«Je n'avais pas un sou. Quand j'y pense, je me demande comment j'ai pu y arriver. C'était une année plutôt difficile. J'ai promis un acompte de vingt mille dollars que je n'avais pas et, même maintenant, je ne sais pas trop comment j'ai réussi à le payer. J'avais une maison que j'ai mise en vente...» C'est le seul souvenir que Gilles gardera de cette aventure.

Johanne, par contre, se souvient très bien. «Il est rentré et m'a dit: «J'ai vendu la maison pour acheter une voiture.» Scène de ménage, naturellement. Mais l'affaire était faite. «Je pouvais bien protester, il avait pris sa décision. Si tu es d'accord, tant mieux. Si tu n'es pas d'accord, crie tant que tu veux. Il était fait comme ça.»

Pourtant, la maison mobile ne lui appartenait pas vraiment puisqu'il avait dû emprunter une somme importante à la banque. Gilles parvint cependant à remettre un chèque à Kris Harrison le jour dit. Et, bien entendu, il trouva une solution ingénieuse pour loger sa famille: Johanne, Jacques et Mélanie l'accompagneraient désormais aux courses qu'il allait courir au Canada, dans la camionnette de Séville attelée à la petite roulotte. En réalité, sa famille n'allait pas le rejoindre avant la troisième course de la saison, désastreuse pour Gilles, car Johanne dut garder le lit pendant six semaines ou presque, terrassée par de terribles migraines.

7   *Je me disais qu'il était peut-être un peu fou.*
                                    Johanne Villeneuve

En plus de sa propre contribution en espèces sonnantes et trébuchantes, Gilles rapporta une petite somme des montres Cyma dont il exhiberait le nom sur les circuits canadiens. De son côté, Kris Harrison se fit commanditer par les boissons gazeuses Schweppes et les pneus Goodyear. Malgré tout, les finances d'Écurie Canada étaient plutôt précaires et son budget fut encore amputé lorsque Gilles détruisit les deux châssis March au cours d'essais privés à Saint-Jovite. Harrison aurait pu exploser, mais ce ne fut pas le cas et il n'essaya pas de tenir la bride à son jeune poulain. Sans doute espérait-il que son pilote avait maintenant appris jusqu'où il pouvait aller. Bref, on répara les véhicules et, avec une provision de pneus suffisante pour quatre courses seulement, l'équipe prit la route de l'ouest pour la première épreuve du Challenge Player's 1974 Formule Atlantique.

Près de 5 000 kilomètres plus loin, la petite troupe d'Écurie Canada se présentait sur le beau circuit Westwood, à la sortie de Vancouver, où elle remporta une troisième place encourageante dans une course de plus de vingt voitures. Le vainqueur était un Américain qui avait déjà une longue expérience derrière lui, Alan Laider, et Gilles avait réussi à distancer le gros du peloton pour terminer devant des concurrents nettement mieux financés que lui. L'équipe était donc optimiste lorsqu'elle retraversa les Rocheuses pour participer à la course suivante, à Edmonton. Gilles se qualifia en sixième position sur la grille de départ, mais prit du retard à cause d'un ennui de moteur et termina vingt-deuxième, loin derrière le vainqueur, le Canadien Bill Brack, un pilote chevronné.

Deux semaines plus tard, après un long voyage à travers les Prairies, Gilles était à nouveau sixième aux épreuves de qualification, mais ce fut le seul résultat tangible de ce week-end à Gimli, au Manitoba. Une fois de plus, il eut des ennuis de moteur et ne put franchir la ligne d'arrivée. Les choses ne pouvaient qu'aller mieux à la course suivante, à Mosport, en

Ontario, où Gilles espérait bien retrouver Johanne et les enfants.

Mais la réserve de pneus de l'équipe était maintenant réduite à sa plus simple expression, la vigoureuse technique de Villeneuve en virage ayant fait des ravages considérables. On décida donc de permuter systématiquement les pneus pour en tirer encore quelques kilomètres de plus. C'était un handicap sérieux dans les virages et les descentes du circuit accidenté de Mosport et Gilles n'obtint que la quinzième place aux épreuves de qualification. La course, organisée le 1er juillet, jour de la Confédération, avait attiré une foule importante, si bien que les témoins ne manquèrent pas pour l'accident du neuvième tour, dans l'un des virages les plus rapides du circuit de Mosport.

Depuis le début, la voiture jaune numéro 13 était certainement la plus intéressante à suivre: elle dérapait violemment dans chaque virage, elle frôlait souvent la perte de contrôle, comme pilotée par un dément. Plus d'une fois, elle s'était mise complètement en travers de la piste et ses roues avaient même mordu la poussière des accotements. Tout à coup, elle fit un bond en l'air et disparut dans un énorme nuage de poussière. La voiture percuta violemment le rail de sécurité, dans un grand bruit de tôle déchirée. Quand la poussière retomba, les spectateurs purent alors voir l'épave enfoncée dans la barrière, les deux roues avant détachées, le nez complètement écrasé.

Les commissaires de piste agitèrent leurs drapeaux jaunes et se précipitèrent pour extirper le pilote blessé de sa March complètement défoncée. Puis la course continua, tandis qu'une ambulance transportait Gilles au poste de premiers secours de Mosport. Bilan: deux mauvaises fractures de la jambe gauche. Le médecin de la piste était formel, et pourtant Gilles refusait absolument de le croire.

Il avait fait plusieurs sorties de piste lors de courses précédentes, sans une égratignure. Pourquoi pas cette fois-ci ? demandait-il à Johanne qui lui traduisait en français le diagnostic du médecin. «Il avait vraiment peur de ne plus pouvoir courir. Il répétait au médecin: «Ma jambe ne peut pas être cassée, ce n'est pas possible». Et le médecin conti-

44

nuait à me regarder, raconte Johanne, et à me dire que oui, les fractures étaient graves. Les deux os étaient complètement sectionnés, comme si on les avait sciés. Tout le monde le voyait bien, sauf Gilles dont la seule réaction semblait être: «Bon, maintenant je sais ce que c'est que de percuter un rail de sécurité, et finalement ce n'est pas si grave.»

Pourtant, c'était grave, et Johanne commença à se poser des questions sur son mari alors qu'elle tentait vainement de le convaincre de la gravité de sa blessure. «Je me disais: «Il est peut-être un peu fou». Et j'ai commencé à me demander: «Est-ce que ça va être comme ça tout le temps ? Ce n'était pas déjà assez dangereux en motoneige ?» Mais elle garda ses appréhensions pour elle-même. Finalement, lorsque le choc disparut et que la douleur commença à poindre, Gilles accepta à contrecœur de se faire transporter à l'hôpital, mais uniquement pour faire plaisir à son entourage car il était convaincu que les radios démontreraient qu'il avait raison et que tous les autres avaient tort.

Pris dans un plâtre qui lui immobilisait la jambe depuis la hanche jusqu'aux orteils, Gilles rentra à Berthierville, désespéré. Comble de malheur, il apprit que sa place dans l'équipe d'Écurie Canada avait été donnée à un jeune pilote américain, David Loring. Furieux, immobilisé dans un fauteuil roulant, Gilles ne put qu'assister en spectateur à la course suivante, celle de Sanair, et il se jura de revenir aussi vite que possible sur la piste.

Comme c'était à prévoir, Gilles fut un patient très difficile. Constamment, il tripotait son plâtre, en arrachait des bouts, demandait à Johanne de l'aider à le couper. Elle refusa pourtant, mais elle accepta de faire avec lui la tournée des médecins pour voir s'il n'y avait pas quelque chose à faire. Finalement, ils trouvèrent un jeune médecin disposé à lui mettre un plâtre moins encombrant qui lui permettrait de bouger au moins le genou et la cheville. Dès qu'il put remuer la jambe, déjà atrophiée par le manque d'exercice, Gilles déclara qu'il était prêt à manœuvrer un embrayage et que plus rien ne l'empêchait de reprendre la course. Son médecin, Johanne et tous les autres ne partageaient naturellement pas cette opinion et, après une discussion acharnée, on décida qu'il ne pourrait courir que s'il parvenait à sortir du cockpit de la March en 60 secondes, marge de sécurité minimum au cas où sa voiture prendrait feu.

La Mustang de la famille Villeneuve reprit donc la route, cette fois en direction de l'est et de Terre-Neuve, pour la prochaine course de Formule Atlantique qui devait se dérouler à Saint-Jean. Gilles garda le volant pendant une bonne partie du trajet, exerçant sa jambe blessée selon ce qu'il appelait «le système Villeneuve de physiothérapie». Chaque débrayage le faisait grincer des dents. Qu'importe, il arrivait à manœuvrer la pédale. Mais c'était une chose que d'être assis sur le siège spacieux de cette Mustang, et une autre bien différente que de sortir en toute hâte du minuscule habitacle d'une voiture de course. Il échoua au test des soixante secondes et ne fut donc pas autorisé à courir. Sa déception fut grande, un peu atténuée cependant par le fait indiscutable que la douleur, toujours très vive, l'aurait beaucoup gêné en course, ou l'aurait même empêché de continuer.

Au mois d'août, six semaines après l'accident de Mosport, Gilles pouvait enfin reprendre la course sur le circuit Atlantic Motorsport Park, près de Halifax, en Nouvelle-Écosse. Il fallut l'aider à entrer et à sortir de sa voiture, mais sa détermination et son courage lui valurent une septième place, en dépit d'un tête-à-queue.

La saison prit fin au début du mois de septembre, avec une course organisée dans les rues de Trois-Rivières. Gilles se qualifia en treizième place sur la grille de départ, mais sa course prit fin dès le premier tour, lorsque Gary Magwood, pilote de course et acrobate de cirque, fit un tête-à-queue juste devant lui et que les deux voitures entrèrent en collision.

Le bilan de l'année n'était pas très impressionnant: une troisième place, seizième au classement général, plusieurs voitures démolies, une mauvaise fracture de la jambe, des dettes qui s'élevaient maintenant à quatorze mille dollars. Il n'en aurait sans doute pas fallu davantage pour en décourager un autre et pour le convaincre de se chercher un travail plus paisible. Mais Gilles avait la conviction qu'il avait utilisé toute sa réserve de malchance et que la Formule Atlantique ne pouvait plus désormais que lui réserver des jours meilleurs. Il en avait certainement besoin.

Pour mettre un peu de beurre dans les épinards, Gilles s'était inscrit à l'Assurance-chômage, mais une âme bien intentionnée crut bon d'informer les autorités qu'il gagnait de l'argent en faisant des courses de motoneiges. La suite ne surprendra personne: le gouvernement lui demanda de rembourser une partie des prestations reçues. Qu'à cela ne tienne: Gilles emprunta de l'argent à ses deux oncles et en consacra une bonne partie à de nouvelles escapades en motoneige. Sur ces entrefaites, la société Alouette fit faillite et Gilles se retrouva sans aucune assistance technique ou financière pour son programme hivernal de course.

Mais Gilles n'allait pas se laisser abattre pour si peu et il savait que son nom commençait à attirer les foules. Il se mit donc en rapport avec les organisateurs de courses de motoneiges pour leur annoncer qu'il voulait bien participer à leurs manifestations, mais qu'il lui fallait plus d'argent. Sa réputation était déjà faite, si bien qu'il obtint ce qu'il voulait. L'équipe Villeneuve, accompagnée de la fidèle Bertha, put ainsi se présenter un peu partout au Québec et en Ontario. Le pilote fit aussitôt la preuve qu'une jambe cassée quelques mois plus tôt n'était pas un handicap, enthousiasmant ainsi les spectateurs par son panache habituel, couvrant ses poursuivants d'un déluge de neige. La suspension améliorée faisait merveille et la petite machine remporta une large part des prix.

Johanne crut un temps très bref qu'une partie des gains de l'hiver pourrait peut-être servir à trouver un logement convenable pour sa famille de plus en plus nomade. Depuis la vente de la maison mobile, Johanne, Jacques et Mélanie habitaient tantôt à Berthier, tantôt à Joliette, chez les parents de Gilles ou chez la mère de Johanne. Cet arrangement n'était satisfaisant pour personne et, à l'automne, Johanne s'était finalement résolue à dire à Gilles qu'ils ne pouvaient plus vivre ainsi. Il leur avait alors loué un minuscule appartement près de la maison de ses parents et, comme lui vivait surtout dans sa roulotte ou dans la Grosse Bertha, au moins quand il courait, c'est avec la plus grande surprise qu'il apprit que sa chère petite famille n'était toujours pas logée à son goût. Il décida alors de voler à la rescousse en ressuscitant son plan de l'année précédente: sa famille l'accompagnerait dans ses périples de Formule Atlantique, d'un bout à l'autre du Canada, puisque c'était la direction qu'il allait prendre une fois de plus.

Dès le début, Villeneuve se distingua par une technique de virage très personnelle. Formule Atlantique à Edmonton, 1974.

(Christopher Waddell)

Il disait qu'il ne se sentait vraiment vivre que dans une voiture de course.

(The Toronto Star)

Johanne n'aimait pas que son mari fasse de la course, mais elle était toujours là. Les Villeneuve avec Antonio Tomaini, de l'écurie Ferrari.

(The Globe and Mail)

Jacques et Mélanie grandirent dans les stands d'où ils regardaient leur père courir.
(The Toronto Star)

Perpétuellement en crabe à Trois-Rivières en 1976, Gilles annonçait par sa prestation un début fracassant en Formule I.

(Pierre Bolduc)

Le premier ministre, Carlos Reutemann, Jody Scheckter et la foule de ses compatriotes furent ravis de la première victoire de Gilles à domicile.

(Lionel Birnbom)

Adulé dans le monde entier, Gilles Villeneuve était resté un homme profondément timide et réservé. Montréal, 1978.

(Collection Parent)

Gaston Parent commença par être le gérant de Gilles Villeneuve, puis devint l'un de ses intimes.

(Daniel Auclair)

Ils eurent leurs disputes, mais Mauro Forghieri voyait en Villeneuve une rage de gagner que ne connaissait aucun autre pilote.

(International Press Agency)

Héros pour les uns, inconscient pour les autres, Gilles essayait de continuer à courir coûte que coûte. Zandvoort, 1979.

(Canapress Photo Service)

Le duel Villeneuve – Arnoux à Dijon en 1979 fut l'un des plus mouvementés de toute l'histoire de la course automobile.

(Phipps Photographic)

La Ferrari numéro 27 de Villeneuve dans une figure classique, en Argentine, 1981.

(International Press Agency)

Sous la pluie, Villeneuve était seul dans sa catégorie. À Watkins Glen, en 1979, il était plus rapide de 11 secondes que tous ses rivaux.

(Phipps Photographic)

Contre toute attente, Villeneuve mène devant Laffite, Watson, Reutemann et de Angelis sur la ligne d'arrivée en Espagne, en 1981.

Jacques et Gilles, les frères Villeneuve de Berthierville, au Grand Prix du Canada, 1981.

Des jouets toujours plus coûteux pour le petit gars de Berthierville.

(The Toronto Star)

«Attends-moi, ce ne sera pas long.» —
Les derniers mots de Gilles à Johanne
avant le début de chaque course.
(*W.H. Murenbeeld*)

Sa dernière course : Imola, 1982. Didier Pironi est vainqueur, mais Gilles se sent trahi.
(*International Press Agency*)

8 mai 1982 : Zolder, Belgique. Le dernier tour.

(Gerald Donaldson)

Enzo Ferrari l'appelait le Prince de la Destruction, mais il aimait Gilles comme un fils.

(Phipps Photographic)

Scheckter et Lauda reconnaissaient que Villeneuve était le plus rapide de tous. Jody disait de Gilles que c'était l'homme le plus authentique qu'il avait jamais connu et Niki, qu'il était le plus casse-cou de tous les pilotes de Formule I, mais qu'il l'adorait.

(Dominique Leroy)

(*Noel Neelands*)

II

L'ÉTOILE MONTANTE: 1975 — 1976

1   *Gilles savait toujours exactement ce qu'il voulait et il*
      faisait toujours ce qu'il croyait devoir faire pour
      l'obtenir — peu importe les obstacles.
                                              Kris Harrison

Malgré les solides factures de réparation que Villeneuve
avait imposées à son équipe, le propriétaire d'Écurie Canada,
Kris Harrison, l'invita à participer à la série Atlantique
1975. Le jeune pilote avait maintenant une saison d'expérience derrière lui et Harrison voyait en Gilles une sorte
de diamant brut: encore un peu de polissage pour le mettre
en forme, et il brillerait de tous ses feux. Quant à leurs
fréquents désaccords, Harrison était prêt à les oublier.

«Nous n'étions pas d'accord sur bien des choses. Il était
extrêmement volontaire et moi, pour survivre dans le milieu
de la course, je devais l'être tout autant. Il voulait faire des
essais tous les jours, mais notre budget ne nous le permettait
pas. Il ne voulait pas d'un autre pilote dans une deuxième
voiture sous nos couleurs. Il voulait être le numéro un. Pour
lui, notre organisation était un moyen pour atteindre une fin.
Mon objectif à moi était de construire une équipe de course

solide. Bref, à cette époque, nous étions souvent deux personnes de tempéraments semblables qui se dirigeaient dans deux directions opposées. Pourtant, j'étais heureux de l'avoir avec moi, même s'il était convaincu que lui saurait diriger une équipe mieux que personne.»

En fin de compte, Gilles manqua la date limite pour obtenir une place dans l'écurie de Kris Harrison, lorsque les commanditaires sur lesquels il comptait lui firent faux bond. Écurie Canada engagea un pilote suédois réputé pour sa rapidité, Bertil Roos, et un pilote canadien chevronné, Craig Hill.

Trois semaines avant le début de la saison, Gilles était donc toujours dans les limbes. Très déprimé, il était prêt à abandonner. C'était la première fois que Johanne le voyait ainsi. «Même si j'étais totalement contre ses courses, je ne pouvais pas supporter de le voir si malheureux, complètement abattu. Alors j'ai essayé de l'encourager, pas nécessairement à faire de la course, mais au moins à tout tenter pour réussir. Je lui ai dit un jour: «Commande la voiture, achète le moteur, fais venir tout le matériel et nous verrons plus tard comment nous ferons pour payer.» Une nouvelle March 75B et un moteur Ford BDA furent donc commandés en Angleterre et l'équipe Villeneuve se trouva bientôt mécaniquement prête, même si elle n'avait toujours pas un sou en poche.

Une fois de plus, la motoneige fut le tremplin qui permit à Gilles de réaliser ses aspirations de coureur automobile, un Gilles qui commençait à donner la pleine mesure de ses talents de négociateur. Sa prestation de l'hiver précédent, sur sa machine modifiée, avait attiré l'attention de son ancien employeur, Skiroule, qui l'invita à rentrer au bercail comme pilote étoile pour la saison suivante.

On était à une semaine seulement de la première course de Formule Atlantique et, même si Gilles brûlait d'envie de sauter sur cette occasion, il retint suffisamment longtemps son enthousiasme pour voir enfin un peu de lumière au bout du long tunnel glacé de la motoneige. Oui, il serait heureux de courir pour Skiroule, à une condition cependant: que le constructeur de motoneiges commandite ses courses de

Formule Atlantique pendant l'été. Le nom de Skiroule sur sa voiture, une voiture qui ne pouvait manquer de se classer parmi les premières, resterait ainsi présent aux yeux du public pendant toute l'année.

C'était un coup de poker, car une réponse négative aurait pu laisser Gilles à pied, aussi bien sur neige que sur route. Mais Skiroule accepta de débloquer une somme suffisante pour que la caravane Villeneuve Atlantique puisse au moins prendre la route. Gilles s'entendit avec un mécanicien montréalais pour lui prêter main-forte quand il fallut reconditionner son moteur Ford BDA et il engagea son mécanicien-motoneigiste pour l'accompagner sur les circuits de course. Entre deux biberons, Johanne ferait fonction de chronométreuse, de cuisinière et de gardienne pour Jacques et Mélanie. Quant à Gilles, il s'occuperait du reste. À la mi-mai, la minuscule équipe partit donc dans la camionnette de camping de Séville qui remorquait derrière elle la nouvelle March, polie comme un sou neuf.

La première course du Challenge Player's 1975, à Edmonton, montra à Gilles combien il lui serait difficile avec ses moyens de fortune de faire concurrence à des équipes plus aisées que la sienne. Sur papier, les voitures de Formule Atlantique avaient toutes des performances identiques, si bien qu'en théorie la victoire devait revenir au meilleur pilote. Mais à Edmonton, Gilles comprit qu'un autre facteur — l'argent — risquait de faire pencher la balance.

Derrière les stands les plus huppés, s'alignaient de gros camions d'où des essaims de mécaniciens en combinaisons impeccables déchargeaient le meilleur matériel dont on puisse rêver. La plupart des grands noms avaient des voitures de réserve: des gens comme le champion 1974, Bill Brack, un gros concessionnaire d'une marque d'automobiles, le playboy mexicain, Hector Rebacque, les Américains Price Cobb, Howdy Holmes, Bobby Rahal, Elliott Forbes-Robinson et Tom Klausler, qui venaient de familles fortunées ou avaient la réputation et les relations qui leur permettaient d'attirer de solides budgets. Certaines équipes arrivaient avec des caisses et des caisses de moteurs neufs, des piles de pneus, d'extraordinaires boîtes à outils qui à elles seules semblaient coûter autant que tout le budget de l'équipe Villeneuve pour la saison. Gilles regardait d'un œil d'envie, tandis que lui et Johanne bichonnaient la March vert et blanc, numéro 69, dont les flancs arboraient le nom de Skiroule, peint à la main.

À côté de ce handicap financier tout à fait évident, Gilles savait aussi qu'il n'avait pas encore autant de métier que la plupart de ses rivaux. Son seul espoir était que son enthousiasme de débutant l'emporte sur son manque d'expérience. Ce ne fut pas le cas à Edmonton où il n'obtint qu'une terne quinzième place, loin derrière le vainqueur, Bertil Roos d'Écurie Canada. Le Suédois était certainement rapide, mais Gilles n'en était pas moins convaincu que c'était la faiblesse de ses moyens techniques qui l'avait privé de la victoire, pas la faiblesse de ses moyens de conducteur. Bref, une seule explication à sa défaite: l'opposition était mieux préparée.

Il s'occupa donc de peaufiner sa March pour la course suivante, à Westwood, en Colombie-Britannique. Les choses s'annonçaient mieux puisqu'il obtint la huitième place sur la grille de départ aux épreuves de qualification. C'était encourageant. À la différence du circuit d'Edmonton, plat et morne, le tracé sinueux de Westwood mettait davantage à l'épreuve les hommes que les machines. Gilles y alla de tout son cœur et remporta une combative cinquième place, à peine une demi-minute derrière le vainqueur, une fois de plus Bertil Roos.

Le moral était au beau fixe lorsque la tribu Villeneuve retraversa une bonne partie du pays pour la course de Gimli, le 22 juin. Gilles démarra à fond de train pour les épreuves de qualification, mais une série d'ennuis mécaniques l'empêcha de faire un bon temps aux essais. Il n'était que dix-neuvième. Ses chances de figurer en bonne place dans la course paraissaient bien minces.

Ce fut alors que le sort décida d'intervenir, sous la forme d'une pluie diluvienne qui inonda le circuit. Gilles dira plus tard que Gimli en 1975 avait été «pire qu'un cauchemar». Un cauchemar pour les autres pilotes, sans aucun doute, mais pour Gilles la réalisation d'un rêve. «Je n'oublierai jamais cette course. Je savais que j'avais une chance qui ne se représenterait jamais.»

Cette chance, il la saisit à bras-le-corps. Pour une fois, tout le monde était dans le même bateau. La pluie nivelait les inégalités et le mettait sur le même pied, terriblement chancelant sans doute, que ses rivaux trempés jusqu'aux os. L'habileté et l'audace l'emportèrent sur le matériel et l'expérience, tandis qu'il remontait inexorablement, grimpant de place en place. Intrépide, il fonçait dans les gerbes d'eau propulsées par les voitures qui le précédaient. La visibilité était pratiquement nulle, mais Gilles se fiait à son instinct aiguisé dans la poudrerie des courses de motoneiges et à son sens étonnant de la maîtrise du véhicule. Cette maîtrise ne suffit pas cependant à l'empêcher de faire plusieurs tête-à-queue, mais tout le monde en faisait autant, et Gilles continua, sans relâche, pour arriver finalement le premier au drapeau à damier, avec 15 secondes d'avance sur Bobby Rahal.

«Je ne voyais rien dans la ligne droite, et c'est seulement les balises orange des entrées de virages qui me disaient quand je devais commencer à freiner, dira un vainqueur ruisselant mais rayonnant de bonheur après la course. Deux fois, je suis complètement sorti de la piste, mais j'ai quand même réussi à finir.» Sa combinaison était trempée, autant par la pluie que par la sueur. Et quand les Villeneuve refirent leurs bagages, cette fois c'était sur eux que convergeaient les regards d'envie du reste des paddocks.

La prestation de Gilles à Gimli n'était pas un feu de paille, comme il le prouva à la course suivante, à Saint-Jovite, où il se classa quatrième aux épreuves de qualification et termina en seconde place, six secondes à peine derrière Elliott Forbes-Robinson. À Halifax, il était septième aux épreuves de qualification, mais il retomba à la quatorzième place durant la course (remportée par Bill Brack), une fois de plus victime d'ennuis mécaniques. Sa position au classement général de la série en souffrit. Brack remporta le championnat une nouvelle fois, avec cent douze points, suivi de Roos avec quatre-vingt-quatre points, tandis que Villeneuve se classait en cinquième place, avec soixante-neuf points. Un résultat éminemment respectable pour un pilote dont l'expérience et les ressources financières étaient fort minces; il ne passa pas inaperçu dans les milieux de la course automobile.

Sa réputation grandissante fut encore rehaussée lors d'une course hors championnat, en fin de saison: le Grand Prix Molson de Trois-Rivières. Les organisateurs avaient invité plusieurs grands noms européens, en plus des habitués de la Formule Atlantique, et Gilles se retrouva coude à coude avec l'Italien Vittorio Brambilla qui venait de remporter le Grand Prix d'Autriche dans une March de Formule I. Il y avait encore d'autres coureurs de Grand Prix venus de France, dont Jean-Pierre Jarier de l'écurie Shadow et Patrick Depailler de l'équipe Tyrrell, ainsi que deux favoris de la Formule II, José Dolhem et Jean-Pierre Jaussaud.

Gilles, nullement impressionné par ces célébrités, lança sa March sur le difficile parcours de Trois-Rivières avec sa fougue habituelle, enregistrant des temps toujours meilleurs sur les chronomètres de Johanne. Il réussit l'exploit d'arriver troisième aux épreuves de qualification, sur les talons de Jarier et de Depailler. Dès le début de la course, il doubla Depailler et se lança aux trousses de Jarier. Hélas, les freins de sa March ne supportèrent pas le traitement rigoureux qu'il leur imposait et il commença à redescendre, au plus grand soulagement des étoiles venues de l'étranger. Les célébrités ne furent sans doute pas trop déçues lorsque le petit Québécois dut abandonner au soixantième tour, faute de freins pour l'arrêter.

De retour sur les circuits de motoneiges avec l'hiver, Gilles connut sa meilleure saison. Il participa à trente-six courses, abandonna à trois reprises en raison d'ennuis mécaniques, se classa une fois second et remporta trente-deux premières places pour Skiroule. Peut-être l'amélioration de la situation matérielle de la famille Villeneuve ne fut-elle pas étrangère à ces succès. Au lieu de demander à Skiroule de payer ses billets d'avion, ses chambres d'hôtel et ses repas, Gilles avait persuadé son commanditaire de lui donner une somme forfaitaire pour ses frais. Gilles acheta alors une caravane de huit mètres, équipée de couchettes, d'un coin cuisine, d'une toilette et d'une douche. Une vraie maison. Mieux: une maison qui pouvait se déplacer. Johanne, les enfants et la nouvelle acquisition de la famille, Princesse, un berger d'Alsace, l'accompagnèrent dans la plupart des courses de la saison. Gilles était heureux.

Il était également tranquille au sujet de son avenir immédiat dans la course automobile puisqu'il avait déjà organisé sa saison 1976 en Formule Atlantique. Après son exploit remarqué à Gimli, confirmé par sa bonne prestation à Trois-Rivières, côte à côte avec de grandes vedettes internationales, on s'était bousculé à sa porte. Gilles avait reçu des propositions intéressantes de plusieurs écuries de Formule Atlantique, notamment de Doug Shierson, de Pierre Phillips et encore une fois d'Écurie Canada.

Skiroule avait déjà accepté de contribuer au financement de sa prochaine saison en Formule Atlantique, une décision qui venait à pic puisque Gilles, selon ses propres termes, était «extrêmement fauché», comme d'habitude. Il était clair que la vie des Villeneuve prenait un nouveau tournant et Johanne se résigna peu à peu à accepter les ambitions de son mari et même à s'intéresser davantage à sa carrière. Conseillé par elle, il sut choisir ce qui lui parut être la meilleure des offres qu'on lui faisait.

La saison précédente lui avait appris combien il était important de disposer d'une bonne équipe technique. Gilles voulait à tout prix pouvoir se concentrer sur le pilotage, sans être trop distrait par le côté mécanique du sport, par la préparation et l'entretien du véhicule. «On ne peut pas conduire bien et être en même temps son propre mécanicien. On se fatigue trop. À mes débuts, je faisais tout moi-même. Mais je n'avais pas le choix. Aujourd'hui, je ne veux plus toucher à la voiture. Bien sûr, je peux donner un coup de main pour les réglages, mais des choses comme changer un moteur — non, je ne veux plus en entendre parler.»

Une autre condition impérative était de trouver une équipe disposant de ressources suffisantes pour répondre à tous les besoins de son pilote et une écurie de deux voitures n'offrirait peut-être pas ces possibilités. Doug Shierson Racing était également en négociation avec l'Américain

Bobby Rahal, un autre pilote qui semblait avoir de l'avenir et dont Gilles aurait été le coéquipier. Rahal avait aussi été approché par Harrison. Johanne avait ses doutes: la situation familiale confortable de Rahal ne risquait-elle pas de faire pencher la balance dans une écurie de deux voitures ? Le meilleur matériel ne serait-il pas confié au pilote le plus à même de renflouer les coffres de l'équipe ? Et si Gilles réussissait à persuader Écurie Canada de le prendre comme seul pilote ?

Il pourrait alors compter sur tout le poids d'une équipe qu'il connaissait déjà. Le 5 octobre 1975, tous les intéressés se retrouvaient à Watkins Glen, dans l'État de New York, pour le Grand Prix des États-Unis. Et c'est là que Gilles signa un contrat avec Écurie Canada pour la série 1976 de Formule Atlantique.

Même s'il craignait encore les conflits de personnalité avec Harrison, le facteur décisif pour Gilles fut la présence de Ray Wardell. «Je ne m'entendais vraiment pas avec Kris Harrison, dira Gilles. Nous ne nous sommes jamais très bien compris. Mais Ray Wardell faisait équipe avec lui et je le connaissais un peu, car il était venu à Trois-Rivières pour aider Depailler et les autres Européens. J'avais l'impression qu'il était le meilleur dans son domaine et, lorsque nous nous sommes parlé, j'ai fini par dire: «D'accord, je vais courir pour vous.»

Ray Wardell, un ingénieur anglais qui possédait une vaste expérience de la course, avait travaillé pendant quelques années pour le groupe March dans plusieurs formules européennes. Responsable du service à la clientèle de March, il assistait tous les ans au Grand Prix de Trois-Rivières où Kris Harrison engageait régulièrement les meilleurs pilotes européens sur mécanique March. Auparavant, Wardell avait travaillé avec des hommes comme Niki Lauda et Ronnie Peterson, au début de leur carrière. Dans un premier temps, ces deux pilotes, trop impétueux, avaient accumulé les accidents. Puis ils s'étaient assagis pour devenir deux des plus grands noms du sport: Lauda, trois fois champion du monde, et Peterson, l'un des pilotes les plus rapides et les plus brillants qu'on puisse imaginer. Wardell croyait bien avoir vu quelque chose de semblable à Trois-Rivières, en 1975, chez un certain Gilles Villeneuve

«Le talent était là. Il me faisait penser à Ronnie et à Niki à leurs débuts. Impossible de dire qu'il allait devenir aussi bon qu'eux, mais il était clair que vous aviez là un jeune pilote incroyablement motivé.»

Wardell jugeait les pilotes à l'état du matériel. «Quand vous travaillez avec une équipe, vous ne voyez pas grand-chose de ce qui se passe sur la piste. Je me fiais donc à l'état des voitures quand les pilotes les ramenaient et aux temps qu'ils parvenaient à faire. Les temps de Gilles sur une voiture qui n'avait aucun droit à de pareils résultats étaient stupéfiants. Il n'avait pratiquement pas de freins à Trois-Rivières. J'ai essayé de lui donner quelques conseils mais il était tout seul et il n'avait ni argent ni moyens techniques pour remédier à la situation. Pourtant, impossible de ne pas être impressionné par lui. Une chose était certaine: il se donnerait de tout son cœur si vous lui fournissiez une voiture convenable. Gilles fut l'une des principales raisons de mon entrée à Écurie Canada.»

2   *Il connaissait ses limites. Il se trouve que ces limites étaient différentes de celles du pilote moyen, et Gilles était prêt à les frôler plus souvent.*
Ray Wardell

Gilles abandonna la course de motoneige pour sa première épreuve automobile de l'année 1976, en Floride: les Vingt-Quatre Heures de Daytona. Maurice Carter l'avait invité à être son coéquipier pour cette épreuve d'endurance, sur Chevrolet Camaro. Mo Carter, un concessionnaire automobile de Hamilton, en Ontario, accumulait les victoires sur courtes distances avec sa lourde Camaro modifiée mais il avait besoin de renfort pour Daytona. Le choix de son copilote se révéla inspiré, sur le plan de la vitesse en tout cas.

La première fois qu'il prit le volant d'une voiture qu'il n'avait jamais conduite, sur une piste qu'il n'avait jamais vue, Gilles battait Mo de deux secondes. Mais le matériel n'était pas à la hauteur de la tâche, ou du moins il n'était pas fait pour tourner vingt-quatre heures d'affilée. La démonstration de Gilles prit fin au bout de sept tours, lorsque le moteur de 450 po^3 vola en éclats alors que la voiture descendait la ligne droite à bonne vitesse. Gilles réussit à immobiliser le monstre sans problème et les mécaniciens remplacèrent le moteur au stand. Malheureusement, le moteur de rechange, tout aussi fragile, rendit l'âme 90 minutes plus tard. Cette fois, Carter était au volant.

Au début du printemps, alors que la neige n'avait pas encore totalement abandonné le nord du continent, Écurie Canada prenait la route du sud en direction d'Atlanta, en Géorgie, pour se préparer à la saison de Formule Atlantique. Celle-ci était maintenant devenue la plus importante série de monoplaces en Amérique du Nord et l'American International Motorsports Association (IMSA) parrainait quatre courses aux États-Unis dans cette catégorie, à côté des épreuves du Challenge Player's, organisées au nord de la frontière.

Ray Wardell fut satisfait de la prestation de la nouvelle March 76B aux couleurs de Skiroule en Géorgie, mais quelque peu surpris par les excentricités de son nouveau pilote à bord d'une autre voiture. «Je ne connaissais pas très bien le bonhomme, et le deuxième jour des essais, il m'a emmené avec lui sur la piste dans une voiture de location. Il y avait une grille et je suis descendu pour l'ouvrir. Au moment où j'allais la refermer, la roue arrière droite de notre voiture est partie en fumée. Gilles faisait du sur-place, ravi, et continuait à brûler du caoutchouc jusqu'à faire pratiquement éclater le pneu. Il y avait de la fumée partout. Je me suis dit: «Nom d'une pipe, ce type est un vrai cow-boy.»

Wardell eut une autre révélation alors que lui et Gilles étaient assis dans la même voiture de location, devant le stand, en train de parler course. Bobby Rahal, qui faisait des essais avec l'équipe Shierson, et le mécanicien-moteur d'Écurie Canada, Dave Morris, passèrent à côté d'eux dans des voitures de tourisme, examinant à basse vitesse le circuit. Gilles n'allait pas laisser passer une si bonne occasion de s'amuser un peu et la conversation Wardell-Villeneuve connut une fin brutale. «Gilles saute sur le champignon, et voilà que nous sommes partis à leurs trousses. Je ne suis pas particulièrement brave quand j'occupe la position du passager. Eh bien, j'ai fait la promenade la plus terrifiante de toute ma vie.

«J'étais accroché à la poignée de la portière et j'avais les pieds sur ses genoux. Sa voiture de location était la plus lente de toutes les trois mais il a rattrapé les deux autres qui ont essayé de faire la course avec lui. Il les a simplement laissées sur place. Quand il a eu terminé sa petite démonstration, les pneus étaient complètement fichus. Et plus tard, lorsque nous avons rendu la voiture à l'aéroport, Gilles a eu le culot de dire aux employés de l'agence que leur voiture était dans un état pitoyable, que les pneus lui avaient vraiment donné du fil à retordre.»

Quand Wardell eut retrouvé ses esprits, il commença à voir qu'il y avait une méthode dans la folie apparente de Villeneuve. «À le voir tenir cette machine sur deux roues dans tous les virages, j'ai compris le talent de Gilles. Je crois qu'il sentait si bien n'importe quelle automobile qu'il lui fallait absolument découvrir ses limites absolues. Il ne le faisait pas pour épater les gens. Il avait l'impression que c'était ce qu'il fallait faire. Il connaissait ses limites. Il se trouve que ces limites étaient différentes de celles du pilote moyen, et Gilles était prêt à les frôler plus souvent.

«On pourrait sans doute dire qu'en prenant un peu de maturité, il aurait dû apprendre qu'il n'était pas indispensable de faire constamment ce genre de démonstration. Mais Gilles voyait les choses sous un autre angle. Il pensait que son travail était de donner son maximum chaque fois qu'il s'installait dans une voiture. C'est ainsi qu'il fonctionnait. C'est ainsi qu'il vivait sa vie. Sa vie était la course automobile et il courait chaque fois. Il s'y donnait toujours à fond et il attendait la même chose des autres. Si vous ne le suiviez pas, vous n'aviez aucune chance de bien vous entendre avec Gilles Villeneuve.»

Sous la tutelle de Wardell, Gilles assimila les complexités de la préparation mécanique d'une voiture, mais son incompréhension totale du côté financier de la course continuait à provoquer des frictions avec le propriétaire de l'équipe. Kris Harrison dira plus tard qu'il avait eu plaisir «à travailler avec quelqu'un qui avait à ce point une seule idée en tête», mais en dehors de la course, les deux hommes partageaient rarement le même point de vue et Wardell se retrouva souvent en position d'arbitre, entre son pilote qui ne pensait qu'à la course et son partenaire d'Écurie Canada qui pensait aussi aux affaires. Comme il en avait été lors de la saison précédente, chaque fois que Harrison devait serrer les cordons de la bourse pour les essais ou les achats de matériel, Villeneuve y voyait une menace pour sa carrière et la dispute éclatait aussitôt. Wardell faisait de son mieux pour calmer les esprits. «Heureusement que je pouvais prendre un peu de recul. Gilles ne parvenait jamais à se mettre dans la peau de Kris et il pensait que c'était un sale type. Il ne comprenait absolument rien au côté commercial de l'opération et il était incapable d'accepter la moindre chose qui puisse compromettre les efforts de l'équipe.»

Avec le temps, Villeneuve noua avec Wardell les rapports les plus étroits qu'il eut de toute sa carrière avec un ingénieur. Après chaque séance d'entraînement, les deux hommes se penchaient sur une carte du circuit et l'étudiaient pendant des heures. Wardell passait au peigne fin chaque virage, demandait à Gilles à quel moment précis il changeait de vitesse, à quel régime tournait le moteur, si la voiture était neutre, survireuse ou sous-vireuse, et ainsi de suite. Wardell traduisait les réponses de son pilote en paramètres mécaniques et les deux hommes finirent par établir entre eux une relation exceptionnelle de confiance et de respect mutuel.

La compréhension qu'avait Villeneuve du côté technique de la course appelait une nouvelle comparaison avec les anciens disciples de Wardell. «De tous mes pilotes, Peterson et Lauda compris, Gilles était de loin celui avec lequel je préférais travailler. Ronnie n'était que pur instinct et n'avait aucune compréhension technique. Lauda était pure compréhension et analysait à fond le moindre détail. La meilleure combinaison se retrouvait chez Gilles. Il avait une excellente compréhension de la voiture, sans doute pas au même degré que Lauda, mais il possédait certainement le talent de Ronnie et vous donnait chaque fois 100 p. 100 de ses capacités.»

Leurs qualités exceptionnelles n'empêchèrent pas Lauda et Peterson d'avoir de très graves accidents. L'Autrichien faillit mourir de terribles brûlures en 1976 et le Suédois finit par payer le prix ultime de la course automobile en 1978. Une expérience douloureuse avait appris à Wardell, un homme sensible et émotif, à garder une certaine distance avec ses pilotes.

Au Grand Prix des Pays-Bas de 1970, Wardell était le chef mécanicien de la March Formule I du pilote suisse Jo Siffert. Par hasard, la March de Siffert était invisible au moment même où la De Thomaso de l'Anglais Piers Courage manquait elle aussi à l'appel. L'Anglais avait eu un terrible accident et, du stand, Wardell vit d'épaisses volutes de fumée noire s'élever au-dessus du circuit. Quelque chose d'horrible s'était produit. Il crut qu'il s'agissait de la March de Siffert et supposa le pire. Ce ne fut guère une consolation pour lui quand il apprit que Courage était la victime. Courage mourut brûlé. Wardell eut «une sorte de dépression nerveuse» et il ne se sentit plus capable après cela d'être mécanicien de piste, préférant s'orienter vers la direction de course.

Un an plus tard, Jo Siffert, au volant d'une BRM, trouvait la mort dans une affreuse collision à Brands Hatch, en Angleterre. Ray Wardell n'avait que trop conscience des risques du sport automobile: «Vous savez bien qu'il s'agit d'une activité dangereuse et que si quelque chose tourne mal, vous pouvez vous attendre au pire. Mais vous essayez de ne pas trop y penser et de faire le meilleur travail possible pour votre pilote. Car c'est ce qu'il attend de vous. Personnellement, je ne monterais pas à bord de la voiture, mais lui a pris cette décision, et moi je l'accepte.»

Ainsi donc, si Wardell et Gilles avaient entre eux des relations extrêmement étroites sur le plan professionnel, ils ne se fréquentaient pas beaucoup en dehors des circuits. À vrai dire, bien peu de gens fréquentaient Gilles autrement que sur la piste car, lorsqu'il ne courait pas, presque tout son temps était consacré à sa famille. Wardell s'émerveillait de les voir si unis: «Ils formaient un groupe très solide, jusqu'à la chienne, Princesse, extrêmement protectrice et loyale. Personne ne pouvait s'approcher d'elle, à part les membres de la famille. Gilles était très fier de sa petite tribu. C'était sa famille... celle qu'il avait créée.»

3 *Johanne et les enfants faisaient absolument partie de lui-même. Ils étaient sa vie. Ils étaient Gilles. Pour lui, il fallait absolument qu'ils soient tout le temps avec lui.*
Ray Wardell

C'est durant cette saison que les Villeneuve connurent l'époque la plus heureuse de leur vie familiale. Johanne avait été privée de la présence de son père dans son enfance et elle s'était inquiétée des effets des absences prolongées de Gilles sur leurs enfants. Maintenant, ils allaient être avec leur père 24 heures par jour et la famille, escortée par la fidèle Princesse, eut son comptant de vie commune, sillonnant le continent comme des romanichels dans leur caravane. S'il est vrai que les voyages forment la jeunesse, alors Jacques et Mélanie, âgés de cinq et trois ans, eurent une formation tout à fait exceptionnelle, du Pacifique à l'Atlantique, aux États-Unis comme au Canada.

Il n'y a qu'un seul domaine où ils n'eurent pas l'occasion d'exercer leur curiosité au cours de leurs périples: celui de la cuisine. Et Johanne n'eut jamais à se creuser la tête pour faire ses courses car Gilles restait fidèle à ses habitudes alimentaires: viande et pommes de terre, avec quelques variations sur ce même thème, tarte au sucre au dessert, voilà le menu classique qui sortait des fourneaux de Johanne. Gilles adorait s'arrêter dans ces innombrables casse-croûte qui jalonnent les routes américaines pour se gorger de hamburgers et de pommes de terre frites, le tout arrosé d'un Coke glacé. Le soir venu, sur le terrain de camping où la famille faisait halte, il ne détestait pas non plus présider un barbecue. Avec Princesse (dont le ventre s'arrondissait à vue d'œil, suite d'une quelconque escapade) comme vigilante gardienne, la famille pouvait dormir en toute sécurité n'importe où et les lumières de la caravane s'éteignaient généralement sans tarder.

Pour passer le temps durant les longues heures de voyage, Johanne essayait de distraire les enfants avec des jeux divers. À l'avant, au volant d'un véhicule qui ne pourrait jamais aller assez vite à son goût, Gilles rêvait constamment de course. Ou encore il se livrait à des exercices techniques pour se maintenir en bonne forme mentale. Son passe-temps favori, par exemple, consistait à compter les bornes le long de la route et à comparer le résultat aux indications du compteur de la caravane. Il découvrit ainsi que l'instrument n'était pas tout à fait juste et préféra par la suite se fier à ses propres calculs. D'autres éléments de la caravane, peut-être pas très bien construite, supportaient mal le traitement souvent brutal que leur infligeait le conducteur. Des escales techniques forcées ponctuaient donc fréquemment les voyages de la famille, mais Gilles ne semblait pas y voir d'inconvénient. À vrai dire, il semblait même enchanté de réparer ses propres dégâts. Maintenant que d'autres s'occupaient de sa machine de course, la caravane était devenue une occasion presque unique de tâter de la clé à molette.

Sur les circuits, Gilles garait la caravane près de la clôture du paddock. Interdiction aux deux enfants de s'approcher des stands quand il y avait des voitures. Mais son fils commençait déjà à montrer qu'il était bien le digne rejeton de son père. Jacques avait un tricycle de plastique sur lequel il pédalait furieusement dès qu'il en avait l'occasion. Inspiré par une certaine March de l'Écurie Canada dont les roues avaient tendance à patiner plus souvent qu'à leur tour, Jacques apprit comment donner une brusque poussée sur le pédalier de sa monture pour faire chasser la grosse roue avant. Et quand les voitures de course sortaient à grand bruit sur la piste, on pouvait voir Jacques et Mélanie affublés de gigantesques protège-oreilles, beaucoup trop grands pour eux. Pendant les courses, les petits criaient à pleins poumons pour encourager leur père, ce qui n'était peut-être pas inutile... puisqu'il gagnait presque toujours.

À la mi-avril, la caravane des Villeneuve se présenta sur le Road Atlanta Circuit, en Géorgie, pour la première course de la saison 1976. Gilles se faufila avec son véhicule dans un coin stratégique du paddock, près du stand d'Écurie Canada, brancha le câble électrique de sa maison mobile et sortit pour rencontrer son équipe. Il adorait regarder les deux mécaniciens d'Écurie Canada travailler sur sa voiture. Souvent, il restait assis dans le cockpit pour parler métier avec eux et avec Ray, jusqu'à une heure avancée de la nuit. Johanne devait alors garder au chaud pendant de longues heures, dans la mesure du possible, la viande et les pommes de terre qui composaient le repas de son mari.

Gilles aimait tout particulièrement qu'on lui parle de Ronnie Peterson, son pilote favori en Formule I. Il avait vu les spectaculaires dérapages de Peterson à la télévision, mais aussi de ses propres yeux, au Grand Prix du Canada organisé sur le circuit de Mosport en 1971. Lui et Johanne se trouvaient à l'extérieur du virage numéro un, sous une pluie battante, tandis que les bolides des grandes étoiles avançaient sur la pointe des pieds, si l'on peut dire, dans des conditions épouvantables il est vrai. Une exception cependant: Peterson poussa sa March dégoulinante de pluie de la sixième place sur la grille de départ jusqu'à rejoindre le premier, Jackie Stewart, à qui il livra une lutte épique. À la force du poignet, il avait fini par le doubler pour occuper la première place pendant treize tours jusqu'à ce qu'il emboutisse un retardataire (le pilote canadien George Eaton, sur BRM). Peterson avait cependant continué, totalement insoucieux du mauvais temps et de l'avant défoncé de sa March. Stewart avait gagné la course, devant Peterson, mais Gilles n'avait eu d'yeux que pour Ronnie.

La fameuse technique de Peterson en virage, qui consistait à chasser violemment de l'arrière et à contrebraquer à fond, faisait résonner une corde sensible chez Gilles. C'était ainsi qu'il avait toujours négocié ses virages sur les petites routes des environs de Berthier. Et le suprême plaisir qu'il ressentait à faire déraper un bolide beaucoup plus agile et nerveux, puis à le maîtriser, était l'une des principales raisons pour lesquelles il avait choisi cette profession. Bien sûr, des pilotes comme Jackie Stewart remportaient des victoires plus nombreuses avec un style plus souple, plus poli, mais Peterson donnait toujours l'impression d'aller plus vite et Gilles était convaincu que le Suédois audacieux et fougueux s'amusait bien davantage que l'Écossais circonspect et mesuré. Naturellement, les comparaisons que Wardell pouvait faire entre Gilles et Ronnie tombaient dans une oreille particulièrement attentive.

Sur le circuit Road Atlanta, Villeneuve fit la meilleure synthèse possible des deux écoles: il pilota avec une verve étonnante — et remporta la victoire. La plupart des meilleurs pilotes de Formule Atlantique avaient repris du service pour la saison et la piste était pleine de jeunes pilotes bien décidés à faire leurs preuves, mais aucun ne put suivre le Québécois sur sa March revue et corrigée par Wardell. Gilles partit en première place sur la grille de départ et pas une seule voiture ne le doubla jamais. Il termina avec treize secondes d'avance sur l'Américain Tom Pumpelly.

Villeneuve allait faire coup double à la course suivante de l'IMSA, organisée à Laguna Seca, en Californie, où il distança aisément ses rivaux. Elliot Forbes-Robinson arriva en deuxième place, une minute derrière le Québécois volant. Encore plus réussie fut la deuxième escale californienne, sur le circuit Ontario, où Gilles fit coup triple: premier sur la grille de départ, tour le plus rapide en course et première place, devant Forbes-Robinson.

Les Villeneuve fêtèrent leur épopée américaine avec une excursion à Disneyland avant de remonter vers le nord pour la première épreuve du Challenge Player's, à Edmonton. Là encore, Gilles fut le plus rapide aux épreuves de qualification; il mena la course du début jusqu'à la fin et réalisa le tour le plus rapide en course. Mais cette fois, la partie fut moins aisée et Gilles dut travailler dur pour gagner, comme il l'expliqua après avoir reçu les lauriers du vainqueur. «Ce n'était pas facile, car Bill Brack n'a pas cessé de me talonner et je ne pouvais pas me permettre la moindre erreur.» Princesse célébra la victoire en donnant naissance à une demi-douzaine de chiots et la caravane dut s'accommoder de cette nouvelle petite famille jusqu'à ce qu'on lui trouve un foyer d'adoption.

L'euphorie qui régnait dans le clan d'Écurie Canada fut un peu tempérée à la fin du mois de mai, à Westwood, où le mauvais temps si fréquent à Vancouver gâcha la parade. Gilles prit le départ en première place, comme c'était désormais son habitude. L'humidité diabolique n'avait certainement pas détrempé son enthousiasme. Hélas, ce ne fut pas le cas de son moteur. Gilles menait avec dix-huit secondes d'avance lorsque le Ford BDA s'étouffa — les roues arrière perdirent de l'adhérence, la voiture sortit de la piste, et la course était finie pour Gilles. Ray Wardell n'avait jamais préparé une voiture de Formule Atlantique pour la course et il s'était fié à son expérience de la Formule II. Il accepta pleinement ses responsabilités pour la défaillance de carburateur qui avait provoqué l'incident et fut fortement impressionné par l'attitude de Gilles qui ne lui reprocha pas une seule fois son seul abandon de l'année.

Le bilan était maintenant de quatre points pour Villeneuve, un seul pour ses rivaux, et le phénomène nord-américain commençait à faire parler de lui en Europe. Ron Dennis (qui plus tard serait l'architecte de l'ascension de l'équipe McLaren Formule I) invita Gilles à piloter une de ses March de Formule II lors de la course qui se déroule tous les ans dans les rues de Pau, en France. Tôt en juin, Gilles, accompagné de Ray Wardell, prenait l'avion à destination de cette jolie ville des Pyrénées pour se mesurer à de nouveaux concurrents. Pendant le vol, les deux hommes parlèrent de la progression normale d'un coureur automobile dans les formules européennes: Formule Ford, Formule III, Formule II, puis enfin Formule I. Gilles commençait à se demander s'il ne devrait pas courir davantage à l'étranger pour se faire remarquer. La Formule Atlantique était probablement ce qui ressemblait de plus près à la Formule III, mais les épreuves se déroulaient un peu loin de ceux qui découvraient les jeunes talents. Pourtant, maintenant qu'il avait attiré l'œil de Ron Dennis, Gilles avait peut-être des chances de parvenir à contourner le système établi.

Dans le passé, plusieurs Canadiens, dont Bill Brack qui était ensuite devenu un des piliers de la Formule Atlantique, avaient participé au Grand Prix du Canada à bord de voitures louées pour le week-end. George Eaton, de la famille propriétaire des grands magasins du même nom, s'était trouvé une place plus permanente pour une partie d'une saison avec l'équipe BRM. Mais la Formule I n'en demeurait pas moins essentiellement la chasse gardée des Européens. Le dernier Américain qui avait réussi à s'y infiltrer était Mark Donohue, au volant d'une Penske. Sa carrière avait connu une fin tragique, lorsque l'Américain s'était tué durant les essais de sa quinzième course de Formule I, au Grand Prix d'Autriche, au mois d'août de l'année précédente. Wardell, un peu inquiet de voir son protégé en vouloir tant et si vite, crut bon de tempérer l'enthousiasme de Gilles: selon toute vraisemblance, la grande course automobile n'était pas pour demain.

Gilles ne fit pas d'étincelles à Pau. Il se classa relativement bien aux épreuves de qualification sur une March 762-Hart qu'il ne connaissait pas — dixième sur un circuit difficile qu'il n'avait jamais vu. Parmi ses rivaux figuraient des habitués de la Formule II comme Tambay, Cheever, Laffite et Arnoux, des noms qu'il allait bien connaître plus tard. Gilles fit son chemin dans les rues sinueuses de Pau avec beaucoup de panache et il s'attaqua bientôt aux six premiers. Mais son moteur surchauffé le lâcha et il dut se résoudre à parquer sa voiture qui annonçait sur ses flancs le Grand Prix Molson de Trois-Rivières. Le tour le plus rapide revint à Jacques Laffite et René Arnoux remporta sa première victoire dans une course importante. Bref, Gilles devrait attendre une autre course pour se mesurer vraiment aux Européens.

En attendant, il y avait encore d'autres courses de Formule Atlantique à gagner. Gilles affirma sa domination à Gimli, avec une autre visite au sommet du podium de la victoire, cette fois devant Tom Klausler. Puis, l'équipe d'Écurie Canada repartit en direction de l'est, pour Mosport, prudemment optimiste quant à ses chances de remporter les deux championnats d'Amérique du Nord. La partie n'était certainement pas jouée, car Klausler, Price Cobb, Bertil Roos et d'autres avaient marqué de solides résultats aux points et il restait encore à courir trois courses canadiennes et une course américaine. De plus, l'équipe était toujours en queue de peloton sur le plan financier et Kris Harrison comptait sur les prix de Gilles et sur sa réputation grandissante pour attirer de nouveaux commanditaires afin de compléter le budget de Skiroule.

Quelques jours avant la course de Mosport, Harrison eut la mauvaise surprise d'apprendre que le dernier chèque de Skiroule avait été refusé par sa banque et que les chèques qu'il avait remis à ses propres fournisseurs étaient donc sans provision. Harrison avait un peu arrondi les revenus de son équipe en réclamant un cachet forfaitaire pour son pilote, maintenant la principale attraction en Formule Atlantique. Il s'était entendu sur une certaine somme avec les organisateurs de la course de Mosport, mais il lui en fallait plus maintenant, sinon son équipe serait dans l'impossibilité de participer. Les organisateurs, conseillés par des comptables qui avaient sauvé le circuit de la faillite, refusèrent d'augmenter la mise. Ils avaient dû annuler le Grand Prix de Formule I l'année précédente à cause d'un autre différend financier et ne disposaient pas encore de ressources suffisantes pour consentir un geste de ce genre.

Les négociations se poursuivirent jusqu'à la dernière minute, Harrison ne reculant pas d'un pouce: non, il ne pouvait pas se permettre de participer à la course sans un forfait plus conséquent. Complètement abattu, Gilles restait toute la journée assis dans sa caravane où même l'apparition de ses deux petits enfants, barbouillés de la tête aux pieds après avoir joué dans les cendres d'un barbecue abandonné, ne parvenait pas à le tirer de sa mélancolie. Tous ses efforts étaient anéantis à cause de simples difficultés financières. Sa colère se transforma en désespoir quand il dut se résoudre à ne pas participer à la course de Mosport.

La situation financière de Skiroule inquiétait beaucoup Harrison et toute l'équipe se réunit pour trouver le moyen de figurer sur la grille de départ à la course suivante, à Saint-Jovite, le 11 juillet. Chacun y alla de sa contribution, et plus particulièrement John Lane, un Américain qui faisait maintenant partie de l'entourage d'Écurie Canada. Sa proposition: acheter les deux châssis March à Harrison à la fin de la saison pour la somme de vingt-cinq mille dollars. Son raisonnement d'homme d'affaires était que les véhicules pourraient attirer les amateurs si Gilles remportait le championnat. Mais il était aussi l'ami de Gilles et disposé à faire un effort financier pour lui permettre de reprendre la course.

John Lane s'était fait un coquet bas de laine en négociant des titres financiers en Californie, mais l'excitation de la course automobile l'avait toujours attiré. Il avait commencé à fréquenter l'équipe d'Écurie Canada lors des courses californiennes, au début de la saison. Précédemment, il avait commandité une équipe de Formule 5000 sur la côte du Pacifique, avec John Cannon (un Anglais expatrié au Canada) comme pilote et Ray Wardell comme directeur technique. Lorsque Wardell était venu grossir les rangs d'Écurie Canada, lui et Kris Harrison avaient fait des avances à Lane pour qu'il commandite leur opération, mais Lane estimait à l'époque qu'il avait déjà consacré suffisamment d'argent au sport automobile et il s'était récusé.

Mais lorsque Wardell invita Lane aux courses de Formule Atlantique de Laguna Seca et d'Ontario en Californie, afin de donner un coup de main pour le chronométrage, l'Américain ne put résister à la tentation. Sa propre équipe n'avait pas eu beaucoup de succès en Formule 5000. En revanche, ses premières expériences en Formule Atlantique furent totalement positives, puisque Gilles remporta les deux courses. Bref, malgré les différences culturelles qui pouvaient les séparer, les deux hommes devinrent des amis. «Gilles et moi avions à peu près le même âge, même s'il faisait plutôt dix-huit ans pour moi. Il était très petit, très tranquille. Il ne savait que quelques mots d'anglais à l'époque, mais il était très agressif, très impressionnant sur la piste. Nous nous sommes bien entendus.»

Lane, qui s'occupait alors de transférer ses affaires à New York pour se rapprocher de Wall Street, mordit une fois de plus à l'appât de la course. Prenant exemple sur les Villeneuve, il vendit sa maison en Californie puis acheta une magnifique caravane et, avec sa femme Elizabeth, leurs deux petites filles et leurs deux chiens, prit lui aussi la route avec Écurie Canada. Les week-ends de course, les deux familles, la québécoise et l'américaine, étaient généralement seules la nuit sur les circuits. Jacques et Mélanie étaient plus âgés que Courtney et Lindsay Lane, mais les enfants jouaient ensemble autour des caravanes, surmontant la barrière linguistique en inventant leur propre jargon, parfaitement incompréhensible pour leurs parents. Jacques enseigna à Courtney toutes les subtilités du tricycle, alors que les adultes faisaient cercle autour du barbecue et que Johanne traduisait les complexités de la langue anglaise à l'intention de Gilles. Tout allait pour le mieux dans le meilleur des mondes — jusqu'à Mosport.

La contribution de John Lane à la caisse de l'équipe donna à Harrison le feu vert dont il avait besoin pour participer à la course suivante. Tout le monde partit donc pour les Laurentides et le circuit de Saint-Jovite où Gilles se sentait parfaitement chez lui. Lane se mit en tête de suivre les cours de pilotage de Jacques Couture et Gilles le taquina en faisant semblant de croire qu'il essayait de lui ravir sa place à Écurie Canada. Mais après la crise de Mosport, Lane était certainement l'un de ceux que Gilles pouvait remercier pour l'avoir aidé à la conserver. À Saint-Jovite, Villeneuve retrouva ses habitudes de vainqueur, après un accident troublant durant les essais.

L'équipe d'Écurie Canada, arrivée tôt pour faire des essais privés, était encore seule sur le terrain. Gilles tournait très vite sur le circuit quand Ray Wardell et les mécaniciens se rendirent compte tout à coup que leur pilote, qui aurait déjà dû repasser devant eux, n'était toujours pas là. Wardell raconte: «Tout le monde s'est tu et nous sommes devenus très nerveux. Il n'y avait pas de commissaires de piste et, à vrai dire, nous n'aurions pas dû faire d'essais dans ces conditions. Il y avait cependant une vieille ambulance bringuebalante que nous étions censés conduire nous-mêmes. Nous sommes tous montés dedans pour partir à sa recherche. Pas de Gilles. Tout le monde se demandait: «Mais bon sang, où a-t-il bien pu sortir ?»

Ils retrouvèrent Gilles qui grimpait un talus, juste après la ligne droite des stands, apparemment en pleine forme, même si sa voiture gisait au fond d'un fossé, complètement démolie. Gilles fut incapable d'expliquer la cause de l'accident, mais Wardell, plus inquiet de l'état de son pilote que de l'épave, fut bien surpris de son attitude. «Heureusement, il n'avait pas une égratignure, mais il avait dû être terriblement secoué. Pourtant, tout ce qu'il voulait, c'était remonter dans la voiture de réserve et repartir, et c'est exactement ce qu'il a fait. Sans ralentir le moins du monde.»

«Du Villeneuve tout craché», voilà comment l'Américain John Lane décrira la performance de Gilles sur le circuit du Mont-Tremblant. «Après un déraillage vraiment sérieux aux essais, Gilles a continué comme si de rien était. Aux épreuves de qualification, il fait le meilleur temps, puis Klausler ou Rahal sortent à leur tour et le battent. Villeneuve se fâche, remonte dans sa voiture et fait mieux qu'eux. Le manège continue pendant les deux journées des épreuves de qualification. Finalement, quelqu'un fait un meilleur temps, avec une avance relativement confortable. Gilles reprend aussitôt le volant et pulvérise le record.»

Gilles conserva la première place pendant toute la course, fit le tour le plus rapide et termina avec une bonne avance sur Klausler. Le vainqueur était de fort belle humeur quand les journalistes l'interviewèrent. Il en profita pour expliquer sa philosophie de la course: «Avant le début de la saison, je n'avais pas l'intention de gagner le championnat avec des deuxièmes et troisièmes places. J'ai toujours cru que le meilleur moyen de devenir le champion, c'était de gagner toutes les courses.»

On en était encore à célébrer la victoire, ou presque, quand survint un autre plongeon dans les terribles montagnes russes qui marquèrent cette année mouvementée. Skiroule fit faillite et Harrison se vit contraint de mettre en veilleuse tout projet de nouvelles courses. Au lieu de prendre la route de l'est pour l'épreuve suivante, à Halifax, Écurie Canada chargea son matériel et partit dans la direction opposée, vers son quartier général qui était maintenant Toronto. Pour que Gilles Villeneuve puisse poursuivre sa carrière, il fallait de toute urgence une injection d'argent frais et, comme la course de Halifax devait se dérouler moins d'un mois plus tard, il s'agissait vraiment d'une course contre la montre.

4   *Je regarde ce petit gars, et je remarque qu'il est très agité. Quand il parle de course, je vois qu'il vibre littéralement.*
        Gaston Parent

Dix jours seulement avant le 8 août, date de la course de l'Atlantic Motorsport Park à Halifax, pas la moindre lueur d'espoir pour Gilles. Kris Harrison a fait ses calculs et il est arrivé à un chiffre: il lui faut cinq mille dollars pour que son équipe puisse prendre le départ. Gilles n'a pas le dixième de cette somme en poche. En fait, c'est à peine s'il a les moyens de mettre de l'essence dans sa voiture pour courir un peu partout, à la recherche du trésor, du sauveur qui le tirera de ce mauvais pas. Mais il persévère et explique sa situation à l'un de ses contacts, Robert Saint-Onge, un homme qui s'occupe de promotion pour la brasserie Molson, commanditaire de la course de Trois-Rivières.

Saint-Onge travaille pour Gaston Parent, un homme d'affaires montréalais qui a fort bien réussi dans les arts graphiques, au point d'être maintenant à la tête d'un groupe de neuf entreprises qui s'occupent de publicité, de communications et de promotion. Parent, âgé de cinquante-trois ans, songe à prendre sa retraite pour se livrer à ses passe-temps favoris, par exemple la grande chasse en Afrique. Il possède des parts dans l'équipe de football des Alouettes et occupe un siège d'honneur lorsque les Canadiens jouent au Forum de Montréal. Mais alors que son client, Molson, investit dans le sport automobile et que Saint-Onge s'occupe de ses activités, Parent lui-même ne sait pratiquement rien de la course, à part peut-être la course de chevaux, sport des rois. L'idée d'une association éventuelle avec un jeune pilote ne lui a jamais effleuré l'esprit. Pourtant, il écoute patiemment Saint-Onge lui raconter la saga de Villeneuve, un jeune homme qui a vraiment quelque chose de spécial, un garçon qui pourrait bien se faire un nom dans le monde de la course. Finalement, Parent accepte de faire sa connaissance à condition qu'il ne lui en coûte pas un sou.

«J'arrive à mon bureau un lundi matin et je découvre ce petit jeune homme qui a l'air d'avoir à peu près dix-sept ans, assis à la réception. Je passe tout droit devant lui pour entrer dans mon bureau. À peu près 10 minutes plus tard, Saint-Onge entre, suivi de cet adolescent, et me présente Gilles Villeneuve.»

Les deux visiteurs s'assoient. Parent taquine sa barbe en les écoutant raconter par le menu le déroulement de la saison et décrire l'impasse financière où se trouve le pilote. Il observe Gilles, apparemment timide et nerveux, qui se frotte constamment les mains, les yeux très brillants. Parent, un personnage haut en couleur, avec son franc-parler, se souvient très bien de cette rencontre.

«Je regarde ce petit gars, et je remarque qu'il est très agité. Quand il parle de course, je vois qu'il vibre littéralement. Il y a de la conviction dans sa voix et il me dit qu'il peut gagner facilement le championnat canadien. Mieux encore, qu'il peut gagner le titre américain et la course Molson de Trois-Rivières. Rien ne peut l'arrêter... sauf cinq mille dollars.»

Parent, un homme avisé lorsqu'il s'agit de juger quelqu'un, fut impressionné par la franchise désarmante de Gilles. «Il m'a raconté toute son histoire, sa femme et ses enfants qui vivent dans une caravane, une caravane pour laquelle il s'est endetté jusqu'au cou. Il n'avait même pas un pot de chambre pour pisser, mais il avait du charisme. Je voyais devant moi un jeune homme plein d'espoir, sûr de pouvoir réussir.»

Parent était intrigué et, homme d'action lui-même, l'urgence de la situation n'était pas faite pour lui déplaire. La course de Halifax aurait lieu le dimanche suivant, six jours plus tard. Il décrocha donc son téléphone et appela Kris Harrison, à Toronto. La conversation fut cordiale. Harrison connaissait Gaston Parent et savait que son chèque de cinq mille dollars serait honoré. Mais Harrison, acculé comme il l'était, voulait absolument avoir l'argent devant lui avant de libérer sa voiture. «Ah bon, mon beau salaud de Harrison, je vais te montrer un peu, me suis-je dit. Il m'avait irrité, ce qui m'a donné encore plus envie d'aider Villeneuve. Finalement, je m'intéressais plus à envoyer là-bas cet argent qu'à rendre service à Villeneuve.»

Parent sortit de son bureau pour appeler son comptable et lui donna l'ordre de virer les fonds à Toronto. Quarante-cinq minutes plus tard, l'affaire était conclue et «Villeneuve sautait pratiquement sur sa chaise. Il était fou de joie. «Écoutez, me dit-il, vous êtes le commanditaire maintenant. Qu'est-ce que vous voulez peindre sur la voiture ?» Une de mes sociétés avait dessiné le logo fleurdelisé de la province de Québec pour les fêtes du centenaire du Canada en 1967. Je n'avais rien à vendre au public, alors je lui ai simplement répondu: peins la voiture en blanc et flanques-y cette maudite fleur de lys.»

Une semaine plus tard, Robert Saint-Onge entrait dans le bureau de Gaston Parent avec les journaux du matin. Sur une photo, une voiture de course blanche, décorée de la fleur de lys du Québec, devant un drapeau à damier. Sur une autre photo, Parent reconnut son jeune pilote, rayonnant, les lauriers du vainqueur autour du cou. Dans les pages sportives, Parent apprenait que Gilles Villeneuve avait mené la course dans un certain endroit appelé Atlantic Motorsport Park, près de Shubenacadie, pas très loin de Halifax. Il avait fait le meilleur temps aux essais et le tour le plus rapide en course pour gagner la première place, avec 16 secondes d'avance sur le second, Bill Brack.

De plus, continuait l'article, sa victoire à Halifax signifiait que Villeneuve remportait le Challenge Payer's de Formule Atlantique, finissant avec 120 points, une avance de 48 points sur son plus proche concurrent, un Suédois du nom de

Bertil Roos. Villeneuve devenait ainsi le champion du Canada et, ajoutait le journaliste, paraissait bien parti pour remporter la version américaine de la série à la dernière course qui devait avoir lieu à Atlanta. On se demandait déjà quelle figure allait faire le jeune pilote à côté des étoiles européennes qui se réuniraient bientôt à Trois-Rivières, au début du mois de septembre.

Parent ne fut «pas qu'un peu fier» de la tournure des événements et reçut avec plaisir une nouvelle visite de son poulain. «Alors le petit gars se précipite dans mon bureau et me dit: «J'ai l'argent que j'ai gagné ! J'ai gagné dix mille dollars à Halifax !» Puis il m'explique qu'il doit 30 p. 100 à Harrison si bien qu'il lui reste sept mille dollars en poche et qu'il est prêt à me rembourser.

«J'avais fait une petite enquête qui m'avait permis de découvrir que Villeneuve était vraiment endetté jusqu'au cou. Mais j'avais aussi reparlé à Saint-Onge qui m'avait bien dit que ce garçon était vraiment très très bon. Alors je réponds à Villeneuve: «Garde tes sept mille dollars pour faire autre chose, rembourse tes dettes.» Puis il m'annonce qu'il a besoin de douze mille dollars pour que Harrison fasse participer l'équipe aux deux courses suivantes. Je lui réponds: «Écoute, j'avance les douze mille dollars, mais je veux que tu me donnes le droit de récupérer mon argent.» Il me répond: «D'accord, pas de problème», et voilà, il était prêt à courir.» Ainsi naquit entre Parent et Villeneuve une relation d'affaires qui se transforma ensuite en une relation personnelle, presque de père à fils.

Au milieu du mois de septembre, les journaux du lundi matin apprenaient une fois encore à Parent que Villeneuve avait tout gagné sur le circuit Road Atlanta de Géorgie: premier aux épreuves de qualification, tour le plus rapide en course, victoire sur la ligne d'arrivée, devant Tom Gloy. Ses quatre victoires dans autant de courses américaines lui valaient 80 points, contre 45 pour Price Cobb. Gilles Villeneuve devenait ainsi le champion IMSA de Formule Atlantique en 1976. Mais la nouvelle fit presque long feu, car elle avait été précédée par la course hors championnat de Trois-Rivières où la prestation de Villeneuve lui permit de faire partout la manchette dans le monde de la course.

Dès leur première réunion, Gaston Parent s'était occupé à constituer le Fonds Gilles Villeneuve. Au très élégant Beaver Club de Montréal, il avait déjeuné avec plusieurs amis influents, dont des cadres supérieurs de Canada Steamship Lines, de Loto-Québec et de Blue Bonnets, l'hippodrome montréalais. Parent leur avait présenté son idée: parrainer un jeune pilote québécois pour mettre en valeur l'image de marque de la province en commanditant sa voiture de course à Trois-Rivières et à Atlanta. Le Fonds recevrait les contributions des sociétés et du grand public. Les commanditaires commerciaux bénéficieraient d'une forme originale de promotion; quant au grand public, il aurait la joie et la satisfaction de participer à une action qui en valait certainement la peine. Ses invités étaient aussi ignorants du sport automobile que pouvait l'être Parent auparavant, mais armé des résultats de Villeneuve, celui-ci parvint à les convaincre du bien-fondé de son plan.

Des personnalités en vue furent nommées au conseil d'administration du Fonds Gilles Villeneuve, officiellement présenté au public lors d'une conférence de presse organisée par Parent à Montréal. Parent voulait de la publicité. Il fut stupéfié du résultat. Alors que les sociétés se faisaient tirer l'oreille — Canada Steamship Lines fut la plus généreuse avec une fort modeste contribution de six cents dollars — le grand public ne se fit pas prier. Ce fut une véritable avalanche de dons de cinq et de dix dollars. En quelques semaines, l'objectif de 12 000 dollars était atteint et une foule de donateurs accourait à Trois-Rivières, le 5 septembre 1976, jour de la Fête du travail, pour suivre les exploits de «son» pilote.

Le dernier Grand Prix du Canada de Formule I organisé à Saint-Jovite avait eu lieu en 1970, après quoi Mosport de l'Ontario était devenu l'organisateur de cette manifestation comptant pour le championnat du monde. Le Grand Prix Molson de Trois-Rivières était donc désormais la course la plus importante au Québec et la présence des grandes étoiles de Formule I invitées à y participer lui donnait un prestige international. Cette année-là, les étoiles ne manquaient pas, avec en tête un Anglais aux allures de matamore, James

Hunt, qui, quatre courses plus tard allait remporter le titre de champion du monde 1976. Un cachet de dix mille dollars l'avait convaincu d'interrompre momentanément sa poursuite du titre de Formule I à bord de sa McLaren. Et comme il allait courir sur une March 76B d'Écurie Canada, semblable à celle qui avait remporté pratiquement toutes les courses de Formule Atlantique en Amérique du Nord, il n'y avait que peu de chances que son image souffre d'un équipement inférieur. Le fait que son équipier de Trois-Rivières serait Gilles Villeneuve ne semblait pas porter à conséquence.

Également sur les rangs, Alan Jones, l'Australien bourru qui commençait à se faire un nom avec l'équipe Surtees en Formule I (et qui serait champion du monde en 1980, sur Williams); Vittorio Brambilla, «le gorille de Monza», un flamboyant Italien, pilote de March Formule I, l'un des favoris du public de Trois-Rivières, était de retour, comme l'étoile montante de la Tyrrell Formule I; Patrick Depailler, qui allait courir lui aussi pour Kris Harrison dans l'équipe d'Écurie Canada. Un autre Français, le jeune et beau Patrick Tambay, vedette de la Formule II, participerait également à la course. C'est contre ces invités prestigieux que les meilleurs pilotes de Formule Atlantique devaient se mesurer. Gilles Villeneuve résuma en quelques mots l'importance de la course: «Je serais heureux d'échanger toutes mes victoires pour une première place à Trois-Rivières. À mon avis, c'est la course la plus importante de la saison. Les équipes européennes et les journalistes étrangers s'y intéressent. Il est très important que je gagne.»

5 *Gilles courait avec une machine exactement semblable à celles de ses concurrents, et pourtant il était plusieurs rues devant les grands noms de la Formule I.*
Kris Harrison

Dans le stand d'Écurie Canada, Ray Wardell préparait trois March pour Hunt, Depailler et Villeneuve. Kris

Harrison s'était entendu avec la chaîne hôtelière Ramada Inn pour commanditer la voiture de Hunt, alors que celle de Villeneuve arborait le nom de Direct Film, une société photographique qui avait fait à la dernière minute un don suffisamment important à la cause Villeneuve pour que son nom figure en bonne place. Johanne et John Lane armèrent leurs chronomètres pour les épreuves de qualification, extrêmement importantes sur ce circuit sinueux composé d'une succession de rues étroites où les possibilités de doubler étaient rares.

Gilles démarra à fond de train et conquit immédiatement la foule avec des extravagances qui, par contre, inquiétèrent et embarrassèrent passablement Kris Harrison. «Il sortait d'un virage à droite juste devant les stands et il est parti en dérapage je ne sais pas combien de fois, devant tout le monde. Je me disais: «Et voilà, il va casser la voiture, juste devant les types de Formule I. Ce sera le désastre et Gilles va se ridiculiser.» Alors j'ai dit à Ray: «Il faut le rappeler pour qu'il se calme un peu.» Mais Ray m'a répondu: «Non, non, tout ira bien. Ne t'inquiète pas pour lui.» Et Ray avait raison. Gilles courait avec une machine exactement semblable à celles de ses concurrents et pourtant il était plusieurs rues devant les grands noms de la Formule I. Il était super-motivé et n'avait qu'une idée en tête: les battre aux épreuves de qualification et gagner la course.»

Alors qu'il chronométrait l'un de ces premiers tours, John Lane leva les yeux pour voir Gilles disparaître derrière l'angle d'une rue — à reculons: «Selon son habitude, Villeneuve n'a pas perdu la boussole un instant, il a continué, a fait demi-tour dans un nuage de fumée bleue, puis il est reparti à toute allure. Une seconde, et tout était fini. Je ne pouvais pas en croire mon chronomètre et j'ai demandé confirmation à Ray. Il s'est contenté de secouer la tête en éclatant de rire.»

Wardell avait remarqué que Gilles pouvait atteindre le maximum de sa forme dès le signal du départ et ceci pratiquement sans réchauffement. «Il a aussi la faculté de partir en dérapage tout en sachant exactement où il se trouve et ce qu'il fait. En réalité, je n'ai jamais vu un autre pilote qui soit capable d'en faire autant.»

Harrison, avec la concession Goodyear pour la Formule Atlantique, ne manquait pas de pneus pour ses voitures qui usèrent un jeu complet tous les trois ou quatre tours aux épreuves de qualification, encore plus souvent dans le cas de la machine aux couleurs de Direct Film. «Il fusillait un jeu, rentrait pour changer de pneus, puis repartait et marquait un temps encore plus rapide. Les deux pilotes de Formule I de notre équipe essayaient de faire comme lui, mais ils n'étaient tout simplement pas à la hauteur. C'était une performance extraordinaire.»

Ray Wardell s'occupait des stands et faisait de son mieux pour contenter tous ses pilotes, particulièrement son invité étoile de Formule I. «J'ai demandé à James ce qu'il voulait de sa voiture, l'une de celles que pilotait régulièrement Gilles. Il m'a répondu: «La voiture de Villeneuve semble plutôt bien marcher; à vous de me dire ce dont j'ai besoin.» Nous avons fait tout ce que nous pouvions pour sa voiture. Mais, avec l'attitude de Gilles, son expérience du véhicule et sa connaissance du circuit, impossible de se mesurer avec lui.»

Comme Gilles le soulignera plus tard, sa démonstration spectaculaire aux épreuves de qualification était due en partie à des problèmes de tenue de route hérités de l'accident qu'il avait eu à Saint-Jovite en essais privés. «J'étais constamment en contrebraquage. La voiture refusait absolument de tourner et au moment où elle passait le sommet d'un virage, elle partait tout simplement dans un long, long dérapage. Si j'allais vite, c'est uniquement parce que j'utilisais le moindre centimètre du circuit, au point de frotter parfois l'aile arrière contre les murs, et que j'étais très, très brave. Nous avons tout essayé aux essais et aux épreuves de qualification, mais nous n'arrivions pas à nous débarrasser du survirage. Et ce qui m'ennuyait un peu, c'est que James ne se plaignait de rien. Il disait que sa voiture survirait légèrement, mais que c'était parfait comme ça. Et quand James Hunt dit quelque chose, les gens l'écoutent. Mais quand j'ai piloté sur le châssis de James à la course suivante (Road Atlanta), je me suis rendu compte qu'elle était bien meilleure que la mienne. Peu importe. J'avais raison à Trois-Rivières, parce que le matin de la course, nous avons essayé des jantes plus larges à l'arrière et ma voiture s'est bien mieux comportée.»

Gaston Parent, encadré de plusieurs dignitaires du Fonds Gilles Villeneuve, rendit visite au stand. «Je n'avais pas la moindre idée de ce qui se passait. Villeneuve était entouré de Wardell et des mécaniciens et nous ne pouvions pas nous approcher de lui. Je n'aimais pas l'odeur de la fumée et tout ce bruit.» Non, ce n'était manifestement pas le coup de foudre. «Et puis tout à coup, la course commence, et voilà que notre voiture est en tête et qu'elle bat toutes les autres. Tout le monde perd la boule et Villeneuve gagne avec quelque chose comme 10 secondes d'avance sur un type de Formule I, un certain Jones.»

Du cockpit de la voiture numéro 69, la vue était tout aussi extraordinaire et, occupé qu'il était à donner à son public le spectacle qu'il attendait de lui, Gilles était pourtant capable de tirer quelque plaisir des réactions que son passage suscitait. En particulier, il avait remarqué le premier virage après les stands, où les photographes se penchaient par-dessus le mur de béton pour mieux capter sur pellicule sa furieuse progression. «Je chassais toujours de l'arrière et je sortais complètement en travers à cet endroit-là, comme si j'allais frapper le mur — et j'ai cru parfois que j'allais le toucher ! À chaque tour, les photographes s'envolaient comme des moineaux et se mettaient tous à courir comme des fous. Moi, je riais. Dans le deuxième virage, je pouvais voir John Lane avec son chronomètre, je pouvais le voir distinctement. En réalité, vous n'avez pas vraiment le temps de tout voir, mais vos yeux enregistrent avec la vision périphérique.»

Pendant son tour d'honneur avec le drapeau à damier dans les rues de Trois-Rivières, Gilles put constater l'effet produit par sa performance épique: les spectateurs hurlaient, pleuraient de joie, bouleversés que l'un des leurs ait pu gagner la course. Les organisateurs eux aussi n'étaient pas peu fiers qu'un enfant du pays ait remporté la victoire. Et la déception n'était quand même pas trop amère pour la brigade de Formule Atlantique. D'accord, il les avait tous battus dans neuf des dix courses auxquelles il avait participé (le total allait être de dix sur onze après Road Atlanta), mais un pilote de Formule Atlantique venait de montrer au monde qu'ils étaient loin d'être des amateurs. Quant aux pilotes de Formule I, ils furent fortement impressionnés, particulièrement James Hunt, comme le dira plus tard Gilles. «James s'est conduit en vrai gentleman et il a dit beaucoup de bien de moi à son retour en Angleterre.»

La presse automobile européenne parla abondamment de l'histoire de Trois-Rivières. Comment un «inconnu» avait-il pu battre à plate couture un pilote de la classe de James Hunt ? Sans doute était-il dans l'intérêt de Hunt, pour préserver sa réputation de premier prétendant au titre de meilleur pilote du monde, de dire que Villeneuve était en vérité extrêmement doué et qu'il ferait certainement bonne figure devant n'importe quel rival en Formule I. N'empêche que Hunt fit l'éloge de Villeneuve à son patron, Teddy Mayer, et lui dit que Villeneuve ne serait absolument pas déplacé à bord d'une McLaren de Formule I. Hunt parla aussi à John Hogan de Marlboro, les fabricants de cigarettes qui parrainaient McLaren et prenaient à leur charge une partie importante des considérables émoluments de Hunt. «Écoutez, je viens d'être battu par ce type, Villeneuve, et c'est vraiment un garçon incroyable. Vous devez absolument mettre la main sur lui.»

Pendant ce temps, d'autres s'intéressaient aussi au petit phénomène québécois, tandis que les équipes de Formule I se bousculaient comme tous les ans pour recruter leurs pilotes de la saison prochaine. Les rumeurs allaient bon train dans la presse spécialisée et dans les milieux du sport automobile. Gilles apprit ainsi que Bernie Ecclestone, propriétaire de l'équipe Brabham, songeait peut-être à lui pour remplacer Carlos Reutemann qui, disait-on, pourrait bien passer chez Ferrari en 1977. Gilles savait aussi que Walter Wolf, un riche homme d'affaires canadien, songeait à constituer une équipe de Formule I et qu'on mentionnait le nom de Villeneuve comme celui du pilote d'une équipe Wolf entièrement canadienne.

Gilles ne tenait pas trop à faire ses débuts en Formule I avec une nouvelle équipe et sur une voiture qui n'aurait pas fait ses preuves. Walter Wolf décida pour lui en annonçant qu'il avait engagé le Sud-Africain Jody Scheckter. Le créneau Brabham se referma lui aussi au Grand Prix du Canada, à Mosport, lorsqu'un Gilles venu là en spectateur fit la connaissance d'Ecclestone et comprit qu'il avait bien peu d'espoir de jamais s'entendre avec cet Anglais abrasif. Les deux hommes ne s'aimèrent pas du tout et en vinrent même plus tard à se détester cordialement, ce qui fut très rare dans la carrière de Gilles. Par contre, à la course suivante de Formule I, aux États-Unis cette fois, les chances qu'avait Gilles de se rapprocher de l'équipe McLaren allaient s'améliorer.

Un peu plus tôt, à Trois-Rivières, John Lane avait invité James Hunt à utiliser sa caravane durant son week-end de course pour Écurie Canada. Hunt, toujours homme à apprécier les agréments de la vie, avait pris plaisir à la cuisine d'Elizabeth Lane et il avait découvert avec délices que son mari était un joueur au moins passable de backgammon, un jeu pour lequel le coureur automobile éprouvait une véritable passion. Fort satisfait de cette première expérience, Hunt avait demandé aux Lane de venir à Mosport pour le Grand Prix du Canada si bien que la caravane des Lane se transforma en quartier général de l'équipe McLaren. James remporta la course, gagnant ainsi des points précieux pour le championnat du monde contre son rival, Niki Lauda. (Lauda, qui faisait sa deuxième course après avoir subi des brûlures presque fatales un peu plus tôt dans la saison, au Nürburgring, se classa huitième sur sa Ferrari.) Jochen Mass arriva cinquième sur McLaren. Sur ces entrefaites, Teddy Mayer demanda aux Lane d'accompagner son équipe à la course de Watkins Glen, le week-end suivant.

À Mosport, Gilles, encore peu sûr de lui en si noble compagnie, s'était tenu à l'écart du groupe McLaren réuni dans la caravane de Lane. Mais à Watkins Glen, il trouva le courage de se rapprocher un peu. On était en octobre et, comme c'est souvent le cas dans le nord de l'État de New York, il faisait froid et le vent glacial n'invitait guère à traîner dehors. La caravane des Lane était donc remplie à craquer entre les essais et les épreuves de qualification: Teddy Mayer, son associé chez McLaren, Tyler Alexander, Hunt, Mass, John Hogan de Marlboro, et l'assistant de Hogan, Patrick McNally. (Plus tard, McNally connaîtrait une certaine notoriété lorsque son ancienne petite amie, «Fergie», précédemment gouvernante de ses enfants, épouserait un membre de la famille royale britannique.)

Depuis quelques minutes, John Lane avait remarqué un jeune homme vêtu d'un veston sport qui restait seul dehors, grelottant de froid. Lane avait déjà dit à Mayer que l'extraordinaire talent de son ami Villeneuve lui valait certainement une chance en Formule I, mais Mayer était persuadé que Lane n'avait pas une vision objective des choses. Lane regarda de plus près cet inconnu. «Comme je n'avais jamais vu Gilles dans quoi que ce soit qui puisse ressembler même de loin à un veston sport, je n'avais pas la moindre idée que c'était lui. En temps normal, il frappait simplement à notre porte et entrait. Nous pouvions être nus comme des vers devant le lavabo, Gilles ne bronchait pas. Au bout d'un bon quart d'heure, j'ai compris que c'était lui dehors et qu'il attendait que nous l'invitions. Je l'ai fait entrer et je l'ai présenté à tout le monde. Mais Gilles semblait très mal à l'aise, sans doute en grande partie à cause de son veston sport ! Il ne parlait presque pas, se contentait d'écouter nos conversations. Mais je savais qu'il se sentait comme un petit garçon dans une épicerie, devant des piles de bonbons. Lorsqu'il est reparti, Teddy Mayer, un taciturne qui peut être parfois sarcastique, dit de Gilles ce qui était pour lui un compliment assez exceptionnel: «Pas trop mal, ce petit gars.»

En réalité, Gilles Villeneuve n'avait plus rien d'un «petit gars». Malgré son aspect juvénile et le mythe de sa naissance en 1952, maintenant perpétué, il allait avoir vingt-sept ans en janvier. James Hunt, son aîné de quelques années à peine, était tout proche du sommet dans le monde de la course. Niki Lauda, né en 1949, un an avant Villeneuve, avait déjà remporté un championnat du monde en 1975 (un exploit qu'il allait renouveler deux fois encore au cours de sa carrière de treize ans); il avait commencé à courir en Formule I en 1971. Gilles devenait impatient.

À la fin du mois d'octobre, Villeneuve apprit que Hunt avait remporté le titre de champion du monde de 1976 au Japon, où sa troisième place lui avait donné un point de plus que le total de Lauda pour la saison. Lauda avait abandonné après seulement deux tours sur le circuit du mont Fuji, estimant que les pluies torrentielles rendaient la course trop dangereuse.

Gilles ne savait trop que penser de la décision de Lauda. Personne ne pouvait douter du courage de cet homme. Après avoir frôlé la mort en Allemagne, au mois d'août, Lauda avait remporté une quatrième place, à peine six semaines plus tard, en Italie, alors que le sang de ses brûlures encore mal cicatrisées suintait au travers de son masque. Mais Gilles adorait courir sous la pluie. Une course de Formule Atlantique sur piste détrempée, à Gimli, avait contribué à le faire connaître et il se demandait s'il aurait un jour la même chance à bord d'une voiture de Formule I.

L'équipe McLaren était à peine rentrée à son quartier général de Colnbrook, près de Londres, que Teddy Mayer invitait Gilles à venir en Angleterre, aux frais de McLaren, pour parler de son avenir. Fou de joie, Gilles appela immédiatement Gaston Parent et lui demanda de l'accompagner. Parent, invoquant son ignorance des choses de la course, se déclara trop occupé et préféra déléguer Robert Saint-Onge. Quelques jours plus tard, Mayer et John Hogan proposaient à Gilles de faire la saison 1977 avec l'écurie Marlboro McLaren.

Gilles participerait à des courses «sélectionnées», jusqu'à concurrence de cinq, dans une troisième voiture qui ferait équipe avec celles de Mass et de Hunt. Le Grand Prix de Grande-Bretagne était mentionné comme son début probable, en plus des courses canadiennes et américaines auxquelles Gilles serait vraisemblablement appelé à participer. Marlboro pourrait aussi le commanditer pour certaines courses de Formule II qui n'entreraient pas en conflit avec son calendrier de Formule I. Gilles recevrait une prime de vingt-cinq mille dollars à la signature de l'entente et Marlboro McLaren prenait une option sur ses services pour la saison 1978. Gilles Villeneuve signa le contrat en un clin d'œil.

III

L'ATTENTE: 1977

1   *Aucun doute: Gilles était anormalement courageux.*
Comme adversaire, c'était un salaud de première
classe, mais toujours parfaitement loyal. C'était un
pilote stupéfiant.
Keke Rosberg

Son accord avec McLaren fut officiellement annoncé en décembre 1976 et Gilles profita de l'occasion pour expliquer pourquoi il s'engageait «à temps partiel» dans l'équipe qui venait de remporter le championnat du monde: «Je crois qu'il vaut mieux faire une partie d'une saison avec une bonne équipe qu'une saison entière avec une mauvaise. Je veux faire de la Formule I, mais dans de bonnes conditions. Si vous vous associez avec une mauvaise équipe, impossible de vous en tirer honorablement et tout le monde vous oublie aussitôt. Je ne veux pas manquer cette chance. Je veux me faire une place, pas simplement pouvoir dire à mes enfants que je me suis assis une fois dans une voiture de Formule I.»

Si la prime de vingt-cinq mille dollars était pour Gilles «une montagne d'argent», Gaston Parent ne voyait pas les choses exactement du même œil: «Ce n'était pas beaucoup, mais tant pis. L'important, c'était qu'il pose son derrière dans une Formule I.» Les deux hommes avaient maintenant conclu entre eux un accord d'association commerciale et Parent s'était engagé «à emballer et à vendre». «Lorsqu'il m'a demandé d'être son gérant, je lui ai dit: «J'accepte, mais à condition de pouvoir te vendre comme une boîte de fèves au lard.»

Et ce même Parent, qui n'aurait jamais signé un contrat avec un commanditaire sans le faire passer au peigne fin par ses avocats, n'eut jamais cette exigence avec son pilote de course. Une simple lettre de trois paragraphes, signée par les deux intéressés en mai 1977, lui suffit. À l'origine, son intention était cependant d'établir plus tard un contrat en bonne et due forme, mais Parent décida bientôt que cette précaution était inutile: «Avec Villeneuve, je n'avais pas besoin de contrat. À la différence de la plupart des gens, il n'avait qu'un seul visage. Il ne cachait jamais ses véritables sentiments. C'était l'une des personnes les plus honnêtes que j'aie connues.»

Les premières courses de Gilles en 1977 lui firent regretter de ne pas avoir choisi une autre saison de motoneige, plutôt que de participer au championnat international Phillips de Formule Atlantique en Afrique du Sud. Les quatre épreuves du championnat lui valurent sans doute un voyage sous des cieux plus cléments que ceux du Canada en janvier et en février, mais il n'en rapporta pas grand-chose pour sa peine, à part un splendide bronzage.

Au cours des quatre épreuves organisées sur les circuits Roy Hesketh, Kyalami, Goldfields et Killarney, Gilles était au volant d'une Chevron B39-Ford BDA, sur un terrain où les March avaient manifestement l'avantage. Il ne termina que deux courses, en troisième et cinquième places. Le Sud-Africain Ian Scheckter, dont le frère cadet Jody se faisait déjà un nom en Formule I, remporta les trois premières courses à bord de sa March. Dans la dernière, Gilles ne parvint pas à éviter deux voitures entrées en collision, celles de Scheckter et de Nols Niemand, et il put s'estimer heureux de n'être blessé que dans son amour-propre. Ces résultats médiocres, sixième au classement général derrière le vainqueur, Scheckter, détonnaient avec ses succès en Amérique du Nord et Gilles dut se contenter de voir dans ses mésaventures sud-africaines une nouvelle occasion d'acquérir de l'expérience.

Elles lui permirent aussi de constater combien il était important de courir avec un bon matériel, même s'il restait persuadé que Ray Wardell aurait quand même pu soutirer de meilleures performances à la Chevron. Comme ses projets de Formule II ne se concrétisaient toujours pas, Gilles finit par décider de faire une autre saison en Formule Atlantique au Canada, en plus de son programme de Formule I. Direct Film, dont le propriétaire était devenu un fervent supporter de Villeneuve après avoir assisté à son éclatante victoire de Trois-Rivières, le commanditerait pour la saison. Aucune course américaine au programme, cependant. Tout se jouerait durant les sept courses du Challenge Labatt, rebaptisé en hommage à la brasserie qui commanditait également le Grand Prix du Canada. Mais l'équipe d'Écurie Canada venait de prendre une nouvelle orientation et l'association Wardell-Villeneuve, jusque-là couronnée de succès, allait en souffrir un peu.

Kris Harrison et Ray Wardell avaient décidé d'un plan qui en réalité faisait d'eux la cheville ouvrière des épreuves de Formule Atlantique 1977 au Canada. Écurie Canada importerait un lot de moteurs Ford BDN 1600cc modifiés par Cosworth Engineering pour les mettre à la disposition de tous les concurrents participant aux épreuves de Formule Atlantique. Tous auraient ainsi une mécanique identique. Mais dans ces conditions, il aurait été de mauvaise politique pour Écurie Canada de s'associer trop étroitement avec celui qui avait remporté les épreuves de la saison 1976.

Une nouvelle écurie vit donc le jour, la Motor Racing Company of Canada, dont Dave Morris serait le directeur. Morris, un génie de la mécanique (il avait mis au point l'un des premiers cœurs artificiels, implanté sur une vache), était originaire d'Edmonton. Il s'était déjà occupé des moteurs de Gilles en 1976. Maintenant, il allait jouer le rôle de Ray Wardell dans l'équipe MRC qui présenterait deux March 77B: une pour Gilles, l'autre pour Richard Spenard, un jeune Montréalais qui semblait plein de promesses.

Gilles fut bien déçu que Ray Wardell disparaisse ainsi dans les coulisses et qu'il ne participe plus directement à la préparation de sa voiture. De plus, même s'il était entendu qu'il serait le premier pilote et qu'il hériterait de la voiture de Spenard au cas où quelque chose arriverait à la sienne, le fait qu'il ne jouirait pas de l'attention totale de l'équipe MRC le préoccupait un peu. Quant à la liste des participants au Challenge Labatt, elle n'était pas faite elle non plus pour le tranquilliser. La plupart des grands noms étaient de retour: Bill Brack, Price Cobb, Bobby Rahal, Tom Gloy et les autres. Pour ne rien arranger, Keke Rosberg, un pilote finlandais extrêmement rapide et qui avait derrière lui une longue expérience, allait être lui aussi de la partie.

Bref, il allait être bien difficile, voire impossible, pour Gilles de renouveler son exploit de 1976 et il en informa le public grandissant de ses admirateurs avant le début de la saison. «L'année dernière s'est déroulée comme un rêve et il sera très difficile de faire aussi bien en 1977. Mon association avec McLaren ne m'empêche pas de dormir, parce que je sais que je serai prêt le moment venu. Mais je ne suis pas aussi sûr du Challenge Labatt. Tout le monde s'attend à la même performance que l'année dernière, et si je perds quelques épreuves, on risque de commencer à se poser des questions, ce qui n'aidera pas ma carrière. Mais je vais faire de mon mieux dès le début et j'espère que tout ira bien.»

Les inquiétudes de Gilles se vérifièrent dès la première course, à Mosport, où il lui fallut bien reconnaître qu'il aurait besoin de toute sa détermination et de toute son audace pour confirmer sa supériorité en Formule Atlantique. Les deux March 77B de la Motor Racing Company arrivèrent d'Angleterre cinq jours à peine avant la course du 22 mai, ce qui ne laissait pas le temps de les préparer à fond. Contraint d'utiliser les essais et les épreuves de qualification de la première journée comme séance d'essais, Gilles commença par faire des temps qui le plaçaient derrière Keke Rosberg et Bill Brack sur la grille de départ. Mais alors que la dernière séance de qualification tirait à sa fin, Gilles empoigna sa

March encore récalcitrante et se lança comme un dément dans les dix virages de Mosport.

Non, le Finlandais volant (comme les journalistes surnommaient Keke Rosberg) n'allait pas damer le pion à Gilles Villeneuve sur le meilleur circuit du Canada. C'était une question d'honneur et, dans un dernier tour époustouflant, chronométré juste à la fin de la séance de qualification, Gilles fit deux secondes de mieux que son meilleur temps, ce qui lui donnait plus d'une seconde d'avance sur Rosberg et donc une première place décisive sur la grille de départ.

Keijo «Keke» Rosberg et Gilles étaient de la même trempe. Tous les deux des nordiques, ils partageaient la même conception de la course: toujours aller à fond de train. Mais Rosberg, dont les parents étaient des enthousiastes du rallye, était de loin le plus expérimenté, puisqu'il avait commencé à courir sur go-karts avec son père en 1965, à l'âge de seize ans. Gilles en était encore à tripoter les voitures de son père à Berthierville que Rosberg décrochait le titre de champion de kart de Finlande, puis de Scandinavie. Son goût de la course avait fini par l'emporter sur une vocation naissante d'informaticien et, en 1972, Rosberg avait emprunté de l'argent pour s'acheter une voiture de Formule V avec laquelle il avait fait une tournée dans le nord de l'Europe, puis remporté tous les championnats en 1973. Quelque temps plus tard, il passait en Super V et obtenait des résultats semblables. En 1976, il avait fait bonne impression en Formule II. À la fin de l'année, il avait remporté la série de Formule Pacifique en Nouvelle-Zélande, au volant d'une Chevron de Fred Opert, l'importateur américain de voitures Chevron pour lequel il allait maintenant courir à Mosport, toujours sur Chevron. Qu'un certain Gilles Villeneuve l'ait battu aux épreuves de qualification ne l'impressionnait pas outre mesure.

Au début de la course, Rosberg partit comme une fusée et dépassa la March de Villeneuve dans le premier virage. Comme soudés l'un à l'autre, les deux bolides filaient dans la campagne vallonnée du sud de l'Ontario. Plusieurs fois, la March remonta agressivement la Chevron; plusieurs fois, les roues des deux voitures rivales se heurtèrent, dans une pluie d'étincelles. Au quatrième tour, elles arrivèrent côte à côte au sommet d'une butte. Elles décollèrent ensemble, se touchèrent une fois de plus, hésitèrent un instant, au bord de la perte d'équilibre, puis la March sortit de la piste dans un nuage de poussière. La Chevron se redressa et continua sans ralentir, tandis que la March remontait sur le circuit pour se lancer à sa poursuite. Le moteur de Rosberg finit par sauter, mais Villeneuve continua à foncer comme un forcené, rattrapant inlassablement son retard, établissant le meilleur temps de la course, et franchissant enfin la ligne d'arrivée en deuxième place, moins de quinze secondes derrière le vainqueur, Price Cobb.

«Gilles et moi, nous avons eu quelques bonnes bagarres cette année-là», raconte Rosberg avec un large sourire. Aujourd'hui riche et retraité, il allait remporter le titre de champion du monde en 1982, l'année de la mort de Villeneuve. «Gilles était extrêmement doué, très rapide, très courageux. C'était un pilote très ambitieux, terriblement agressif. Nos batailles étaient toujours loyales et, la plupart du temps, c'était moi qui essayais de le rattraper. Nous avons toujours eu de bonnes relations professionnelles, parce que nous jouions tous les deux selon les mêmes règles. Je ne me souviens pas de l'avoir volontairement fait sortir de la piste à Mosport, mais je me souviens parfaitement que Johanne refusait encore de me parler longtemps après cet incident !»

Une fois de plus, la caravane des Villeneuve était donc fidèle au poste sur les circuits de Formule Atlantique. Une fois de plus, Johanne, Jacques, Mélanie et Princesse avaient la famille Lane et ses chiens pour compagnons. Après la course de Mosport, tous partirent pour le Manitoba, à travers les paysages sans fin de forêts, de montagnes et de lacs de l'Ontario. À Gimli, théâtre de deux triomphes en Formule Atlantique pour Gilles, aucun tour de prestidigitation ne fut possible. Son moteur expira au vingt-septième tour. Gilles était donc bien loin de soutenir le rythme de sa saison précédente et il était impatient de rattraper le temps perdu. Durant le long voyage à travers les Prairies, John Lane, au volant de sa caravane, perdit bientôt de vue celle des Villeneuve que Gilles poussait à toute allure en direction d'Edmonton, loin derrière l'horizon. Premier sur la grille de départ, Villeneuve allait se lancer dans une lutte épique avec Keke Rosberg durant la course.

«Une véritable guerre.» C'est ainsi que John Lane se souvient de la bataille Villeneuve-Rosberg à Edmonton. «Ils touchaient partout. La piste était en rase campagne, si bien que l'assistance n'était pas très nombreuse, douze mille personnes peut-être. Mais les spectateurs en ont eu pour leur argent. Ce fut probablement l'une des plus belles courses entre deux pilotes que l'on puisse imaginer. Les deux hommes s'amusaient comme des fous et ils riaient encore après la course. Gilles n'en voulait pas vraiment à Keke, après l'incident de Mosport. Son attitude était plutôt que la meilleure revanche serait de le battre. Cette nuit-là, à Edmonton, j'ai invité l'équipe à dîner. Mélanie s'est assise sur mes genoux. Son papa paraissait plus heureux que je ne l'avais jamais vu jusque-là. Ce genre de bataille, c'était exactement ce que Gilles adorait dans la course automobile.»

Pour Rosberg, qui donne un récit détaillé d'un tour en particulier dans ses mémoires, leur duel fut «une vraie partie de rigolade». «Gilles était en tête et je le suivais de très près. Je savais qu'un «salaud» comme Gilles n'allait pas me laisser trop de chances. Tout à coup, il commet une erreur et j'arrive à me faufiler juste à côté de lui. Nous avons fait ainsi un long virage côte à côte, en nous tamponnant plusieurs fois. Nous sommes sortis tous les deux de chaque côté de la piste, puis nous avons redescendu le talus à pleine vitesse pour nous rencontrer exactement au même endroit et nous toucher une fois encore. Gilles a gagné et je suis arrivé deuxième. À la fin de la course, ma voiture ressemblait à un gâteau dont on aurait coupé une grosse tranche. Sa jante arrière avait cisaillé ma carrosserie jusqu'au niveau du baquet.

«Gilles était un extraordinaire pilote de course et je garde un très bon souvenir de lui», dit Rosberg, pour tempérer ensuite ses éloges par une évaluation critique de l'attitude de Gilles. Comme Rosberg avait lui-même la réputation d'être un pilote extraordinairement agressif, décidé à gagner coûte que coûte, ces commentaires ont quelque chose d'un peu surprenant dans sa bouche.

«Gilles prenait toutes ses courses comme un défi personnel. On aurait dit qu'elles étaient pour lui une sorte de
barrière qu'il voulait défoncer. Il cassait une voiture et, cinq
minutes plus tard, il repartait dans sa voiture de réserve
pour la casser elle aussi. Je suis stupéfait quand on me dit
que je pilotais comme lui. À mon avis, je me protégeais
autant que je pouvais. Peut-être mes limites étaient-elles un
peu plus élevées que celles de certaines personnes, mais
Gilles poussait probablement les siennes un peu trop loin.

«Je l'aimais beaucoup comme pilote. J'aimais la manière
dont il courait. C'était un homme qui avait du cœur au
ventre, de l'adresse et de l'intelligence. Son courage dépassait de loin les normes usuelles. Je connais la peur. Gilles
l'ignorait totalement. Quand je courais avec lui en Formule
Atlantique, je me donnais à fond. Je reprendrais peut-être
encore les mêmes risques. Mais certainement pas en
Formule I. Je ne crois pas qu'on puisse conduire de cette
manière en Formule I. Les machines sont trop rapides, trop
dangereuses.» Et Rosberg partage l'avis des pilotes qui criti-
quèrent vivement Villeneuve et Arnoux pour s'être livré une
bataille en règle, dans le style de la course d'Edmonton, lors
du Grand Prix de France en 1979.

Après Edmonton, Rosberg allait gagner sa première course
canadienne de Formule Atlantique, en juillet, sur le circuit
de Westwood, alors que son grand rival était occupé à faire
ses débuts en Formule I pour McLaren, au Grand Prix d'Angleterre. Mais auparavant, Gilles profita d'une occasion
imprévue pour tâter d'une autre formule: la Can-Am.

2   *Je n'ai connu qu'un seul pilote au monde qui maîtri-*
          sait une voiture aussi bien que Villeneuve, qui savait
          toujours où il se trouvait, quoi qu'il arrive. Et c'était
          Jimmy Clark.
          Chris Amon

Le Canadian-American Challenge avait vu le jour en 1966
et cette série avait été la favorite des amateurs de course

automobile en Amérique du Nord jusqu'en 1974. Ces biplaces de sport, équipées d'énormes moteurs américains, donnaient en effet un spectacle assez impressionnant et les épreuves attiraient les foules qui venaient admirer ces voitures tonitruantes, manœuvrées par de grands pilotes internationaux trop contents de s'amuser un peu sur ces brutes d'une puissance incroyable. Mario Andretti, Mark Donohue, Dan Gurney, Denny Hulme, Bruce McLaren, Jackie Stewart, John Surtees et plusieurs autres avaient ainsi constaté que les machines Can-Am pouvaient parfois être aussi rapides que leurs voitures de Formule I.

Le meilleur équipement sortait des mains du Néo-Zélandais Bruce McLaren qui domina pendant plusieurs années ces courses, avec son compatriote Denny Hulme. McLaren avait également créé sa propre équipe de Formule I en 1966, celle où Gilles Villeneuve allait bientôt faire ses débuts. Mais il avait trouvé la mort en Angleterre, en 1970, alors qu'il faisait des essais sur une de ses machines Can-Am à Goodwood. Ce sera en fait un autre Néo-Zélandais, Chris Amon, qui donnera à Gilles l'occasion de prendre le volant d'une voiture Can-Am.

Après une interruption de deux années, les courses avaient repris en 1977, mais cette fois avec des véhicules qui, sur le plan de la conception mécanique, s'inspiraient de l'ancienne monoplace de Formule 5000. Les nouvelles voitures Can-Am, équipées de moteurs de série de 5000cc ou de moteurs de course de 3000cc, habillées d'une carrosserie de sport fermée, étaient extrêmement rapides. À tel point qu'atteignant la vitesse d'un avion au décollage, il leur arrivait de quitter le sol elles aussi.

Ce fut le cas de la Lola Can-Am du pilote anglais Brian Redman lors la première course de la série, organisée à Saint-Jovite. Alors qu'elle arrivait à fond de train au sommet d'une butte, elle décolla littéralement, propulsée par l'effet aérodynamique de son dessous plat qui se comporta exactement comme une aile d'avion. La voiture se retourna et Redman, qui avait été la grande étoile de la Formule 5000, sortit grièvement blessé de l'épave, au point qu'il lui fallut près d'un an pour se rétablir. Cet accident fit réfléchir un autre concurrent, Chris Amon.

Agé de 34 ans, Amon était au crépuscule d'une carrière qui totalisait 96 Grands Prix avec plusieurs équipes, dont 26 courses sous les couleurs de Ferrari. Extrêmement adroit et souvent très bien placé en course, il n'avait pourtant jamais remporté d'épreuve comptant pour le championnat du monde. Aimable, un peu timide et souvent indécis, Amon était aux yeux d'Enzo Ferrari «un bon pilote d'essai, un conducteur précis et raffiné». (Même si on l'accusait souvent de s'intéresser davantage à ses voitures qu'à ses pilotes, Ferrari avait une affection particulière pour Amon, comme ce sera le cas plus tard avec Gilles Villeneuve. Les deux hommes ne se perdirent jamais de vue et, 15 ans après sa dernière course pour l'écurie italienne, Enzo Ferrari lui envoyait encore une carte de vœux pour son quarantième anniversaire, en Nouvelle-Zélande.) Mais comme pilote, Ferrari estimait que le principal défaut d'Amon était de manquer d'assurance: «Il aurait dû s'encourager davantage pendant les courses... une force dont il manquait souvent.»

Plus tard, Amon partagera cet avis: «Je plaçais toujours les champions sur un piédestal, à un niveau supérieur. Je les considérais comme des surhommes.» Durant ses années chez Ferrari, il avait bien cru qu'il arriverait un jour au sommet: «J'aimerais être le meilleur pilote du monde, mais je ne veux pas faire ce genre de travail pendant 10 ans encore.» Pourtant, il allait faire 14 saisons en Formule I avant de prendre finalement sa retraite en 1976, après une année désastreuse marquée notamment par deux graves accidents au volant d'une Ensign. Amon accepta ensuite de piloter la Can-Am de Walter Wolf en 1977 mais, après l'accident de Saint-Jovite, il décida qu'il en avait assez et qu'il était temps de ranger son casque.

Walter Wolf, Autrichien de naissance, était arrivé en 1960 à Montréal, avec sept dollars en poche. Devenu millionnaire après de brillantes opérations dans la construction et l'industrie pétrolière, il s'était fait un plaisir de mettre ses vastes moyens financiers à la disposition de sa véritable passion, la course automobile. Son équipe de Formule I, qui avait son quartier général à Reading, en Angleterre, courait sur des voitures bleu et or décorées du drapeau canadien. Walter ne lésinait pas lorsqu'il s'agissait de constituer une équipe et il avait engagé comme ingénieur un Anglais de grande réputation, Harvey Postlethwaite (qui travaillera plus tard chez Ferrari avec Gilles Villeneuve) et comme directeur d'équipe Peter Warr (de l'écurie Lotus). Son pilote était Jody Scheckter, qui avait déjà remporté quatre Grands Prix avec l'équipe Tyrrell.

Ses investissements de plusieurs millions de dollars n'avaient pas été vains cependant puisque la toute nouvelle Wolf WR1-Ford DFV remporta la première course à laquelle elle participa, l'épreuve inaugurale de la saison 1977, en Argentine. Ce résultat sans précédent en Formule I fut suivi par trois classements dans les trois premières places puis par un autre triomphe de l'équipe Walter Wolf Racing au Grand Prix de Monaco, en mai. Scheckter reçut les lauriers du vainqueur des mains du prince Rainier et de la princesse Grace et un Wolf jubilant offrit le champagne à tous ceux qui se trouvaient là: «Allez-y ! Pas de problèmes. Les gagnants n'ont pas de problèmes !» Pourtant, il avait effectivement un problème, de l'autre côté de l'Atlantique, avec son équipe Can-Am dont les bureaux administratifs étaient installés dans des locaux prêtés par son bon ami montréalais, nul autre que Gaston Parent.

Un matin, très tôt, Parent reçut la visite imprévue d'un Chris Amon apparemment très ennuyé. «C'était un type très bien, honnête et sincère, mais il n'était plus tout jeune et il était très préoccupé par la sécurité. Chris voulait tout abandonner, et tout de suite. Walter mettait en course une Dallara, une voiture qui avait un air plutôt bizarre, et Chris n'arrivait à en tirer rien de bon. Il la trouvait tout simplement trop dangereuse. «Écoutez, je n'ai pas envie de faire ça à Walter, m'a dit Chris Amon. Il a investi beaucoup d'argent dans cette affaire et je ne sais pas comment lui annoncer la nouvelle.» Sur ce, la coordonnatrice de Walter, Dana, une charmante petite Anglaise, entre, elle aussi, très embêtée. Même refrain: «Comment informer Walter ?» Nous sommes un lundi matin, il est neuf heures, et je me trouve avec un problème de course sur les bras, un problème dont je n'ai certainement pas besoin. Enfin, je leur dis de ne pas s'en faire. Je vais appeler Walter et arranger quelque chose avec lui.»

Wolf (qui avait également des pied-à-terre en Angleterre, en Suisse, en Autriche et dans le midi de la France) possédait à Montréal un appartement qui avait précédemment appartenu à des membres de la famille Molson. Il s'y trouvait ce jour-là quand Parent l'appela et les deux hommes se retrouvèrent dans le bureau de Parent, à huis clos. Parent expliqua la situation à Wolf. «Alors je lui dis: «J'ai la solution.» «Quelle solution ?» «Villeneuve».

Wolf donna immédiatement son accord. «Walter me répond: «Entendu, c'est réglé.»Mais moi j'ajoute: «Pas encore. Je dois quand même en parler à Villeneuve. Je ne sais pas s'il veut courir en Can-Am.» Alors j'appelle Villeneuve à Berthier. Il était chez lui. Sans exagérer, trente-cinq ou quarante minutes plus tard, il arrive dans mon bureau. J'étais vraiment surpris. J'avais compté au moins une heure et demie.»

Parent appelle Wolf, Amon et la coordonnatrice. «Walter répétait à Amon: «Pas de problème, pas de problème». Dana avait l'air vraiment soulagée. Et puis Walter dit à Gilles: «Vous avez la voiture, et voilà le type qui va diriger l'équipe.» Amon. Walter continue: «Vous êtes le pilote maintenant, louez une piste et entraînez-vous. Faites ce que vous voulez, je paye.» Je vois le visage de Gilles s'éclairer littéralement. Il est au septième ciel. On lui donne une voiture, et il n'a pas un sou à payer. Ils se serrent tous la main et se lèvent pour sortir. Mais moi je les rappelle: «Eh ! Une minute ! Combien allez-vous le payer ?» Walter me demande combien. Je lui réponds: «Deux mille dollars par course, plus les frais.» Walter est d'accord et Gilles saute en l'air. Il ne voulait pas d'argent, il voulait simplement courir. Mais tout à coup, pour la première fois de sa vie, il se fait payer pour courir.»

La méfiance de Chris Amon à l'égard de la Dallara WD1-Chevrolet de Walter Wolf Racing se révéla pleinement justifiée. Amon avait dit d'elle que c'était une «truie»; Gilles ira encore un peu plus loin: «Absolument impossible à conduire.» La voiture était affligée d'innombrables problèmes: une suspension qui avait la fâcheuse habitude de se détacher du

96

châssis, une tenue de route atroce et des freins qui s'évanouissaient au bout de quelques tours, au point de rendre le véhicule pratiquement impossible à arrêter. Inutile de préciser que Gilles s'amusa beaucoup avec elle.

Tout le monde savait que cette voiture ne valait pas un clou et personne n'espérait que le pilote puisse en tirer grand-chose. N'ayant rien à prouver, Gilles prit donc grand plaisir à la malmener sur le circuit de Watkins Glen, sa première course Can-Am. Après d'innombrables tête-à-queue, il parvint à se classer en quatrième position sur la grille de départ, mais dut abandonner au bout de quatre tours seulement, faute de freins. La course fut gagnée par la Lola du Français Patrick Tambay qui remplaçait Brian Redman, blessé.

John Lane était avec l'équipe à Watkins Glen. Un soir, il s'attarda un peu avec Amon pour parler métier. Que pensait-il de Gilles ? Réponse d'Amon: «Je n'ai connu qu'un seul pilote au monde qui maîtrisait une voiture aussi bien que Villeneuve, qui savait toujours où il se trouvait, quoi qu'il arrive. Et c'était Jimmy Clark.»

Le grand pilote écossais, qui s'était tué en 1968 dans une course de Formule II, à Hockenheim, en Allemagne, était considéré comme le plus grand pilote de Formule I de son époque et l'un des plus grands de tous les temps. (Gilles, qui avait lu plusieurs livres sur lui, l'admirait beaucoup.) Amon n'aurait pu faire un plus grand éloge de Gilles et il s'expliqua ainsi à Lane: «Quand je conduisais et que je partais en dérapage, je n'étais qu'un passager. Ce n'est pas le cas de Gilles. Lorsqu'il dérape, il pense à ce qu'il va faire ensuite, comment sortir du tête-à-queue, par où repartir, quand relâcher la pédale d'embrayage, et il amène toujours sa machine exactement là où il faut.»

Amon et Lane tombèrent d'accord pour dire que Gilles, qui les amusait avec le récit de ses folles escapades sur les routes de Berthierville, avait probablement acquis cette maîtrise par l'expérience, particulièrement en pratiquant le «virage du *bootlegger*». Cette manœuvre (un coup de frein à main en braquant le volant, ce qui fait faire demi-tour à la voiture) était utilisée, selon la légende, par les contrebandiers d'alcool du sud des États-Unis quand il leur fallait esquiver les agents fédéraux trop enclins à les délester de leur cargaison illicite, au temps de la Prohibition.

Durant ce week-end à Watkins Glen, John Lane eut droit à de nouvelles démonstrations de la maîtrise de Villeneuve. La voiture personnelle de Lane était une Honda Accord, considérablement modifiée puisqu'il l'avait fait équiper d'un turbocompresseur. Le jour de la course, comme c'était souvent le cas, Gilles avait fait la grasse matinée. Pour rattraper le temps perdu, il demanda à Lane de le laisser conduire la Honda du motel jusqu'au circuit. «Comme un idiot, je lui réponds oui. Un peu plus d'un kilomètre avant d'arriver, nous tombons sur un embouteillage. Les voitures sont pare-chocs à pare-chocs et n'avancent pratiquement plus. Gilles se met sur la voie de gauche et écrase l'accélérateur. Avec une rapidité incroyable, il passe les vitesses et nous sommes bientôt à 130 km/h. J'avais la voiture depuis trois semaines seulement et je n'en menais pas large. Nous arrivons comme une bombe à l'entrée et Gilles commence à chercher une place pour se garer. Il en trouve une qui fait à peu près quinze centimètres de plus que ma voiture. Je lui dis de laisser tomber, de se préparer pour la course, que je vais garer la Honda. Et lui me répond: «Oh non, j'en ai pour une seconde.» Effectivement. Il recule un peu, braque à fond le volant, pousse le moteur à six mille tours, lâche l'embrayage, et comme par miracle la voiture se glisse dans le petit trou, avec une marge de cinq centimètres à peu près. Incroyable !»

Gilles eut encore trois autres aventures Can-Am cet été-là. Il ne termina qu'une seule fois, à Elkhart Lake, au Wisconsin, en juillet, où il partit en première position pour terminer en troisième place derrière le vainqueur, Peter Gethin. Il dut abandonner à Mosport en août, puis une autre fois à Trois-Rivières en septembre, et n'obtint qu'une modeste douzième place au classement général du Challenge SCCA Citicorp Can-Am 1977. Les quatorze mille neuf cent vingt dollars que Gilles rapporta à son équipe, une fortune pour lui, n'auraient pas suffi à payer les cigares de Walter Wolf. À la fin de la saison, celui-ci décida de faire don de sa malheureuse voiture à une école technique de Toronto où les élèves la disséquèrent comme un macchabée. Le champion, Patrick Tambay, qui gagna six des neuf courses, rapporta quatre-vingt-quinze mille trois cent quatre-vingts dollars à son équipe Haas/Hall Lola. Tambay gagnerait de nouveau la série en 1980 (comme le frère de Gilles, Jacques, dirigé par Gaston Parent, en 1983), tandis que Gilles n'allait plus jamais courir en formule Can-Am.

3   *Je me suis dit: «Voilà Scheckter et voilà Andretti,*
         et tu arrives à les suivre.» J'étais plutôt content.
                                        Gilles Villeneuve

Juste après la course Can-Am de Watkins Glen, Gilles prit l'avion pour l'Angleterre où il devait s'entraîner et essayer de se qualifier pour le Grand Prix de Grande-Bretagne, son baptême en Formule I avec l'équipe McLaren. La course allait se dérouler le dimanche 16 juillet 1977 sur le circuit de Silverstone dans le Northamptonshire. La piste toute plate de 4 719 mètres, un ancien aérodrome de la Seconde Guerre mondiale, compensait l'absence d'accidents de terrain par une demi-douzaine de virages très rapides qui mettaient à l'épreuve le sang-froid des pilotes. Le record du tour — 1 minute, 18 secondes, 81 centièmes, soit une moyenne de 215,543 km/h — avait été établi par James Hunt en 1976. Une moyenne extrêmement élevée, compte tenu du fait que les pilotes devaient passer pratiquement au pas la chicane de Woodcote, un obstacle installé en 1975 pour ralentir les voitures et les empêcher de soutenir des vitesses que l'on considérait trop dangereuses. L'un des principaux facteurs à l'origine de cette modification avait été un énorme accident survenu dès le premier tour en 1973. Jody Scheckter, dont ce n'était que la quatrième course en Formule I, pilotait une troisième voiture pour l'équipe McLaren, comme Gilles allait le faire maintenant. Il était parti en tête-à-queue en plein milieu du peloton.

Gilles avait vu pour la première fois le circuit de Silverstone la semaine précédant le Grand Prix, avant la course Can-Am de Watkins Glen, à l'occasion d'une session spéciale d'essais de deux jours organisée par l'Association des constructeurs de Formule I (FOCA) pour les équipes. Gilles reçut une Marlboro McLaren M23-Ford DFV rouge et blanche, l'ancienne voiture de James Hunt, tandis que Hunt et son coéquipier, Jochen Mass, utiliseraient les derniers modèles M26. La voiture de Hunt portait le numéro 1, réservé au champion du monde en titre, celle de Mass le numéro 2. Quant à la voiture de Gilles, numéro 40, elle devait être confiée à une équipe de mécaniciens distincte de l'équipe principale de McLaren.

Au début, Gilles prit son temps pour tâter le terrain, faire la connaissance du circuit, se familiariser avec un châssis et un moteur complètement nouveaux pour lui, l'œil fixé sur ses rétroviseurs pour laisser passer les grands noms de Formule I qui pourraient vouloir le doubler. Mais bientôt, à la surprise de ceux qui ne le connaissaient pas (et bien peu le connaissaient vraiment), d'autres pilotes durent commencer eux aussi à surveiller cette McLaren numéro 40 dans leurs rétroviseurs, tandis que Gilles se mettait à tourner très vite.

Sa progression de plus en plus rapide s'accompagnait pourtant de fréquents tête-à-queue. Il dérapait à Copse, à Becketts, à Stowe, à Club et à Woodcote, bref, dans presque tous les virages historiques de Silverstone, projetant derrière lui une pluie de gazon quand il mordait sur l'accotement. Mais comme par miracle, il ne touchait jamais les talus, ni les terribles murets de bois, faits de piles de traverses de chemin de fer. En une occasion, il remit les gaz trop rapidement à la sortie de Copse et fit trois tête-à-queue complets à très haute vitesse pour s'arrêter à quelques centimètres seulement d'un muret. L'incident eut de nombreux témoins dans les stands et certains officiels de la Formule I commencèrent à murmurer que l'impétuosité du nouveau venu frôlait peut-être l'inconscience.

N'y avait-il pas comme une sorte de désespoir chez ce Villeneuve ?

Et d'ailleurs, d'où sortait-il celui-là ?

Mais quelques observateurs plus attentifs que les autres remarquèrent que ses chronos baissaient régulièrement. Ce garçon avait une idée derrière la tête. Et ils se mirent à l'observer de plus près, particulièrement dans ses sorties de tête-à-queue. Encore en plein dérapage, Villeneuve rétrogradait en première et, dès que la voiture se trouvait à peu près dans la direction voulue, repartait à toute allure. Jamais deux tête-à-queue au même endroit, ou presque. Peu à peu, ils comprirent que ce pilote était en train de tester les limites de sa voiture dans chaque virage en commençant par le tête-à-queue pour trouver ensuite la meilleure trajectoire.

La méthode manquait d'élégance, sans doute, mais elle était efficace: pousser le véhicule au-delà de sa limite d'adhérence, prendre note de cette limite et ne plus jamais la dépasser. Et c'est ainsi que Gilles fit une vingtaine de tête-à-queue sur le circuit de Silverstone (un peu moins, selon lui) sur un total de 169 tours pendant les essais, l'entraînement et les épreuves de qualification.

Plus tard, il expliquera ce qu'il avait en tête. «Je ne pensais qu'à une seule chose: sortir de la Formule Atlantique, réussir en Europe, me faire une place en Formule I. J'avais l'impression que ce serait ma seule chance... Je devais apprendre très vite à connaître la voiture et la piste. Je devais impressionner tout le monde pendant cette course. Pour moi, le moyen le plus rapide de connaître les limites de la M23 était d'aller de plus en plus vite dans un virage, jusqu'au tête-à-queue. Je savais alors quelle était la vitesse à ne pas dépasser.»

Au cours des essais, son meilleur temps fut un très respectable 1 minute 20 secondes 90 centièmes, ce qui lui valut la douzième place sur la grille de départ, à peu près au milieu du peloton des habitués de la Formule I. Le plus rapide avait été Mario Andretti sur sa Lotus; James Hunt était troisième, suivi par les Ferrari de Niki Lauda et de Carlos Reutemann. Jody Scheckter s'estima heureux de se classer dixième, après un incident terrifiant. Sa Wolf fonçait dans le virage de Maggotts à environ 240 km/h lorsque l'aileron arrière se détacha. La voiture décolla, puis retomba en tournant sur une roue comme une toupie. Le véhicule était intact et le pilote indemne, mais Scheckter avait eu la peur de sa vie: «J'ai réellement cru que tout était fini.»

Scheckter était de ceux qui avaient critiqué l'arrivée massive de jeunes pilotes en Formule I: «Certains de ces types croient que leurs rétroviseurs ne leur servent qu'à se raser.» Sur les 41 pilotes inscrits à Silverstone, 14 en effet étaient de nouveaux venus. Certains avaient sans doute le talent nécessaire pour qu'on leur donne une chance, mais d'autres avaient seulement les moyens financiers de se payer une voiture. On décida que les uns comme les autres devraient subir une épreuve spéciale de préqualification qui permettrait de les juger sur pièces. Les cinq plus rapides pourraient ensuite participer avec les habitués de la Formule I aux épreuves normales de qualification des 36 voitures qui prendraient finalement le départ. La préqualification se ferait en deux temps, le mercredi précédant la course.

Gilles fut le plus rapide de tous, avec un chrono de 1 minute, 19 secondes, 48 centièmes, une avance de 7 centièmes de seconde seulement sur un autre débutant, Patrick Tambay, qui pilotait une Theodore Ensign pour le célèbre et pittoresque Theodore «Teddy» Yip. Tambay remplaçait le pilote que Yip avait engagé en 1976, Chris Amon. Sa Ensign était sortie depuis si peu de temps des ateliers qu'il avait fallu se contenter d'y installer à la hâte le siège utilisé par Amon l'année précédente.

Considéré comme l'un des hommes les plus riches du monde, Teddy Yip faisait de multiples affaires à Hong Kong et à Macao, où il avait notamment des casinos et une société d'hydroglisseurs, la Far East Hydrofoil Company. Connu pour son hospitalité princière, toujours suivi d'une ribambelle de jeunes femmes plus jolies les unes que les autres, Yip considérait la course automobile comme son élixir de longue vie. La prestation de Tambay à Silverstone lui fit l'effet d'une transfusion de sang frais. Yip, qui allait sur ses 70 ans, aimait à dire: «Sans la course, je n'en aurais pas pour trois ans.»

Mais on peut aussi se noyer dans la fontaine de Jouvence et, si la course faisait vivre Teddy Yip, elle eut presque l'effet inverse sur le pilote anglais David Purley à Silverstone. Ancien parachutiste, amateur de sensations fortes, adepte du deltaplane, Purley tentait d'obtenir sa préqualification au volant d'une Lec. Ses temps au cours de la première séance d'une demi-heure n'ayant pas été assez bons, il décida pour la seconde de donner toute la gomme. Et il venait d'établir le meilleur chrono quand le papillon des gaz de sa Lec se bloqua grand ouvert au moment où il entrait dans le virage de Becketts, à très haute vitesse. Le bolide coupa la corde du virage et frappa de plein fouet le talus extérieur, à plus de 190 km/h, pour s'immobiliser sur une distance d'à peu près 60 centimètres — la longueur approximative de la boule de tôle tordue qui avait été autrefois un châssis.

Il fallut près d'une heure aux secouristes pour sortir le pilote grièvement blessé de cet amas de ferraille. Un peu plus tard, les médecins annoncèrent un diagnostic assez effarant: dislocation de la clavicule et des talons, sept côtes cassées, cinq fractures du bassin, huit fractures de la jambe gauche, deux fractures du pied gauche, sept du pied droit. L'épave de la Lec est aujourd'hui exposée au Donington Motor Museum, en Angleterre, où elle fait plutôt figure de sculpture abstraite que d'ex-voiture de course. À la voir, on a vraiment peine à croire que le pilote ait pu s'en tirer. Pourtant, David Purley sortit de l'hôpital et recommença même à courir, mais pas en Formule I. (Il trouva la mort en 1985, aux commandes d'un avion de tourisme.)

Les essais reprirent dans une atmosphère assombrie par l'accident de Purley qui ravivait le souvenir de la tragédie du Grand Prix d'Afrique du Sud, en mars. Tom Pryce, un jeune pilote gallois plein de promesses, y avait trouvé la mort dans des circonstances particulièrement horribles. Alors que sa Shadow arrivait à toute allure, un commissaire de piste qui ne l'avait pas vu venir avait traversé juste devant lui pour porter secours à une autre voiture en flammes, avec un extincteur. Le pilote avait été décapité par l'extincteur, le commissaire de piste avait été tué sur le coup et la Shadow privée de son pilote avait continué sur sa lancée avant de s'écraser un peu plus loin. Quelques jours plus tard, Carlos Pace, le pilote de Brabham, s'était tué dans un accident d'avion dans son pays d'origine, le Brésil. Les superstitieux se sentaient mal à l'aise. La Formule I n'allait-elle pas connaître encore une de ces années tragiques, comme il y en avait déjà tant eu ?

Villeneuve paraissait frôler fréquemment le désastre mais on commençait à comprendre que c'était une maîtrise exceptionnelle du véhicule qui expliquait les angles étonnants que prenait la McLaren numéro 40. Si les tête-à-queue devenaient moins fréquents, la voiture partait encore très souvent en crabe et de plus en plus de spectateurs se mirent à suivre des yeux ce nouveau phénomène.

Et quand les résultats des essais de qualification furent affichés le samedi après-midi, les habitués de la Formule I découvrirent avec surprise que Villeneuve s'était solidement accroché à la neuvième place sur la grille de départ. Son meilleur temps, 1 minute, 19 secondes, 32 centièmes, n'était qu'à 43 centièmes de seconde de celui du premier, James Hunt, champion du monde et maître incontesté de Silverstone, aux commandes d'une nouvelle version améliorée de la voiture que conduisait Gilles.

À côté de Gilles, en cinquième ligne sur la grille, plus lent que lui d'un dixième de seconde, se trouvait son héros, Ronnie Peterson, qui participait à son cent deuxième Grand Prix. L'expérience de Peterson et ses spectaculaires dérapages contrôlés n'avaient pas suffi à remédier aux problèmes de tenue de route de l'excentrique Tyrrell-Ford à six roues qu'il conduisait. Jochen Mass, au volant de l'autre McLaren M26, était derrière Peterson. Lauda avait fait le troisième temps aux épreuves de qualification, mais Villeneuve devançait l'autre pilote de Ferrari, Carlos Reutemann, un vétéran de la course, ainsi qu'un autre débutant favori, Tambay, au volant de sa Ensign.

Dans la tribune de la presse, tous les yeux convergeaient sur la Renault avec laquelle Jean-Pierre Jabouille s'était classé en vingt et unième position sur la grille de départ. C'était la première apparition d'un moteur 1500cc à turbocompresseur dans la formule, toutes les autres voitures utilisant le moteur atmosphérique conventionnel de 3000cc. À la fin des essais de qualification, journalistes et photographes s'étaient donc précipités autour de la machine jaune et noire présentée par le constructeur français, impatients de voir de plus près cette curiosité. La Renault abandonnerait la course au bout de 16 tours, à la suite d'une défaillance de son turbocompresseur, mais elle n'en aurait pas moins marqué une date historique, l'aube de l'ère du moteur turbocompressé.

Par contre, quelques journalistes seulement virent dans le pilote québécois de la troisième McLaren suffisamment de potentiel historique pour lui demander une interview. Ils le trouvèrent assis avec sa femme sur un tas de pneus, derrière son stand. Johanne était en train de coudre un macaron Marlboro à côté du drapeau canadien sur la combinaison de Gilles. Le pilote, un peu timide, mais très amical, répondait avec aisance à leurs questions dans un anglais pittoresque mais fluide. Ils l'interrogèrent sur sa carrière et, patiemment, Gilles leur fit un résumé de ses succès en motoneige et de ce qu'il avait accompli en Formule Atlantique, tout en rendant hommage à l'homme qui à ses yeux l'avait le plus aidé: «Je dois beaucoup à Ray Wardell. Sans lui, je ne serais pas ici aujourd'hui. Je lui suis vraiment reconnaissant. C'est l'un de mes meilleurs amis.»

Quelqu'un l'interrogea sur ce qui l'intéressait en dehors de la course. Quels étaient ses passe-temps favoris ? «Je n'ai pas vraiment d'autres intérêts. Mais chez moi j'aime travailler sur ma Mustang. J'ai modifié moi-même le moteur. J'ai aussi un vieil autobus scolaire et une camionnette Ford à quatre roues motrices dont je me servais pour transporter mes motoneiges. Je l'ai équipée de très gros pneus et d'un treuil. En été, nous partons avec les enfants pour pique-niquer en forêt, en pleine nature. Plus le chemin est mauvais, plus je suis content. J'aime m'embourber et repartir. Je suppose que je devrais plutôt jouer au golf ou au tennis. Ce sont probablement des sports plus normaux pour un pilote de Formule I.» Un grand éclat de rire. Les journalistes découvrent avec plaisir un pilote qui a le sens de l'humour et qui ne se prend pas trop au sérieux.

Un autre éclat de rire quand on lui demande de décrire ce qu'il a fait à Silverstone jusqu'à présent. «Oui, j'ai fait pas mal de tête-à-queue, mais je n'ai rien frappé. Touchons du bois. J'espère que ça va continuer. J'arrive maintenant à balancer un peu la M23 et, dans des endroits comme Stowe et Club, elle se met réellement en travers. Ça fait un peu mal au cœur ! À la fin de la journée, j'avais l'impression de piloter une Formule Atlantique avec un moteur super-puissant. Comme j'espérais me classer entre la vingtième et la douzième place, je suis vraiment très content d'être arrivé neuvième.» Invité à comparer la compétition sur asphalte à la course sur neige et sur glace, il répond qu'il voit des points communs, au moins avec sa manière à lui de conduire. «On glisse autant dans l'une que dans l'autre. Et quand vous conduisez une Formule I, vous glissez vraiment très vite !»

Les questions continuent. Pourquoi fait-il de la course ? Parce que c'est amusant. Pas pour l'argent ni pour la popularité. Par goût. Non, il n'aime pas tellement voyager et il préférerait être chez lui avec Johanne et leurs deux enfants. Johanne aimerait mieux le voir faire autre chose pour gagner sa vie, mais elle assiste quand même à toutes ses courses. En Amérique du Nord, explique-t-il, toute la famille voyageait ensemble dans sa caravane. Une famille comme les autres, venue d'une petite ville du Québec. Et quoi qu'il arrive plus tard, même s'il devient riche, ils continueront à vivre comme aujourd'hui.

Les journalistes prennent des notes. Certains mots reviennent souvent sur leurs blocs-notes: poli, sincère, sans prétention, aimable. Interrogé à son tour, Teddy Mayer déclare que l'équipe est «très heureuse de ses progrès». L'un des mécaniciens de McLaren est plus loquace: «Il est exceptionnellement brillant. Il a un ordinateur dans la tête. Il comprend toutes les réactions de la voiture et peut nous dire ce qu'il faut faire. Il sait ouvrir les yeux.» De fait, d'autres yeux vont s'ouvrir durant cette course.

Aux abords de Silverstone, il y avait un embouteillage monstre sur les petites routes de campagne, par ce beau dimanche d'été. On attendait quatre-vingt-cinq mille spectateurs. Nombre d'entre eux, impatients de prendre leurs places favorites dans les tribunes ou sur les talus qui bordent le circuit, abandonnèrent leurs véhicules et firent à pied les dix derniers kilomètres. Avec Hunt en première position sur la grille de départ et un autre compatriote, John Watson, à côté de lui, les chances d'une victoire britannique paraissaient excellentes.

Tout à coup, le rugissement des vingt-six moteurs de Formule I étouffe les hurlements de la foule qui agite des drapeaux britanniques. Hunt a des difficultés d'embrayage et Watson prend l'avantage sur sa Brabham-Alfa Romeo. La Ferrari de Lauda vient ensuite, suivie de la Wolf de Scheckter, aux couleurs du Canada. Hunt maintient sa McLaren en quatrième place, juste devant les Lotus du Suédois Gunnar Nilsson et de l'Américain Mario Andretti. À la fin du premier tour, la meute déboule, en grondant, du virage de Woodcote et s'élance sur la ligne droite des stands dans le même ordre avec — et la plupart des spectateurs doivent jeter un coup d'œil sur leurs programmes pour l'identifier — la McLaren de Villeneuve en septième place, devant des noms plus familiers: Mass, Brambilla, Peterson et seize autres.

Quelques tours encore. Le nouveau venu de la voiture numéro 40 s'accroche toujours aux meilleurs pilotes du monde. Derrière lui, Rupert Keegan sort du circuit sur trois roues après avoir perdu la quatrième en heurtant la Ferrari de Reutemann. La Tyrrell de Peterson abandonne avec ses six roues intactes, mais le moteur est en pièces détachées; la première course de Formule I de Tambay prend fin prématurément lorsqu'une défaillance du circuit électrique immobilise sa Ensign; Ian Scheckter fait un tête-à-queue avec sa March, et la course est terminée pour lui aussi. Son frère, encouragé par un Walter Wolf déchaîné qui se penche par-dessus le mur du stand, continue en troisième place, sur les talons de Watson et de Lauda. Hunt est toujours quatrième, suivi d'Andretti et de Nilsson. Mais les choses se gâtent dans le cockpit de la McLaren de Villeneuve.

Gilles a remarqué depuis quelque temps que l'aiguille de son thermomètre grimpe lentement. Au dixième tour, lorsqu'elle atteint finalement le point d'ébullition, il se voit contraint d'abandonner le peloton pour s'arrêter au stand. Le

107

trajet est bien long de Woodcote jusqu'au bout de la ligne des stands où son arrivée imprévue déclenche une activité fébrile. Du doigt, il montre le thermomètre et ses mécaniciens se précipitent à l'arrière de la voiture pour voir ce qui se passe. Deux tours plus tard, l'un d'eux se penche vers le pilote, toujours casqué, qui attend impatiemment au volant: « Le thermomètre est fichu, c'est tout !»

L'équipe McLaren recule précipitamment tandis que Gilles embraye et repart en coup de vent, laissant derrière lui deux bandes noires de caoutchouc sur l'asphalte. Il rejoint la course juste derrière les premiers qui font le treizième de leurs soixante-huit tours et se loge derrière Watson, Lauda et Hunt, juste devant Scheckter, Andretti et Nilsson qui se sont lancés à leur poursuite. Gilles, sachant que Scheckter et compagnie se battent pour se classer en tête, alors que lui n'est plus en lice, s'écarte poliment et laisse le trio passer. Puis il se met derrière eux et ne quitte plus cette place jusqu'à la fin, pour établir le cinquième meilleur tour de la course (après Hunt, Watson, Nilsson et Scheckter) et arriver en onzième place. Watson, Scheckter et Andretti ont abandonné en raison d'ennuis mécaniques, laissant Hunt, Lauda et Nilsson s'emparer des trois premières places.

Gilles était enchanté de sa prestation, mais il n'en montra pas grand-chose: «Je suis une personne calme, je suppose. Il m'en faut vraiment beaucoup pour me faire sauter en l'air. Je ne m'excite pas facilement.»

Posément, les deux pieds sur terre, il décrira ainsi son Grand Prix de Grande-Bretagne: «Si je n'avais pas tenu compte des indications du thermomètre et si le moteur avait sauté, je me serais comporté comme un imbécile de débutant qui ne fait pas attention à ses instruments. Je ne voulais pas de cette étiquette et c'est pour cette raison que je suis rentré au stand. Quand je suis reparti et que j'ai laissé les autres me doubler, je conduisais à mon rythme. Et je me suis rendu compte que je les suivais. Je me suis dit: «Voilà Scheckter et voilà Andretti, et tu arrives à les suivre». J'étais plutôt content.»

S'il n'y avait pas eu cet arrêt inutile au stand, Gilles aurait certainement terminé quatrième, à la place de Jochen Mass.

Sa performance lui valut le titre de «pilote de la journée», décerné par le groupe Allied Polymer, ainsi que les louanges de journalistes influents comme Franco Lini qui disait à ses lecteurs italiens: «Tout à fait étonnant qu'un garçon qui fait sa première course de Formule I se classe neuvième aux épreuves de qualification et reçoive le titre de pilote le plus impressionnant de toute la course.»

La presse britannique était du même avis. Denis Jenkinson, le fameux «DSJ» de *Motor Sport* qui suivait les courses depuis la saison de 1947, saluait «la souplesse et l'assurance» de son style, ajoutant que Villeneuve «avait été sans aucun doute l'homme de cette course». Dans *Autosport*, Nigel Roebuck (qui allait devenir un ami intime de Gilles) écrivait: «Villeneuve a donné la preuve d'un extraordinaire talent naturel» et sa prestation a été «terriblement impressionnante». Dans la même revue, James Hunt, qui pouvait maintenant se vanter de savoir découvrir les jeunes talents, disait avoir été «très impressionné par son talent manifeste et son professionnalisme» à Trois-Rivières. Dans le *Times*, le journaliste John Blunsden, une autorité de la Formule I, voyait en lui «la plus brillante des nouvelles étoiles de la course automobile», un homme qui allait certainement devenir «un des piliers du circuit des Grands Prix. Quiconque cherche un futur champion du monde n'a pas besoin de regarder plus loin que ce jeune homme à l'assurance tranquille.»

4   *Je ne comprenais pas pourquoi Mayer avait changé d'avis. Je n'arrivais pas à voir pourquoi je devais faire ce pas en arrière. Mon moral en a pris un coup.*
Gilles Villeneuve

Gilles rentra au Canada sans savoir auquel des sept autres Grands Prix l'écurie McLaren voulait qu'il participe. De toute façon, son calendrier du mois d'août était chargé avec deux courses de Formule Atlantique à une semaine d'intervalle, à Halifax et à Saint-Félicien (Québec). Gilles faisait sa rentrée dans la série en quatrième place, derrière Rosberg, Rahal et Brack, et il lui fallait rattraper le temps perdu. Après avoir pris le départ en première place à Halifax, Gilles fit une sortie de piste au dix-neuvième tour et Brack gagna la course, suivi de Price Cobb. Gilles n'était plus que cinquième au classement.

À Saint-Félicien, au Lac-Saint-Jean, Gilles remporta la première place aux épreuves de qualification, mais de justesse. Les essais allaient prendre fin quelques minutes plus tard et il n'était encore que troisième. Voulant absolument améliorer son chrono, Gilles en fit sans doute un peu trop. La March de Direct Film prit un virage trop large, frappa un mur de pneus et s'immobilisa, quelque peu tordue, contre un mur de ciment. Gilles sortit de l'épave, courut jusqu'au stand, réquisitionna la voiture de son coéquipier Richard Spenard, repartit aussitôt sur le circuit et parvint à établir le meilleur temps, quelques secondes à peine avant la fin des épreuves de qualification. Il remporta la course avec près d'une minute d'avance sur Tom Gloy, alors que Brack et Rosberg ne terminaient pas, victimes d'accidents.

L'un de ses rivaux à Saint-Félicien était un jeune pilote français, Didier Pironi, invité par Fred Opert à courir sur une Chevron. Pironi se présenta à Gilles et lui fit part d'une rumeur qui courait en Europe: on parlait de Gilles pour l'écurie Ferrari de Formule I; Gilles et Eddie Cheever seraient pris à l'essai dans l'équipe italienne et le meilleur des deux obtiendrait une place.

Gilles fut très surpris et crut que Pironi (qui serait plus tard son coéquipier chez Ferrari) lui faisait une mauvaise blague. «Je lui ai dit: «Allez, arrête de te moquer de moi. Ferrari ne m'en a jamais dit un mot.» Je ne le croyais pas. L'idée ne m'était jamais passée par la tête que Ferrari puisse penser à moi.» Et puis, expliqua-t-il à Pironi, il était déjà sous contrat pour McLaren. Gilles allait découvrir quelques jours plus tard que ce bout de papier avait perdu une bonne partie de son importance.

Gilles devait participer à Mosport à une course Can-Am, précédée par les Six Heures Molson, comptant pour le championnat du monde des constructeurs. Pour la course

110

d'endurance, Gilles ferait équipe sur une BMW privée avec Eddie Cheever, le pilote américain de vingt ans qui habitait maintenant en Italie et qui, selon Didier Pironi, serait peut-être le rival de Gilles pour une place chez Ferrari. L'équipe McLaren présentait une autre BMW, pilotée par Ronnie Peterson et David Hobbs. Teddy Mayer était venu à Mosport pour surveiller la course de sa voiture et, comme on allait bientôt l'apprendre, pour annoncer une mauvaise nouvelle à Gilles.

L'équipe Villeneuve-Cheever fut victorieuse dans sa catégorie, le groupe 5, et termina troisième au classement général. Mais comme d'habitude, la Dallara de Gilles ne termina pas la course Can-Am du lendemain. Et sur le podium de la victoire, pendant la présentation des prix, il vomit à deux reprises pour avoir trop bu de rafraîchissements — boissons gazeuzes et lait — pendant ses périodes de repos.

Mais si Gilles rentra à Berthier l'estomac noué, ce n'était pas le résultat d'une indigestion. Il avait rencontré Teddy Mayer à Mosport et il était sorti bouleversé de cette réunion. «Il m'a dit que si une autre équipe de Formule I me faisait une proposition, je ne devais pas me sentir tenu par mon contrat avec McLaren. Et il m'a annoncé qu'il n'avait pas l'intention de me garder sous option pour 1978.»

Cette rebuffade de McLaren, totalement imprévue, secoua beaucoup Gilles qui se demandait si sa carrière de Formule I n'était pas déjà terminée. Ce fut aussi un coup pour son ego puisque Mayer avait la réputation de savoir juger les hommes et de découvrir les futurs champions du monde. En plus d'avoir lancé Scheckter, il avait sauvé Hunt d'une obscurité relative au volant des voitures March et Hesketh avec lesquelles il n'avait remporté qu'une seule course. Hunt était ensuite devenu champion du monde lors de sa première saison avec McLaren. Auparavant, Mayer avait réussi à débaucher Emerson Fittipaldi qui avait été le champion 1972 pour l'écurie Lotus; le Brésilien avait remporté une autre fois le titre mondial en 1974, cette fois pour McLaren. Et maintenant, Mayer avait donné une chance à Villeneuve et décidé de ne pas le garder. Gilles n'arrivait pas à y croire.

«Ça semblait tourner plutôt mal. Depuis Silverstone, j'étais sûr et certain que Jochen Mass n'était plus en ligne et que je piloterais pour McLaren l'année suivante. Je voulais courir pour McLaren, parce que c'était une équipe gagnante. J'aimais ces gens-là, et j'étais bien déçu de voir que ça n'allait pas marcher. J'étais vraiment très embêté. Je ne comprenais pas pourquoi Mayer avait changé d'avis. Je n'arrivais pas à voir pourquoi je devais faire ce pas en arrière. Mon moral en a pris un coup.»

Mayer avait décidé de remplacer Jochen Mass par Patrick Tambay pour la saison suivante. Plus tard, Gilles se ferait un plaisir de raconter comment Mayer l'avait éconduit. Quant à Mayer, on lui demanderait plus d'une fois pourquoi il avait décidé de se passer des services de Villeneuve. À l'époque, certains pensaient qu'il fallait chercher la clé de l'énigme dans un accord imminent de commandite avec Elf, la société pétrolière française, accord qui supposait la présence d'un pilote français dans l'équipe. Pour d'autres, le coupable devait plutôt être Marlboro qui payait la majeure partie du cachet des pilotes McLaren: la société mère de Marlboro, Philip Morris, préférait un pilote européen, sa marque Marlboro n'étant pas représentée sur les circuits de course automobile en Amérique du Nord. Une autre variation sur le thème du marketing voulait que Tambay soit le plus «commercialisable» des deux pilotes. Beau garçon, raffiné, élégant, issu d'une bonne famille française, il parlait un excellent anglais, avait fait des études universitaires aux États-Unis et avait épousé une jeune Hawaïenne, Dana. John Hogan nie que Marlboro ait eu quoi que ce soit à voir avec la décision de McLaren. Il faut donc nous contenter de l'explication de Teddy Mayer: «Nous craignions que Gilles ne soit un peu cher et, de toute manière, Tambay semblait presque aussi prometteur sur l'Ensign qui n'était peut-être pas une aussi bonne voiture que notre M23.»

La nouvelle se répandit rapidement et Gilles tenta de faire bonne figure quand les journalistes l'interrogèrent sur son avenir: «J'ai eu de nombreuses autres offres, si je ne courais pas pour McLaren. Alors, si je ne vais pas chez eux, ça m'est un peu égal. Les autres offres sont aussi intéressantes. Il n'y a encore rien de définitif. Pour le moment, on joue à la chaise musicale.» Gilles débita ensuite la liste des mouvements éventuels dont on parlait à l'époque et qui pourraient lui valoir une place dans une autre écurie. Le bruit courait que Peterson allait quitter Tyrrell, que Lauda et peut-être Reutemann abandonneraient Ferrari, que Nilsson ne courrait plus pour Lotus et que Jody Scheckter allait peut-être même quitter Wolf.

En réalité, Gilles n'avait reçu aucune offre ferme, même si Walter Wolf songeait à nouveau à le prendre dans son équipe de Formule I et qu'il en avait touché un mot à Gaston Parent. «Walter jetait l'argent par les fenêtres, dit Parent. À l'époque, il avait de l'argent à ne pas savoir quoi en faire. Il voulait constituer une véritable équipe canadienne. À la fin de l'été, il est venu me voir et m'a dit qu'il pensait à engager Gilles dans une équipe de deux voitures, Jody et Gilles, et que s'il mettait la main sur Villeneuve, il allait tellement le pousser qu'il pourrait bien devenir champion.»

Wolf parlait de l'année suivante. Mais le principal souci de Parent dans l'immédiat était ce contrat McLaren qui donnait à Gilles le droit de faire plusieurs courses en 1977. Or, il ne restait plus maintenant que quatre courses de Formule I avant la fin de la saison. Parent savait que Teddy Mayer avait été avocat dans son pays d'origine, les États-Unis, avant de s'occuper de course et qu'il était donc peu probable que McLaren prenne le risque de se soustraire à ses engagements contractuels.

En attendant, Gilles avait encore une autre double course à Trois-Rivières, au début du mois de septembre. Une fois de plus, la Wolf Dallara ne termina pas l'épreuve Can-Am, remportée par la Hass-Hall Lola de Tambay. Mais Gilles se qualifia en première position sur la grille de départ pour le Grand Prix Molson, devant les trois poulains de Fred Opert, Rosberg et deux pilotes de Formule 1, Depailler et Laffite, que Fred Opert avait fait venir pour l'occasion. La course ne comptait pas pour le championnat de Formule Atlantique, mais comme son avenir paraissait incertain, Gilles savait qu'il lui fallait prouver encore plus que d'habitude. Sans doute est-ce la raison qui explique sa performance plutôt chaotique.

Dès le premier tour, Gilles força accidentellement Rosberg à sortir dans le décor et à abandonner la course. Plus tard, alors qu'il ne restait plus que quatre tours, une collision entre deux attardés, David Oxton et Gregg Young, obstrua partiellement le circuit. Une voiture officielle sortit aussitôt sur la piste pour modérer l'allure pendant qu'on ôtait les débris. Gilles, occupé à regarder la file de voitures qui s'alignaient derrière lui, fut un peu lent à voir le drapeau vert qui signalait que la voie était libre à nouveau. Trois voitures le doublèrent avant qu'il ne se reprenne et, impatient de les rattraper, il s'énerva sans doute et fit un tête-à-queue. Price Cobb remporta la première place, suivi de Howdy Holmes et de Patrick Depailler, tandis que Gilles franchissait la ligne d'arrivée en quatrième position. Mais ce résultat n'était pas ce que Gilles croyait qu'il aurait dû être. Il revint au stand à toute allure, écrasa les freins, sauta hors de son véhicule et fila aussitôt, fâché contre lui-même et pas tellement ami du reste du monde.

Dans les coulisses, les jours qui suivirent, au cours de ce mois de septembre 1977, furent parmi les plus mouvementés de sa carrière. Et même si le tour que prenaient les événements paraissait nettement plus positif, les préoccupations de Gilles semblèrent à nouveau le gêner dans ce qui aurait dû être son principal souci du moment, la finale de la saison de Formule Atlantique, le 25 septembre, à Québec.

Théoriquement, sept pilotes pouvaient encore remporter le Challenge Labatt, mais les possibilités se limitaient en fait à une lutte à trois entre Brack (qui menait aux points), Villeneuve et Rosberg. Cette dernière course, sur un nouveau circuit de 1 900 mètres aménagé dans le Parc des Expositions de la Vieille Ville, déciderait de l'issue du championnat. Tous les habitués de la Formule Atlantique étaient là, de même que deux pilotes de Formule I, Patrick Depailler et Jacques Laffite.

Les difficultés de Gilles commencèrent dès le premier jour, à peine cinq tours après l'ouverture du circuit pour les essais. Alors que sa March sortait à fond de train de la chicane, elle tomba sur la March de Tom Gloy qui venait de faire un tête-à-queue et s'était immobilisée au milieu de la route. Les commissaires de piste n'avaient pas encore eu le temps d'agiter les drapeaux jaunes et les deux March eurent une rencontre orageuse, celle de Villeneuve sortant fort abîmée de l'expérience. Alors que l'équipe MRC de Kris Harrison réparait le châssis, Gilles prit la monture de Richard Spenard pour terminer les épreuves de qualification, tandis que Brack et Rosberg amélioraient régulièrement leurs chronos et que lui n'avait plus que quelques minutes pour les battre.

Ray Wardell, qui pour des raisons de politique ne pouvait toujours pas l'aider, observait les choses du coin de l'œil. «Je n'ai jamais vu Gilles se mettre vraiment en colère. Mais vous pouviez le voir s'énerver dès qu'un autre pilote commençait à tourner vite. Et si l'équipe traînait un peu, on voyait aussitôt les mains de Gilles qui commençaient à s'agiter sur le volant et le pilote qui se demandait ce qui pouvait bien se passer derrière. J'étais là à Québec, et je voyais parfaitement que l'équipe ne faisait pas ce qu'il fallait durant les 10 dernières minutes de qualification. Gilles voulait sortir sur la piste et les mécaniciens perdaient du temps à corriger les réglages. Je me souviens d'avoir dit à John Lane qui était à côté de moi: «Ils font tout de travers. Ils ne devraient pas le laisser partir.» Mais ils l'ont laissé sortir et il est allé tout droit dans un mur. Tout le monde aurait dû voir que c'était ce qui allait arriver.»

Dans un crissement de pneus, Gilles repartit donc sur le circuit quelques instants après que Brack eut fait le meilleur temps. Trois tours plus tard, il avait disparu. John Lane se mit à sa recherche: «Il était sorti quelque part derrière un centre sportif qui servait de garage. Je suis entré dans le bâtiment et Gilles est arrivé par une porte, à l'autre bout. Il s'est avancé vers moi avec un sourire embarrassé. Je lui ai demandé si tout allait bien. Il m'a simplement répondu: «Oui, moi ça va, mais la voiture est foutue.»

La seconde voiture de son équipe ayant ainsi disparu, Kris Harrison n'avait plus qu'à faire contre mauvaise fortune bon cœur. Richard Spenard n'allait donc pas courir. Quant à Gilles, il devrait se contenter d'une troisième place sur la grille de départ, derrière Brack au volant de sa March commanditée par STP Oil Products et la Chevron Excita Condoms du Finlandais volant. Rosberg vola la première place dès le départ, puis fit un début de tête-à-queue qui donna à Brack la chance de le doubler, bientôt rattrapé et dépassé par Villeneuve. Rosberg frappa Rahal en remontant sur la piste. Son véhicule devant être réparé, le championnat était terminé pour lui. Privé d'embrayage, Brack commençait à perdre du terrain et dut finalement abandonner après s'être disputé avec un mur. Rahal, qui poursuivait maintenant Villeneuve, profita d'une excursion forcée de la March de Direct Film sur une bretelle de sécurité. Villeneuve grignotait l'avance de sept secondes de Rahal lorsque celui-ci dut faire un arrêt au stand pour réparer carrosserie et moteur, endommagés à la suite de l'altercation qu'il avait eue un peu plus tôt avec Rosberg.

Mais Gilles devait encore terminer premier. Et c'est ce qu'il fit, avec 20 secondes d'avance sur Rahal, suivi de Depailler. Gilles Villeneuve devenait donc champion de Formule Atlantique pour la deuxième année consécutive, cette fois avec 114 points, suivi de Rahal (92 points) et de Brack (67 points). Le vainqueur décrivit ainsi son détour forcé en pleine course, quand ses freins déréglés à l'arrière s'avérèrent impuissants à modérer sa vitesse: «J'aurais peut-être pu prendre le virage, mais si je n'étais pas passé, j'aurais terminé contre le rail de sécurité et la course aurait été finie pour moi.»

Suivit une curieuse observation de la part de quelqu'un dont on dira plus tard qu'il s'intéressait uniquement à gagner des courses, pas des championnats: «Je ne me suis pas compliqué la vie et je suis sorti tout droit sur la bretelle de sécurité, j'ai fait demi-tour et je suis reparti. Je savais que je risquais de perdre la course, mais je savais aussi que je devais terminer en bonne place pour gagner le championnat.» En réponse à l'inévitable «Quelles sont vos impressions?», Gilles répondit: «J'ai eu plus de mérite à gagner cette année, parce que nous avons eu quelques difficultés. L'an dernier, c'était trop facile.»

La carrière de Gilles en Formule Atlantique était maintenant terminée. Au total, il avait remporté 13 des 26 courses auxquelles il avait participé, un record qui n'a pas encore été battu dans cette formule. (Son frère Jacques a repris la tradition familiale en remportant le titre en 1980, puis une nouvelle fois en 1981, avec un palmarès de huit victoires au cours de sa carrière.) Gilles allait bientôt faire ses débuts dans l'écurie la plus prestigieuse de toute la course automobile.

IV

LA CHANCE D'UNE VIE: 1977

1   *Enzo Ferrari en personne m'appelle: «Êtes-vous prêt à*
piloter pour nous ?» Je lui réponds: «Naturellement
que je suis prêt !
Gilles Villeneuve

Après la rebuffade que lui avait infligée McLaren à
Mosport, Gilles revint à Berthierville au volant de sa caravane, plus lentement que d'habitude, et se gara une fois de
plus dans le champ qui se trouvait en face de chez ses
parents. Il rebrancha l'électricité et le téléphone, puis se mit
à broyer du noir, tandis que Johanne mettait un peu d'ordre
après leur week-end de course en Ontario. Jacques et
Mélanie jouaient dehors avec Princesse. Gilles contemplait
tristement sur son casque rouge et noir la lettre V stylisée
que Johanne l'avait aidé à dessiner, son insigne. Allait-il
falloir ranger ce casque, le poser sur une étagère au milieu
de ses trophées, souvenir nostalgique d'une carrière de pilote
de course trop tôt achevée ?

À part la course de Québec qui devait bientôt avoir lieu,
absolument rien ne s'annonçait à l'horizon. Une autre saison
en Formule Atlantique, possible sans doute, reviendrait

cependant à admettre l'échec, à s'engager dans un cul-de-sac après une ascension si rapide dans le monde de la course automobile. Il y avait bien encore les courses Indy aux États-Unis, mais elles ne pouvaient certainement pas contenter un pilote dont l'ambition était de se mesurer aux plus grands, sur les plus prestigieux circuits du monde. Non, la Formule I était bel et bien la seule option et sa première expérience à Silverstone avait convaincu Gilles qu'il pouvait s'y tailler une place. Et puis, même si ce n'était pas vraiment une priorité pour lui, l'argent que gagnaient les meilleurs pilotes de Grand Prix serait le moyen le plus rapide de faire oublier à Johanne des années de sacrifices et de privations. Il en était donc là: un homme de vingt-sept ans qui n'avait qu'un seul et unique métier — la course automobile. Il lui fallait subvenir aux besoins de sa famille, rembourser ses dettes, donner à ses enfants une vie plus stable. Ils grandissaient vite, la caravane se faisait trop petite...

La sonnerie du téléphone interrompt Gilles dans ses rêveries. Johanne répond. Un instant de silence, puis elle fronce les sourcils, tend l'oreille pour mieux entendre cette voix apparemment très lointaine au bout du fil. Elle se tourne vers Gilles: «C'est pour toi. Un interurbain. Quelqu'un qui parle anglais avec un accent étranger, je crois.» Gilles saisit le combiné et entend une voix lui dire: «Un instant s'il vous plaît, vous avez un appel de Ferrari.»

Une autre personne s'identifie maintenant au bout du fil: Ennio Mortara, de la Scuderia Ferrari à Maranello, en Italie. Il appelle au nom de M. Ferrari qui lui a demandé de transmettre un message à un certain Gilles Villeneuve, au Canada. «C'est moi», dit Gilles. En fait de message, il s'agit plutôt d'une question: «Seriez-vous intéressé à piloter pour Ferrari?»

Gilles n'en croyait pas ses oreilles et répéta à mi-voix la question à Johanne qui se souvient très bien de leur première réaction. «Au début, nous étions persuadés que quelqu'un nous faisait une plaisanterie. Comment Enzo Ferrari aurait-il pu savoir où trouver Gilles? Et même, comment aurait-il pu entendre parler de lui?

Et puis, l'homme au bout du fil a expliqué que M. Ferrari avait suivi la course de Silverstone à la télévision. Mais nous demandions comment il pouvait bien juger Gilles sur une seule course.» C'est alors que les Villeneuve se souvinrent que Didier Pironi avait mentionné le nom de Gilles à propos de Ferrari.

Mortara, qui parlait couramment l'anglais et le français, était le porte-parole d'Enzo Ferrari pour toutes les questions qui faisaient intervenir ces deux langues. Il demanda à Gilles s'il préférait parler français. Gilles répondit que non, qu'il comprenait parfaitement et que, oui, il ne demanderait certainement pas mieux que de piloter pour Ferrari. Mortara lui précisa alors que M. Ferrari souhaitait le rencontrer et que le plus tôt serait le mieux. Ferrari prenait les frais du voyage à sa charge. Gilles réserva aussitôt un billet d'avion pour Milan et tous les doutes qu'il pouvait encore avoir sur l'authenticité de ce premier appel disparurent lorsque Mortara le rappela pour lui demander l'heure de son arrivée à Milan.

Le lundi 29 août, Ennio Mortara accueillait Gilles à l'aéroport Malpense de Milan. Aussitôt, les deux hommes prenaient l'*autostrada* en direction de Modène, pour la première audience de Villeneuve avec l'homme que le monde entier considérait comme le pape de la course automobile. On disait même que les Italiens avaient presque autant de vénération pour le Commandatore de Maranello que pour le Souverain Pontife du Vatican. Gilles s'était habillé pour l'occasion avec sa recherche habituelle — jeans délavés, chemise plus qu'ordinaire — et n'avait pour tout bagage qu'un petit sac de voyage. Dans la voiture qui le conduisait au saint des saints, via Trente et Trieste, à Maranello, il dormit pendant presque tout le trajet.

«Eh bien, jeune homme, combien vous faut-il pour être heureux ?» Tels auraient été les premiers mots d'Enzo Ferrari lors de sa première rencontre avec Gilles, une rencontre qui dura à peu près une heure. Les deux hommes se jaugeaient: d'un côté le rusé patriarche de 80 ans, cheveux argentés, lunettes aux verres teintés, de l'autre le petit Québécois au visage d'adolescent auquel Ferrari pensait pour piloter l'un de ses fameux bolides écarlates.

Gilles ne fut pas intimidé par ce vénérable personnage, assis derrière un énorme bureau, entouré de trophées et de photos des légendaires voitures et pilotes de l'écurie Ferrari. Il expliqua qu'il était encore sous contrat pour l'écurie McLaren qui lui avait garanti d'autres courses sous ses couleurs pour cette année. Et même si Teddy Mayer lui avait dit qu'il devait accepter les autres offres qu'on pourrait lui faire et que Tambay piloterait vraisemblablement pour lui l'année prochaine, le contrat de Gilles prévoyait toujours une option pour 1978. Le document était toujours là et Gilles était légalement tenu de s'y conformer. Il lui faudrait donc obtenir l'accord de McLaren avant d'avoir les coudées franches. Ferrari, depuis longtemps passé maître dans l'art des permutations de Formule I, rassura Gilles: tout cela ne ferait aucune difficulté.

La réunion prit fin sur une note cordiale et Ferrari dit à Gilles qu'il lui donnerait bientôt de ses nouvelles. Villeneuve eut l'impression qu'il aurait pu signer un contrat sur-le-champ et quitta Maranello fort mécontent de ne pas l'avoir fait. Il savait maintenant que l'intérêt que Ferrari lui portait n'avait rien d'un caprice, car tout le monde s'attendait à ce que Niki Lauda abandonnât son équipe à la fin de la saison. Ce n'était plus un secret pour personne et Gilles avait entendu mentionner plusieurs noms pour le prochain coéquipier de Carlos Reutemann dans l'équipe Ferrari 1978, plus particulièrement ceux d'Andretti et de Scheckter. On disait aussi que des pilotes comme Watson, Jones et Cheever étaient aussi sur les rangs, tous des pilotes chevronnés (même Cheever, âgé de vingt ans, champion de kart en Italie dès l'âge de quinze ans), et Gilles se demandait s'il n'avait pas saboté ses chances en insistant sur son contrat avec McLaren.

L'importance de sa rencontre avec Enzo Ferrari lui apparut encore plus clairement lorsqu'il découvrit que la presse italienne, toujours aux aguets, était déjà au courant. Alors qu'il franchissait la grille de la Scuderia Ferrari, les paparazzi se précipitèrent pour le photographier dans la Fiat 131 blanche que conduisait Ennio Mortara.

En réalité, les journalistes étaient à l'affût d'un plus gros gibier, Niki Lauda, qui allait lui aussi rendre visite à Ferrari ce même jour. Lauda, qui avait été champion du monde sur Ferrari en 1975 et qui avait frôlé la mort en 1976, était une fois de plus le grand favori pour le titre 1977. Ce jour-là, Lauda annonça à Ferrari son intention de piloter pour l'équipe Brabham. Lauda (qui avait autrefois assuré «le Vieux»qu'il ne l'abandonnerait jamais tant qu'il serait là) invoquait l'absence de motivation comme raison de sa décision. Mais pour Ferrari, il y avait une grosse anguille sous roche: les huit cent mille dollars par saison offerts par Brabham, cadeau du commanditaire de l'équipe, la société Parmalat (une grande laiterie italienne), avaient certainement pesé lourd dans la balance. La réunion Lauda-Ferrari tourna à l'aigre quand Ferrari monta sur ses grands chevaux et accusa Lauda de trahison. Bref, le signal du départ était donné pour la course à qui prendrait la place de Lauda dans la célèbre écurie italienne.

Gilles apprit la nouvelle dès son retour au Canada, mais il se sentait pieds et poings liés: «La situation était impossible. Légalement, je ne pouvais rien faire tant que mon contrat avec McLaren n'aurait pas expiré, le 31 octobre. En attendant, Ferrari n'allait certainement pas attendre que McLaren me donne le feu vert. J'avais l'impression que tout allait tomber à l'eau. Courir pour Ferrari, je trouvais que c'était quand même un peu fort. Je me sentais comme un homme qui regarde une femme splendide en sachant qu'il ne l'aura jamais.»

Mais Ferrari poursuivait ses travaux d'approche. L'écurie italienne invita Gilles au Grand Prix d'Italie, à Monza, à quelques kilomètres au nord de Milan, où il put voir la Ferrari de Lauda remporter la deuxième place, derrière la Lotus d'Andretti. Dans les stands, le bruit courait que l'Italo-Américain allait remplacer l'Autrichien en 1978. Andretti et Ferrari, un mariage divin qui chatouillerait fort le chauvinisme féroce des fans italiens, les *tifosi*. Quant à ce Villeneuve, presque un inconnu quand même, il semblait être un troisième pion assez peu probable dans le triangle. Mais Gilles était déterminé et, durant le week-end de Monza, il parla de longues heures avec Mayer et John Hogan, dont le budget Marlboro avait permis de consommer l'union

McLaren-Villeneuve. La marque de cigarettes avait déjà été associée à plusieurs pilotes de l'écurie Ferrari et Hogan ne voyait aucun inconvénient à ce que le logo de Marlboro, présent sur le casque de Gilles depuis Silverstone, soit vu à bord d'une Ferrari.

Finalement, Mayer accepta de libérer Gilles, mais à condition qu'il ne signe qu'avec Ferrari, à l'exclusion de toute autre équipe, plus particulièrement celle de Walter Wolf (dont Mayer avait appris qu'il s'intéressait à Gilles), sinon McLaren conservait son option. Certains pensèrent que cette étonnante condition était liée à un mouvement anti-Wolf qui se dessinait alors en Formule I. Plusieurs n'appréciaient guère que la toute nouvelle écurie de course de Walter Wolf remporte autant de succès contre des équipes établies de longue date, certaines depuis la création officielle du championnat du monde, en 1950. Cette année-là encore, son pilote, Scheckter, était en concurrence pour le championnat du monde avec Lauda et Andretti.

Alors que Scheckter allait peut-être passer chez Ferrari l'année suivante et que Walter Wolf n'avait parlé qu'en termes très généraux d'engager Gilles, Mayer se servit des moyens de pression dont il disposait pour empêcher Villeneuve de piloter pour une autre équipe que Ferrari. Peut-être cette perspective paraissait-elle si peu probable que le contrat de Villeneuve avec McLaren devenait ainsi une sorte de police d'assurance pour l'équipe, à faire valoir au cas où Tambay (qui, apprendra-t-on plus tard, avait été formellement engagé à la fin du mois d'août 1977) ne donnerait pas les résultats escomptés. Quoi qu'il en soit, Gilles quitta Monza avec la bénédiction de Mayer pour négocier avec Ferrari et fit donc une nouvelle visite à Maranello.

Cette fois, il rencontra d'autres collaborateurs de l'équipe Ferrari qui l'emmenèrent à Fiorano, la piste d'essai privée de la marque qui se trouve juste derrière l'usine. Là, Gilles se harnacha dans la 312T/2 de Niki Lauda et partit explorer les 14 virages de Fiorano. Le circuit de trois kilomètres avait été spécialement conçu pour mettre à l'épreuve les voitures de course et de tourisme de Ferrari — et ses pilotes de course —

dans des conditions très variables. La vitesse maximale sur le circuit de Fiorano est d'environ 280 km/h, mais ce n'est pas tant la vitesse pure qui est importante sur les Ferrari — ni même en course automobile. Le principal, c'est plutôt la vitesse moyenne sur un tour, qui était alors d'environ 150 km/h (et est aujourd'hui d'environ 170 km/h). Chaque virage du circuit de Fiorano est équipé de détecteurs de vitesse, de capteurs et de cellules photo-électriques (quarante-quatre en tout) qui envoient un flot continu de données à l'ordinateur central du poste de contrôle, installé sur la ligne d'arrivée du circuit. Le poste de contrôle est également équipé d'une batterie de moniteurs de télévision alimentés par plusieurs caméras mobiles placées en des endroits stratégiques autour du circuit.

La première démonstration de Gilles Villeneuve au volant d'une Ferrari ne se traduisit par aucune secousse majeure sur l'échelle Richter de Fiorano. Un petit groupe d'initiés était là pour l'observer: Enzo Ferrari, bien sûr; son fils naturel, Piero Lardi Ferrari; le chef mécanicien de l'équipe, Antonio Tomaini; et, enfin, le directeur technique, Mauro Forghieri, qui a gardé un souvenir très vif de cette journée. «Gilles en faisait trop et commettait de nombreuses erreurs. Au début, il partait en tête-à-queue parce qu'il dépassait nettement les limites de la voiture. Ensuite, il s'est mis à freiner si fort qu'il arrêtait presque la voiture dans les entrées de virages. À ce stade, il utilisait le véhicule comme si c'était une Formule III, une chose tout à fait normale pour quelqu'un qui avait fait ses classes en Formule Atlantique. Je savais que lorsqu'un jeune pilote débute en Formule I, il sent immédiatement qu'il se trouve au volant d'une voiture très sûre et très facile à tenir — jusqu'à un certain point. Après cette première expérience, Gilles a peut-être eu peur de ne pas être prêt à courir, à cause des difficultés de la piste de Fiorano.»

Quelques journalistes en vue de la presse italienne, invités à suivre les essais, scrutèrent avec la plus grande attention «il piccolo Canadese», le petit Canadien. En une autre occasion, ils avaient vu Mario Andretti arriver pour ses essais à bord d'une Rolls Royce, un gros diamant au doigt. Et voilà que Villeneuve se présentait dans une Fiat 131, vêtu de jeans et d'une simple chemise de sport. La presse rapporta en détail ses moindres gestes: à 14 h 30, le mercredi 21 septembre, il s'installe dans la voiture; on règle la hauteur des pédales pour Villeneuve qui ne fait qu'un mètre soixante-huit, alors que Eddie Cheever, qui a essayé la voiture la veille, mesure un mètre quatre-vingt-six; Villeneuve fait quelques tours à basse vitesse, puis accélère et part en tête-à-queue au cinquième tour; à 16 h 20, il enregistre son meilleur temps, 1 minute 14 secondes 38 centièmes; à 17 h 40, il fait un nouveau tête-à-queue. À 18 h, les essais sont terminés.

Les journalistes italiens interviewèrent Villeneuve pour lui demander comment il se faisait que Ferrari l'avait invité à faire des essais. Réponse de Villeneuve: «Je ne sais pas qui m'a recommandé à Ferrari. Peut-être Marlboro. En tout cas, je dois être reconnaissant à celui qui m'a donné cette possibilité.» Ses premières impressions de Fiorano ? «Je n'ai jamais rien vu de pareil !» Et comment se sentait-il au volant de la 312T/2 ? «Je vais devoir travailler très dur. La direction, légère et précise, le moteur, très puissant, la boîte de vitesses, voilà ce qui m'a le plus intéressé.»

Il n'aurait pas été de très bonne politique de dire quoi que ce soit de négatif sur une Ferrari à ce stade. Sagement, il opta donc pour une réserve louable dans les circonstances. Mais en privé, Gilles se disait peu satisfait de la tenue de route du véhicule: «J'ai trouvé que la T2 était très difficile à conduire. Je devais être extrêmement prudent. Elle avait été réglée pour Niki Lauda qui a une manière particulière de piloter, et moi une autre. Lui peut peut-être conduire une voiture réglée pour moi, mais moi je ne peux pas conduire la sienne. Je la trouve très molle, autant les ressorts que les barres antiroulis, et je n'arrive pas à m'y habituer.»

Le lendemain, le meilleur temps de Villeneuve — 1 minute, 13 secondes — fut dûment enregistré. Comparé au record de 1 minute 9 secondes 341 millièmes établi par Carlos Reutemann sur le circuit, c'était un résultat qui ne cassait vraiment rien. Assis dans le poste de contrôle devant les moniteurs de télévision en circuit fermé, Enzo Ferrari mit fin aux essais et se déclara satisfait. «Il peut apprendre quelque chose ici. Il a besoin de beaucoup travailler. À la manière dont il entre dans un virage, on peut voir qu'il sait ce qu'il fait. Mais il est encore vraiment trop tôt pour pouvoir nous prononcer. Nous avons vu tout cela à Silverstone et j'en avais déjà été informé par Wolf et Amon.»

Maintenant, Gilles connaissait donc le nom de deux des personnes qu'il pouvait remercier pour sa convocation devant Ferrari. (Ferrari avait également entendu la recommandation du fils d'un de ses cadres qui travaillait au Canada et qui avait suivi les exploits de Gilles en Formule Atlantique.) Walter Wolf, grand admirateur du Vieux et propriétaire de plusieurs exemplaires de ses splendides voitures de grand tourisme, s'était lié d'amitié avec lui. Ferrari avait même autorisé l'équipe Walter Wolf Racing à utiliser les installations de Fiorano pour mettre à l'essai la Wolf de Formule I, et ce fut la seule fois qu'il fit ce geste pour une équipe rivale. Ainsi, en plus de songer lui-même à engager Gilles dans sa nouvelle équipe, Walter avait parlé très favorablement de Villeneuve à Ferrari: «Walter Wolf m'avait dit quelques mots du courage de ce jeune homme au volant de sa voiture Can-Am.»

Et lorsque le directeur sportif et pilote de Wolf sur Can-Am, Chris Amon, avait fait écho à ces louanges, Ferrari, qui avait le plus grand respect pour l'opinion de son ancien pilote, lui avait prêté une oreille attentive. «Villeneuve possède un extraordinaire talent naturel et un enthousiasme sans borne. Pour le moment, il fait beaucoup de tête-à-queue, mais il s'agit seulement pour lui de découvrir ses limites. Sa maîtrise de la voiture est étonnante et je pense que c'est un pilote extraordinairement courageux», avait dit Amon.

Peu après l'excursion de Gilles à Fiorano, Andretti annonçait sa décision de rester chez Lotus en 1978. Un rival de moins pour Gilles, qui n'en menait pas large cependant: «Lorsque je suis rentré chez moi, dira-t-il plus tard, je ne pensais pas avoir beaucoup de chances d'être engagé par Ferrari. Pourtant, ils m'avaient dit qu'ils m'appelleraient dans quelques semaines. Mais quinze jours plus tard, alors que j'étais sur le point de partir pour la dernière course de

Formule Atlantique, à Québec, je n'avais toujours pas eu de nouvelles de Ferrari. Mes chances paraissaient plutôt minces.»

De retour dans la caravane, à Berthier, Gilles s'inquiétait de ce silence. Très bientôt, il allait devoir débrancher le téléphone, son cordon ombilical avec Maranello. Johanne faisait déjà les bagages et préparait le matériel pour ce qui, espérait-elle, serait leur dernier week-end de course de l'année. «Gilles m'a dit: «Je dois partir maintenant, et ils ne m'ont toujours pas appelé.» Je lui ai répondu qu'il n'avait qu'à appeler Ferrari, sous un prétexte quelconque. Mais il n'était pas d'accord: «Je ne vais quand même pas leur téléphoner pour leur dire: Écoutez, est-ce que vous vous êtes enfin décidés ?» Finalement, je lui ai proposé d'appeler au sujet de ses frais de déplacement à Monza que Ferrari devait prendre à sa charge. Et c'est ce que Gilles a fait.»

Pour la suite des événements, laissons la parole à Gilles: «J'ai parlé à une secrétaire. Elle m'a dit qu'ils avaient envoyé l'argent, mais rien d'autre. Alors je me suis dit: «Eh bien, c'est fini.» Mais cinq minutes plus tard, Enzo Ferrari en personne m'appelle: «Êtes-vous prêt à piloter pour nous ?» Je lui réponds: «Naturellement que je suis prêt !» Mais McLaren ne m'avait toujours pas libéré. Alors, le lundi qui suit la course de Québec, je pars en Angleterre, j'obtiens l'accord de McLaren et je file aussitôt en Italie pour signer avec Ferrari.»

2   *Être reçu par Ferrari, c'était comme avoir une*
audience avec le pape.
Gaston Parent

Le 26 septembre, Gaston Parent et Gilles se mettaient en route pour rencontrer tout d'abord McLaren, puis Ferrari. Gaston Parent fit tous les frais des deux conversations...

«Nous nous sommes arrêtés pour voir Teddy Mayer dans son bureau, près de l'aéroport de Londres. Il avait le nez plongé dans ses dossiers et tout ce qu'il voulait, c'était de ne pas avoir à nous payer les vingt-cinq mille dollars. Il me dit que si nous signons pour Ferrari, nous sommes quittes. Je lui réponds: «Si nous ne signons pas pour Ferrari, vous êtes en rupture de contrat.» Gilles me disait: «Laissez tomber, laissez tomber, et signons avec Ferrari.» Finalement, Mayer nous paye six mille dollars en précisant bien: «Si vous vous entendez avec Ferrari, je ne suis plus lié par ce contrat.»

«Mortara nous accueille à l'aéroport de Milan et nous partons avec lui en voiture à Maranello. Gilles s'endort sur la banquette arrière. Au lieu de l'entrée principale, on nous fait passer par une rue latérale, jusqu'à un grand portail. Le portail s'ouvre et nous entrons avec la voiture. On nous fait attendre dans un vieux bureau poussiéreux, avec des vitrines sales pleines de trophées et tout le reste. Pour tout mobilier, une table et quelques chaises. Visiblement, cet endroit ne servait pas très souvent. Une sorte de saint des saints. Être reçu par Ferrari, c'était comme avoir une audience avec le pape.

«Nous nous asseyons et le Vieux arrive avec Della Casa, son fondé de pouvoir qui nous servait aussi d'interprète. Le Vieux refusait de parler autre chose que l'italien, même si son français était excellent. Il nous remet des copies d'un papier intitulé *Entente verbale* où figure une liste de conditions. Entre autres, Ferrari s'engage à payer telle somme à Gilles Villeneuve s'il court pour lui en 1978. Je n'avais jamais négocié un contrat de ma vie et je n'avais pas la moindre idée de ce qu'il fallait demander. Avant de partir, je donne un coup de téléphone à Walter Wolf qui me dit qu'il faut absolument exiger que Gilles ait une voiture pour toutes les courses. McLaren l'a laissé moisir sur la touche. Maintenant, Ferrari doit mettre une voiture à sa disposition pour chaque course. Après cette conversation, j'ai demandé que cette disposition soit ajoutée à l'entente.

«Les six heures d'avion m'avaient donné le temps de mieux connaître Gilles. Il m'avait dit par exemple: «Personne ne m'empêchera de faire ce que j'aime à cause de la course automobile.» Il avait pris l'exemple d'un chirurgien pour m'expliquer que même si un type se sert de ses mains pour opérer, il fait quand même du ski ou ce qui lui passe par la tête. Lui, il n'accepterait pas que quelqu'un essaie de diriger sa vie pour la simple raison qu'il fait des courses pour lui. Il continuerait à mener sa vie comme il le voulait, à être lui-même. Je dis donc à Ferrari que Gilles veut être son propre maître. C'était ma manière de dire qu'il voulait sa liberté, en tant que personne.

«Ferrari me regarde et me demande si je suis avocat. Je lui réponds que non. Ensuite, il pose la même question à Gilles qui répond la même chose. Alors Ferrari nous dit qu'il est d'accord et que Gilles restera maître de sa personne. Mais il avait compris que Gilles voulait rester maître de tout ce qui touchait à sa personne, comme sa combinaison de pilote, par exemple. Ce n'est pas ce que j'avais voulu dire sur le moment, mais nous avons découvert par la suite qu'avec cette interprétation, Gilles était libre de vendre sa combinaison aux commanditaires de son choix, à l'exception de Marlboro et de quelques autres.

«Della Casa note tout cela. Puis je dis à Ferrari: «Gilles ne peut pas courir si sa famille n'est pas avec lui. Je veux des frais de déplacement pour que sa famille puisse l'accompagner à toutes les courses.» Le Vieux répond: «Non, nous ne voulons rien savoir des enfants. En cas d'accident, nous avons suffisamment de problèmes avec l'épouse, sans les enfants.» Je lui demande pourquoi il devrait y avoir un accident et il me répond une chose étonnante: «Chaque fois qu'un pilote démarre, nous le considérons comme une perte sèche. S'il rentre, c'est en prime.» Peut-être voulait-il plaisanter. De toute façon, je lui répète que Gilles ne court pas si sa famille n'est pas avec lui. Dans l'avion, Gilles m'avait bien dit qu'il voulait que sa famille l'accompagne. Alors je demande à Ferrari quinze mille dollars par an pour les déplacements de la famille.

«Mais Gilles n'était pas simplement enchanté d'être engagé par Ferrari, il avait complètement perdu la tête ! Je suis sûr que si le Vieux lui avait demandé cinquante mille dollars pour courir sur une de ses voitures, il aurait allongé la somme. L'argent n'était pas sa motivation. Alors, il était là, assis à côté de moi, et il me disait de la fermer. Dès le moment où j'ai commencé à négocier avec Ferrari, Gilles n'a pas cessé de me dire d'y aller plus doucement. Il était très nerveux et me murmurait à l'oreille qu'il fallait accepter leur offre. Je ne signais pas assez vite à son goût et il commençait à s'impatienter. Quand le Vieux est sorti, pour aller pisser ou autre chose, Gilles m'a dit: Christ, on signe et on s'en va !» Je lui ai dit de se calmer.

«Quand Ferrari revient, je lui annonce que je veux 50 p. 100 de toutes les commandites sur la voiture. Je n'avais aucune idée de ce que je faisais et j'y allais au bluff. Ferrari répond: «Oh là, mais ça ne s'est jamais fait.» Je lui dis qu'il faut bien commencer un jour. Finalement, nous sortons du bureau avec soixante-quinze mille dollars pour l'année, plus 25 p. 100 sur la voiture, plus quinze mille dollars pour la famille. Mais nous n'avions pas de contrat. Ensuite, tout a été noté sur une nouvelle entente verbale que nous avons signée le soir même, à 21 h 30.

«Ils nous avaient installés dans un hôtel de Modène. Gilles et moi, nous sommes allés au restaurant avec Mortara. Aussitôt, tout le monde a compris ce qui se passait et le propriétaire a demandé un autographe à Gilles. Gilles me regarde. Il est pilote pour Ferrari depuis une heure, et voilà que des admirateurs lui demandent déjà de signer son nom ! Le propriétaire du restaurant nous a donné des assiettes souvenirs et, vers 23 h, nous sommes revenus dans les chambres d'hôtel que Ferrari avait réservées pour nous. Gilles a passé toute cette sacrée nuit au téléphone. Il parlait à son père, à sa mère, à ses amis. Ensuite, il a reçu des appels de la presse de Montréal. Nous n'avons pas dormi de toute la nuit.

«Le lendemain matin, nous allons à Fiorano où tout un tas de types très élégants attendent avec Ferrari. Gilles monte dans la voiture, démarre, fait un tête-à-queue et sort en plein milieu d'un champ. L'avant de la voiture fauche l'herbe comme une tondeuse à gazon. Gilles remonte sur la piste et commence à tourner, tourner. La voiture est couverte d'herbe et il continue comme si rien n'était arrivé. Du coin de l'œil, je vois que le vieux Ferrari rit dans sa barbe.

«Ensuite, il y a eu une grande conférence de presse avec Reutemann et c'est là que nous avons appris que Gilles allait courir avec lui et Lauda sur le circuit de Mosport, quelques jours plus tard, pour le Grand Prix du Canada. Après, ce serait le Japon. Nous sommes allés au service des plastiques de l'usine pour trouver un siège pour Gilles. Comme ils n'avaient pas le temps d'en mouler un spécialement pour lui, ils ont arrangé un siège qui était prévu pour Lauda. Comme Gilles était plus petit, ils ont mis un peu de mousse dedans et nous nous sommes retrouvés avec ce siège sur les bras. Nous étions censés le ramener avec nous au Canada.

«Comme il y avait une grève, on nous a conduits en voiture à Rome. Nous arrivons à l'aéroport de Rome, plein à craquer de gens qui n'ont pas pu prendre leur avion, à cause de la grève. Je dis à Gilles: «La première chose à faire, c'est de nous débarrasser de ce siège; tu l'enregistres avec les bagages.» Il me répond: «Pas question. Je ne peux pas me permettre de le perdre. Je le garde avec moi.» D'accord. Le problème suivant, c'est que tous les avions sont pleins. Nous allons voir le chef d'escale d'Alitalia et je lui explique que nous devons partir. Pas moyen. Et puis, le type découvre qu'il est en face de Villeneuve, le nouveau pilote de Ferrari, et toutes les portes s'ouvrent comme par miracle. Le siège a fait le voyage avec nous. On aurait dit que nous transportions une momie. Ils nous ont mis en première classe, avec un fauteuil supplémentaire pour le siège de course de Gilles.

«Nous décollons et le commandant annonce à tous les passagers que le nouveau pilote de Ferrari se trouve à bord. Très gêné, Gilles s'enfonce dans son siège. Quelques minutes plus tard, le commandant vient le voir et lui propose de lui faire visiter le poste de pilotage. Ensuite, toutes les trois minutes, une hôtesse vient lui demander s'il veut du champagne ou du jus d'orange. Gilles répond qu'il n'aime pas le champagne, que ça le rend malade, et qu'il préfère le jus d'orange.»

3   *J'aime croire que Ferrari sait fabriquer ses pilotes aussi bien que ses voitures. Certains pensaient que Villeneuve était fou. Je leur ai dit: «Mettons-le à l'essai».*
Enzo Ferrari

Gilles Villeneuve était le soixante et onzième pilote qu'engageait Ferrari, et sans doute le moins expérimenté de tous. La décision parut étrange à l'époque, mais elle était parfaitement dans le caractère de cette légende vivante qui avait su créer la plus illustre de toutes les écuries de course. Gilles dira un jour: «Ferrari se consacre à la course automobile comme aucun homme ne l'a jamais fait.» Enzo Ferrari et lui appartenaient à la même famille.

Ferrari est né le 18 février 1898, à une époque où la course automobile venait à peine de voir le jour. Personne n'a contribué à l'évolution de ce sport plus que lui. À vrai dire, même le nom de Ferrari, qui évoque dans l'esprit de tout le monde l'image d'un bolide rouge piloté avec un éblouissant panache, n'aurait pu être mieux choisi. Car le nom de famille Ferrari vient de l'italien *ferro* qui veut dire «fer», comme *ferrare* «ferrer un cheval». Le père d'Enzo Ferrari était propriétaire d'un petit atelier de ferronnerie à Modène. Et lorsque Enzo décidera de consacrer sa vie au cheval-vapeur («Je construis des moteurs et je leur mets des roues»), il choisira comme emblème un cheval dressé sur ses pattes de derrière.

Au début, le jeune Ferrari voulait être chanteur d'opéra — ténor plus précisément — ou journaliste sportif. Si ses ambitions de chanteur étaient peut-être excessives (à la différence de celles d'un autre Modénais, Pavarotti), il avait la plume facile et fut un temps chroniqueur de football pour des journaux locaux. (Plus tard, il mettra à contribution son don de l'écriture dans plusieurs ouvrages, notamment dans ses mémoires publiés en 1963.) Mais ses ambitions de jeunesse n'allaient pas tarder à céder la place à la course automobile. La grande passion de sa vie naquit un jour de 1908, lorsque son père l'emmena voir le grand Felice Nazzaro remporter une course au volant d'une Fiat, à Bologne. «Ce jour-là, je sentis en moi une profonde émotion.»

Comme pour beaucoup de ceux qui plus tard conduiraient ses voitures de course, la route du succès fut longue et difficile pour Ferrari. Il n'était resté que sept ans à l'école. Durant la Première Guerre mondiale, il avait occupé dans l'armée italienne l'humble position de muletier dans un régiment du train. Il avait été cruellement touché par la mort de son frère aîné Alfredo et de son père durant les années de guerre et fut lui-même démobilisé en 1918 à cause d'une maladie des poumons. Il alla chercher du travail chez Fiat, à Turin, mais sans succès car les places étaient rares avec le retour de tous les anciens combattants. Ce jour-là, il se réfugia dans un parc et s'assit sur un banc où, raconte-t-il, «je pleurai de solitude et de désespoir».

Finalement, un petit constructeur automobile de Milan, CMN, l'engagea pour essayer ses voitures et Ferrari fit même quelques courses pour cette entreprise. En 1920, il rencontrait une jeune fille à la gare de Turin: «Elle était jolie, blonde, élégante, vive, menue.» Elle s'appelait Laura et les deux jeunes gens se marièrent bientôt. Ferrari fut alors engagé par Alfa Romeo pour qui il faisait tour à tour fonction de vendeur, de directeur de course et, les week-ends, de pilote de course. En cette dernière qualité, il participa à quarante-sept courses (de 1919 à 1931) et remporta treize victoires. C'était un résultat tout à fait respectable, mais pourtant Ferrari était convaincu que sa connaissance intime de la mécanique était plus un handicap qu'un avantage pour lui. «J'avais un gros défaut. Je pilotais toujours en prenant soin de la voiture, alors que pour réussir, il faut être parfois prêt à la maltraiter.»

Beaucoup plus tard, Ferrari acceptera avec philosophie les nombreux mauvais traitements que Gilles Villeneuve infligera à ses véhicules. Pour lui, la «puissance destructrice» de Gilles allait dans le sens de l'amélioration du produit Ferrari. «Villeneuve nous a beaucoup apporté par son intense compétitivité et par le talent qu'il avait pour détruire complètement tout ce qui était mécanique. Il nous obligeait constamment à voir en face nos limites; jamais nos voitures n'avaient été mises à si rude épreuve et nos ingénieurs durent bien s'en accommoder. Villeneuve se livrait à certaines des plus terrifiantes acrobaties que j'aie jamais vues. Embrayage, boîte de vitesses, arbres de transmission — tout y passait. C'était un grand prêtre de la destruction, mais sa manière de conduire nous montrait à quel point nous devions améliorer ces pièces pour qu'elles puissent résister aux assauts de n'importe quel conducteur.»

À l'occasion d'une de ses courses victorieuses, près de Ravenne, en 1923, Enzo Ferrari avait été présenté aux parents du plus grand aviateur italien de la guerre, Francesco Baracca, dont l'avion était décoré de son insigne personnel: *Il Cavallino Rampante,* un écu sur lequel se détachait la silhouette d'un cheval cabré. Les exploits de Baracca aux commandes de son avion de chasse en avaient fait un symbole de courage et d'audace. Or, il se trouvait qu'Alfredo Ferrari, frère d'Enzo, avait fait la guerre dans l'armée de terre de la même escadrille et, après la course de Ravenne, les Baracca se lièrent d'amitié avec le frère cadet d'Alfredo. C'est ainsi qu'ils offrirent à Enzo l'insigne de leur fils pour qu'il s'en serve lui-même et, lorsque Ferrari constitua sa propre écurie de course, en 1930, la Scuderia Ferrari, Enzo ajouta un fond jaune (la couleur de Modène) au cheval noir de l'écu, emblème que ses voitures portent depuis cette époque.

Après la naissance de son fils Dino, en 1932, Enzo abandonna la course pour diriger son équipe et la Scuderia Ferrari Alfa Romeo devint bientôt l'une des premières d'Europe, au début des années trente. Financé par de riches associés, Ferrari put s'attacher les services de brillants ingénieurs et de remarquables pilotes, comme Tazio Nuvolari. En 1935, le pilote italien, dont la fougue extraordinaire faisait oublier la taille minuscule, avait remporté une victoire étonnante au volant de l'Alfa P3 de Ferrari, devant les neuf voitures des puissantes écuries Auto Union et Mercedes-Benz. Cet exploit, sur les soixante-dix-sept virages de l'intimidant Nürburgring, en Allemagne, demeure aujourd'hui encore l'une des courses les plus remarquables de toute l'histoire de l'automobile.

Pour Ferrari, Nuvolari avait été durant cette course l'exemple même de tout ce qu'un pilote doit être. «C'était un pilote qui, sur n'importe quelle voiture, dans n'importe quelle circonstance et sur n'importe quel circuit, se donnait toujours à fond et finissait par être, dans l'ensemble, le meilleur. Nuvolari, contrairement à bien des pilotes d'hier et d'aujourd'hui, ne partait jamais perdant parce qu'il se trouvait au volant d'une voiture inférieure.» Et quand Ferrari engagea Villeneuve, il fut frappé par la ressemblance physique des deux hommes — tous deux de très petite taille —

élément qui joua sans doute dans sa décision. «Quand on m'a présenté ce *piccolo Canadese,* ce minuscule paquet de nerfs, j'ai aussitôt reconnu en lui le physique de Nuvolari et je me suis dit: «Mettons-le à l'essai.»

L'accord que Ferrari avait conclu avec Alfa Romeo prit fin en 1938 et, pendant les années de guerre qui suivirent, Ferrari construisit des machines utilisées pour fabriquer des roulements à billes. Son usine de Modène survécut à deux bombardements et, en 1946, il déménagea ses installations à Maranello pour reprendre la course, seul cette fois. Que l'entreprise devînt bientôt florissante n'avait qu'une importance secondaire pour Ferrari: «Je fais de la course parce que je suis un enthousiaste. D'autres en font une entreprise commerciale.»

La première voiture entièrement construite par Ferrari, la 125 V12, était l'œuvre de l'ingénieur Gioacchino Colombo et elle remporta de nombreux succès aux mains de pilotes comme Alberto Ascari et Luigi Villoresi, à la fin des années quarante. Les voitures de sport de Ferrari commencèrent par gagner les fameuses courses des Mille Miglia et du Targa Florio en Italie, en 1948, puis les célèbres Vingt-Quatre Heures du Mans l'année suivante. C'est alors que Ferrari décida de construire des voitures de tourisme inspirées de ses machines de course. Elles se firent bientôt un nom prestigieux parmi les amateurs.

Mais pour Enzo Ferrari, ses voitures «civiles» n'étaient qu'un sous-produit de ses autos de course, tout particulièrement de ses monoplaces qui conservèrent toujours une place privilégiée dans son cœur. Et quand le championnat du monde de Formule I vit officiellement le jour en 1950, ce fut désormais pour lui le principal objectif à atteindre. Alors que des Ferrari gagnaient des courses dans pratiquement toutes les catégories (plus de cinq mille victoires à ce jour), c'était mettre ses voitures à l'épreuve du Grand Prix qui importait le plus aux yeux du fondateur de l'écurie. C'est là aussi que les Ferrari remportèrent le plus de succès (en 1988, le bilan était de quatre-vingt-quatorze victoires pour Ferrari contre soixante-dix-neuf pour Lotus). Pourtant, dans les dernières années, l'homme qui avait donné son nom à son écurie n'assistait presque jamais aux courses. Il préférait les suivre à la télévision car, selon ses propres mots, «je n'aime pas voir poussées à la mort les machines que j'ai créées».

Bien des gens pensaient cependant que la véritable raison de son absence était le profond chagrin que Ferrari avait ressenti à la mort de son fils Dino, terrassé par la dystrophie musculaire en 1956. Inconsolable, le père pensa même à se suicider: «Le travail était ma seule planche de salut, l'ancre à laquelle je m'agrippais pour ne pas partir à la dérive.» Ferrari confia un jour à un ami que «tous les matins, je me réveille avec la Mort dans ma poche». Après la mort de Dino, Ferrari commençait chaque journée en allant se recueillir seul sur sa tombe, puis en priant pour le repos de son âme dans une chapelle dédiée à la mémoire de son fils. Plus tard, après le décès de sa femme Laura, Ferrari se rapprocha de son fils illégitime, Piero Lardi Ferrari, qui dirige maintenant l'entreprise.

Homme complexe, agité par des émotions intenses et parfois contradictoires, Ferrari dira de Gilles Villeneuve: «Je l'aimais comme un fils.» Mais on l'accusait aussi d'être un homme dur qui se souciait davantage de ses voitures que de ses pilotes. L'accident des Mille Miglia de 1957, lorsque le marquis Alfòso de Portago s'était tué au volant de sa Ferrari en sortant de la route, fauchant de nombreux spectateurs sur son passage, avait soulevé un tollé général. On avait prétendu alors que Ferrari utilisait des pneus inadéquats, accusation qui s'était révélée ensuite trop hâtive. Mais il semblait bien que de trop nombreux pilotes trouvaient la mort à bord de Ferrari. Et lorsque Luigi Musso mourut dans l'épave de sa voiture rouge en 1958, il fallut attendre plusieurs années avant que d'autres pilotes italiens n'apparaissent à nouveau au volant des voitures de la Scuderia. «La raison pour laquelle je n'ai aucun pilote italien dans mon équipe, dira Ferrari, remonte à 1958, lorsque les journaux italiens m'accusèrent d'être un démon qui dévore ses propres fils.»

En 1963, Ford tenta d'acheter Ferrari, sans succès. Puis, en 1969, Fiat, la société d'État italienne, acquit une participation majoritaire, laissant Enzo se consacrer exclusivement à la course automobile et à la Scuderia. Tous les matins, il arrivait à son bureau dès 7 h 30 et, même à l'âge de quatre-vingt-dix ans, connaissait encore par son nom chacun des employés de la division course (au nombre de deux cents à sa mort). Une victoire dans une course de Formule I était «comme une transfusion de sang» pour Enzo Ferrari, a dit un de ses derniers pilotes, Michele Alboreto (héritier du numéro 27 rendu célèbre par Gilles Villeneuve), et il est clair que sa passion pour le sport automobile prolongea sa vie. Enzo Ferrari mourut le 14 août 1988.

«J'ai connu des hommes qui ont certainement autant aimé les voitures que moi, écrit Ferrari. Mais je ne pense pas en avoir jamais rencontré un qui ait été aussi obstiné que moi, motivé par cette même passion dévorante qui ne m'a laissé ni le temps ni le goût de faire quoi que ce soit d'autre. Je ne m'intéresse à rien d'autre qu'à la course automobile. Quiconque suit mes traces hérite d'une doctrine très simple: maintenir en vie ce désir de progrès qui a été poursuivi dans le passé, poursuivi au prix de nobles vies humaines.»

Vers la fin de sa vie, Ferrari passait une bonne partie de son temps dans une ferme qu'il avait fait rénover tout près du circuit d'essai de Fiorano. Il y vivait entouré de souvenirs de la course automobile. En vérité, il s'agit d'un véritable musée où l'on peut voir d'innombrables photos et trophées, et même un bronze grandeur nature représentant un cheval cabré. Dans un angle, bien en vue, se trouve une tapisserie faite par Georgette Villeneuve pour commémorer la première victoire de son fils sur une Ferrari, le Grand Prix du Canada de 1978. Et juste devant l'entrée du circuit de Fiorano, à l'angle de la Via Gilles Villeneuve, se dresse un buste de bronze du pilote québécois de Berthierville.

Selon Ferrari, l'engagement de Gilles fut le résultat d'une intuition, d'un coup de dés. «J'admirais Villeneuve. Il est le résultat d'un pari que j'ai fait avec moi-même. Quand je l'ai engagé, je pensais que personne n'aurait jamais misé sur lui. Tout le monde sait que bien des fois dans la vie, nous agissons sous l'effet d'impulsions émotives plutôt que guidés par la seule raison. Et les critiques ont fusé de partout lorsque je

137

l'ai engagé, car c'était pratiquement un inconnu. Mais si j'avais pris Lauda alors que lui aussi n'était presque pas connu, eh bien il devait y en avoir d'autres comme Lauda, d'autres qui pouvaient grimper jusqu'au sommet. J'aime croire que Ferrari sait construire ses pilotes aussi bien que ses voitures. Certains pensaient que Villeneuve était fou. Je leur ai dit: Mettons-le à l'essai.»

4   *Il va faire des progrès. Il est encore trop tôt pour*
se prononcer.
Antonio Tomaini

Rentré au Canada après avoir signé son contrat à Maranello, Gilles repartit pour le Grand Prix de Watkins Glen, comme spectateur, et suivit la course depuis les stands de Ferrari. C'est là qu'il aura sa première expérience de ce qu'est la vie d'un pilote de Ferrari, constamment assailli par les journalistes qui veulent connaître ses sentiments les plus intimes: «Naturellement, je suis absolument enchanté. Tout pilote rêve d'entrer dans l'écurie Ferrari. J'ai eu beaucoup de chance et j'ai bénéficié d'un concours de circonstances qui m'a favorisé dans la course pour la place de Lauda. J'aurai beaucoup de mal à combler le vide qu'il laisse derrière lui, à renouveler certains de ses exploits. Mais je ferai de mon mieux.» Oui, ces quelques dernières semaines ont été très éprouvantes pour lui. Et il est vrai que si Ferrari l'a choisi, c'est sans doute assez loin derrière Andretti et Scheckter (qui avait alors signé un nouveau contrat avec Wolf pour 1978). «Mais il n'y a pas de honte à être derrière ces deux-là, pas vrai ?»

Au Grand Prix des États-Unis, Andretti et Scheckter arrivèrent deuxième et troisième, derrière le vainqueur, James Hunt. Mais la quatrième place de Lauda signifiait qu'il était assuré de remporter le championnat du monde 1977. Quant à son coéquipier, Reutemann, il remporta un point pour sa sixième place, assurant une autre fois à l'écurie Ferrari, celle qui avait remporté le plus de succès au cours de la saison, le titre des constructeurs. Puis le grand cirque de la Formule I plia bagage et repartit en direction du nord, de l'autre côté de la frontière, pour le circuit de Mosport. Ce devait être la dernière course de Formule I sur ce circuit et la date, le 9 octobre 1977, allait rester gravée dans les mémoires pour plusieurs raisons, notamment parce qu'elle marquerait les débuts de Gilles pour Ferrari.

À Mosport, l'action commença dans les stands de Ferrari avant même que les voitures ne sortent sur la piste, lorsque Niki Lauda eut une formidable dispute avec son directeur d'équipe. L'Autrichien, brusque de caractère, avait la réputation de ne pas mâcher ses mots. On le vit bien ce jour-là. Pour commencer, il en avait assez de la politi-caillerie qui régnait chez Ferrari. Deuxièmement, il était furieux que l'écurie congédie son fidèle mécanicien, Ermanno Cuoghi, renvoyé lorsque Ferrari avait découvert qu'il négociait avec Brabham pour accompagner Lauda dans cette écurie la saison suivante. Et, enfin, troisième pomme de discorde: la présence de Gilles Villeneuve au volant d'une troisième Ferrari, à son avis une de trop pour les moyens de l'équipe.

Le directeur de l'écurie Ferrari, Roberto Nosetto, répondit à celui qui allait bientôt être le champion du monde qu'il avait perdu sa motivation après s'être assuré de son deuxième titre. Mais la discussion tourna court lorsque Andreas Nikolaus Lauda sortit furieux du stand, alla toucher ses cinq mille dollars de cachet auprès du commandi-taire de la course, Labatt, et prit aussitôt l'avion pour rega-gner son somptueux domaine de Hof, près de Salzbourg.

Ainsi, Ferrari qui avait fait venir deux moteurs et deux nouveaux mécaniciens pour sa troisième voiture n'allait en fait présenter que deux voitures. Le jeune pilote québécois ne s'en sentait que plus pressé de combler la brèche laissée ouverte par le départ de l'Autrichien. Les aptitudes de diplo-mate de Gilles furent également mises à contribution: «Ferrari est très exigeant, parce qu'il a de bonnes voitures. Les pilotes doivent être prêts à donner beaucoup. Mais si Ferrari a eu des difficultés dans le passé, ce n'est pas mon affaire. Je suis généralement très calme et il n'est pas difficile de travailler avec moi. Naturellement, des problèmes se présenteront, c'est inévitable. Mais je suis sûr que nous serons capables d'en discuter et de les résoudre.»

Gilles avait bénéficié de l'anonymat à Silverstone, mais ici, il ne pouvait plus ignorer la foule de ses compatriotes venus assister à son baptême sur Ferrari. «La pression va certainement être très forte. Tout devient différent lorsque vous savez que des milliers de gens vont épier vos moindres gestes. Mais pour moi, toute cette affaire est un rêve qui se réalise. Maintenant, je dois prouver que je suis capable.»

Lauda envolé, il restait vingt-sept pilotes de douze pays différents pour les vingt-cinq positions de la grille de départ. En fin de compte, la seule voiture qui ne parviendrait pas à se qualifier serait la Renault RS01 de Jean-Pierre Jabouille. Surnommée «la théière jaune» par une presse peu aimable — en raison de sa propension à revenir cahin-caha au stand dans un nuage de vapeur et de fumée, son V6 turbocompressé ayant une fois de plus lâché —, la voiture fut fidèle à sa mauvaise réputation une fois encore. Dès les premiers essais, le vendredi, un autre véhicule fut éliminé de la course dans un effroyable accident.

L'Anglais Ian Ashley pilotait pour Lord Alexander Hesketh (l'ancien patron de James Hunt). Voilà qu'il arrive au sommet de la butte de la ligne droite Mario Andretti à 290 km/h, au volant de sa Hesketh 308E. La voiture décolle des quatre roues, retombe, fait trois tonneaux, puis bondit par-dessus la barrière de sécurité et finit par s'empaler près du sommet d'une tour de télévision de six mètres de haut. La tour s'effondre sur la voiture, dans un fouillis de tôles et de poutrelles tordues, à l'intérieur d'une zone réservée aux spectateurs, fort heureusement déserte à ce moment-là. Il fallut quarante minutes aux sauveteurs, dont le pilote de McLaren, Jochen Mass, pour dégager Ashley qui fut aussitôt évacué par hélicoptère vers un hôpital de Toronto. Le casque du pilote s'était arraché pendant cette folle équipée. Quant à la Hesketh, elle n'était plus qu'un tas de ferraille. Ce fut donc presque une bonne nouvelle lorsqu'on connut le diagnostic des médecins: fractures des deux chevilles et des deux poignets, plus une légère commotion cérébrale. Ashley s'en tirait finalement à bon compte.

Plus tard, la McLaren de Jochen Mass fit un tête-à-queue dans le virage numéro un et frappa les barrières d'acier qui cédèrent sous le choc. Mass sortit indemne de l'accident, mais les plaintes des pilotes quant à l'insuffisance du dispositif de sécurité sur le circuit de Mosport (amplement confirmé par la lenteur et la désorganisation des secours lors de l'accident d'Ashley) furent l'un des principaux facteurs qui firent que cette course serait la dernière de Formule I sur ce circuit vieux de 16 ans. Les épreuves de qualification se poursuivirent cependant, avec leur lot d'incidents — dont un pour la nouvelle recrue de Ferrari.

Le coéquipier de Gilles, Reutemann, mit sur le compte d'une mauvaise adhérence ses temps relativement médiocres aux essais. Et ce même problème fut à l'origine de la mésaventure de Gilles, le vendredi après-midi. Sa prédilection pour le survirage y contribua certainement elle aussi, mais Gilles reconnaîtra qu'il avait trouvé la voiture extrêmement capricieuse et difficile à conduire à la limite. Il dépassa cette limite le vendredi après-midi et partit dans un formidable tête-à-queue à l'entrée de l'épingle de Moss Corner. Sa Ferrari se mit à tournoyer vicieusement, frappant les rails de l'avant et de l'arrière, pour s'immobiliser finalement avec les ailerons avant et arrière défoncés et la suspension droite faussée.

Le samedi, la pluie écartait toute possibilité de faire de meilleurs chronos, si bien que la grille fut celle qui avait été établie la veille. La Lotus 78 d'Andretti se classait en première place, avec un temps de 1 minute 11 secondes 385 millièmes, suivie de la McLaren de Hunt. Jody Scheckter n'était qu'en neuvième place avec sa Wolf aux couleurs du Canada, tandis que les Ferrari, gênées par leurs pneus Goodyear qui ne s'échauffaient pas suffisamment par ce temps froid, suivaient loin derrière: Reutemann était en douzième place, avec un temps de 1 minute 13 secondes 890 millièmes, alors que le meilleur temps de Gilles, 1 minute 14 secondes 465 millièmes, ne lui valait que la dix-septième place sur la grille de départ. Il était ainsi deux places derrière Patrick Tambay, son ancien rival dans les affections de McLaren, qui pilotait une Ensign. Leurs chemins s'étaient maintenant croisés bien des fois et Patrick et Gilles devenaient de très bons amis. Mais l'on continuait encore à comparer le talent des deux hommes.

À Silverstone, Gilles avait totalisé un nombre de tours qui aurait représenté plusieurs Grands Prix en distance, et il était parvenu à faire régler sa McLaren M23 en fonction de sa préférence pour le survirage. Cette attitude que prend la voiture en virage, quand l'arrière du véhicule chasse vers l'extérieur, était au cœur même de la technique de pilotage de Gilles. Et sa méthode de virage au moteur, roues arrière en dérapage vers l'extérieur et roues avant contrebraquées dans le sens opposé pour contrer le mouvement de l'arrière, était ce qui le rendait si spectaculaire pour les spectateurs. Niki Lauda préférait exactement le contraire: une voiture sous-vireuse, c'est-à-dire réglée pour déraper par l'avant en virage.

À Mosport, la Ferrari T2 de Gilles était toujours réglée en sous-virage pour Lauda, et Gilles devait se battre pour la faire tourner au volant plutôt qu'avec l'accélérateur et ses réflexes. Par ailleurs, à Silverstone, Gilles avait pu parler directement avec son équipe anglophone; à Mosport, il avait encore des difficultés de communication avec son équipe italienne dont le chef, Mauro Forghieri, se concentrait surtout sur la voiture de Reutemann. Le chef mécanicien, Tomaini, qui supervisait les réparations de la Ferrari carrossée à nouveau par Villeneuve, paraissait cependant impressionné par l'intérêt que Gilles portait aux questions techniques, un Gilles qui ne sortait pratiquement jamais du stand, si ce n'est pour piloter. Mais Tomaini était encore hésitant: «Il va faire des progrès. Il est encore trop tôt pour savoir.»

Pourtant, les journalistes voulaient en savoir davantage sur le pilote de la Ferrari numéro 21 et ils débusquèrent sa femme dans la caravane des Villeneuve, garée dans un coin du paddock de Mosport. Tenus à distance respectueuse par un berger d'Alsace à l'allure plutôt féroce qui montait la garde devant la porte, ils questionnèrent cette jeune femme

142

qui leur souriait gentiment, avec ses deux jolis petits bambins à la traîne. Pourquoi campaient-ils ici, en pleine brousse, au lieu de s'installer dans la luxueuse chambre d'hôtel que leur avait réservée Ferrari ? «Nous n'aimons pas les hôtels, répondit Johanne. Nous préférons la caravane. Nous nous y sentons bien. Je peux y faire la cuisine, et c'est bien mieux pour Jacques et Mélanie. Je préfère manger ma propre cuisine et Gilles se contente d'un steak. Naturellement, nous vivons comme des gitans. Mais nous aimons ça et je ne crois pas que nous changerons. Nous aurons peut-être un peu plus d'argent à présent, mais nous n'allons pas changer notre vie.»

Et les dangers du métier de son mari ? Était-elle inquiète ? «J'ai toujours peur quand Gilles fait une course. Mais je sais que c'est un bon pilote, alors je ne panique pas quand je le regarde sur le circuit. Il va continuer à s'améliorer et à polir son style. Ensuite, le public le jugera et le temps se chargera du reste.»

Mais voilà que Gilles arrive. Nouvelles questions des journalistes. Quel rôle joue sa femme dans sa vie ? «Johanne est très importante pour ma carrière. Même si elle n'aime pas mon travail, elle m'encourage. Quand j'ai besoin de parler à quelqu'un en qui j'ai toute confiance, elle est là. Nous sommes très proches sur ce point. Et le fait d'être marié réduit les tentations qui peuvent venir à un pilote de course. Il faut voir les choses en face: il y a beaucoup de jolies femmes dans le monde de la course, beaucoup de fêtes. En étant marié, ajoute-t-il avec un large sourire, je me passe de tout ça. Et je suis plus reposé le jour de la course.»

Le jour de la course, il faisait froid et le vent soufflait en rafales sous un ciel gris et maussade, ce qui n'empêcha pas soixante mille spectateurs, emmitouflés dans leurs vêtements d'hiver, de s'entasser autour du circuit de Mosport, long de 3 957 mètres. Tous étaient en grande forme pour le Grand Prix Labatt 1977, certains d'entre eux inspirés par de copieuses quantités du liquide brassé par le commanditaire. Leur héros local allait pourtant connaître un succès mitigé, tandis qu'une bataille royale faisait rage autour de lui. Et pour Gilles, témoin en première ligne, ce sera l'occasion de voir de près à quel point la Formule I peut être une affaire sérieuse. Par comparaison, les courses auxquelles il avait participé jusqu'à présent faisaient presque figure de jeux d'enfants.

Andretti décrocha Hunt au départ et, alors que le peloton commençait à s'échelonner au cours d'un premier tour mené à un train d'enfer, deux voitures furent rapidement mises hors de combat. L'Ensign de Gianclaudio «Clay» Regazzoni ne fit que 2 des 10 virages de Mosport avant de sortir dans le décor, ruinant l'avant de son auto. Six virages plus loin, John Watson joua à qui freinerait le dernier avec le Suédois Ronnie Peterson — et perdit. Sa Brabham fit un bond en touchant l'accotement, retomba plutôt lourdement, et dut regagner tant bien que mal son stand, fort défraîchie. Peterson, au volant de sa Tyrrell dont l'aileron arrière avait souffert de sa rencontre avec la Brabham, continuait à bonne allure, comme les autres d'ailleurs, pour boucler le premier des 80 tours de la course.

Peterson, très agressif ce jour-là, zigzaguait avec sa Tyrrell pour retenir la Wolf de Scheckter. Alan Jones qui le suivait de près dira que ses coups de volant contre son adversaire étaient «un peu brutaux — la poussière et la boue volaient partout.» Mais la vision de Jones au volant de sa Shadow s'éclaircit un peu lorsque Peterson fit un tête-à-queue qui le força à abandonner la course au onzième tour. Les malheurs de la Suède allaient continuer quand Gunnar Nilsson découvrit que le papillon des gaz de sa Lotus s'était bloqué grand ouvert alors qu'il descendait à toute vitesse la ligne droite baptisée en l'honneur de son coéquipier qui menait d'ailleurs toujours la course, Andretti. Le virage numéro huit approchait à une vitesse terrifiante et Nilsson ne parvint à interrompre sa progression que quelques instants avant de voler dans la clôture de sécurité, au milieu d'une pluie de fibre de verre répandue par sa Lotus déchiquetée. Il sortit indemne du cockpit, mais la journée était finie pour lui.

Reutemann dut abandonner en raison de problèmes de pression de carburant, ce qui laissait Gilles tout seul pour défendre les couleurs de Ferrari, au volant d'une T2 capricieuse et rétive qui oscillait autour de la dixième place, aux prises avec l'Ensign de Tambay et avec une McLaren louée pour l'occasion par le riche Américain Brett Lunger. Au moins, Gilles parvint à éviter un contact trop intime avec ses rivaux, à la différence de Rupert Keegan et de Hans Binder qui accrochèrent leurs roues au virage numéro neuf, dans une violente embrassade qui envoya l'Hesketh de l'Anglais et la Surtees de l'Autrichien voler dans les airs à une hauteur alarmante. Les deux voitures reprirent pied en faisant un tête-à-queue et toutes deux finirent par se souder contre les rails de sécurité. Binder était indemne, mais Keegan souffrait d'une fracture de la cheville et de quelques coupures bénignes.

Pendant ce temps, Hunt continuait à faire la vie dure à Andretti, toujours en tête. Ils allaient si vite qu'ils avaient pris un tour d'avance sur toutes les voitures, à l'exception de celle du coéquipier de Hunt, Mass, qui les vit finalement apparaître dans ses rétroviseurs au soixantième tour. Les cœurs se mirent à battre plus vite dans les voitures et parmi les spectateurs, face à la perspective d'une conspiration du duo McLaren contre la Lotus qui menait encore la danse. Alors qu'ils abordaient le virage Stirling Moss, Andretti rattrapa Mass, pour trouver la McLaren un peu plus large qu'elle ne l'avait été jusque là. La Lotus n'eut pas d'autre choix que de plonger deux de ses roues dans la boue, manquant de partir en tête-à-queue, et Hunt passa en tête, précédé cependant de Mass qui avait un tour de retard sur lui. Mario ne fut pas du tout amusé par ce tour de passe-passe: «Ce salaud de Mass a presque eu ma peau !» protesta le flegmatique habitant de Nazareth, en Pennsylvanie.

À la queue leu leu, dans l'ordre Mass-Hunt-Andretti, le trio repassa à toute allure devant les stands pour commencer son soixante et unième tour. Dans le virage numéro trois, Mass s'écarta obligeamment vers l'extérieur et, selon Andretti, «fit signe à Hunt de passer, puis le perdit de vue». Selon la version de Mass, son coéquipier le frappa à l'arrière lorsque Mass dut lever le pied plus tôt que prévu parce qu'il s'engageait sur le couloir extérieur, plus glissant. Quoi qu'il en soit, les deux voitures de Teddy Mayer se heurtèrent et sortirent de piste à très vive allure, laissant la voie libre à Andretti. Mass sortit finalement du nuage de poussière et reprit la course pour terminer troisième, tandis que Hunt était contraint de rester où il était, fou de colère.

Momentanément emprisonné dans sa McLaren qui avait manifestement pris un bon coup de vieux dans la bagarre, il finit par sortir de son habitacle, indemne mais hors de lui. Hunt surnommait Mass «Herman l'Allemand», mais quand le natif de Francfort repassa au tour suivant, ce sont des noms sensiblement moins gracieux que Hunt lança à son adresse. Il brandit aussi le poing, puis l'appliqua incontinent sur le visage d'un commissaire de piste qui avait eu la malencontreuse idée d'essayer d'empêcher l'Anglais irascible de traverser la piste. Le commissaire resta les quatre fers en l'air et Hunt rentra à pied au stand où l'attendait une amende de deux mille sept cent cinquante dollars pour sa peine.

Andretti poursuivait sa ronde, devant la Wolf de Scheckter et la Tyrrell de Patrick Depailler, mais il dut leur concéder les première et deuxième places lorsque le V8 Cosworth de sa Lotus explosa, à quelques tours de la fin. Andretti continua cependant sur sa lancée et parvint à rejoindre les stands tant bien que mal, dans un épais nuage de fumée. Mais il perdait lui aussi de l'huile, ce qui contribuerait à entraîner le chaos au virage numéro neuf.

La Shadow de Riccardo Patrese fut la première à déraper. Elle partit emboutir la Hesketh abandonnée de Keegan. Patrese sortit aussitôt de son véhicule et sauta d'un bond par-dessus le rail de sécurité, une initiative prudente puisqu'à ce même moment la Surtees de Vittorio Brambilla pirouettait sur les traces de la Shadow et venait grossir le monceau de ferraille. Brambilla, «le Gorille de Monza», était tellement pris par sa bataille pour la troisième place avec Depailler qu'il n'avait pas vu les drapeaux des commissaires de piste. Le pauvre Vittorio (dont la seule victoire en Grand Prix, celui d'Autriche en 1975, avait connu une fin honteuse lorsqu'il avait lâché le volant pour saluer — une fois n'était pas coutume — le drapeau à damier et s'était aussitôt écrasé contre un mur) rentra à pied au stand, en larmes. Arriva ensuite sur les lieux la Penske de Danny Ongais. Il réussit à rattraper son tête-à-queue et continua la course. Gilles Villeneuve n'eut pas cette chance.

Un peu plus tôt, Gilles s'était hissé à la huitième place, sur un châssis qui lui donnait bien du fil à retordre, affligé qu'il était de mouvements de tangage et de lacet qui auraient fait rougir une Cadillac, comme l'expliquera Gilles: «Je ne sais pas comment je n'ai pas cassé une douzaine de fois pendant les deux ou trois premiers tours, quand c'était le pire.» Finalement, il fera un tête-à-queue au virage Moss, au soixante-douzième tour, perdant aussitôt deux places conquises de haute lutte. Mais maintenant, il chargeait sur le virage numéro neuf, en plein cœur de la débâcle, bien résolu à rattraper le temps perdu. Il fit un tête-à-queue, parvint à éviter le carnage, et s'arrêta finalement, indemne, mais en travers, en plein milieu de la piste. Le V12 n'avait pas cessé de tourner pendant cette pirouette et Gilles actionna l'embrayage, peut-être avec un peu trop d'exubérance puisqu'un arbre de roue ne put supporter la brusque poussée et se cassa en deux. La course était finie pour Gilles qui, bien déçu, dut lui aussi faire à pied le court trajet qui le séparait des stands.

Ce n'était pas la journée de Gilles, mais ce fut certainement celle de Walter Wolf et de son pays d'adoption car sa voiture gagna la course. «Des journées comme celle-là, on n'en voit pas tous les ans. C'est unique dans une vie. Une victoire sur son propre terrain, ça fait plus que plaisir », claironnait un Walter jubilant, le bras passé autour des épaules de Jody Scheckter sur le podium de la victoire. Mais son pilote, fidèle au climat général de la journée, était de fort méchante humeur. Sa voiture «roulait comme un train», dit Jody mais ce !*%#?*& de Peterson avait couru comme un idiot (citation approximative). «Cinq fois, ce !*%#?*& m'a presque fait sortir de cette %&*#&* de ligne droite !» Et il fallut des trésors de persuasion, plus une solide poigne, pour empêcher Jody d'aller rectifier le profil de Ronnie.

Guère plus content, Gilles fut cependant moins démonstratif au cours des interviews qui suivirent la course. Sa franchise impressionna d'ailleurs les journalistes pourtant blasés, habitués à entendre toutes les excuses possibles et imaginables dans la bouche de pilotes qui reconnaissent bien rarement leurs erreurs. «J'ai vu la flaque d'huile trop tard et j'ai fait un tête-à-queue sans rien toucher. Et puis, quand j'ai voulu repartir, j'ai débrayé, j'ai trop poussé le régime et j'ai cassé un arbre de roue. C'est ma faute.»

La course avait été une véritable hécatombe puisqu'il ne restait que cinq voitures en lice à l'arrivée. Gilles, s'il n'avait pas été contraint d'abandonner, aurait probablement terminé à la cinquième place. Ce fut Patrick Tambay qui l'occupa finalement, alors que Gilles, resté dans la mêlée plus longtemps que bien d'autres, se retrouvait en douzième place au classement final. Mais une autre chance s'offrait encore à lui en 1977: le Grand Prix du Japon qui devait avoir lieu deux semaines plus tard.

5   *Attends-moi, ce ne sera pas long.*
                              Gilles Villeneuve

C'était la deuxième fois que le Japon organisait un Grand Prix sur le circuit Fuji International Speedway, dominé par la majestueuse montagne qui lui avait donné son nom. L'année précédente, le mont Fuji était noyé dans des pluies torrentielles et la saison avait pris fin sur une note d'amère déception pour les fans de Ferrari lorsque Hunt avait remporté le championnat du monde, après la décision controversée de Lauda d'abandonner la course qui, il faut bien le reconnaître, se déroulait dans des conditions effroyables. Cette fois-ci, Lauda était à nouveau champion du monde, mais il ne participait pas à la course, ce qui laissait à Reutemann et à Villeneuve le soin de défendre les couleurs de Ferrari. Lauda n'était plus en odeur de sainteté à Maranello et la voiture de Gilles portait désormais son numéro, le 11.

Le championnat du monde était déjà une affaire jugée et il ne restait plus que 73 tours à courir avant que la saison 1977 ne prenne fin. L'atmosphère dans les stands était donc plus détendue que d'ordinaire. Pour commencer, il fallut retarder les essais de la première journée, aucun médecin n'étant présent sur le circuit. Pour tromper l'attente, les spectateurs eurent droit à une course à pied entre pilotes et membres de l'équipe Ferrari, sur la ligne droite des stands. Le médecin se présenta enfin et les équipes de Formule I passèrent aux choses sérieuses. Chez Ferrari, l'heure n'était plus à la blague car les voitures de l'écurie avaient affaire à forte partie.

Profitant de l'effet de sol de son véhicule dessiné par Colin Chapman, effet qui plaquait la Lotus sur la piste dans les virages, Andretti se montra le plus rapide aux essais. En fin de compte, la grille de départ sur le circuit du mont Fuji fut la même qu'à Mosport: Hunt, deuxième aux essais, prendrait le départ sur sa McLaren M26 à côté de la Lotus 78. Reutemann, extrêmement déçu, n'était qu'au quatrième rang. Son temps de 1 minute 13 secondes 32 centièmes, conquis de haute lutte, n'était qu'à un peu plus d'une seconde du meilleur. «J'ai tout essayé, absolument tout, sans aucun résultat. Le moteur est fantastique, mais je n'arrive tout simplement pas à obtenir d'adhérence. Il y a quelque chose qui ne va pas du tout avec la géométrie.» L'Argentin donna ensuite quelques détails horrifiants sur le comportement de la voiture dans les longs virages du circuit du mont Fuji et déclara sans ambages qu'elle était tout simplement «très dangereuse.»

Le nouveau coéquipier de Reutemann était encore plus soucieux. Malgré des tentatives qui paraissaient souvent menées avec l'énergie du désespoir, il ne put qu'établir un temps de 1 minute 14 secondes 51 centièmes, ce qui le classait en vingtième place au départ. « Je suis vraiment inquiet et je ne sais pas du tout quoi faire», dit Gilles dont la voiture était maintenant fortement survireuse, sans qu'il y soit pour grand-chose. La T2 semblait avoir son caractère bien à elle, s'écartant subitement de la ligne droite sans que le pilote ait fait le moindre geste. Gilles ne se souvenait pas avoir jamais conduit une voiture aussi difficile. «Je dois conduire comme un petit vieux dans les virages et attendre la ligne droite pour appuyer sur l'accélérateur, sinon je pars en tête-à-queue. Il n'y a à peu près que les freins qui valent quelque chose sur cette voiture. Je ne sais pas du tout quoi faire...»

Le dimanche 23 octobre, le soleil avait décidé de se mettre de la partie. Il faisait chaud et soixante-dix mille spectateurs enthousiastes s'entassèrent le long du circuit du mont Fuji. Dans les stands, Johanne aidait Gilles dans ses préparatifs de dernière minute, avant de prendre sa place dans le stand de chronométrage de Ferrari. Entre eux, les mots n'étaient plus nécessaires. Depuis longtemps, ils avaient appris à travailler ensemble et Johanne savait que Gilles réfléchissait à ce qu'il allait faire, qu'il pensait au départ, à sa tactique de course, à la manière dont il pourrait bien compenser les insuffisances de sa voiture. Elle lui tendit sa cagoule ignifugée et ses gants. Juste avant d'enfiler son casque, Gilles se pencha vers elle et lui murmura les mots qui marquaient toujours la fin de leur rituel privé, avant une course: «Attends-moi, ce ne sera pas long.»

Quand le feu passa au vert, Andretti laissa le régime de son moteur descendre trop bas et rata le départ, donnant à Hunt l'avantage sur Scheckter. Andretti, tombé en huitième place, voulut rattraper les premiers et, dans son zèle, heurta la Ligier de Jacques Laffite au milieu d'un virage rapide. Un bras de direction de la Lotus se cassa dans la bagarre et la voiture désemparée alla s'écraser contre les barrières. Andretti put s'estimer heureux de sortir à pied de l'épave dont une roue atterrit au milieu de la piste. En essayant de l'éviter, deux voitures entrèrent en collision, la Surtees de Hans Binder et la Kojima de Noritake Takahara. La course était terminée pour l'Autrichien et le Japonais. Les ambulances sortirent donc dès le premier tour. Heureusement, elles ne furent pas nécessaires cette fois-là. Mais bientôt tous les véhicules de secours furent appelés sur les lieux d'un autre désastre, plus loin sur le circuit.

Gilles fonçait et il avait déjà dépassé quatre voitures mais ses freins s'étaient bloqués à plusieurs reprises, envoyant en l'air des nuages bleus de caoutchouc brûlé. Lors des essais et des épreuves de qualification, Villeneuve n'avait pas tari d'éloges sur ses freins; maintenant, ils en faisaient trop et bloquaient sans prévenir. Au début de son sixième tour, la Ferrari rouge numéro 11 filait à fond de train sur la ligne droite des stands, à environ 260 km/h, juste derrière la Tyrrell à six roues de Ronnie Peterson. Devant eux, le virage du Diable, une courbe à droite très prononcée, au bout de la ligne droite, qui nécessitait un freinage vigoureux sur une piste plutôt raboteuse. En plein freinage, la Ferrari touche la roue arrière droite de la Tyrrell et s'envole dans les airs, par-dessus la Tyrrell qui fait une violente embardée et perd son aileron arrière. À part cela, la Tyrrell est intacte.

Mais la Ferrari, qui n'a pratiquement rien perdu de son élan, retombe sur le nez, sort du circuit, fait quelques terrifiantes cabrioles en semant des éléments de carrosserie, puis fauche plusieurs personnes qui se trouvent dans une zone interdite. Deux sont tuées sur le coup, un photographe amateur de vingt-cinq ans et un jeune homme de vingt et un ans, membre du service d'ordre, qui essayait d'expulser les spectateurs de la zone dangereuse. Le bilan est lourd: deux morts et dix blessés, dont sept graves, la plupart atteints par des débris de métal.

De la voiture qui gît maintenant dans un fossé à 130 mètres de la piste, il ne reste plus que le châssis monocoque et le moteur. Gilles est indemne pourtant. Il défait son harnais et court vers les stands. Ronnie Peterson n'a rien lui non plus et Gilles se précipite vers lui, son idole, pour s'excuser: sa pédale de freins était pourtant au plancher. Peterson donnera plus tard sa version de l'accident: «Dans la ligne droite, je l'ai vu arriver dans mes rétroviseurs. Je me concentrais sur le virage. Je pense qu'on peut mettre l'accident au compte de l'inexpérience. Il a sans doute oublié qu'il avait deux cents litres d'essence. Il a eu certainement beaucoup de chance que sa Ferrari ne prenne pas feu.»

Johanne, qui ignorait tout de ce qui s'était passé, eut la surprise de voir Gilles apparaître à pied au stand. À son expression, elle comprit aussitôt qu'il avait eu un problème avec sa voiture. «Je n'ai rien dit, parce que quand il est dans cet état, mieux vaut ne pas lui parler. Et puis Patrick Tambay est arrivé en courant et m'a demandé si Gilles allait bien. J'ai pensé que c'était une question idiote, mais je lui ai répondu que, oui, il allait tout à fait bien, qu'il était simplement furieux. Alors Patrick m'a raconté que Gilles venait d'avoir un très grave accident. J'ai perdu la tête. Nous sommes allés le chercher. Il était à l'arrière d'une petite roulotte. Patrick lui a demandé ce qui s'était passé. Gilles savait qu'il avait touché des spectateurs et qu'il les avait probablement blessés. Mais il ne s'était pas rendu compte qu'il y avait des morts. Il était simplement furieux contre lui-même.»

James Hunt gagna la course, puis indisposa les organisateurs en n'assistant pas à la remise des prix, préférant filer vers l'aéroport. Il était d'ailleurs accompagné de Carlos Reutemann, qui avait réussi contre toute attente à terminer en deuxième place et qui devinait bien que son coéquipier Gilles n'allait pas tarder à se trouver pris dans un imbroglio juridique. Patrick Depailler, qui avait réussi à terminer en troisième position pour l'équipe Tyrrell, fut donc le seul pilote à monter sur le podium de la victoire. Puis tout le monde repartit, sauf ceux qui avaient été impliqués dans l'accident. La Ferrari et la Tyrrell furent mises sous scellés et restèrent exactement là où elles avaient atterri, en attendant les résultats de l'enquête policière.

Le lundi matin, tous les intéressés se retrouvèrent sur le circuit du mont Fuji. Ken Tyrrell prit la parole pour son pilote, tandis que Roberto Nosetto représentait les intérêts de Ferrari. Peterson et la Tyrrell furent finalement autorisés à rentrer en Angleterre, après que Ronnie eut démontré que sa voiture était en bon état de marche en faisant un tour complet et un essai de freinage. Les enquêteurs étudièrent alors l'épave de la Ferrari, mais sans rien pouvoir en tirer. Puis ils interrogèrent longuement Gilles, lui demandant à quelle vitesse il roulait, sur quel rapport, à quelle distance de Peterson, et ainsi de suite. Gilles avait appelé Gaston Parent à Montréal (le réveillant à trois heures du matin) et celui-ci lui avait conseillé de ne rien dire et de refuser de signer quoi que ce soit. Nosetto lui recommanda de plaider l'état de choc et de dire qu'il ne se souvenait de rien.

Des avocats arrivèrent avec des liasses de papiers rédigés en japonais que Gilles fut invité à signer. Il refusa, tant qu'ils n'auraient pas été traduits. Le lendemain, on lui en présentait une version anglaise et il signa un document qui n'était qu'une simple relation des événements. Gilles et Johanne prirent l'avion pour le Canada, tandis que Nosetto faisait transporter les restes de la Ferrari à Maranello. Quelques jours plus tard, les enquêteurs conclurent que les deux pilotes avaient conduit «conformément aux règles de la Fédération automobile internationale», l'organisme qui régit le sport automobile à l'échelle mondiale. Quelques semaines plus tard, les enquêteurs fermaient le dossier, sans attribuer de responsabilité.

Gilles garda le silence pendant quelque temps et ne changea jamais sa version de ce qui s'était passé dans le cockpit ce jour-là. Certains se demandèrent s'il n'avait pas simplement attendu trop longtemps pour freiner, dans l'espoir de dépasser Peterson. Admirateur de longue date de Peterson, Gilles aurait dû savoir qu'il freinait toujours au dernier moment. D'autres pensèrent que Peterson n'avait pas vu la Ferrari arriver très vite sur sa droite et qu'il lui avait simplement coupé la route. Une autre hypothèse faisait intervenir la technique très particulière de virage sur une Tyrrell à six roues, technique que Gilles ne connaissait peut-être pas bien. Peterson devait prendre ses virages en les cisaillant en une série de segments et Gilles aurait cru à tort que l'un de ces segments était un créneau qui s'était aussitôt refermé. L'affaire finit par se calmer et fut classée sous la rubrique «un accident de course comme les autres».

À propos de la tragédie, la position de Gilles était que les victimes n'auraient pas dû se trouver dans une zone interdite et que la course automobile était déjà suffisamment dangereuse pour que les pilotes n'aient pas à se préoccuper des spectateurs. Mais il avait été fortement ébranlé par l'accident — non pas à cause de ce qui aurait pu lui arriver à lui, mais de ce qui était arrivé à des tiers. «Je n'ai pas eu peur après cet accident. J'étais simplement terriblement triste pour ces personnes qui avaient été tuées. Je savais qu'elles se trouvaient dans une zone interdite et je ne me sentais pas responsable de leur mort, mais...»

Quant au bilan de sa prestation pour Ferrari, Gilles se contenta d'une déclaration laconique: «À Silverstone, j'avais fait 1 500 kilomètres et je m'étais habitué à la voiture et au circuit. Au Canada et au Japon, ce n'était pas le cas. C'est tout.»

Niki Lauda avait suivi le Grand Prix du Japon à la télévision, dans sa lointaine Autriche. Lorsqu'il vit ce qui était arrivé à son successeur chez Ferrari, sa réaction fut instantanée: «Villeneuve va avoir beaucoup de difficultés maintenant. Je peux imaginer la tête qu'ils font à Maranello.»

V

À LA POURSUITE DU TEMPS PERDU: 1978

1
J'espère gagner mon premier Grand Prix vers le
milieu de la saison.
Gilles Villeneuve

«Ce garçon est trop pressé», dira Carlos Reutemann des débuts difficiles de Gilles chez Ferrari. Depuis sa retraite autrichienne, Niki Lauda pontifiait lui aussi: pas étonnant que son successeur ait des difficultés, car piloter une T2 sans expérience suffisante était une entreprise pour le moins risquée. Certains journalistes n'y allaient pas de main morte eux non plus, particulièrement en Italie: Villeneuve était complètement dépassé par les événements et Enzo Ferrari avait peut-être bien perdu son pari en engageant un inconnu. Mais dans la conférence de presse qu'il donnait traditionnellement en fin de saison, Ferrari défendit son choix: «J'ai engagé Villeneuve pour le talent qu'il possède, talent qu'on m'a fait remarquer. Il est encore trop tôt pour le juger. Il n'a pas eu de chance, mais je crois qu'il a du potentiel.»

Sur le chemin qui les ramenait de Tokyo au Canada, Gilles et Johanne firent escale à New York pour rendre visite à John Lane, maintenant installé à Wall Street. Lane les invita dans un restaurant perché au-dessus de la ville, au World Trade Center, et la conversation porta bientôt sur l'avenir de Gilles chez Ferrari. Bien sûr, il était heureux d'entendre que le Vieux ne lui avait pas retiré sa confiance, mais il s'inquiétait des réactions de la presse italienne. Il savait la place qu'occupaient les pilotes de Ferrari dans le cœur et l'esprit des Italiens, et savait tout aussi bien que la presse modelait à sa guise leur image publique. Lauda, naguère le héros sorti de son lit de mort pour défendre les couleurs de Ferrari pour la plus grande gloire de l'Italie, était maintenant vilipendé par les journalistes qui l'accusaient d'avoir trahi la cause. Son successeur ne pouvait manquer d'être observé de très près. S'il n'était pas à la hauteur et si l'opinion publique se retournait contre lui, le séjour de Gilles chez Ferrari risquait d'être fort court.

Lorsqu'il atterrit à Montréal, Gilles eut la mauvaise surprise de constater qu'il était là aussi plutôt malmené par les journalistes. La presse canadienne, souvent accusée de monter en épingle les mauvaises nouvelles, souffrait également du handicap d'être passablement ignorante de la profession de Gilles. À l'exception d'une poignée de journalistes qui connaissaient bien la course automobile, le deuxième sport en popularité dans le monde après le *soccer,* la plupart des plumitifs ne s'intéressaient qu'aux sports traditionnels de l'Amérique du Nord, si bien que toute leur science se résumait en trois mots: balle-bâton-ballon. Là aussi, on criait donc haro sur Gilles. «La presse canadienne était vraiment terrible dans la manière dont elle rendait compte de ce que disait la presse européenne. En Europe, de nombreux journaux rappelaient que c'était un accident qui aurait pu arriver à n'importe qui, dans n'importe quelle course. Mais ici, tout de suite après l'accident, on s'est mis à raconter 20 fois par jour qu'on m'avait congédié et qu'on me remplaçait par un autre pilote.»

À Berthierville, Gilles et Johanne se préparèrent à leur nouvelle vie à l'étranger, ce qui ne fut pas très difficile. Au cours de leurs sept années de mariage, ils n'avaient guère accumulé de biens matériels. L'excédent de bagage n'était pas à craindre. Le déménagement en Europe ne présentait donc pas de problèmes logistiques complexes, à part Princesse, devenue membre à part entière de la famille. Les enfants avaient grandi avec elle et ce n'est pas sans larmes qu'il fallut se résoudre à se séparer d'elle. Mais les Villeneuve lui trouvèrent un bon foyer adoptif. Et après tout, elle n'allait pas vraiment quitter la famille puisque le frère de Gilles, Jacques, acceptait de la prendre chez lui. Princesse n'allait pas se sentir trop dépaysée, car son nouveau maître se lançait lui aussi dans la course, en commençant par la motoneige, comme son frère. Il remporterait trois fois le titre de champion du monde.

Les Villeneuve avaient décidé de s'installer dans le midi de la France pour des raisons parfaitement pratiques et qui n'avaient rien à voir avec la réputation prestigieuse de cette région du monde. Patrick Tambay, qui habitait Cannes, ne tarissait pas d'éloges sur la côte d'Azur et Gilles avait décidé de suivre son conseil. «Je n'ai rien contre habiter en Italie. Mais il est préférable pour les enfants qu'ils puissent continuer à parler français. Et Cannes n'est pas bien loin de Maranello.»

Après le Grand Prix du Japon, Gilles ne disposait que de quelques semaines de liberté avant le début des essais à Fiorano, pas assez pour trouver une maison. Tambay, sur le point de commencer son séjour chez McLaren, lui remit généreusement les clés de sa villa de Cannes.

La famille Villeneuve y resta donc plusieurs semaines, tandis que Gilles faisait la navette entre Cannes et Fiorano au volant d'une petite Fiat prêtée par Ferrari. Il s'absentait deux ou trois jours de suite et, à son retour, toute la famille partait explorer les splendeurs de la côte d'Azur et des environs, à la recherche d'un lieu où s'installer. Finalement, Gilles et Johanne jetèrent leur dévolu sur une villa en bordure de Plascassier, charmant village perché dans les montagnes, entre Cannes et Grasse. Ils achetèrent des meubles pour la villa, beaucoup plus spacieuse que tout ce qu'ils avaient connu jusque-là. Le bail de trois ans n'était pas donné, loin de là, puisque le prix de trois années de location aurait suffi à acheter une maison luxueuse à Berthier. Et puis, la villa n'avait rien de mobile. Impossible de la déplacer de paysage en paysage. Mais elle était située dans un cadre splendide. Dans le lointain, les plus hauts sommets des Alpes maritimes étaient déjà enneigés. En contrebas, la vallée s'étendait jusqu'aux plages bordées de palmiers de la Méditerranée, à huit kilomètres à peine. Il y avait une école pour Jacques et Mélanie tout à côté, et aussi des voisins qu'ils connaissaient: la famille Wolf. Parmi leurs différentes adresses internationales, c'était une de leurs favorites et Walter, sa femme et leurs deux filles y faisaient de fréquents séjours. Johanne fut bientôt dans les meilleurs termes avec Barbara Wolf, originaire de l'Ile-du-Prince-Édouard.

Avantage appréciable, aucune barrière linguistique avec les habitants du village, même si les Villeneuve découvrirent que leur accent québécois surprenait parfois les Français du Midi. On n'aurait pu rêver plus beau paysage, climat plus doux. Et pourtant... Pourtant la petite famille se prenait parfois à regretter les changements de saisons si marqués au Canada, avait même la nostalgie des hivers interminables. Le mal du pays en quelque sorte. Les enfants s'étaient tant amusés dans les bancs de neige en rentrant de l'école, à Berthier. Quant à Gilles, un de ses plus grands plaisirs avait toujours été de conduire sur une route glissante comme une patinoire. Il regrettait ses voitures, la Mustang par exemple, et puis ses aventures dans les lointaines forêts du Québec, au volant de sa Ford Bronco à quatre roues motrices. Bref, il fallut un peu de temps aux Villeneuve pour s'adapter à la vie à l'européenne. Johanne se souvient de cette époque.

«Ce n'était facile pour les enfants, parce que nous étions un peu isolés dans notre montagne et qu'ils devaient se retrouver dans une nouvelle école. Ils se sont adaptés rapidement et ils se sont vite fait des amis. Mais au début, nous avons tous eu un choc culturel. Nous devions nous habituer à une foule de petites choses, comme le téléphone qui ne marchait pas très bien, le laitier qui ne livrait pas à domicile, les magasins qui fermaient de midi à trois heures. Il nous a fallu plusieurs mois pour découvrir où acheter certains produits. Et même il y avait certaines choses, comme le beurre d'arachide et les *chips* de chocolat qui me servaient à faire des biscuits, que nous devions faire venir du Canada.

Pour Gilles cependant, les courses ne posaient pas vraiment de problèmes, et ceci dans n'importe quel pays. Pour lui, c'était très simple: steak-frites, point final. Il avait l'impression que manger était une perte de temps, une obligation plus qu'autre chose.»

«Je ne serai jamais un Européen», disait Gilles, pas le moindrement impressionné par le fait que deux des plus grandes cuisines du monde fleurissaient devant sa porte. «Je suis un vrai Nord-Américain. Quand je fais de la route, j'aime m'arrêter pour prendre un hamburger, des frites et un coke.» À en croire le *Guide Michelin,* trois des meilleurs restaurants de France se trouvaient à quelques kilomètres de sa villa, mais Gilles n'en avait cure. En revanche, c'est avec épouvante qu'il constata que le hamburger était pratiquement inconnu dans cette étrange contrée, avant de découvrir un restaurant niçois, le Petit Québec, où l'on servait de la cuisine québécoise et notamment son dessert favori, la glorieuse tarte au sucre.

«En France, disait Gilles, ils ne connaissent pas le petit casse-croûte à la va-vite, ils ne font que des grands repas. Le pain est aussi dur que du bois. Et la seule chose qu'ils ont à boire, c'est de l'eau ou du vin.» Pour autant qu'il ait le matin son bacon, ses œufs et du beurre d'arachide sur son pain de mie grillé, Gilles était gastronomiquement satisfait. À Fiorano, tandis que le reste du personnel de Ferrari dînait en prenant tout son temps dans un excellent restaurant des environs, Gilles grignotait une tablette de chocolat, américain de préférence, en attendant impatiemment la reprise des essais. La journée terminée, il rentrait à l'hôtel Montana, mais les séances d'entraînement se terminaient toujours trop vite à son gré. Il dit même un jour que si la voiture avait des phares, il ne demanderait pas mieux que de continuer toute la nuit.

Attentifs à ses moindres mouvements, les journalistes le suivaient d'aussi près que les gadgets électroniques du circuit de Fiorano. Au-delà des questions mécaniques et techniques, ils voulaient tout savoir sur l'homme, sur sa vie privée. C'est ainsi qu'ils découvrirent qu'après la course, le sujet favori de conversation de Gilles était sa famille, particulièrement son fils. «Jacques a six ans et il sait déjà tenir un volant. Il s'assied sur mes genoux, j'appuie sur l'accélérateur, et il conduit. Nous allons déjà à plus de 90 km/h.» Gilles leur parlait aussi de son enfance, de son initiation au volant de la voiture de son père. Oui, les Villeneuve semblaient avoir le goût de la vitesse dans le sang. Gilles leur parlait de Mélanie (qui pour certains journalistes plus imaginatifs que les autres devint la petite fille blonde aux grands yeux bleus, celle qui allait un jour briser le cœur des hommes), racontait comment il avait fait la connaissance de Johanne (la délicieuse jeune fille aux yeux chauds comme deux rayons de soleil, qui n'avait eu de cesse qu'elle n'ensorcelle le futur pilote de course), décrivait leur vie simple au Canada, leurs voyages de romanichels, leurs ennuis pécuniers.

Ces tranches de vie, passablement enjolivées, enchantaient les Italiens, eux-mêmes amoureux de leurs familles et de leurs enfants. Après Lauda, si peu sentimental (un homme issu d'une riche famille viennoise, un homme qui avait toujours caché sa vie privée au public, un homme qui allait jusqu'à donner ses trophées «inutiles» à un garagiste autrichien, pour qu'il lui lave sa voiture), la saga des Villeneuve semblait plus conforme à l'image romantique du pilote de course, héros au cœur d'or. Mais restait une grande question: que valait Gilles comme pilote ?

Apparemment, il ne manquait pas de confiance en lui et paraissait même ne douter de rien. Lorsqu'on lui avait demandé ce qu'il attendait de la saison 1978, Gilles avait simplement répondu: «Je vais faire de mon mieux pour réaliser de meilleurs temps et pour apprendre tout ce qu'il faut. J'espère gagner mon premier Grand Prix vers le milieu de la saison.» Rien de moins.

À Fiorano, durant ses premiers essais, Gilles faisait deux secondes de plus que Reutemann, ce qui donnait à penser qu'il était encore bien loin du but. Mais il continua à tourner, à tourner pendant des heures et des heures, jusqu'à la mi-novembre, lorsque l'équipe Ferrari se transporta au circuit de Vallelunga, près de Rome. Les lignes droites plus longues de ce circuit permettraient aux voitures de donner leur pleine mesure, mieux qu'à Fiorano. Niki Lauda était là lui aussi, avec sa Brabham équipée d'un moteur Alfa Romeo, l'équipe anglaise profitant de sa filière italienne pour faire des essais sous un ciel plus bleu. Et puis, à la grande surprise de Gilles, il y avait aussi plusieurs milliers de *tifosi,* impatients de soulever un coin du voile sur la saison 1978 et, naturellement, d'acclamer leurs chères Ferrari pour mieux insulter Lauda.

Pendant les deux journées de Vallelunga, le meilleur temps du champion du monde fut de 1 minute 6 secondes et 68 centièmes. Méthodiquement, Reutemann améliora ses chronos et finit par décrocher 1 minute 5 secondes et 83 centièmes, sous les acclamations des *tifosi.* La voiture de Lauda avait beau être à moitié italienne, la Ferrari allait quand même plus vite. L'exploit le plus remarqué de Gilles pendant ses premiers tours fut un monumental tête-à-queue duquel il sortit à sa manière habituelle: passage en première en pleine rotation et départ en flèche sans un instant d'arrêt. Hurlements d'approbation dans la foule qui le regarde rouler de plus en plus vite. Son meilleur tour, 1 minute 6 secondes et 25 centièmes, déclenche une autre explosion dans les tribunes: «Villanova» roule lui aussi plus vite que le champion du monde !

Dans les stands, un Antonio Tomaini triomphant levait les bras au ciel et ne ménageait pas ses félicitations: «C'est un bon élève. Plus le temps passe, et plus je l'apprécie.» Mauro Forghieri était du même avis. «Villeneuve avance à pas de géant. Il a fait beaucoup de progrès en très peu de temps. Nous sommes extrêmement contents de lui. C'est un pilote qui nous donnera de grandes satisfactions.»

«Un génie, mais aussi un fou»: voilà ce qu'était Mauro Forghieri, s'il faut en croire Niki Lauda. Leurs tonitruantes disputes dans les stands étaient d'ailleurs devenues légendaires. Et pour faire bonne mesure, Lauda écrira dans ses souvenirs, *To Hell and Back,* que Forghieri avait «la finesse psychologique d'une vipère des sables... Lorsque la Ferrari allait bien et que tout était parfait, il me considérait comme un très bon pilote, peut-être le meilleur. Quand les choses n'allaient pas, je n'étais qu'un imbécile.»

Forghieri, un Modénais, avait fait des études d'ingénieur à l'université de Bologne avant d'entrer chez Ferrari en 1959. Il était devenu directeur technique du service des courses en 1962, et avait la mission de traduire toutes les aspirations du grand patron en succès éclatants sur les circuits du monde.

La personnalité de Forghieri, exubérante et passionnée, explosait parfois en bruyantes verbalisations de ses sentiments, particulièrement à l'endroit des pilotes qui avaient la malencontreuse idée de ne pas être d'accord avec lui. Mais son génie technique contribua pour beaucoup à la gloire de Ferrari, et notamment aux cinq championnats des constructeurs que la marque avait remportés jusque-là. Malgré le commentaire acide de Lauda et la réputation que ses relations tempétueuses avec ses pilotes avaient valu à Forghieri, c'était aussi un homme capable d'aider un talent trop vert à mûrir. Il avait obtenu de bons résultats avec Chris Amon qui n'avait que vingt-quatre ans lorsqu'il était entré chez Ferrari, comme Lauda. Sous la tutelle de Forghieri, Amon était passé des dernières places aux toutes premières, acquérant au passage des aptitudes exceptionnelles de pilote d'essai. Quant à Lauda, d'un inconnu qui multipliait les accidents, il était devenu deux fois champion du monde pendant son séjour chez Ferrari. Et maintenant, Forghieri avait pour pupille un nouveau venu, bien plus obscur que ses prédécesseurs.

«Je l'avais observé à Silverstone, raconte Forghieri, et j'avais vu que c'était un pilote très capable... car il conduisait sur une piste extrêmement difficile sans aucun point de référence. À mon retour, j'ai parlé à M. Ferrari de ce jeune type qui n'était déjà pas si mauvais et qui me donnait l'impression d'avoir beaucoup d'avenir. Il n'avait pas du tout d'expérience, mais il semblait avoir du potentiel. Peut-être était-ce le moment de prendre contact avec lui, pour plus tard. Ferrari m'avait demandé d'ouvrir les yeux autour de moi, car il avait des difficultés avec Niki. Ensuite, Chris Amon nous a dit lui aussi que Gilles était bon et M. Ferrari a bientôt décidé de l'engager. Villeneuve était un pilote-né. La seule chose dont il avait besoin, c'était d'apprendre à travailler sur une voiture comme Niki. Gilles pouvait être rapide sur n'importe quelle voiture, mais pour gagner en Formule I, vous devez aussi savoir mettre au point la meilleure voiture. Pendant l'hiver, je l'ai poussé à travailler beaucoup, si bien qu'il s'est considérablement amélioré dans sa compréhension du véhicule. Nous avons eu quelques disputes, Gilles et moi, mais c'est normal. Dans une famille, il faut se disputer, sinon ce n'est pas une bonne famille.»

Johanne fut plus d'une fois témoin de ces querelles familiales. «Oh oui, ils criaient beaucoup tous les deux, mais ils faisaient quelque chose et ils avançaient. L'attitude de Gilles était qu'il faut dire une bonne fois ce qu'on a sur le cœur, et puis c'est fini, on tourne la page. Il trouvait que Mauro était un homme extrêmement brillant et il l'admirait beaucoup. Pour lui, son tempérament colérique était naturel chez un Italien. Il trouvait même que c'était amusant.»

Si Gilles était prêt à prendre Forghieri avec des pincettes, c'est qu'il respectait son talent, et très tôt les deux hommes établirent entre eux des rapports plutôt rares chez Ferrari. «Forghieri est un homme exceptionnel de qui j'ai beaucoup appris, disait Gilles. Je l'apprécie, parce qu'il sait ce qu'il veut, parce que c'est quelqu'un qui n'abandonne pas quand il veut atteindre un objectif.»

Carlos «Lole» Reutemann était un autre membre de cette famille Ferrari en 1978, et le premier pilote de l'écurie après le départ de Lauda. Âgé de trente-cinq ans, grand, plutôt bel homme, il était le portrait même du pilote de course comme on se l'imagine. Inégal au volant, en ce sens qu'il paraissait incapable de se donner à fond s'il n'était pas d'humeur à le faire, il allait cependant remporter douze Grands Prix au cours d'une carrière de onze ans. Il était originaire de Santa Fe, en Argentine, où son père suisse-allemand et sa mère italienne exploitaient un élevage de porcs. Son surnom qui ne l'avait pas quitté depuis son enfance, «Lole», venait de l'espagnol *los lechones,* «les porcs» (naturellement, Reutemann ne s'en vantait pas et il faisait toujours de son mieux pour en cacher les origines). Introverti et taciturne, il ne fut jamais populaire chez Ferrari et, pendant ses deux années à la Scuderia, c'est à peine s'il rencontra Enzo Ferrari deux fois. Ferrari voyait en lui «un excellent pilote que la nature n'a pas aidé en lui donnant une personnalité troublée.»

La réputation de Reutemann résultait en partie du fait qu'il n'était pas très ouvert avec ceux qui forment l'opinion, les journalistes, pour qui il restera toujours l'Argentin lunatique. Un jour, il avouera qu'il donnait «l'impression d'être un homme placide, sans problèmes. En réalité, je suis très nerveux, même si je le cache bien. Je suis constamment préoccupé par mille choses qui me trottent dans la tête.»

Pendant les essais d'hiver, Reutemann fut chargé pour l'essentiel de la mise au point de la Ferrari T3, un modèle totalement nouveau que Forghieri avait dessiné en fonction des pneus du nouveau fournisseur de l'équipe, Michelin. Ferrari avait en effet décidé de s'allier en 1978 avec la société française, après plusieurs années avec Goodyear, la société américaine qui fournissait la plupart des équipes de Formule I. Pendant ce temps, Gilles persévérait sur la 312T 2/78, un modèle de soudure qui serait utilisé pour les premières courses, jusqu'à ce que la T3 soit prête. Gilles continuait à trouver la T2 très capricieuse: «Elle était toujours vraiment vicieuse et il fallait faire attention.» Quant au mariage Michelin-Ferrari, il ne fut pas heureux dans les premiers temps et, selon les termes de Reutemann, «en fin de compte, c'est Villeneuve et moi qui en avons fait les frais».

Reutemann avait la réputation d'être un homme difficile à vivre. «Avoir Reutemann comme coéquipier n'a jamais été agréable, pas une seule seconde», écrit Niki Lauda. Mais Johanne nous donne un autre son de cloche: «On nous avait parlé de Carlos et nous nous attendions à avoir du mal à nous entendre avec lui. Mais ce n'est pas vraiment ce qui s'est passé. Je me souviens qu'il s'approchait de Gilles — Carlos était vraiment très grand — et qu'il lui donnait un petit coup sur la tête: «Salut, le petit copain, comment ça va ?»

Eh bien, justement, tout n'allait pas très bien pour le petit copain de Reutemann au début de la saison 1978.

2   *Ce type est un danger public.*
                              Ronnie Peterson

La nouvelle année n'avait que deux semaines lorsqu'eut lieu la première course de la saison, à l'Autodromo Municipal de la Ciudad de Buenos Aires. La rentrée de Carlos Reutemann dans son pays natal commença sur une note triomphale, puisqu'il classa sa T2 en première ligne sur la grille de départ, à côté de la Lotus d'Andretti qui avait fait le meilleur temps. Avec un seul tête-à-queue à son actif le premier jour, Gilles était d'humeur à plaisanter devant les journalistes: «C'est sans doute un record personnel. Et le seul tête-à-queue que j'ai fait n'était pas vraiment de ma faute. Le frein s'est bloqué sur une roue.» Gilles en profita pour dissiper un malentendu au sujet du goût immodéré qu'on lui prêtait pour le tête-à-queue, malentendu qui remontait à sa course de Silverstone, sur McLaren. Là, expliqua-t-il, c'était volontairement qu'il avait fait des tête-à-queue, moyen le plus rapide de découvrir ses limites. Mais ce n'était plus nécessairement ce qu'il faisait maintenant, même si l'on pouvait s'attendre encore à quelques rotations intempestives de temps en temps. «C'est tout simplement que je ne vois pas d'inconvénient à faire un tête-à-queue. Ça ne me dérange pas, à condition qu'il n'y ait rien à toucher autour de moi.»

Gilles ne toucha rien, mais la suite de ses essais fut ponctuée par plusieurs tête-à-queue et sorties d'urgence lorsqu'il prenait un virage avec trop d'optimisme. Il réalisa le septième meilleur temps et livra ensuite une longue bataille à Patrick Tambay durant la course. Elle se termina finalement en faveur du pilote de McLaren, lorsque Tambay doubla la Ferrari dans une manœuvre risquée à la corde d'un virage. Gilles faillit sortir du circuit quand Tambay partit en dérapage, mais il ne garda pas rancune à cet homme qui lui avait prêté sa villa, mettant l'affaire sur le compte de la meilleure tenue de route de la McLaren qui avait eu raison du puissant V12 de sa Ferrari.

«J'ai finalement réussi à terminer une course pour Ferrari», dit Gilles qui franchit la ligne d'arrivée en huitième position, juste derrière Reutemann, lui-même précédé de Tambay. Andretti était le vainqueur, suivi de Lauda, dans ce qui avait été une course somme toute assez terne.

La course suivante allait avoir lieu quinze jours plus tard, au Brésil, et le grand cirque de la Formule I profita de ce répit pour jouir de l'agréable climat de l'Amérique du Sud à cette époque de l'année et de l'hospitalité des plages de Rio de Janeiro. Gilles fêtait aussi son anniversaire, le vingt-sixième selon les biographies publiées dans la presse, mais en réalité le vingt-huitième.

Ce jour-là, le 18 janvier, lui et Johanne déjeunèrent avec des amis, dont Jochen Mass, ancien de McLaren passé chez ATS, une équipe constituée par un compatriote ouest-allemand, Hans Gunter Schmid, qui faisait ainsi la publicité de ses jantes ATS. Mass et les autres commandèrent un somptueux repas de plats exotiques à la brésilienne, alors que Gilles allait se contenter pour son anniversaire d'un steak à point, ou même plutôt bien cuit, de pommes de terre frites, et de quelques coca-cola. Tout le monde buvait du vin, sauf Gilles qui faisait la fine bouche: «Je n'aime pas le vin. Ça me rend malade.»

Gilles se plaignait de ne pouvoir trouver un hamburger convenable au Brésil, pour le plus grand amusement de ses amis qui se moquaient gentiment de ses goûts un peu simplets. «Il s'y mettra», disait Jochen Mass, ancien marin de la marine marchande devenu passionné de voile, qui vivait lui aussi sur la côte d'Azur, dans une villa de Cap Ferrat où il avait Carlos Reutemann pour voisin. Gilles appréciait beaucoup sa compagnie et il est bien triste que cet homme, que tant de gens considéraient comme l'un des pilotes les plus sympathiques du monde de la course automobile, ait été l'un des acteurs du drame qui a coûté la vie au pilote dont il fêtait l'anniversaire à Rio en 1978.

On oublia bientôt la fête et, une fois de plus, le côté paradoxal de la vie de Gilles se manifesta sur le circuit de Jacarepaguá, près de Rio, lorsqu'il eut encore maille à partir avec le pilote qu'il admirait le plus. Peterson, maintenant coéquipier d'Andretti chez Lotus, occupait la première position sur la grille de départ, devant Hunt, Andretti,

Reutemann, Tambay et Villeneuve. La course commença sous une température de près de 38 °C, avec une humidité relative qui frôlait les 80 p. 100. Dans ces conditions difficiles, Peterson et Hunt commencèrent bientôt à traîner la patte, gênés par leurs pneus. Reutemann en profita pour prendre la tête, position qu'il conserverait jusqu'à la ligne d'arrivée, remportant ainsi pour Michelin le premier Grand Prix de la marque française. Son petit copain s'en tira moins bien que lui.

Gilles s'était hissé en cinquième place après avoir doublé Tambay, puis le héros local Emerson Fittipaldi (au volant d'une voiture construite par lui), au plus grand désespoir des soixante-cinq mille spectateurs brésiliens. Au quinzième tour, Gilles rattrapa la Lotus défaillante de Peterson. Quand Ronnie refusa de lui céder le passage dans un duel à qui freinerait le dernier, Gilles tenta agressivement de passer à la force du poignet, dans un créneau que la Lotus ne voulut pas lui concéder. Les deux voitures partirent en tête-à-queue. Dans la confusion qui suivit, Scheckter essaya de se faufiler à côté de Tambay. Mais la Wolf et la McLaren entrèrent en collision et durent se retirer bientôt de la course. Même chose pour la Lotus 78 de Peterson dont la suspension avait beaucoup souffert de son altercation avec la belliqueuse Ferrari.

Gilles fit un arrêt au stand pour changer de roue puis continua jusqu'au trente-cinquième tour. Nouveau tête-à-queue, au même endroit, mais cette fois sans l'aide de personne. Sa voiture finit par embrasser la clôture de sécurité. En vérité, comme plusieurs autres, Gilles souffrait de la chaleur, mais Peterson considéra sa deuxième rencontre avec lui en trois courses comme une reprise de la première. «Il est arrivé une fois encore par derrière, exactement comme au Japon. Je pense vraiment qu'il juge très mal les distances. Ce type est un danger public... Il allait si vite que s'il n'avait pas frappé ma Lotus, il serait sorti tout droit du circuit.»

Gilles se défendit mollement: «J'étais à côté de Peterson et j'allais le doubler quand il m'est rentré dedans.» Et le mouvement anti-Villeneuve fit de nouveaux adeptes au Grand Prix d'Afrique du Sud, quand Villeneuve gâcha par inadvertance les débuts de la Ferrari T3. Le seul élément positif du week-end pour Gilles fut que, pour la première fois, il l'emporta sur son coéquipier aux essais de qualification, huitième contre neuvième sur la grille de départ, gagnant ainsi son pari avec Tambay qui dut payer le steak-frites de Gilles ce soir-là. Le pari: qui des deux serait le premier à battre son chef d'équipe aux épreuves de qualification. Tambay n'avait pas réussi à faire un meilleur temps que Hunt.

En tête, la course était passionnante. Peterson finit par gagner après que ses rivaux immédiats — Andretti, Riccardo Patrese (Arrows) et Patrick Depailler (Tyrrell) — furent forcés d'abandonner, victimes de la malchance. La performance de Patrese fut particulièrement remarquable de la part d'un jeune pilote au volant d'une nouvelle voiture, même si sa Arrows finit par le lâcher, comme la Theodore de l'écurie Teddy Yip que pilotait un débutant en Formule I, Keke Rosberg. Avant d'être immobilisé par une défaillance mécanique, l'ancien rival de Gilles en Formule Atlantique avait attiré bien des regards avec son style très agressif.

Les émotions ne manquaient pas non plus dans le camp de Ferrari, même si les nouvelles créations de Forghieri languissaient au milieu du peloton, victimes d'un mauvais choix de gommes Michelin. Au cinquante-cinquième tour, le V12 de Gilles partit tout à coup en un nuage de fumée, tandis que ses entrailles déversaient un flot d'huile sur l'échappement brûlant — et sur le circuit. L'éruption commença juste après les stands et la T3 numéro 12 laissa derrière elle un sillage d'huile sur une bonne partie de la piste avant de prendre sa retraite. Gilles fut bientôt rejoint par son coéquipier, privé de sa T3 numéro 11, et tous les deux partirent annoncer la mauvaise nouvelle à Forghieri.

Reutemann était arrivé pleins gaz sur Crowthorne, un rapide virage à droite au bout de la longue ligne droite de Kyalami. Il n'avait pas vu l'huile laissée par la voiture de Gilles (qui d'ailleurs était allée grossir les traces laissées précédemment par la Surtees de Rupert Keegan). Un coup de freins à peu près inutile n'avait pas empêché la T3 de défoncer plusieurs clôtures de sécurité avant de s'arrêter. Au moment où Reutemann s'extirpait de la T3 flambant neuve, sa voiture se mit à flamber, justement. Quelques instants plus tard, elle n'était plus qu'une épave noircie par la fumée.

La débâcle sud-africaine attisa le mécontentement parmi les admirateurs de l'écurie Ferrari. Et lorsque Gilles contracta les oreillons, plus d'un pensa qu'on devrait essayer quelqu'un d'autre à la course suivante qui devait se dérouler à Long Beach, en Californie, un mois plus tard. Gilles eut le temps de se rétablir, faisant taire ainsi ceux qui lui voyaient déjà un remplaçant, en la personne d'Elio de Angelis par exemple, pour le Grand Prix des États-Unis Ouest. Le nom d'Elio de Angelis, fils d'un millionnaire romain, très bien noté en Formule II et en Formule III, continuait cependant à circuler comme celui de l'homme qui attendait dans les coulisses, au cas où Gilles ferait un autre faux pas... ce qu'il fit une fois de plus à Long Beach.

3   *L'engagement de Villeneuve a surpris le public et soulevé un tollé qui était peut-être justifié à l'époque.*
Enzo Ferrari

Le grand cirque de la Formule I, fatigué du comportement invraisemblable des spectateurs à Watkins Glen, particulièrement dans «The Bog», une zone où des spectateurs complètement ivres s'amusaient à brûler voitures et autobus (avec un record de douze véhicules en 1973, dont trois autobus), trouva plus à son goût les excentricités plus modestes des Californiens du sud. Mais pour de nombreux Américains, le Grand Prix de Long Beach n'était qu'une autre curiosité dans une ville dont l'ancienne grandeur souffrait un peu de la proximité de Disneyland. Long Beach s'enorgueillissait aussi de la présence du *Queen Mary,* transformé en hôtel, et du *Spruce Goose,* un énorme avion de contre-plaqué, construit par le millionnaire Howard Hughes pour transporter des troupes pendant la Deuxième Guerre mondiale. Parmi les autres attractions offertes aux visiteurs, on pourrait encore citer un jeune couple dont les ébats publics, sur un balcon, furent enregistrés dans leurs moindres détails sur un écran de télévision, dans la salle de presse, pour l'information d'un public admiratif de journalistes internationaux. On vit aussi une personne habillée en lion, ou peut-être s'agissait-il d'un vrai lion, déambuler dans le paddock. Quant aux patriotiques locataires d'un immeuble sous les fenêtres duquel rugissaient «ces effrayants petits bolides», ils décidèrent d'accrocher une énorme bannière pour conjurer le sort: *«God Bless America».*

Les organisateurs (avec à leur tête un Anglais établi aux États-Unis, Chris Pook) avaient décidé de lâcher les bolides de Formule I dans les rues du centre de Long Beach pour donner à leur course un peu de l'éclat et du prestige du Grand Prix de Monaco. Mais à part la proximité de l'eau, l'océan Pacifique dans un cas, la Méditerranée dans l'autre, les deux villes n'avaient pas grand-chose en commun. L'ambiance n'était pourtant pas déplaisante à Long Beach et, comme à Monaco, le circuit de 3 251 mètres avait son lot d'intéressantes difficultés: plaques d'égouts, bosses, trottoirs, virages à angle droit et autres dangers qui n'attendaient qu'un moment d'inattention de la part du pilote pour le propulser contre les robustes murs de béton installés pour le week-end, dans le but bien précis d'empêcher ces terribles petites voitures d'aller où l'on ne voulait pas qu'elles aillent.

Pour rouler vite sur un tracé citadin, il faut une agressivité féroce, mais aussi de la précision et de l'adresse, plus une intense concentration. Aux épreuves de qualification, Reutemann démontra qu'il possédait ces qualités (avec l'assistance de pneus Michelin qui donnèrent de meilleurs résultats ici que les Goodyear), puisqu'il se classa en première position sur la grille de départ. Beaucoup moins précis, beaucoup moins réfléchi, le petit copain de Lole se trouvait quand même juste à côté de lui sur la grille de départ, avec un retard d'un dixième de seconde. Gilles en était fort content, d'autant plus que Reutemann l'avait distancé d'une seconde et demie le premier jour des épreuves de qualification.

Derrière les Ferrari, Lauda sur sa Brabham et Andretti sur sa Lotus s'alignaient devant leurs coéquipiers Watson et Peterson qui partageaient la troisième ligne. Le reste du peloton s'échelonnait derrière eux, deux par deux. Et comme les possibilités de dépasser étaient très rares sur le tracé de Long Beach, tout le monde se préparait à la grande ruée qui aurait lieu dès le départ sur la ligne droite de Shoreline Drive.

Dans un rugissement que l'on peut probablement entendre jusqu'à Hollywood, les voitures démarrent toutes ensemble. Le crescendo fait trembler le sol et vibrer les fenêtres à des kilomètres à la ronde, épouvantant un grand nombre des soixante-quinze mille spectateurs dont beaucoup assistent pour la première fois à une course automobile. Les Ferrari dévalent au coude à coude le Shoreline Drive long d'un kilomètre, suivies de près par les deux Brabham. Toutes au même moment, elles débrayent, rétrogradent et ralentissent pour l'épingle du *Queen Mary,* mais Watson qui cherche à se faufiler à la corde est le premier à retirer le pied de la pédale des freins. Il a péché par excès d'optimisme, car sa Brabham se met à tanguer en plein virage, au bord de la catastrophe, forçant Reutemann, Lauda et Andretti à faire un large détour pour l'éviter. Quelques roues s'entrechoquent, mais tous se resaisissent pour donner la chasse à Villeneuve qui est sorti en tête de la mêlée.

Au premier tour de sa sixième course en Formule I, Gilles mène donc devant Watson, Lauda, Reutemann, Andretti, Alan Jones et tous les autres. Et pendant presque la moitié de la course de quatre-vingts tours, il parviendra à tenir en respect tous ses poursuivants. Gilles ne détestait pas la vue que lui donnaient ses rétroviseurs: «C'était certainement très agréable d'être en tête. Je travaillais dur, à 100 p. 100 sur les vingt premiers tours ou à peu près. Mais quand John a abandonné, puis Niki, j'ai commencé à penser à Carlos. Je pouvais voir qu'il me rattrapait et je savais que Alan Jones était à ses trousses. La dernière chose que je voulais, c'était de ralentir Carlos et de me mettre dans une position qui aurait permis à Alan de doubler l'un de nous, ou les deux. Alors, quand j'ai rattrapé Clay Regazzoni qui avait un tour de retard sur moi, je n'ai pas hésité.»

Au trente-neuvième tour, Gilles arrive donc sur les talons de la Shadow de Regazzoni, totalement absorbé par son duel privé avec la Renault de Jean-Pierre Jabouille. Gilles reste derrière la Shadow pendant un demi-tour puis, en plein milieu d'une chicane difficile, croit voir s'ouvrir un créneau et fonce pour l'occuper. «Clay a freiné plus tôt que je ne l'aurais cru, puisqu'il se battait avec la Renault qui se trouvait devant lui. Comme je ne pouvais plus freiner sans le toucher à l'arrière, j'ai essayé de passer entre sa voiture et le trottoir.»

La roue arrière droite de Gilles grimpe sur la roue arrière gauche de la Shadow et la Ferrari se trouve catapultée dans les airs. La T3 fait un magnifique tête-à-queue plané, puis frappe par l'arrière un tas de pneus qui protège un mur de béton. Ce n'est plus qu'un monceau de ferraille. Gilles n'a plus qu'à dégrafer son harnais et à sauter derrière le mur pour se mettre à l'abri.

«Si je n'avais pas essayé de le doubler, il aurait fallu attendre encore un demi-tour avant qu'une autre occasion se présente, et tout aurait pu arriver entre-temps. Ce n'est pas pour dire que ce n'est pas de ma faute. On ne peut pas blâmer Clay d'avoir gardé son couloir, puisque normalement on n'essaie pas de doubler à cet endroit-là. Mais je crois aussi que je n'avais pas le choix. Et puis, Clay prenait une trajectoire différente de la mienne à ce moment-là, et il s'est mis à freiner plus tôt. Alors, j'ai cru qu'il me faisait de la place.»

Regazzoni continua pourtant, avec des marques de pneus Michelin sur toute la longueur de sa Shadow et même, comme il le découvrira plus tard avec une certaine surprise, sur son casque. «Il aurait pu me doubler ailleurs, par exemple sur la ligne droite», dira le Suisse, plutôt mécontent, lui-même un ancien pilote de Ferrari. «Mais dans ce virage, il n'y a de la place que pour une voiture. Et j'avais la priorité. Villeneuve m'est tombé en plein sur la tête !»

Reutemann remporta finalement une splendide victoire pour Ferrari, mais même si les intentions de Gilles avaient peut-être été de lui faciliter la tâche, Lole critiqua lui aussi son impétueux coéquipier. «Villeneuve doit se calmer. Un peu d'expérience lui fera beaucoup de bien.» De l'avis de Watson, «c'était une décision très imprudente de la part de Villeneuve que d'essayer de doubler dans cet endroit où il ne

172

pouvait réussir qu'avec la collaboration totale du pilote qui se trouvait devant lui.»

Ce ne sera pas la dernière fois que Gilles sera en butte aux critiques de ses confrères, critiques qu'il rejettera d'ailleurs totalement. Mais ce jour-là, à Long Beach, il était furieux contre lui-même. Maussade et renfermé, ce ne fut pas un compagnon de dîner très agréable pour Johanne et John Lane qui était venu lui rendre visite. Le lendemain matin, il s'était pourtant suffisamment radouci pour voir le côté positif des choses. «En faisant mes bagages, j'ai été bien surpris en prenant mon casque. Il n'y avait pas une trace d'huile dessus, pas de poussière, pas de caoutchouc, rien du tout. Voilà ce que c'est que d'être en tête.» Et il partit pour la course suivante, à Monaco, rempli d'optimisme. «Je sais ce que c'est que de mener pendant la première moitié d'une course. Maintenant, je veux l'autre.»

4   *La personnalité de Villeneuve était telle qu'il a aussi-*
       tôt fait la conquête de la foule et que tout le monde
       l'appelait par son prénom, Gilles.
                                                    Enzo Ferrari

De retour en Europe, quand Gilles descendit de son avion à l'aéroport de Nice, les vautours de la presse tournaient encore au-dessus de sa tête. Sa technique de dépassement par le haut lui valut un sobriquet intraduisible, *«Crazy Overtaker»* («le fou qui dépasse par en haut», à ne pas confondre avec l'*undertaker,* l'entrepreneur de pompes funèbres), tandis que son goût apparemment marqué pour le vol plané lui méritait plusieurs surnoms dont le plus réussi est sans doute «Air Canada». On disait aussi pour plaisanter qu'il allait bientôt devenir l'ami de Lauda (passionné d'aviation et propriétaire de sa propre compagnie aérienne, Lauda Air, aujourd'hui une solide entreprise commerciale), puisqu'ils aimaient tellement l'avion tous les deux. Et même certains mécaniciens de Ferrari n'hésitaient pas à le surnommer «l'Aviateur», puisqu'il passait «plus de temps en l'air que sur la piste.»

173

Antonio Tomaini et ses mécaniciens pouvaient bien grommeler devant les longues heures de travail que Gilles leur imposait pour réparer ses voitures. Ils appréciaient aussi l'intérêt qu'il portait à ce qu'ils faisaient. Non, ce n'était pas une de ces prima donna qui traitent leurs mécaniciens comme des serviteurs et se présentent sur la piste au dernier moment pour prendre le volant. Gilles passait des heures avec son équipe, comme s'il en faisait partie, sans crainte de se salir les mains. Et puis, le dernier écrou serré, il sautait dans sa voiture et partait lui faire faire ce pour quoi elle avait été construite, à un degré que les hommes de Ferrari avaient rarement vu. Ce fut le cas pendant les épreuves de qualification à Monaco où les mécaniciens de Ferrari purent voir Gilles à l'ouvrage, partagés entre l'admiration et l'appréhension, en parties parfaitement égales.

Sous leurs yeux, la T3 déboule d'un virage comme un missile en perdition, défiant la gravité et plusieurs autres lois de la physique. Pratiquement perpendiculaire à la route, à quelques centimètres des barrières d'acier, les énormes Michelin des roues arrière crachant des bouffées de fumée bleue, le moteur 312B de Forghieri hurlant à quelques tours seulement de la désintégration, Gilles semble avoir complètement perdu le contrôle de sa machine. À peine visible au-dessus du minuscule pare-brise de plexiglass du projectile rouge et blanc portant le numéro 12, son casque s'incline crânement sur le côté, tandis que ses mains gantées de blanc tourbillonnent sur les commandes, apportant de vigoureuses corrections sur le petit volant pour éviter l'accident manifestement imparable.

Et puis, au dernier moment, quelques millisecondes avant que la T3 ne carambole les rails ou ne parte dans un invraisemblable tête-à-queue, Gilles reprend tout en main et amorce un spectaculaire dérapage contrôlé. Il ramène peu à peu les roues avant dans l'axe pour les remettre dans la direction approximative de l'épingle de Sainte-Dévote, passe la troisième, la quatrième, la cinquième, en moins de temps qu'il ne faut pour le dire, et la voiture part en crabe dans la ligne droite des stands, comme lancée par une catapulte, dans un rugissement qui fait trembler les fondations mêmes de la principauté de Monaco.

Dans le stand Ferrari, on recommence à vivre, on pousse un énorme soupir de soulagement, on hoche la tête, on ne peut pas y croire: Gilles a réussi à faire encore un tour sans rien casser, mais combien de temps va-t-il pouvoir tenir ?

S'ils avaient pu observer son étonnante progression à la sortie de la Place du Casino, Forghieri, Tomaini et compagnie auraient perdu tout espoir de revoir leur précieuse voiture en un seul morceau. Le hurlement déchirant de douze cylindres poussés à la limite et le crissement de quatre pneus radiaux torturés à mort annoncent l'arrivée de Gilles. Le crescendo s'amplifie entre les murs du Casino et de l'Hôtel de Paris. Pied droit au plancher, casque incliné sur la droite dans le sens du virage, les mains cisaillant le volant, Gilles franchit la crête de la butte en contrebraquant à fond, comme d'habitude. L'avant de sa voiture est pointé vers la porte du quartier général de la police monégasque à droite, tandis que l'arrière menace de pénétrer par effraction dans un café, sur le trottoir d'en face.

À la sortie du virage, sur le trottoir de gauche, quelques photographes et journalistes plus téméraires que les autres se recroquevillent derrière les rails qui protègent le kiosque à journaux pour observer ce phénomène. Mais leurs photos sont souvent floues et leurs notes indéchiffrables car, invariablement, ils se jettent tous à terre à la dernière minute, incapables de croire que Gilles ne va pas plonger sur eux. Et il arrive même que les commissaires de piste, qui pourtant en ont vu d'autres, abandonnent leur poste pour se mettre à l'abri quand la Ferrari effleure les barrières de sa roue arrière gauche, projetant derrière elle une pluie d'étincelles, avant de descendre à fond de train la colline pour attaquer le virage suivant, Mirabeau.

Monaco semble être le dernier endroit pour organiser une course automobile. En fait, bien des gens considèrent que ce circuit sinueux, tortueux, fait de côtes et de descentes, dans des rues déjà difficiles en temps normal, est le plus dangereux de tous. Mais Gilles l'adorait. Pour lui, c'était «un bon circuit de montagne, en pleine ville. Rien à voir avec les circuits urbains auxquels je suis habitué, et qui ne sont que des lignes droites séparées par des virages à angle droit. Ici, chaque virage est différent et présente un problème délicat. J'aime les rues et, tout compte fait, je préfère courir ici que sur les circuits du Canada et de Long Beach. C'est un endroit unique en son genre... Une voiture de Formule I est vraiment très grosse pour cette sorte de piste.»

Pendant les deux journées d'essais et de qualification (le jeudi et le samedi, les habitants de la Principauté disposant du vendredi pour vaquer à leurs occupations habituelles), la spectaculaire démonstration de Villeneuve continua bon train, en préparation pour le Grand Prix de Monaco. Et Gilles se produisait devant un public de plus en plus admiratif, maintenant qu'il pouvait voir de tout près son style, autour d'une piste où il est souvent possible de jeter un coup d'œil jusque dans les cockpits pour voir de quelle étoffe sont faits les héros de la course. À l'occasion de ses courses précédentes, de nombreux téléspectateurs l'avaient suivi, haletants, dans ses pirouettes. Et sans aucun doute, sa réputation de trompe-la-mort avait attiré les amateurs de sensations fortes. Ils ne furent pas déçus. À Monaco, Gilles fit effectivement quelques incroyables tête-à-queue et frôla la catastrophe à d'innombrables reprises, mais sa maîtrise phénoménale de la voiture commençait à convaincre des dizaines et des dizaines de nouveaux admirateurs. De toute évidence, cet homme avait du flair, du courage, de la passion. Et la réaction fut étonnante.

Chaque fois qu'une accalmie se produisait dans la cacophonie des moteurs rugissant sur le circuit, on entendait un autre bruit, un bruit humain celui-là, un cri de plus en plus fort poussé par des milliers de voix qui résonnaient autour du port constellé de voiliers. Il montait de partout: des balcons de fer forgé des hôtels et des appartements dominant la ligne droite des stands, des tribunes bondées en bordure du port, des mâts des bateaux auxquels étaient grimpés les marins du dimanche, des rochers et des arbres parmi lesquels la foule s'était assise sous le palais de la princesse Grace, et même des murs du palais: «Gilles ! Gilles ! Gilles !»

Le public était conquis, vaincu. Et les cris montaient encore, de plus en plus forts, y compris dans les rangs des milliers de fanatiques de Ferrari qui avaient traversé la frontière voisine, à Vintimille, pour faire le pèlerinage.

À la fin de la dernière séance de qualification, le samedi après-midi, Gilles sortit des stands de Ferrari pour se présenter au caucus de l'équipe qui devait avoir lieu dans le paddock, derrière les stands, du côté du port. Alors qu'il passait à pied le virage de la Rascasse, les fans accoururent pour le regarder de plus près. C'était la première fois qu'ils pouvaient le voir en chair et en os, et bon nombre d'entre eux voulurent en profiter. On le touchait, on tiraillait sa combinaison... Gilles pressa le pas.

«Ciao, Gilles ! Bonjour, Gilles ! Guten Tag, Gilles !» On le saluait de partout, dans toutes les langues. On observait ce visage d'adolescent, on s'étonnait qu'un homme si petit et si mince puisse piloter comme un surhomme. Il avait l'air si jeune et si vulnérable, un peu timide, pas distant pour un sou, tellement différent des autres héros de la course. Bref, un homme avec lequel chacun pouvait s'identifier, un homme dont l'allure innocente rendait ses prouesses au volant d'autant plus stupéfiantes. De partout, on lui tendait programmes et stylos, et Gilles commença à signer des autographes, en s'appliquant au début, puis de plus en plus vite à mesure qu'une véritable mer humaine l'engouffrait. Il gribouilla son nom jusqu'à en avoir mal à la main, puis décida finalement qu'il était temps de prendre la fuite, d'abord à grandes enjambées, puis en prenant ses jambes à son cou pour échapper aux griffes de la meute qui le poursuivait.

Il parvint à se faufiler derrière les fortifications que formaient les énormes camions rouges venus de Maranello et, à l'abri d'une pile de pneus Michelin, se mit à méditer sur sa première véritable expérience du rôle de superstar. «La plupart ne me laissaient même pas finir d'écrire mon nom, s'étonnait-il en essayant de reprendre son souffle. Ils voulaient simplement me toucher. Mais ça ne me dérange pas, parce qu'il n'y a rien de mieux que de savoir que les gens vous aiment et qu'ils aiment votre sport. Et ici, les gens adorent véritablement le sport, particulièrement Ferrari.»

Ce week-end-là, Villeneuve était aussi entouré de ses proches: en plus de Johanne et des enfants, de Ray Wardell et de John Lane venus pour l'occasion, Séville et Georgette avaient fait le voyage de Berthier. C'était le premier d'un grand nombre de voyages que les parents de Gilles feraient régulièrement en Europe. Et si Gilles jouait parfaitement son rôle d'hôte dans la villa de Plascassier, il préférait quand même ne pas avoir trop de gens autour de lui le jour d'une course. Particulièrement ses parents qui n'étaient pas habitués à l'atmosphère chaotique d'une course de Formule I. Gilles se sentait responsable d'eux et craignait que leur présence ne l'empêche de se concentrer.

Quelques minutes avant la trente-sixième édition du célèbre Grand Prix de Monaco, Gilles se concentrait pourtant. Sanglé dans le cockpit de sa T3, il se trouvait à côté de Ronnie Peterson après avoir réalisé le huitième temps aux essais de qualification, à une fraction de seconde du Suédois. En première ligne, devant Depailler, Hunt, Lauda, Andretti et Watson, Gilles pouvait voir l'aileron arrière de la voiture de Carlos qui occupait la première position. Mais un peu plus tôt, durant la séance de mise en train de la matinée, avec des voitures en ordre de course, le plein fait, Gilles avait été le plus rapide de tous.

Et maintenant, au milieu de la meute des machines grondantes qui piaffent sur la grille de départ, à l'ombre des pins parasols qui bordent le port, juste en face de la loge royale où le prince Rainier et la princesse Grace regardent la scène, Gilles voit se lever le panneau des trente secondes. Un coup nerveux d'accélérateur, et il repasse rapidement en mémoire le tracé de 3 312 mètres qui l'attend. Virage de Sainte-Dévote, quatre-vingt-dix degrés à droite (attention aux accidents inévitables du premier tour), une longue pente coupée en son milieu par un zigzag au niveau de Rosie's Bar, à gauche pour la Place du Casino, à droite après le kiosque à journaux (où l'on dirait que les gens se mettent toujours à courir), descente, puis à droite au virage Mirabeau, lacet autour de l'Hôtel Loews, à droite sur l'avenue de la Princesse Grace, puis l'obscurité du long tunnel qui passe sous le Loews, sortie du tunnel à toute allure en pleine lumière, passage de la chicane, droite-gauche autour de la Piscine olympique, à droite pas trop vite au virage de la Rascasse (du nom de ce vilain animal marin dont ils se servent pour faire la bouillabaisse, cette horrible soupe de poisson), à droite encore pour le dernier virage, et puis la ligne droite des stands où attendent Forghieri et Tomaini...

Soixante-deux tours plus tard, alors qu'il reste encore treize tours à faire avant la fin de la course (qui sera remportée par Depailler, devant Lauda et Scheckter), c'est à pied que Gilles rentre au stand de Ferrari. À peine s'il lance un coup d'œil en arrière vers sa voiture, un tas de ferraille à la sortie du tunnel: une roue s'est envolée, les trois autres sont complètement faussées. Et la carrosserie a subi des modifications radicales.

Tout a commencé au milieu du tunnel, quand sa voiture a percuté le rail et perdu une roue alors qu'il roulait à quelque chose comme 300 km/h. Impossible à maîtriser sur trois pattes, la voiture a rebondi d'un rail contre l'autre, comme la boule affolée d'un billard électrique, projetant derrière elle une gerbe d'étincelles. Ce qui en restait s'est finalement immobilisé dans un nuage de fumée et dans un grand bruit de tôles déchirées tout près du pire endroit du circuit de Monaco, là où Lorenzo Bandini était mort brûlé vif en 1967, emprisonné dans sa Ferrari.

«Quand je suis entré dans le tunnel, je me suis rendu compte que quelque chose n'allait pas. J'ai donné du volant à droite et la voiture a commencé à tourner normalement, mais après le sommet du virage, elle est partie tout droit dans la barrière.» C'est ainsi que Gilles expliquera son accident à Forghieri. L'enquête révélera plus tard que le pneu avant gauche s'était peut-être dégonflé, déséquilibrant la voiture. Mais l'examen de la carrosserie montrera aussi que le mot «Villeneuve» peint en blanc sur fond noir avait été partiellement effacé au cours de l'accident. Un signe ?

Il était temps que Tomaini prenne Gilles à part pour une petite conversation entre quatre yeux.

Forghieri n'était pas d'humeur à plaisanter, car les nouvelles qu'il allait devoir envoyer à Maranello n'étaient pas bonnes. Reutemann n'avait terminé qu'en huitième place après un mauvais départ, puis un arrêt au stand pour remplacer une roue endommagée par un heurt avec une autre voiture. Gilles était cinquième au moment de son accident et il allait certainement marquer des points pour Ferrari. Question de pneu mise à part (et il n'était pas encore certain que le pneu ne s'était pas dégonflé à la suite de l'accident, et non pas avant), le fait était que dans six des sept premières courses de Gilles pour Ferrari, sa voiture était rentrée au stand sur la plate-forme d'une dépanneuse. Antonio Tomaini expliqua donc à Gilles qu'il ferait mieux de se calmer, car les choses ne se présentaient pas bien du tout pour lui. Et qu'il devrait au moins essayer de terminer une course, comme par exemple la prochaine qui allait avoir lieu dans 15 jours en Belgique.

Quand Elio de Angelis remporta la prestigieuse course de Formule III à Monaco, le mouvement anti-Villeneuve qui grandissait en Italie réclama à cor et à cri un changement de personnel chez Ferrari. Et malgré l'impression très forte que Gilles avait faite sur la foule monégasque, sa situation paraissait bien précaire.

Au Canada, un Gaston Parent vivement alarmé par les mauvaises réactions de la presse décidait de prendre l'avion pour l'Italie. «Je suis allé voir le Vieux et je lui ai demandé ce qu'il pensait de ces rumeurs à propos de Gilles. Je lui ai demandé s'il était vrai qu'il pourrait décider de se passer de lui. Il m'a dit: «Écoutez, Villeneuve est un champion, et on ne peut pas être un champion sans prendre de risques. Villeneuve prend des risques parce qu'il a ce qu'il faut pour cela. Nous n'allons pas le laisser tomber.»

5   *Au début, j'étais un peu perdu, ce qui s'explique peut-être*
en grande partie par le fait que je suis un peu réservé.
Mais maintenant, je me sens davantage chez moi.
                Gilles Villeneuve

De retour à Plascassier, Gilles fit le point de la situation avec Ray Wardell et John Lane qui étaient restés après la course de Monaco. La position de Gilles était que ses accidents n'étaient qu'une suite de malchances, qu'il ne les avait pas cherchés. Immédiatement après l'accident de Monaco, ses amis, comme ils s'y attendaient d'ailleurs, n'avaient constaté aucun signe apparent d'émotion chez lui, ce que confirmait le pilote.

«Je ne m'inquiétais pas pour moi. Je me suis simplement dit: «Eh bien, je vais avoir un gros accident !» Dans cette fraction de seconde, je ne pensais qu'à une seule chose, que je n'allais pas terminer et que j'allais perdre deux points pour le championnat. Rien d'autre. Je n'ai jamais pensé que j'allais me faire du mal, ça paraît tout simplement impossible. Si vous croyez que ça peut vous arriver, comment pouvez-vous faire convenablement ce genre de travail ? Si vous pensez à la casse, vous n'allez pas aussi vite que vous le pouvez. Et si vous n'allez pas le plus vite possible, vous n'êtes pas un pilote de course.»

Instruits par leurs expériences en Formule Atlantique, Wardell et Lane savaient parfaitement bien comment Villeneuve voyait la course, mais ils lui conseillèrent fortement d'essayer de suivre la recommandation de Tomaini, d'autant plus que la patience de Forghieri était manifestement presque à bout. Après l'un des tête-à-queue de Gilles aux essais de qualification, il avait explosé: «Ça suffit maintenant ! Ce n'est pas possible que vous ne connaissiez pas encore ce circuit et que vous ne connaissiez toujours pas votre voiture !»

Assis sous la véranda de la villa de Plascassier, entourée de buissons de lavande ponctuant çà et là de taches mauves la magnifique vue sur la mer, les trois amis passèrent au crible la philosophie combative de Gilles, particulièrement aux essais de qualification. Forghieri voyait rouge là où Gilles ne voyait que noir et blanc: «Attaquer signifie deux choses: d'une part, vous ne dépassez pas les limites que vous connaissez bien; d'autre part, vous essayez d'aller aussi vite que possible et c'est là que vous devez dépasser cette limite, et au pire, faire un tête-à-queue ou casser — mais vous pouvez aussi réaliser le meilleur chrono.»

Gilles parla aussi de ce qu'il avait dû faire pour s'adapter à la Formule I. «C'est exactement ce que je pensais, très dur et très sérieux. Mais j'étais perturbé par toutes les différences, des courses plus longues, des séances d'essais plus nombreuses, tout était très intense au début. Tout est beaucoup plus sérieux et la course n'est plus un jeu. Je continue à adorer ça, mais c'est tout à fait différent maintenant.»

Sur la piste, Gilles découvrait qu'il devait se battre centimètre par centimètre et que certains de ses collègues n'étaient pas particulièrement accommodants: «Ils ne vous laissent pas gentiment les doubler.» Mais, à les voir faire, il apprenait lui aussi. «Aux essais de qualification, j'observe des pilotes qui connaissent les circuits depuis longtemps.» Et il y avait d'autres leçons à apprendre encore. En Afrique du Sud, il avait gêné Scheckter pendant un tour de qualification. «Quand il m'a doublé, il a tapoté sur son rétroviseur pour me montrer que j'avais fait une erreur.» Et plus tard, quand lui-même était en train de faire un tour très rapide, Scheckter s'était écarté pour le laisser passer. Peu à peu, semblait-il, la communauté de la Formule I commençait à l'accepter.

Avec l'équipe Ferrari, Gilles avait l'impression qu'il travaillait moins aux réglages du châssis qu'avec Wardell en Formule Atlantique. La raison en était que l'équipe se concentrait sur les pneus avec les gens de Michelin. Gilles trouvait qu'il parlait plus souvent avec Pierre Dupasquier de Michelin qu'avec Forghieri. Il est vrai qu'il pouvait s'exprimer en français avec eux et avec Tomaini. En revanche, avec ses mécaniciens, c'était encore surtout par signes qu'il devait communiquer. Bien sûr, il commençait à sentir qu'il faisait davantage partie de l'équipe, mais tout n'avait pas été facile: «Au début, j'étais un peu perdu, ce qui s'explique peut-être en grande partie par le fait que je suis un peu réservé. Mais maintenant, je me sens davantage chez moi.»

Gilles avait beaucoup de respect pour Ray Wardell et les deux hommes avaient même envisagé que Wardell aille travailler chez Ferrari avec Gilles. Maintenant, Wardell lui disait de ne plus essayer d'être le plus rapide à chaque tour. Gilles voulait en faire trop, trop vite, au volant d'une voiture qu'il connaissait beaucoup moins bien que sa March de Formule Atlantique, sur des circuits qu'il n'avait jamais vus. Après tout, il se mesurait aux meilleurs pilotes du monde et il n'était pas réaliste d'espérer qu'il puisse les battre avant d'avoir acquis beaucoup plus d'expérience. Et en fin de compte, comme on le répète depuis toujours dans le monde de la course, pour terminer premier, il faut d'abord terminer.

Fiévreux et abattu, Gilles partit en Belgique avec ce qu'il croyait être une grippe. On saura plus tard qu'il s'agissait en fait d'une allergie à la lavande qui poussait autour de la villa de Plascassier. Toujours est-il que sa première impression du circuit de Zolder où il trouverait la mort quatre ans plus tard ne fut pas de nature à le revigorer.

Jusqu'en 1970, le Grand Prix de Belgique se déroulait sur la spectaculaire et difficile piste de Spa-Francorchamps, l'un des hauts lieux de la Formule I (modifié, le circuit de Spa est à nouveau utilisé aujourd'hui). Gilles aurait adoré Spa, mais on avait jugé que le circuit était trop rapide (avec des chronos moyens de 240 km/h) et trop dangereux (plusieurs pilotes s'y étaient tués). Au splendide circuit des forêts des Ardennes, on avait donc préféré le circuit de Nivelles, près de Bruxelles, puis celui de Zolder, près de Liège.

Construit sur un terrain sablonneux, entouré d'une forêt de pins, le circuit de Zolder est situé près d'une lugubre région industrielle. Son tracé sinueux de 4 262 mètres de long fait penser à un trombone tordu. L'atmosphère y est plutôt sinistre, en grande partie à cause de la présence de policiers trop zélés qui exercent vigoureusement leur autorité, tantôt à cheval, matraque au poing, tantôt à pied, tenant en laisse de féroces chiens de garde. Dans le paddock entouré de hautes clôtures, on aurait pu se croire dans une prison. C'est là pourtant que les pilotes se préparaient à courir le Grand Prix de Belgique.

Mario Andretti plaça la nouvelle Lotus 79 à effet de sol de Colin Chapman en première position sur la grille de départ, avec près d'une seconde d'avance sur la Ferrari T3 de Reutemann. La Brabham-Alfa de Lauda venait ensuite et prendrait le départ à côté de Gilles sur la grille. Dans le stand de Ferrari, Johanne donnait maintenant un coup de main pour le chronométrage. Les autres pensèrent que Gilles avait fait un meilleur temps que Lauda, mais ils furent heureux de se contenter du quatrième chrono, comme Gilles d'ailleurs: «Troisième, quatrième... c'est toujours la seconde ligne, pas vrai ? Je dois dire que la voiture est absolument fantastique.» Il n'en fallait pas plus pour persuader Gilles que sa grippe ne serait plus qu'un souvenir le jour de la course.

Au départ, Andretti distança tout de suite les autres, dans la confusion involontairement provoquée par Reutemann qui cafouilla en passant en seconde. L'incident entraîna plusieurs collisions, dont les principales victimes furent les voitures de Lauda, de Hunt et de Fittipaldi, toutes trois mises hors de combat. Gilles parvint à esquiver le malheureux Lole et se lança à la poursuite de Mario.

Bientôt, il était à quelques dizaines de mètres d'Andretti et tenait merveilleusement bien sa place, devant des pilotes comme Peterson, Patrese et son coéquipier Reutemann qui s'était ressaisi. Derrière lui, d'autres s'arrêtaient déjà pour changer de pneus. Au trente-neuvième tour, le pneu avant droit de Gilles explosa alors qu'il freinait pour prendre le virage de Sterrewachbrocht. Ce coup de malchance, accompagné d'une bouffée de fumée et d'une forte détonation, se produisit presque sous les yeux du personnel des stands, réduisant ainsi au silence ceux qui, dans l'équipe de Ferrari, ne croyaient toujours pas qu'une défaillance de pneumatique eût été à l'origine de l'accident de Monaco. Cette fois, Gilles put maîtriser la voiture, mais sa brillante deuxième place s'évanouit rapidement tandis qu'il rentrait cahin-caha au stand.

Tomaini et les mécaniciens montèrent en un clin d'œil une nouvelle roue et Gilles repartit dans la mêlée, laissant derrière lui une épaisseur appréciable de gomme Michelin, sous la forme de deux traces noires sur l'allée des stands. Le temps qu'il avait perdu l'avait fait retomber à la sixième place et il poussait tant qu'il pouvait, un peu gêné cependant par un aileron avant que le pneu avait tordu en explosant. Il termina quatrième, juste derrière Reutemann qui survécut à une rencontre avec Laffite. Peterson était deuxième, derrière son coéquipier, Andretti, qui dédia sa victoire à Gunnar

Nilsson. Le pilote suédois, très populaire, avait remporté cette course l'année précédente alors qu'il était coéquipier d'Andretti, mais il souffrait maintenant d'un cancer qui allait l'emporter quelques mois plus tard.

Pour la première fois, Gilles terminait en se classant aux points. «Enfin ! Je savais que ça arriverait un jour. Et c'est arrivé. Mieux encore, j'étais deuxième, ce qui n'est pas si mal.» Non, ce n'était pas si mal, et Gilles avait aussi réalisé le quatrième meilleur tour de la course. S'il continuait à garder sa voiture en un seul morceau, sa première victoire ne pouvait plus être bien loin.

Le succès remporté en Belgique contribua à calmer les critiques de Gilles en Italie, où l'attention fut également détournée par l'arrivée en Europe de la caravane des Villeneuve qui ne passa pas inaperçue. Gilles avait fait construire au Québec, selon ses plans, ce monstre de 11 mètres, une Fifth Wheel Globestar: trois chambres à coucher, petite cuisine, salle de bain, moquette, rien n'y manquait. Elle arriva dans un conteneur, de même que la vieille camionnette Ford qui avait accompagné Gilles dans ses courses de Formule Atlantique. Le petit camion qui n'avait plus l'air tout jeune, constellé de décalcomanies des Canadiens de Montréal (Gilles était un ardent supporter de l'équipe et devint ami de son étoile, Guy Lafleur), remorquait la caravane. Le conducteur était un des amis d'école de Gilles, accompagné de sa femme, originaire de Berthier (qui gardait Jacques et Mélanie pendant les courses). La longue machine arborant ses plaques d'immatriculation du Québec fit tourner plus d'une tête sur les routes d'Europe.

Elle fit aussi jaser dans le monde de la Formule I où l'on n'avait encore jamais vu pareil spectacle. Certaines des grosses huiles de l'époque trouvèrent que cet engin encombrant et assez peu esthétique n'était pas tout à fait à sa place dans un paddock. La plupart des équipes disposaient de luxueuses caravanes qui servaient de quartier général et de refuge pour les pilotes durant la journée, mais tout le monde descendait dans les meilleurs hôtels et le paddock était naturellement désert la nuit. Et voilà qu'un pilote s'avisait de vivre avec sa famille dans une caravane. Pis: on voyait même parfois les Villeneuve en train de manger avec les mécaniciens de Ferrari... Un phénomène. On en parla beaucoup dans la presse.

«Chaussures !» C'était ainsi que se faisaient accueillir les journalistes venus visiter la caravane. Vous n'aviez pas le choix: les visiteurs devaient laisser leurs chaussures à la porte. Et interdiction absolue de fumer. «Nous habitons ici, disait Gilles. Je ne veux pas que les gens viennent mettre de la terre partout sur le tapis. De toute manière, les gens se sentent mal à l'aise d'être ici sans chaussures — alors ils ne restent pas trop longtemps !»

«Non, ça ne me dérange pas d'être enfermé pendant trois jours dans le paddock, disait Gilles pour expliquer sa curieuse manière de faire. Ici, il n'y a pas un seul bruit après dix heures. Je dors bien, dans mon lit à moi, pas comme dans les hôtels où vous n'avez pas toujours un bon lit. Je peux dormir plus tard le matin et je me couche quand je veux, sans avoir à assister à des dîners à l'hôtel, à veiller tard le soir. Ici, je peux manger quand je veux, nous pouvons faire un barbecue dehors, et je n'ai pas à manger la nourriture des restaurants. Il y a des plats que je ne peux pas supporter et ce qu'un pilote mange a un effet sur son attitude physique et mentale. Et puis comme ça, je peux voir mes enfants grandir. En fait, c'est le seul moyen d'avoir une vie normale quand vous faites une carrière qui vous oblige à bouger.»

Sa carrière ne bougea guère à la course suivante, en Espagne, qui faillit bien s'achever par un désastre pour son coéquipier. Andretti et Peterson menèrent la danse pour Lotus. Gilles n'arriva qu'en dixième place, victime d'une série de problèmes de pneus, de tenue de route et d'échappement. Mais Reutemann eut beaucoup de chance de survivre à un terrible accident provoqué par la rupture d'un arbre de roue qui propulsa sa Ferrari à travers plusieurs rangs de grillages de sécurité et par-dessus un rail de protection. Ses cabrioles ne furent arrêtées que par le haut talus de déblais qui entourait le paddock du circuit de Jarama. Miraculeusement, Lole était indemne, à part une douleur à la cage thoracique causée par la compression de son harnais de sécurité durant la violente décélération.

À Anderstorp, en Suède, les deux Ferrari étaient à deux secondes du meilleur temps aux épreuves de qualification. Leurs problèmes de tenue de route se manifesteront à nouveau pendant la course que Gilles terminera en neuvième place, juste devant Lole. Lauda remporta la victoire au volant d'une nouvelle Brabham qui sera par la suite interdite de course. La voiture était équipée d'un énorme ventilateur à l'arrière qui la plaquait sur la piste mais, comme un véritable aspirateur, elle avalait poussière et débris pour mieux les projeter sur ceux qui venaient derrière.

Les Ferrari connurent des difficultés pires encore au Grand Prix de France, sur le circuit Paul Ricard qu'elles négociaient en frétillant furieusement de l'arrière, victimes de leurs pneus. Gilles arriva douzième après deux arrêts pour changer de pneus et un tête-à-queue, tandis que les quatre arrêts au stand de Reutemann le forçaient à se contenter d'une dix-huitième place.

Michelin sortit une nouvelle gomme pour le Grand Prix d'Angleterre et Reutemann n'eut qu'à se féliciter de ce choix, puisqu'il remporta la course de Brands Hatch, «la meilleure de ma vie». Gilles avait conservé les pneus habituels à l'avant et ils ne durèrent que dix tours avant qu'il ne doive s'arrêter pour les changer. Neuf tours encore, et il devait abandonner par suite d'un bris de transmission.

Gilles faillit bien manquer le départ du Grosser Preis von Deutschland à Hockenheim, en se présentant au stand Ferrari douze minutes à peine avant le départ. Il s'était trompé d'une demi-heure sur l'heure de départ. Sans doute aurait-il aussi bien pu rester dans sa caravane, car de nouveau les Michelin firent des leurs, tandis que les deux Ferrari souffraient également de problèmes de vaporisation d'essence, causés par le temps chaud. Reutemann dut abandonner et Gilles remporta tant bien que mal une huitième place. Il sortit de sa voiture et partit aussitôt se réfugier dans sa caravane pour méditer un peu. Andretti avait gagné la course, sa cinquième de la saison. Mais Gilles était encore plus préoccupé par celui qui était arrivé en deuxième place, Jody Scheckter.

Scheckter avait convoqué une conférence de presse impromptue à Hockenheim pour annoncer qu'il abandonnerait Walter Wolf Racing à la fin de la saison pour entrer à la Scuderia Ferrari en 1979. «J'ai accepté l'offre de Ferrari, parce que j'ai toujours pensé que c'était l'écurie qui me donnerait les meilleures chances de remporter le championnat du monde. Enzo Ferrari est un homme fantastique, ses collaborateurs sont du plus haut calibre, toute la voiture est faite à la main. Ce sont des garanties.»

Mais alors, demanda-t-on à Scheckter, qui allait quitter Ferrari ? «Ils aiment beaucoup Villeneuve en ce moment. Mais ils aiment beaucoup Reutemann aussi. Après tout, expliquait le Sud-Africain, il a gagné trois Grands Prix cette année.» Et Gilles, qui n'avait qu'une quatrième place à son palmarès, n'avait pas entendu le moindre mot au sujet de l'affaire Scheckter chez Ferrari. Marco Piccinini, qui avait remplacé Nosetto comme représentant d'Enzo Ferrari aux courses, fut incapable d'éclairer sa lanterne.

Après la course allemande, Gilles entendit dire que Walter Wolf et Enzo Ferrari avaient fait un échange de pilotes et qu'il entrerait donc chez Wolf. Mais il ne put obtenir ni confirmation ni démenti de la part de Ferrari. Ces incertitudes étaient plutôt désagréables, mais Gilles décida de les faire passer au second plan pour se concentrer sur le Grand Prix d'Autriche. Et comme il l'avait fait à Gimli, dans le lointain Manitoba, il sut tirer parti des éléments pour surmonter les déficiences mécaniques de sa machine sur le Osterreichring, au milieu des montagnes de la Styrie.

La course se déroula en deux parties, la première prenant fin au bout de sept tours seulement, lorsqu'une averse envoya la moitié des participants dans les champs qui bordaient le circuit. Les voitures reprirent la course, équipées cette fois de pneus de pluie et Gilles, aussi à l'aise qu'un poisson dans l'eau, commença à remonter rapidement depuis sa onzième place sur la grille de départ. Sa progression ne fut pas sans incidents cependant, avec un tête-à-queue, une sortie de piste et un arrêt au stand pour monter des pneus lisses lorsque la piste commença à sécher. Mais la première course de Gilles sur piste mouillée dans une voiture de Formule I lui valut une visite sur le podium où il partagea la cérémonie du champagne avec Depailler et le vainqueur, Ronnie Peterson. La troisième place de Gilles était le seul résultat pour Ferrari. Reutemann, qui avait mené la course pendant quelques tours, avait été disqualifié (après un tête-à-queue, on l'avait poussé pour l'aider à redémarrer).

À la cérémonie de remise des prix, Gilles fut accueilli par les acclamations enthousiastes des nombreux Italiens venus assister à la course. Ses impressions ? «Le circuit est difficile à maîtriser et très dangereux. La pluie ne m'inquiétait pas. Au contraire, je crois que je préfère un revêtement mouillé.» Pensait-il que ce résultat pourrait persuader Ferrari de le garder ? «Ce n'est pas à moi de décider. M. Ferrari a suivi la course à la télévision et il saura quoi faire.»

Encouragé par son succès en Autriche, Gilles attaqua la course de Zandvoort, en Hollande, avec une incroyable agressivité. Il parvint à se sortir d'un énorme tête-à-queue aux épreuves de qualification pour marquer un autre point pour Ferrari avec une solide sixième place, malgré divers problèmes de tenue de route. Andretti remporta le Grand Prix de Hollande, suivi de près par Peterson, et son coéquipier sur Lotus était maintenant le seul qui puisse encore souffler à Andretti le championnat du monde 1978. Gilles, toujours incertain de son avenir chez Ferrari, observait avec une certaine envie la situation chez Lotus. Décidément, les Lotus 79 menaient la danse et Gilles était depuis longtemps un admirateur de l'écurie de Colin Chapman.

«Lotus était l'équipe dont j'avais toujours entendu parler. Quand j'avais commencé à faire de la course, Fittipaldi venait de gagner le championnat sur Lotus. J'avais lu plusieurs livres sur Jimmy Clark et ils m'avaient fait une forte impression. Et puis, Ronnie courait aussi sur Lotus, et j'ai toujours pensé que Ronnie était un pilote fantastique avec sa technique de contrebraquage et tout le reste. Dès le début, j'ai donc été un admirateur de Lotus et j'ai toujours pensé que ce serait formidable de piloter pour Colin Chapman.»

Mais après la course de Hollande, où Reutemann avait fini derrière Gilles en septième place, le grand rival de Chapman en Formule I prit la décision qui assurait Gilles de son avenir. Le 6 septembre, Gilles était convoqué dans le bureau du Commendatore où il signa un nouveau contrat pour 1979. Gilles apprit que Ferrari avait demandé l'avis de tout le personnel de l'écurie et que même les mécaniciens s'étaient rangés de son côté. Il en fut immensément soulagé: «Je ne peux qu'être content, après une année d'opinions divergentes. Je crois pouvoir faire en sorte que la décision de me garder se révélera positive. J'espère pouvoir récompenser M. Ferrari de la confiance qu'il a en moi, en commençant à Monza.»

6   *Je ne pense pas à la mort, mais je sais qu'elle fait partie de mon travail.*
Gilles Villeneuve

Il Gran Premio d'Italia, sur l'Autodromo Nazionale de Monza, près de Milan, aurait dû être l'un des plus grands moments de la carrière de Gilles. En fait, la date du 10 septembre 1978 allait endeuiller tout le monde de la Formule I.

Gilles s'était qualifié brillamment en deuxième position, derrière Andretti, pour le plus grand plaisir de l'immense foule des *tifosi* venus admirer sa performance *made in Italy*. Gilles leur avait donné une splendide démonstration au volant de sa T3 sur les 5 580 mètres du circuit historique de Monza. *«Viva Ferrari ! Viva Villeneuve ! Forza Gilles !»* Les cris fusaient de partout et l'enthousiasme était tel que les fans de Villeneuve en perdaient presque la voix. À peine un murmure cependant pour Reutemann, onzième sur la grille de départ. Enfin, le balancier de l'opinion publique avait définitivement basculé en faveur de Villeneuve.

Ce fut une gigantesque ovation parmi les cent vingt mille *tifosi* venus assister à la course quand Gilles partit comme un boulet de canon, prenant aussitôt la tête. Hélas, quelques secondes plus tard à peine, le drapeau rouge venait l'arrêter dans son élan. Derrière lui, le circuit disparaissait dans un enfer de flammes et de fumée noire. Au milieu du chaos de dix voitures enchevêtrées, la Lotus de Peterson n'était plus qu'une boule de feu, son pilote encore emprisonné à l'intérieur. James Hunt sauta hors de sa McLaren démolie et, avec l'aide de Clay Regazzoni, plongea au milieu des flammes, prit Peterson à bras-le-corps pour le mettre en sécurité, tandis qu'un commissaire de piste les arrosait avec un extincteur. Peterson n'avait pas perdu connaissance, mais il souffrait beaucoup de ses blessures aux jambes. Une ambulance le transporta à toute allure à l'hôpital, de même que Vittorio Brambilla, inconscient après avoir été touché en plein front par une roue qui s'était détachée.

Il fallut attendre que l'on enlève les épaves et que l'on prépare les voitures de réserve des pilotes accidentés. Gilles s'enferma un moment dans sa caravane, puis il revint s'asseoir au volant de sa Ferrari pendant près d'une heure, bien avant que ses rivaux ne réapparaissent. Heureusement, Ronnie Peterson ne souffrait que de fractures des jambes, apprenait-on de l'hôpital. Brambilla semblait plus mal en point, avec un traumatisme crânien (dont il se remettrait totalement). Gilles rongeait son frein, impatient de reprendre la course là où il l'avait laissée.

Trop impatient: lorsque les feux passèrent au vert pour la deuxième fois, il était déjà parti. Andretti l'avait suivi et les deux hommes se livrèrent une lutte acharnée pendant un tour entier pour repasser côte à côte la ligne de départ. Le tour suivant, Gilles était en tête et les hurlements des *tifosi* étouffaient presque le bruit des moteurs. Le rugissement de la foule se tut un instant quand les haut-parleurs annoncèrent une pénalité d'une minute pour le faux départ de Villeneuve et d'Andretti. Les deux hommes n'en continuèrent pas moins à se livrer une lutte acharnée et, quelques tours avant la fin, Andretti finit par doubler Gilles dont les pneus ne pouvaient pas soutenir la cadence. Déduction faite de la pénalité d'une minute, Lauda était le vainqueur; Andretti se classait sixième et Gilles septième. Mais le point d'Andretti lui assurait le championnat du monde. Reutemann sauvait l'honneur de Ferrari avec une troisième place.

Ce fut la stupéfaction, puis la consternation, lorsqu'on apprit le lendemain matin que Ronnie Peterson était mort à 6 h 30. Pendant la longue opération qu'il avait subie, des fragments de moelle osseuse s'étaient infiltrés dans son système vasculaire, provoquant une embolie cérébrale. Mario Andretti et Colin Chapman, incapables au début de croire à cette catastrophe, étaient désespérés. Andretti avait gagné son championnat du monde et l'équipe de Chapman le championnat des constructeurs (devant Ferrari), mais ces victoires prenaient maintenant un goût trop amer. (Pour Chapman, elles lui rappelaient trop le Grand Prix d'Italie 1970 de Monza, dans lequel son pilote, l'Autrichien Jochen Rindt, avait trouvé la mort, remportant le championnat du monde à titre posthume.) L'épouse de Ronnie Peterson, Barbro, à peine remise d'une fausse couche, n'était pas venue à Monza, préférant rester dans son appartement de Monaco. Un hélicoptère, retardé par le brouillard, l'amena à Milan trop tard pour qu'elle puisse être aux côtés de son mari et la pauvre femme prit aussitôt l'avion pour la Suède.

Ronnie Peterson fut enterré dans sa ville natale d'Obrebro, au nord de Stockholm, où de nombreuses personnalités de la Formule I et des centaines d'admirateurs assistèrent à son enterrement. La gentillesse et la douceur de cet homme l'avaient rendu extrêmement populaire. Sa disparition fut ressentie comme une perte cruelle dans tout le monde de la course. Durant ses huit années en Formule I, il avait remporté 10 victoires. Généralement considéré comme l'un des pilotes les plus rapides de son temps, ce n'était pas un homme méthodique et calculateur comme Lauda, mais un pilote qui se donnait toujours à fond et dont le rythme était entièrement dicté par son pied droit. Agressif et spectaculaire, il avait fait battre les cœurs de milliers de spectateurs et inspiré de nombreux autres pilotes, dont Gilles Villeneuve.

Gilles n'avait encore jamais participé à une course dans laquelle un pilote avait trouvé la mort et il fut profondément affecté par cette tragédie. «La mort de Ronnie a été une vraie surprise et un coup très dur. Je l'avais toujours admiré comme le plus rapide de tous les pilotes. De 1973 à 1975, il avait été incroyable sur sa Lotus. Et il était drôlement rapide en 1978 aussi. Il avait eu tellement d'accidents en 1974 et 1975: pertes de roues, une chute hors de la piste. Mais jamais une blessure. Et puis, ce stupide accident au milieu du peloton à Monza, et il se tue. Comme il ne s'agissait que de blessures aux jambes, je me suis posé des questions: Comment a-t-il pu mourir comme ça ? Est-ce que les médecins ont fait une erreur ? Qu'est-ce qui s'est passé ? Pourquoi ? Tout ça m'a fait très mal.»

Mais Gilles refusait d'écouter ses propres craintes, comme le font tous les pilotes de course. «Je sais qu'il y a du danger, mais je ne veux pas y penser. Je garde tout ça dans le fond de la tête. Je n'ai pas voulu m'approcher trop près après l'accident de Ronnie. Je ne savais pas à ce moment-là s'il était mort ou vivant, mais il y avait beaucoup de monde autour de lui et on faisait ce qu'il fallait faire. J'essaie toujours d'éviter de regarder de trop près ce genre de chose, parce que j'ai un peu peur d'être perturbé psychologiquement et de commencer à trop y penser. C'est mon travail de ne pas penser à ça, alors j'essaie d'éviter ce que je peux. Même si j'avais su qu'il était mort, je ne crois pas que ça aurait changé quelque chose à ma manière de piloter. Les gens peuvent croire que je suis cruel et insensible en m'entendant parler ainsi. Mais ça fait partie du travail et j'accepte le fait qu'un jour je me ferai du mal, beaucoup de mal. Je ne pense pas à la mort, mais j'accepte le fait qu'elle fait partie de mon travail.»

La disparition de Peterson déclencha une vilaine polémique et l'on consacra beaucoup de temps à tenter d'élucider la cause de l'accident de Monza. Les voitures de James Hunt, de Riccardo Patrese et de Carlos Reutemann avaient été les plus directement en cause et le Comité de sécurité de Formule I, composé de Hunt, d'Andretti, de Scheckter, de Lauda et de Fittipaldi, statua finalement que Patrese avait été à l'origine de l'accident. (Par la suite, l'étude de documents photographiques montrera que Patrese était innocent.) L'Italien de vingt-quatre ans s'était fait une réputation de casse-cou et, avant même l'accident de Monza, le comité avait décidé qu'il fallait le réprimander. Les membres du comité exigèrent donc que les organisateurs de la course suivante, le Grand Prix des États-Unis Est, refusent de l'inscrire et Patrese se retrouva sur la touche pour la course de Watkins Glen.

Reutemann remporta une victoire convaincante au Glen, comme pour se venger de la décision qu'avait prise Ferrari de ne pas le garder. Il n'avait d'ailleurs pas trop à s'en plaindre puisque Lotus l'engageait pour 1979. Les Ferrari se comportèrent bien pendant le week-end. Reutemann se qualifia en deuxième place, après Andretti, et Gilles en quatrième. Gilles était second derrière Lole jusqu'au vingt-deuxième tour, quand son moteur cassa. Mais il lui restait encore une course à courir en 1978, le Grand Prix Labatt du Canada, à Montréal.

7   *C'est le plus beau jour de ma vie !*
                                        Gilles Villeneuve

«Un petit paradis au milieu d'un grand fleuve», dit Jackie Stewart, trois fois champion du monde, lorsqu'il vit pour la première fois le nouveau circuit de l'île Notre-Dame. Le petit Écossais, à l'époque le pilote de Formule I qui avait remporté le plus grand nombre de victoires — vingt-sept en tout — était là à titre de commentateur et, comme tous les membres du grand cirque de la Formule I, ce qu'il vit l'impressionna fortement. «Avec la ville de Montréal en toile de fond, c'est l'un des plus beaux cadres au monde pour une course automobile.»

Quand Mosport avait été déclaré impropre à la Formule I, les Québécois, privés depuis quelque temps de leur course du Mont-Tremblant, là encore pour des raisons de sécurité, sautèrent sur l'occasion pour construire une nouvelle piste. En trois mois à peine, au coût de deux millions de dollars, le circuit était prêt pour la onzième édition du Grand Prix du Canada. Bordé par le majestueux Saint-Laurent d'un côté et la Voie maritime de l'autre, le circuit suivait le tracé de la route qui serpentait autour de l'île, en face du Vieux Port de Montréal.

194

On se serait cru dans un parc avec ces arbres, ces petites buttes couvertes de gazon, ces parterres de fleurs, un lac artificiel, des bassins et des canaux au milieu des pavillons futuristes construits pour Expo 67, l'exposition universelle qui avait eu lieu l'année du centenaire du Canada. La presse disposait de locaux spacieux aménagés à l'extrémité du bassin où les compétitions d'aviron des Jeux olympiques de 1976 s'étaient déroulées. À quelques minutes en métro des enchantements d'une ville offrant un patrimoine culturel unique en Amérique du Nord, une ville qu'apprécia beaucoup la fraternité internationale de la Formule I quand elle eut l'occasion de la découvrir, ce lieu était le compromis idéal entre les circuits urbains et les circuits ruraux existant ailleurs.

Vingt-huit pilotes de quinze pays arrivèrent à Montréal pour le baptême du nouveau circuit de 4 410 mètres. Mais dès l'instant où les voitures commencèrent à rouler, les spectateurs n'eurent d'yeux que pour leur héros, le pilote de la Ferrari rouge numéro 12. Ils s'entassèrent à trente-six mille cent quatre-vingt-un le vendredi et le samedi le long du circuit ponctué de dix-sept virages pour admirer le petit gars de Berthierville en pleine action. Sa réputation l'avait précédé, et maintenant, ses compatriotes allaient voir de quel bois il se chauffait.

Gilles déboule dans la ligne droite des stands, pied au plancher, en cinquième, dans le hurlement des 500 chevaux du 12 cylindres à plat qui hulule dans son dos à 11 300 tours/minute. Au passage du stand Ferrari, un coup d'œil au panneau qu'on lui tend. Il y pensera plus tard, dans un endroit plus commode du circuit, car le premier virage approche à toute allure entre les rails de sécurité, comme dans un film tourné en accéléré.

Le grand S commence par une courbe progressive à droite, puis se resserre très vite en zigzag dans la direction opposée, juste au-dessous de la passerelle qui enjambe la piste. Pour les spectateurs, c'est l'un des meilleurs endroits où regarder leur héros, car le milieu du S est agrémenté d'une bosse sur laquelle la voiture se cabre avant de retomber en travers. Les plus timides ne décollent qu'à peine, mais les plus braves (et les plus rapides) s'en donnent à cœur joie. Gilles ne déçoit pas son public.

À quelque chose comme 265 km/h, Gilles sort du virage à droite en contrebraquant à fond. N'entendant pas le bruit caractéristique que fait le moteur quand le pilote lève un peu le pied, les fans remarquent que Gilles n'hésite jamais. Au contraire, le régime du moteur monte encore tandis que sa T3 décolle sur la bosse, les gros Michelin brassant l'air à l'arrière, avant de retomber en crabe au moins deux mètres plus loin dans un nuage de fumée bleue.

Bien placés sur les collines voisines, ils regardent bouche bée le terrifiant spectacle. Et s'ils jettent un coup d'œil dans la ruche qu'est le cockpit de Villeneuve, ils peuvent voir le vigoureux cisaillement du volant, droite-gauche, en sens contraire de celui que sa voiture menace de prendre. Un bref instant de bruit et de fureur qui fait vibrer le sol, et puis tout est fini. Jusqu'au prochain tour.

Gilles fonce sur la digue, une tache rouge entre le bassin d'aviron sur la gauche et le lac artificiel sur la droite. Il y déclenche les chronos à près de 270 km/h, puis rétrograde brutalement jusqu'en troisième et freine un grand coup pour le long virage à droite, suivi d'un rapide à gauche. Ce bref zigzag sur la rectiligne de la digue fait se dérober la T3 avec une telle violence que Gilles doit raidir la nuque tant qu'il peut pour résister à l'énorme accélération latérale. Le zigzag franchi, il colle à nouveau le pied au plancher, passe la quatrième et la cinquième; quelques secondes plus tard, puissant freinage, double débrayage pour rétrograder, virage à gauche en troisième, puis passage en quatrième pour la large courbe en sens contraire.

Encore un jeu fébrile de volant, de pédale et de levier de vitesse, et la Ferrari prend en crabe un virage serré à gauche pour tomber en seconde sur une épingle à droite, la partie la plus lente du circuit. Mais Gilles est plus occupé que jamais; ses pieds tambourinent sur le frein, l'embrayage et l'accélérateur, la main droite actionne fébrilement le minuscule levier de vitesse, l'autre imprime des mouvements saccadés au volant — à droite, à gauche, au centre. Et pendant tout ce

196

temps, Gilles est violemment projeté d'un côté à l'autre, écrasé contre le harnais de sécurité à six points d'attache, tandis qu'il rabote chaque virage, à la recherche de la trajectoire la plus rapide.

L'épingle fait pirouetter la Ferrari en montée et sur la droite, puis la propulse parallèlement aux eaux turbulentes du Saint-Laurent, l'envoie comme une balle sous le feuillage des arbres qui bordent la piste. Gilles arrache la troisième, puis la quatrième, et fonce en avant à une vitesse qui paraît suicidaire compte tenu de ce qui l'attend un peu plus loin. La courte ligne droite se termine abruptement par un virage serré pour lequel le pilote doit écraser les freins tout en rétrogradant jusqu'en seconde pour prendre à droite. S'il manque son coup, c'est la rencontre avec un rail de sécurité impitoyable ou, si le rail accepte de céder, un vol plané au-dessus du talus qui ne peut se terminer que dans le fleuve.

Gilles parvient à tenir sa trajectoire, mais les commissaires de piste ne le quittent pas des yeux, extincteurs et leviers d'acier déjà prêts — au cas où. Mais tour après tour, ils voient, complètement médusés, la Ferrari disparaître derrière la butte dans un incroyable dérapage au moteur qui n'est certainement pas fait pour l'inciter à rester sur l'île.

C'est dans ces bonnes dispositions que Gilles descend alors la butte, passe en troisième et part dans une embardée pour lancer sa machine dans le virage à gauche qui suit aussitôt. Là, les commissaires de piste qui se trouvent à l'extérieur du circuit n'essaient pas de cacher leurs appréhensions et préfèrent se tenir à l'écart des barrières, chassés par la poussière que le Michelin de droite leur crache en plein visage. En plusieurs occasions, ce pneu laissera une trace noire sur le rail de sécurité.

Mais Gilles n'est plus là depuis longtemps, tout reste de prudence jeté aux orties. Quatrième maintenant, une descente, un zigzag à droite sous une passerelle et encore un autre S en montée, amorcé par un à gauche en seconde, suivi sans tarder d'un à droite tortueux. Ici, Gilles écrase l'accélérateur et est aussitôt récompensé par sa Ferrari qui chasse très fort de l'arrière. Corrections rapides sur le volant Momo et tout est à peu près dans l'axe pour la prochaine ligne droite.

En un éclair, troisième, quatrième et cinquième, puis le contraire pour un autre droite-gauche en seconde. Gilles sort en crabe du virage à gauche et rame sur la boîte de vitesses pour remonter en cinquième et descendre à toute vitesse une longue courbe à gauche qui lui donne quelques instants de répit, avant de mobiliser à nouveau toutes ses facultés pour négocier la dernière courbe du circuit — un virage à quatre-vingt-dix degrés juste avant la ligne droite des stands.

Cinquième-quatrième-troisième-seconde-première. Dans une formidable pétarade, l'échappement crache des flammes. Les Michelin mis à la torture hurlent tout ce qu'ils peuvent. Les disques des freins, chauffés au rouge, crissent à n'en plus finir. En un éclair, la Ferrari lancée à sa vitesse maximale est maintenant presque à l'arrêt. Un coup sec de volant à droite, un bon coup sur l'accélérateur, et la Ferrari part en travers. Gilles la maintient dans cette position pendant une bonne centaine de mètres, tandis que l'arrière de la Ferrari semble vouloir rattraper l'avant. Nouveau concert au levier de vitesse, puis contrebraquage progressif pour redresser la voiture, et il est reparti à 260 km/h lorsqu'il franchit la ligne qui marque la fin du tour.

Un tour qui lui a pris moins de cent secondes. À peu près deux douzaines de changements de vitesses en cours de route. Une vitesse moyenne d'environ 165 km/h. Un tour pour Gilles Villeneuve, sur le circuit qui portera un jour son nom.

S'il gagne haut la main pour la qualité du spectacle pendant les périodes d'entraînement et de qualification, Gilles n'est cependant pas le plus rapide. Des nuages venus des Laurentides ont arrosé le circuit le vendredi, si bien que tout se décidera lors de la dernière séance, le samedi après-midi. Gilles arrache finalement le meilleur chrono, 1 minute 38 secondes 230 millièmes, mais la foule vient à peine de se calmer un peu que son futur coéquipier Scheckter le bat, avec 204 millièmes de seconde de mieux.

Le public canadien ne savait d'ailleurs trop que penser de la démonstration de Scheckter: après tout, sa Wolf portant la feuille d'érable était du coin elle aussi. Quant à Walter qui avait beaucoup construit pour Expo 67, il ne manquait pas de relations à Montréal. Mais le dilemme s'évanouit de lui-même, lorsque Jean-Pierre Jarier décrocha la première place sur la grille de départ, tout près de la fin des épreuves de qualification, avec un brillant 1 minute 38 secondes 15 millièmes.

C'était une remarquable performance de la part du vétéran français à qui Lotus avait demandé de remplacer Ronnie Peterson, à partir de Watkins Glen. Là, mal assis dans sa voiture, Jarier s'était fait mal au dos et il devait encore prendre des analgésiques lorsqu'il arriva au Canada. Âgé de trente-deux ans, celui qu'on surnommait «Jumper» (à cause de sa tendance à prendre de faux départs) n'avait jamais remporté un Grand Prix, en dépit de soixante-huit tentatives. Mais maintenant, au volant d'une voiture qui surclassait ses concurrentes, il avait enfin une excellente occasion de joindre les rangs des vainqueurs de Formule I.

«Attends-moi, ce ne sera pas long», murmure Gilles dans l'oreille de Johanne. Puis il enfile sa cagoule ignifugée, sangle son casque et monte dans sa Ferrari 312T—3/78, numéro de châssis 034. Johanne, emmitouflée dans une parka blanche (prêtée par Danièle Parent, la femme de Gaston), écharpe au cou, moufles aux mains, prend son tableau de pointage et ses chronomètres pour s'installer au poste de signalement de Ferrari, le long du mur du stand.

En face d'elle, les tribunes sont bondées de spectateurs habillés de vêtements d'hiver aux couleurs vives. Le temps est froid et venteux. Le ciel bas annonce peut-être la première de ces tempêtes qui déversent bon an mal an trois bons mètres de neige dans les rues de Montréal. Mais le mauvais temps n'a pas découragé les soixante-douze mille six cents trente-deux spectateurs venus assister à la course, dont Georgette, Séville et Jacques Villeneuve, de nombreux autres parents, une foule d'amis de Gilles, John Lane, les Parent, et même Pierre Elliott Trudeau, premier ministre du Canada.

Dans quelques secondes, ce sera le départ de la course, point culminant pour Gilles d'un week-end épuisant pendant lequel il a été le point de mire, comme à Monza. La presse a accaparé son temps, en partie parce qu'il lui a fallu expliquer les rudiments du sport qu'il pratique aux journalistes locaux qui n'en connaissent pas grand-chose. Une équipe de télévision qui préparait une émission spéciale s'est présentée à Berthierville à minuit. Il a déjeuné à Montréal avec le maire Jean Drapeau, donné des conférences de presse jusqu'à en avoir la voix rauque; et ses yeux commencent à souffrir des projecteurs de télévision et des flashes des photographes. Toujours en mal de sensationnel, la presse clame sur tous les toits qu'il va bientôt être le premier Canadien à remporter le Grand Prix du Canada. Patiemment, Gilles fait observer qu'aucun pilote n'a jamais remporté son premier Grand Prix dans son pays d'origine.

Dans le ciel, un petit avion remorque une banderole sur laquelle on peut lire: «*Bonne Chance Gilles — Good Luck Gilles*». De la foule impatiente s'élève un bourdonnement confus. Mais toute cette atmosphère de kermesse s'estompe dans l'inconscient de Gilles, intensément concentré derrière son volant, un Gilles qui se prépare à ces deux heures de course. On le dirait presque en état de transe, coupé du reste du monde, au point que lorsque le premier ministre se penche pour lui souhaiter bonne chance, Gilles ne donne même pas l'impression de l'avoir reconnu. M. Trudeau, grand amateur de course automobile et propriétaire d'une magnifique Mercedes-Benz de la grande époque, s'éloigne. Un signal: plus que cinq minutes.

Les personnalités, les officiels, le personnel des équipes, les photographes et les journalistes commencent à évacuer la zone de départ. Trois minutes. Il ne reste plus maintenant sur la grille que les vingt-deux voitures de Formule I. Une minute. Les moteurs démarrent et l'île Notre-Dame résonne de leurs rugissements, sollicités par des coups d'accélérateurs nerveux. Trente secondes plus tard, c'est le tour de parade. Dans une mêlée confuse, les voitures font des lacets d'un côté à l'autre de la piste pour réchauffer leurs pneus. Deux minutes encore, et la meute est de retour sur la grille, dans la ligne droite des stands, s'alignant devant les feux de départ. Le feu rouge s'allume puis, quelques secondes plus

tard, c'est le feu vert. Les bolides s'élancent dans un gronde-
ment de tonnerre à crever les tympans.

«Jumper» Jarier fit mentir son surnom en cette occasion: il
prit un départ parfait, ses réflexes manifestement pas
émoussés du tout par l'injection qu'il avait dû recevoir juste
avant la course pour soulager son mal de dos. Gilles ne répéta pas non plus la faute qu'il avait commise à Monza en
démarrant avant le feu vert. Mais Scheckter voulut en faire
trop et trop tôt, si bien que sa Wolf se mit en travers, forçant
Gilles à prendre un instant de retard dont Alan Jones profita
aussitôt pour faire passer sa Williams du troisième rang au
deuxième. Derrière eux, c'était la mêlée tandis que les pilotes
cherchaient à se placer. Quelques dérapages, de brusques
lacets pour éviter les obstacles, mais plusieurs voitures se
touchèrent quand même. En tête, les voitures gardaient
leurs positions et elles revinrent bientôt terminer le premier
de leurs soixante-dix tours dans l'ordre Jarier, Jones,
Scheckter, Villeneuve.

Jarier semblait inaccessible, mais Jones était gêné par un
pneu qui se dégonflait lentement. Au dix-huitième tour,
Scheckter parvient à le doubler, suivi de Villeneuve un tour
plus tard. La foule hurle de joie lorsque la Ferrari passe en
troisième position, et c'est le délire lorsqu'elle dépasse avec
assurance la Wolf (qui a quelques ratés) dans l'épingle, au
vingt-cinquième tour, pour se placer en deuxième position.
Gilles est à trente secondes de Jarier et semble tout d'abord
ne rien pouvoir faire contre la Lotus. Mais il continue, pousse
sa voiture de plus en plus dur, et tout doucement on le voit
se rapprocher de la Lotus noir et or numéro 55.

On est à mi-course maintenant. Jarier sent que ses freins
s'évanouissent à l'arrière. Le problème s'accentue de plus en
plus. Bientôt, le manomètre d'huile indique une baisse de
pression. Un radiateur d'huile s'est mis à fuir et le liquide se
répand sur les freins. Jarier aurait pu sans doute continuer
avec des freins affaiblis, mais le lubrifiant qui coule de son
moteur Cosworth-Ford l'oblige finalement à s'arrêter. Au
quarante-neuvième tour, il rentre au stand, sort de sa
voiture, désemparé, et se jette dans les bras d'un Colin

Chapman amèrement déçu. Ce coup de malchance est salué par une explosion de joie dans la foule qui comprend que son héros a maintenant la victoire à portée de la main.

Héritier de la première place, Gilles trouve le fardeau un peu lourd à porter. «Ces derniers tours ont été une torture. J'entendais toutes sortes de bruits dans la voiture. Et je n'aimais pas ça, parce qu'il me fallait conduire comme une vieille dame, passer les vitesses à dix mille tours et bien faire attention à ne rien casser. J'aurais aimé continuer à courir comme je l'avais fait plus tôt, derrière Jarier, quand j'essayais de mettre de plus en plus de pression sur lui. Tout était facile à ce moment-là: vous passez rapidement les vitesses, vous freinez dur, et vous avez toute la puissance dans les virages. J'adore charger et j'essaie d'en donner pour leur argent aux personnes qui sont venues nous regarder.»

Pourtant, le public ne lui tenait pas rigueur de sa vitesse réduite. Il hurlait, gesticulait, l'encourageait à pleins poumons, tour après tour, sans savoir à quel point il était difficile pour Gilles de piloter lentement. «J'étais gêné dans mon rythme. Je venais de faire près de cinquante tours à ma cadence — changement de vitesse: bang-bang, embrayage: bang-bang. Et puis ensuite, j'ai dû passer au ralenti, d-é-b-r-a-y-a-g-e, c-h-a-n-g-e-m-e-n-t de vitesse, e-m-b-r-a-y-a-g-e.»

La tension monte d'un cran quand il doit lever encore plus le pied au cours des derniers tours, au point que plusieurs voitures auxquelles il a pris des tours le dépassent, parmi elles celle de son adversaire de Formule Atlantique, Keke Rosberg, qui a treize tours de retard après avoir dû ramener maintes fois au stand son ATS souffrante. Gilles est furieux. «Je ne pouvais pas supporter ça ! Vous êtes en tête et, même s'il a de nombreux tours de retard sur vous, il vous dépasse et les gens commencent à se poser des questions. «Qu'est-ce qui lui arrive ? Quelqu'un vient de le doubler.» Beaucoup de gens ne comprennent pas vraiment ce qui se passe.»

Il y en avait pourtant suffisamment qui comprenaient que le dernier tour de Gilles soit salué par une explosion de délire. Hurlant de joie, les spectateurs nageaient dans une mer d'euphorie. Mais Gilles ne s'en rendait pas compte. «Je ne les ai jamais vus. Je me répétais en moi-même: «Les

202

Ferrari sont les meilleures ! Les Ferrari sont les meilleures ! Elles ne cassent jamais. Elles ne cassent *jamais* !» Et la Ferrari ne cassa pas. Enfin, la dernière épingle, et Gilles peut se dire: «C'est gagné maintenant. Tout peut sauter. Je peux tomber en panne sèche. J'arriverai quand même en roue libre jusqu'à la ligne.»

Il franchit la ligne d'arrivée et salua le drapeau à damier en levant les deux poings en l'air, tandis que le son de sa fidèle Ferrari disparaissait complètement sous les hurlements de soixante-douze mille six cents trente-deux admirateurs.

«Gagner un Grand Prix, c'est quelque chose, dira Gilles à son retour au stand. Mais gagner votre premier Grand Prix chez vous, c'est complètement impensable. Je dois remercier M. Ferrari et toute l'équipe. C'est une énorme satisfaction. C'est le plus beau jour de ma vie !» Une mer humaine l'engouffra aussitôt. Poignées de mains, embrassades, grandes bourrades dans le dos, Forghieri et l'équipe de Ferrari l'entouraient. Johanne l'embrassa elle aussi, les larmes aux yeux. Et tout le monde suivit son exemple, sans honte, sa mère, son père, son frère, Gaston Parent, sa femme Danièle, John Lane.

Face à ces débordements, Gilles commençait à se sentir mal à l'aise. Les cris poussés par des milliers de spectateurs qui maintenant enjambaient les clôtures pour se rapprocher de leur nouveau héros — «Villeneuve-Villeneuve-Villeneuve» — ne le dérangeaient pas. Mais Gilles ne voulait pas être un héros aux yeux de ses proches et il prit un air gêné.

Séville Villeneuve proclama que c'était le plus grand jour de sa vie — plus grand que le jour où il s'était marié avec Georgette, plus grand que ceux où Gilles et Jacques étaient nés. Quant à John Lane, il ne cessait de répéter: «Ce n'est pas possible, ce n'est pas possible.» «Arrête-moi ça !» dit Gilles en lui donnant une bourrade amicale. Trempé de sueur, il avait froid et grelottait dans sa combinaison de pilote. Gaston Parent lui donna sa parka de chasse et Gilles se fraya tant bien que mal un passage à travers la foule jusqu'au podium de la victoire où un chahut monstre l'attendait.

Gilles souriait, la bouche fendue jusqu'aux oreilles. Mais quand il arriva près des officiels, il avait déjà perdu un peu de son euphorie. «J'étais très heureux, mais c'est comme lorsque vous posez pour un portrait. Vous souriez, mais après une demi-heure, votre sourire commence à disparaître. Lorsque je suis monté sur le podium, j'ai presque dû me forcer pour sourire.» S'il était fatigué de sourire, personne d'autre ne l'était. Et quand Gilles monta sur le podium, le deuxième et le troisième vinrent l'y rejoindre: Scheckter et Reutemann, qui riaient tous les deux aux éclats et plaisantaient comme s'ils avaient gagné la course.

Ils félicitèrent Gilles, sincèrement contents pour lui. Lole, qui remportait la troisième place dans cette course qui serait sa dernière pour Ferrari, dira avec beaucoup de gentillesse: «Je suis très heureux de ne pas avoir gagné cette course si Gilles a pu la gagner. C'est un très bon pilote. Un jour, il sera champion du monde. Et il donnera certainement du fil à retordre à Jody l'année prochaine.» Scheckter, sans paraître le moindrement intimidé par cette perspective, dira cependant que c'était une merveilleuse victoire pour Gilles. Lui-même avait remporté la victoire sur son propre terrain, en Afrique du Sud, trois ans plus tôt. Les journalistes lui demandèrent donc ce qu'il pensait de l'atmosphère de liesse qu'il pouvait voir autour de lui maintenant. «Chez moi, la moitié des spectateurs étaient ivres, répondit Jody, et ils me jetaient des bouteilles de bière. Rien à voir avec ce que je vois ici.»

Walter Wolf bondit sur le podium et prit Gilles dans ses bras. On passa la couronne de lauriers autour du cou de Gilles, puis le premier ministre lui remit un énorme trophée surmonté d'une feuille d'érable en or: «Ça me fait chaud au cœur, pour moi-même et aussi pour le Canada.» Gilles, qui cette fois l'avait reconnu, lui serra la main et brandit en l'air le trophée pour que les spectateurs puissent l'admirer. L'énorme foule qui se pressait maintenant autour de lui poussa le plus grand cri de joie de toute la journée, puis fit silence pour l'hymne national.

Les larmes coulaient tandis que les accents du «Ô Canada» résonnaient sur l'île Notre-Dame. Une expression d'incertitude traversa le visage de Gilles, comme s'il avait du mal à comprendre que cet invraisemblable débordement d'émotion fût véritablement pour lui, le petit gars de Berthier qui n'aimait qu'une seule chose: conduire vite. Elle disparut en un éclair et Gilles leva triomphalement le bras tandis que sonnaient les dernières notes de l'hymne national.

M. Trudeau brandissait le drapeau de Ferrari devant les spectateurs. Finalement, la cérémonie prit un cachet résolument canadien quand, au lieu du traditionnel magnum de champagne, Gilles reçut dans ses mains une énorme bouteille renfermant le précieux liquide fabriqué par le commanditaire de la course. Il l'agita vigoureusement et arrosa de bière ses compatriotes.

VI

VERS LES SOMMETS: 1979

1   *À mon avis, avec Gilles et Jody, j'ai eu la meilleure*
équipe de toute ma vie.
Mauro Forghieri

«Avec Villeneuve je réalise un fol espoir», déclara Enzo
Ferrari après la victoire de Gilles au Grand Prix du Canada.
Et si la Formule I avait eu un prix pour le meilleur jeune
pilote de l'année, Gilles l'aurait remporté haut la main en
1978. Au cours de sa première saison complète, et malgré un
départ bien chancelant, Gilles terminait neuvième au classement général des pilotes (à égalité avec Emerson Fittipaldi)
avec dix-sept points: neuf pour sa victoire, quatre pour une
troisième place, trois pour une quatrième et un pour une
sixième. L'objectif qu'il annonça publiquement pour la saison
1979 — améliorer sa performance de 100 p. 100 — paraissait
réaliste. Gilles affirmait que victoires et points le feraient
entrer dans le club des cinq meilleurs pilotes. Mais dans le
privé, Gilles avait bon espoir de faire encore mieux.

Après tout, il était sorti des limbes pour monter sur le
podium de la victoire en dix-huit courses de Formule I seulement, surmontant bien des difficultés en cours de route. «J'ai

fait beaucoup d'erreurs, admettait-il, et j'ai payé le prix d'avoir été un mauvais juge des voitures et des pilotes de Formule I. Mais si je pèse le pour et le contre, je dois avouer que je suis plutôt content de moi. Sans vouloir paraître présomptueux, je vois bien que je suis devenu vraiment compétitif, au point de me situer au même niveau que les meilleurs pilotes.» Sa place chez Ferrari étant maintenant assurée pour une autre année, Gilles ne tarissait pas d'éloges sur son équipe. «Je suis convaincu que c'est la meilleure équipe de Formule I. On m'avait dit que je pouvais m'attendre à de nombreux problèmes de compréhension et à un climat tendu, mais je n'ai vu que des gens qui prennent leur travail au sérieux et qui ont la ferme volonté de gagner.»

Pour que l'équipe Ferrari soit gagnante en 1979 et qu'elle puisse suivre la cadence imposée en Formule I par la révolution aérodynamique de Lotus, il faudrait cependant que la 312-T4 réponde aux espoirs qu'on plaçait en elle. Toutes les équipes qui en avaient les moyens financiers mettaient au point leurs propres versions à effet de sol, inspirées de la Lotus de Chapman. Conçus en soufflerie, leurs châssis étaient dessinés sur le principe d'une aile d'avion inversée dont l'effet aérodynamique plaquerait la voiture sur la piste dans les virages. La Scuderia ne pouvait être en reste, mais comme la version de Forghieri ne serait pas prête en début de saison, l'équipe devrait nécessairement se contenter d'une version revue et corrigée de la vénérable T3 pour ses débuts. Bref, Maranello bourdonna d'activité pendant tout l'hiver.

Alors que les autres équipes, à l'exception de Renault, recouraient à des fournisseurs extérieurs pour leurs moteurs, leurs boîtes de vitesses, leurs jantes et le reste, les Ferrari étaient entièrement construites à l'usine. À l'époque, cent soixante-dix employés travaillaient pour une équipe qui présentait deux voitures en Formule I: jusqu'à cinquante personnes pour le bureau des études, trente pour la construction et l'entretien des moteurs, cinq pour les boîtes de vitesse, et ainsi de suite. Aux courses, le personnel se composait de huit mécaniciens (quatre par voiture), deux chefs d'équipe, deux ingénieurs, deux chauffeurs pour les camions, plus Mauro Forghieri. Marco Piccinini, qui restait en contact téléphonique avec Enzo Ferrari, était toujours sur place, de même que le personnel de relations publiques et de liaison de Fiat.

En Europe, pour les week-ends de course, deux énormes camions rouges Fiat IVECO transportaient au moins trois voitures (parfois quatre à Monza), cinq moteurs 12 cylindres à plat de réserve et un lot suffisant de pièces de rechange pour construire deux autres voitures. Le quartier général mobile était une imposante caravane sur châssis Fiat, équipée d'une véritable cuisine dans laquelle officiait un chef plein de talent.

En plus des hommes venus de Maranello, Michelin envoyait sur place une équipe complète de spécialistes des pneumatiques, avec un assortiment complet de gommes. Agip, le fournisseur d'essence, d'huile et de lubrifiant, avait son propre personnel. Heuer, le fabricant de montres, mobilisait lui aussi son contingent de techniciens pour s'occuper du matériel complexe de chronométrage. Et, à la différence de toutes les autres équipes, Ferrari avait son propre circuit de Fiorano, techniquement très au point, qui lui permettait de faire des essais illimités. Entre 1977 et 1979, Gilles aurait fait au moins 60 000 kilomètres à Fiorano, selon ses propres calculs. «Ferrari devrait gagner toutes les courses avec des installations comme celles-là, disait-il. Mais naturellement, ce n'est pas aussi simple...»

Les moyens qu'offrait Ferrari furent ce qui attira au bercail le nouveau coéquipier de Gilles. Jody Scheckter avait déjà failli conclure une entente avec Ferrari pour remplacer Lauda en 1978, mais ses contacts avec l'équipe italienne remontaient à plus loin encore. «En 1973, on m'avait offert une place chez Ferrari. J'étais alors chez Tyrrell et j'ai refusé la proposition. À l'époque, Ferrari était synonyme de bons moteurs, de bonnes installations, mais aussi de gestion chaotique et d'arrêts au stand complètement fou. J'ai donc refusé cette fois-là, mais lorsque Ferrari m'a proposé de nouveau un contrat, j'ai pesé toutes les possibilités et j'ai finalement signé. C'était l'équipe qui convenait le mieux aux besoins de l'heure.»

Les besoins de Scheckter, c'était par exemple de tenter de décrocher le championnat du monde et les ressources de l'équipe italienne lui paraissaient devoir l'emporter à long terme même sur celles que Walter Wolf pouvait mettre à sa disposition. Et en bon homme d'affaires qui emportait toujours un attaché-case avec son casque, il est certain que les six cent mille dollars que lui offrait Ferrari n'étaient pas pour lui déplaire. Dans ce montant figuraient les contributions d'Agip, de Michelin et d'autres commanditaires. Mais le fait de devenir pilote chez Ferrari donnait aussi à Scheckter l'occasion de développer sa petite entreprise privée. C'est ainsi que le nom Brooklyn apparut sur sa combinaison de pilote, moyennant une somme que l'on disait être de trois cent cinquante mille dollars, versée par une société italienne de gomme à mâcher.

Enzo Ferrari voulait Scheckter, car c'était à ses yeux «un homme combatif qui ne se brûle pas en en donnant trop au début, mais qui sait s'économiser tout au long d'une course, comme Nuvolari et Stirling Moss.» Ferrari parlait de la version 1979 de Jody Scheckter, une version mûrie par l'expérience, car la carrière du pilote en Formule I avait connu des débuts difficiles qui n'étaient pas sans rappeler ceux de son nouveau coéquipier.

Né à East London, en Afrique du Sud, le 29 janvier 1950 (onze jours après Gilles), Scheckter avait grandi dans le garage de son père, concessionnaire Renault. Il y fit ses premières armes comme apprenti et commença bientôt à conduire — très vite — et à réparer ses voitures (la première fut une Renault 8). Il se lança dans la course de motos, puis passa à la course automobile — non sans problèmes d'ailleurs: dès sa première course nationale, les officiels brandirent le drapeau noir lui ordonnant de sortir du circuit pour conduite dangereuse. Pourtant, il s'assagit suffisamment pour devenir le meilleur pilote d'Afrique du Sud en 1970, avec un prix de trois cents livres sterling et des billets d'avion pour se rendre en Angleterre avec sa femme, Pam.

Là, il avait fait ses classes en Formule Ford, puis en Formules III et II, avec suffisamment d'éclat pour se faire remarquer par plusieurs écuries de Formule I. Et c'est ainsi qu'il avait signé avec McLaren un contrat semblable à celui de Gilles Villeneuve: au volant d'une troisième voiture, il courait à côté des pilotes «titulaires» de McLaren, Denny Hulme et Peter Revson, à certaines courses. Lors du Grand Prix de France 1973, il fit grande impression en prenant la tête dès le départ, avant d'entrer en collision avec la Lotus de Fittipaldi. La McLaren se retourna sur le dos, de même que la Lotus lorsqu'elle frappa brutalement un rail de sécurité. Furieux de cet accident, mais aussi certainement très fâché de s'être fait damer le pion par un jeune rival, le champion du monde tempêta que Scheckter était «un danger public» — refrain connu.

Lors de la course suivante, à Silverstone, Scheckter partit en tête-à-queue au milieu du peloton et provoqua une formidable collision entre huit voitures. Il fallut interrompre la course. Heureusement, seul Andrea de Adamich était blessé (une fracture de la jambe), mais Scheckter se vit menacé d'interdiction de course en Formule I. McLaren le tint à l'écart pendant plusieurs épreuves pour qu'il se calme, puis ce fut le Grand Prix du Canada à Mosport où il s'écrasa contre la Tyrrell de François Cevert, mettant les deux voitures hors de combat.

Quelques jours plus tard, avant le Grand Prix des États-Unis, Ken Tyrrell annonçait qu'il engageait Scheckter pour prendre la place de Jackie Stewart, celui-ci ayant décidé d'abandonner définitivement la course. Scheckter devait donc être le coéquipier de Cevert pour la saison 1974. Malheureusement, cette association ne se matérialisa jamais, car Cevert trouva la mort alors qu'il s'entraînait sur le circuit de Watkins Glen. Jody Scheckter fut le premier pilote à arriver sur les lieux de l'accident. Le pilote français, très talentueux, charmant et extrêmement populaire, fut affreusement mutilé lorsque sa Tyrrell, qui s'était retournée, glissa à califourchon sur un rail de sécurité. L'accident allait avoir un effet marqué sur la carrière de Jody Scheckter. Sans rien perdre de sa compétitivité, il devint extrêmement soucieux de la sécurité des pilotes. Lorsqu'il arriva chez Ferrari, il comptait à son palmarès sept victoires en Grand Prix, quatre avec Tyrrell et trois avec Wolf.

Scheckter était aussi accompagné d'une réputation d'homme dur, cassant, extrêmement volontaire, profondément sérieux et plutôt grognon de caractère. Son surnom, «l'Ours » (ou «Baby Bear » pour ceux qui se souvenaient que Denny Hulme avait été autrefois lui aussi «The Bear »), lui venait autant du mauvais caractère qu'on lui prêtait que de sa tignasse crépue et de l'expression renfrognée que lui donnait un visage aux traits appuyés. Chez Ferrari, il prit très au sérieux son travail de pilote, mais il apprit aussi à se détendre et devint beaucoup plus sociable, maniant à merveille l'humour à froid. Il menait une vie aisée avec Pam et leur enfant, Tobia, dans un splendide penthouse de Monaco, en bordure de la mer, où il avait aussi ses bureaux et une secrétaire pour s'occuper de la Scheckter Company. À ses moments perdus, il fréquentait des amis, par exemple son voisin Bjorn Borg, avec qui il jouait régulièrement au tennis. Et il s'entendait merveilleusement bien avec tout le monde chez Ferrari, particulièrement avec Gilles.

«À mon avis, avec Gilles et Jody, j'ai eu la meilleure équipe de toute ma vie, dira Mauro Forghieri. Quand les voitures nous faisaient des difficultés, aucun des deux pilotes ne montait sur ses grands chevaux. Ils travaillaient et travaillaient encore pour nous aider et nous trouvions des solutions, des idées pour améliorer la voiture. Je pense que sans jamais s'en dire un mot, ils avaient pris entre eux la décision de se battre loyalement et de tenter leur chance chacun de son côté. Si l'un d'eux était en tête, l'autre lui donnait un coup de main. Ils couraient ensemble, avec une honnêteté totale. C'était une équipe très professionnelle. Gilles était heureux d'aider Jody. À mon avis, il trouvait que Jody lui ressemblait un peu. Jody était comme Gilles au début de sa carrière. C'était un «battant», mais un «battant» qui comprenait ce qu'il fallait faire pour remporter le championnat.»

Marco Piccinini, entré chez Ferrari la même année que Gilles, a gardé lui aussi un très bon souvenir de cette année 1979. «Cette saison avec Jody et Gilles a certainement été l'une des plus heureuses de ma carrière. En onze années

212

chez Ferrari, je n'ai jamais vu une meilleure combinaison de pilotes et de personnalités. » (Piccinini quitta l'équipe à la fin de 1988 pour se lancer dans les affaires, tout en restant membre du conseil d'administration de Ferrari.) «Au début, quand Jody est arrivé, il sous-estimait Gilles. Mais quand il s'est présenté sur le circuit de Fiorano, il était loin des temps que Gilles parvenait à faire. Naturellement, quand il a appris à mieux connaître la voiture, il est devenu très compétitif. C'est alors qu'il a compris que Gilles était un excellent pilote, mais aussi un chic type. Ils sont devenus très amis et je pense que cette amitié explique en partie la très belle saison de Ferrari en 1979.»

Piccinini avait une formation d'architecte, mais ses fonctions de directeur sportif et de chef d'équipe chez Ferrari exigeaient de lui des aptitudes de diplomate pour maintenir l'harmonie dans son écurie. Il aurait plus tard des difficultés sur ce chapitre avec Villeneuve et Pironi, puis avec d'autres combinaisons de pilotes, alors que l'alliance Scheckter-Villeneuve lui avait rendu la tâche très aisée. En fait, les rapports qu'il envoyait régulièrement à Enzo Ferrari contenaient surtout de bonnes nouvelles: «Le championnat était une affaire de famille, entre Gilles ou Jody. Cette situation aurait pu créer de nombreux problèmes, comme nous le voyons maintenant lorsqu'elle se présente dans d'autres équipes. Nous n'avons jamais connu cela chez nous, à mon avis à cause des qualités humaines des deux personnes en cause.»

Les problèmes entre coéquipiers naissent invariablement de la préférence réelle ou supposée accordée à un pilote plutôt qu'à un autre. Pour les éviter, certaines équipes désignent un pilote numéro un et un pilote numéro deux, mais Ferrari préfère généralement laisser ses pilotes tirer eux-mêmes les choses au clair d'après les résultats des courses. Cette formule peut elle aussi créer des tensions, quand l'amour-propre de l'un des pilotes se trouve blessé, mais la stratégie présente l'avantage de pousser les deux équipiers à donner le meilleur de leurs possibilités.

«Ferrari n'a jamais eu de premier et de second pilote, explique Piccinini. M. Ferrari avait coutume de dire que le premier pilote est choisi le dimanche soir après la course, mais que tout est remis en cause à la course suivante. Naturellement, lorsqu'un titre de champion est en jeu et que nous sommes en compétition avec une autre équipe, nous demanderons peut-être à un pilote de se sacrifier un peu pour aider son coéquipier. Il ne s'agit pas vraiment de donner la préférence à un pilote, mais plutôt de faire ce qui est dans l'intérêt de l'équipe.»

Malgré cette politique déclarée d'égalité entre les pilotes, Scheckter était de loin le plus expérimenté des deux. Il était le mieux payé et il fut chargé de l'essentiel des essais d'hiver à Fiorano. Son contrat prévoyait qu'il aurait la priorité sur la voiture de réserve aux courses. Si bien que dans son esprit, sa position privilégiée ne faisait aucun doute quand il entra dans l'équipe. «Je ne savais pas vraiment grand-chose de Gilles lorsque Ferrari m'a engagé. Pourvu que je sois le premier pilote, je ne m'intéressais pas tellement à savoir qui était le numéro deux. Mais Ferrari avait des ressources suffisantes pour présenter un véritable doublé et il n'y avait pas tellement de différence entre nous deux. Nous avions les mêmes ordres: quand la situation devenait claire en course, celui qui était en tête restait en tête. Si nous n'avions pas d'autres concurrents, c'était la règle. Sans aucun doute, si nous étions premier et deuxième devant tous les autres, nous devions garder nos positions.»

Scheckter, qui fait aujourd'hui de brillantes affaires à Atlanta, en Géorgie, raconte comment Gilles et lui en sont venus à former une équipe unie. «La raison pour laquelle Gilles et moi avons eu tant de succès, c'est que nous étions parfaitement honnêtes l'un avec l'autre. Il fallait que nous le soyons. C'était un peu comme si nous vivions ensemble et, même si dans mon esprit mes intérêts avaient la priorité sur ceux de Ferrari, je ne voulais pas commencer à me disputer avec quelqu'un qui vivait dans la même maison que moi. Gilles et moi avions le même âge (même s'il racontait des histoires sur son âge et qu'il prétendait toujours avoir deux ans de moins — nous plaisantions souvent sur ce détail) et nous nous respections l'un l'autre. Je le respectais pour ce qu'il était, pour ses points forts, pour ses qualités. Et je crois

214

qu'il me respectait pour les mêmes raisons. Nos relations se sont renforcées peu à peu, même si nous avons eu de grosses difficultés à certains moments. En fait, il s'agissait d'une question de confiance. Nous devions nous faire confiance. Vous pouvez faire confiance à quelqu'un lorsque vous prenez simplement un verre avec lui, mais vous apprenez à connaître les gens et la confiance doit aller beaucoup plus loin lorsque vous vous trouvez dans une situation de guerre. Et quand vous faites de la course, vous faites la guerre.»

2   *Moi, je voulais rester vivant, mais Gilles devait être le plus rapide à chaque tour, même aux essais.*
Jody Scheckter

La guerre des Grands Prix 1979 commença en Argentine, trois jours après le vingt-neuvième anniversaire de Gilles. Il se classa dixième aux épreuves de qualification, avec un temps de 1 seconde, 3 dixièmes, derrière Jody. Mais les Ferrari 312-T3 n'étaient pas à la hauteur des Ligier de Jacques Laffite (qui gagnera la course) et de Patrick Depailler, qui se classèrent en tête. Les Argentins sifflèrent copieusement Jody qui avait pris la place de Reutemann chez Ferrari et ils ne furent sans doute pas mécontents lorsqu'il dut s'arrêter au premier tour, avec plusieurs autres. La Ferrari toucha la McLaren de John Watson, perdit une roue et heurta la Lotus de Mario Andretti. Plusieurs autres voitures qui les suivaient vinrent grossir le tas de ferraille et il fallut interrompre la course pour mettre un peu d'ordre dans ce carnage.

Cinq voitures ne purent reprendre le départ. La Brabham de Nelson Piquet s'était effondrée sur ses pieds, et le pilote s'était foulé les orteils. Furieux, Scheckter, qui s'était fait une entorse au poignet, dut abandonner lui aussi, le médecin du circuit ayant jugé qu'il n'était plus en état de piloter. Quant à Gilles, il fut incapable d'aider la cause de Ferrari: il partit en tête-à-queue alors qu'il était en sixième place, puis il dut faire un arrêt au stand pour changer ses Michelin, avant d'être contraint d'abandonner vers la fin de la course dans un nuage de fumée, son moteur grillé.

Somme toute, la course de Buenos Aires ne donna pas beaucoup de matière aux journalistes parmi lesquels Gilles commençait cependant à se faire des amis de plus en plus nombreux. Pour les courses qui ne se déroulent pas en Europe, le grand cirque de la Formule I tend à se faire plus intime: tout le monde voyage à bord des mêmes avions, descend dans les mêmes hôtels, mange dans les mêmes restaurants. Mais la plupart des hauts dignitaires et des superstars gardent leurs distances et daignent rarement sortir du cocon protecteur de leurs petites coteries. Gilles n'était pas ainsi. À l'étranger, il n'avait le plus souvent que Johanne comme compagnie et sa facilité d'abord était beaucoup appréciée dans un milieu de prima donna capricieuses ou de pilotes muets comme des carpes dont c'était un exploit que de tirer autre chose que quelques mots superficiels sur les rapports d'une boîte de vitesses ou la dureté relative d'une suspension. Les mots pittoresques de Gilles étaient toujours bons à citer et il fut bientôt dans les meilleurs termes avec plusieurs journalistes. Bien entendu, ce fut son style spectaculaire qui créa sa légende, mais sa personnalité agréable et l'impression d'honnêteté qui se dégageait de lui firent beaucoup pour l'amplifier. Et ces dernières qualités lui valurent l'estime et l'amitié de plusieurs journalistes qui devinrent très proches de lui.

L'un d'eux était Peter Windsor, alors responsable de la rubrique sportive de la revue anglaise *Autocar* (et plus tard administrateur de l'équipe Williams), qui devint un fan de Villeneuve. «J'ai appris à connaître Gilles sur une période de deux ou trois années, raconte Windsor, et j'ai trouvé en lui une personne incroyablement charmante et amicale. Il aimait piloter, au sens physique du terme, mais c'était aussi un homme très sensible et chaleureux, attentif à ceux qui l'entouraient, toujours aimable. Et il aimait beaucoup plaisanter. À Watkins Glen, en 1978, il avait été victime d'un piston crevé. Environ une semaine plus tard, je lui demande de signer une photo pour moi. Voici sa dédicace: «À ce maudit Peter qui a baisé mon piston à Watkins Glen! Meilleurs vœux, Gilles.»

216

«Je lui avais dit un jour que nous étions à peu près du même âge, raconte Windsor, et nous plaisantions entre nous sur qui de nous deux vieillissait le plus vite. Après cela, il s'est toujours souvenu de mon anniversaire et à peu près trois années de suite, alors que je ne m'y attendais pas du tout, il m'a appelé à l'hôtel vers cinq heures de l'après-midi pour me dire: «Pourquoi ne viendrais-tu pas dîner avec Johanne et moi ce soir ?» Le repas était toujours conforme à son menu habituel: steak ou hamburger, suivi d'une glace nappée d'une sauce au chocolat.»

Windsor et ses collègues étaient également emballés par le style de Villeneuve au volant dans la vie de tous les jours. «Quand il me ramenait à l'hôtel, au Brésil, Gilles prenait tous ses virages au frein à main, comme si c'était la chose la plus naturelle du monde. Rien ne l'arrêtait, que ce soit un feu de circulation ou un embouteillage. Il utilisait le moindre pouce d'espace libre pour foncer. Avec Gilles, il n'y avait qu'une seule allure: «En avant toute.»

Un autre passager occasionnel était Len Coates, un journaliste canadien qui avait commencé à suivre la carrière de Gilles en Formule Atlantique, avant de couvrir ses premières saisons en Formule I pour le *Toronto Star*. Gilles appréciait beaucoup qu'au moins un journaliste canadien connaisse la musique et puisse ainsi assurer le contact avec le reste de la presse canadienne. Les deux hommes s'entendaient magnifiquement bien, au point qu'ils songeaient à écrire ensemble les mémoires de Gilles. Le projet ne vit jamais le jour, mais Coates en conserva une foule d'anecdotes.

C'est dans les rues de São Paulo, à bord d'une Fiat 128 arborant le message «VILLENEUVE Grande Premio do Brasil F1 1979» que Coates fit sa première ballade en voiture avec lui. Gilles conduisit exactement comme si le départ de la course avait déjà été donné. Alors qu'ils quittaient le São Paulo Hilton pour le circuit d'Interlagos, Gilles écrasa l'accélérateur et, selon Coates, le trajet au milieu d'une circulation très dense se déroula à peu près comme ceci: «*Vroum, vroum, vroum. Hiiii ! Vroum, vroum, vroum. Hiiii !*» Admiratifs, les Brésiliens l'encourageaient de la voix: «*Vamos Gilles ! Vamos !*» Coates crut un moment que Gilles se donnait en spectacle devant le public. «Il m'a fallu à peu près 300 mètres pour comprendre qu'il conduisait toujours ainsi. Chaque feu rouge était le signal d'une course d'accélération. Chaque virage devait se prendre pleins gaz. Le moindre petit trou dans un embouteillage devenait une cible pour la Fiat.»

Au début, Coates n'en menait pas large: «Je devais faire un effort pour me souvenir que ce n'était pas un simple mortel qui était là, au volant. Je me répétais: «C'est un pilote de Grand Prix, l'un des meilleurs du monde. C'est un pilote de Grand Prix...» Peu à peu, alors qu'ils se faufilaient sans un accroc dans une circulation qui est l'une des pires du monde, Coates commença à desserrer ses doigts, déjà tout blancs aux jointures, et son penchant journalistique le poussa à observer de plus près le conducteur. «Premièrement, il se concentre. Il sait toujours exactement ce qui se passe autour de lui. Deuxièmement, il n'hésite jamais. Quand il a fait le point de la situation, il fonce sans le moindre flottement. Enfin, Villeneuve comprend parfaitement les forces qui agissent sur une automobile. Par exemple, nous avions dépassé la rue que nous voulions prendre. Un coup sec de frein à main, et un instant plus tard nous étions dans la bonne direction.»

Après ces exploits dans les rues de São Paulo, Gilles ne s'en tira pas trop mal au volant de sa Ferrari. Les trois premières lignes de la grille de départ du Grand Prix du Brésil étaient parfaitement symétriques: les Ligier, suivies des Lotus, puis des Ferrari. À l'arrivée, Laffite et Depailler étaient premier et deuxième, pour la plus grande gloire de la France, alors que Gilles et Jody faisaient de leur mieux pour défendre l'honneur de l'Italie avec une cinquième et une sixième places, après divers arrêts au stand pour changer leurs gommes Michelin. Mais ils avaient un tour complet de retard sur les Ligier, 7 960 mètres d'écart, et de toute évidence leurs machines étaient totalement surclassées. Dans le stand de Ferrari, à la fin de la course, on n'était donc pas du tout mécontent que ce soit la dernière sortie de la Ferrari T3 qui serait remplacée par le nouveau modèle à effet de sol pour la prochaine course, dans le pays natal de Jody.

Quand la nouvelle Ferrari 312-T4 de Mauro Forghieri fit son apparition au Grand Prix d'Afrique du Sud, certains pensèrent que c'était la plus vilaine voiture qui ait jamais porté l'emblème du cheval cabré. Avec un avant qui faisait penser au nez d'un requin marteau et un arrière semblable à la queue de quelque espèce apparentée, on aurait dit un bizarre spécimen sorti des profondeurs océanes, et même — pour être franc — à un spécimen sur le point de mettre bas. Plutôt large pour loger l'encombrant 12 cylindres à plat (qui entrait dans sa neuvième année de service), elle était équipée de deux bulbes sur les côtés et de jupes mobiles pour accentuer l'effet de sol. Même si sa largeur l'empêchait d'être une véritable voiture à effet de sol, elle montra aussitôt ce qu'elle avait dans le ventre à Kyalami, à peine sortie des caisses de transport.

«La voiture est beaucoup plus précise et se comporte bien mieux en freinage», dit Gilles qui fit aux essais un chrono d'un dixième de seconde de plus que Jody, lui-même à peine distancé par le premier sur la grille de départ, Jean-Pierre Jabouille au volant de la Renault turbocompressée. Les deux pilotes de Ferrari se mirent d'accord sur leur stratégie de course, comme le racontera Gilles: «J'ai dit à Jody que s'il était premier et moi second, ça n'aurait pas tellement d'importance. Si j'étais trop loin derrière, j'essaierais de remonter, mais si j'étais près de lui, je ne l'attaquerais pas. Il était d'accord, mais je voulais vraiment me rapprocher de lui au début de la course.» Leur accord diplomatique signifiait que le départ serait en fait la seule occasion pour l'un ou l'autre d'établir sa suprématie. Ils bénéficièrent de deux départs pour se faire la main, deux départs passablement mouvementés.

Une foule de cent mille personnes était là, et la plupart des spectateurs s'étaient munis de parapluies et d'imperméables car le ciel était menaçant. Au feu vert, les Ferrari prennent un peu d'avance sur la Renault. Jody mène quelque temps, puis Gilles le double. Mais alors qu'ils vont terminer le premier tour, Jabouille attaque avec toute la puissance de sa Renault pour dépasser les Ferrari. Au tour suivant, le trio refait son apparition, Villeneuve menant d'un cheveu devant

Scheckter et Jabouille. Leur féroce empoignade prend fin au troisième tour lorsqu'une violente averse fait sortir une forêt de parapluies dans la foule et le drapeau rouge des officiels.

Tout le monde rentre aux stands pour attendre que le temps se décide, dans un sens ou dans l'autre. Mais les éléments sont d'humeur inconstante. Alors que le ciel brille, des nuages d'orage traînent çà et là. Faut-il utiliser les pneus de pluie ? La décision n'est pas facile. Jody décide de conserver ses pneus lisses, tandis que Gilles opte pour les pneus de pluie. «Forghieri aurait préféré que nous repartions tous les deux avec des pneus lisses, dira Gilles. Mais cinq minutes avant le deuxième départ, j'ai décidé de faire monter des pneus de pluie. Le circuit était encore très humide et je pensais qu'on risquait de perdre facilement le contrôle avec des pneus lisses. J'ai calculé que je pourrais faire un meilleur départ avec les pneus de pluie et prendre ainsi une avance qui me laisserait le temps de remonter les pneus lisses si le revêtement finissait par sécher.»

Quand les feux passèrent au vert, la stratégie de Gilles lui donna une avance minime sur Jody, lui-même juste devant Jabouille. L'énorme nuage de gouttelettes que projetaient leurs roues les empêchait de voir ce qui se passait derrière eux. Le plan de Gilles marcha à la perfection pendant les premiers tours. Puis le soleil sud-africain se décida à percer à travers les nuages, avant que Villeneuve n'ait pu constituer un coussin suffisant entre lui et Jody. Une bande sèche apparut bientôt sur le circuit. L'avantage des pneus de pluie se transforma en handicap et tous ceux qui en avaient durent s'arrêter à leur stand pour les changer. Gilles fut le dernier à faire escale, au quinzième tour, et son avance de quinze secondes sur Jody disparut au cours des dix-huit secondes qu'il fallut à l'équipe Ferrari pour monter les Michelin lisses.

Pourtant, l'avantage de Jody commençait à s'amenuiser, ses pneus ayant perdu de leur adhérence à la suite du traitement brutal qu'il leur avait infligé. Au cinquantième tour, les deux Ferrari se suivaient dans la foulée et Jody, un peu énervé par la tournure que prenaient les événements, donna le coup de grâce à ses Michelin lorsqu'il rabota un de ses pneus avant en freinant. Les vibrations devinrent si fortes que, trois tours plus tard, il fonçait vers son stand pour changer de gommes. Moins de vingt secondes après, il reprenait la course et commençait aussitôt à grignoter l'avance de Gilles, une avance qui était de trente-six secondes quand Jody retrouva sa vitesse. La situation était maintenant renversée: Gilles devait ralentir son allure pour économiser ses pneus. Tour après tour, l'intervalle qui séparait les deux Ferrari s'amenuisait, pour le plus grand plaisir des cent mille spectateurs venus applaudir leur compatriote. Mais des tours, il n'en restait plus beaucoup maintenant, et au soixante-dix-huitième et dernier, Jody franchit la ligne d'arrivée avec quarante-deux centièmes de seconde de retard sur son coéquipier.

«C'est dangereux la course !» plaisanta Gilles, qui dut monter en claudiquant sur le podium après s'être légèrement foulé la cheville en sautant hors de sa voiture. «Je suis très heureux d'avoir remporté la dernière victoire de la Ferrari T3 et la première de la Ferrari T4 !» Il avait également fait le tour le plus rapide en course, battant le record du circuit, et ceux qui croyaient que le petit Québécois n'avait rien d'autre qu'un pied droit passablement lourd durent bien admettre qu'il savait aussi réfléchir et planifier une course.

«J'ai attendu d'avoir consommé du carburant avant de pousser trop dur sur les pneus, expliqua Gilles, et puis, quand je sentais que les pneus avant ou arrière commençaient à s'en aller, je modifiais mon style de conduite pour leur faire reprendre le rang. Jody est arrivé tout près et si j'avais fait une faute, il aurait facilement pu m'avoir. J'ai décidé de garder mon sang-froid et de tenir bon.»

Jody reconnut que son plan avait été moins heureux, mais il prit la chose avec philosophie: «Je l'ai cherché. J'y ai été trop fort au début et j'ai attendu trop longtemps pour changer mes pneus. J'aurais dû revenir plus tôt au stand.»

Ainsi, Gilles était-il dans les bonnes grâces de Ferrari lorsqu'il arriva à Long Beach, en Californie (où il avait dû abandonner un an plus tôt, alors qu'il était en tête). Croyait-il pouvoir devenir champion du monde ? «J'ai peut-être une chance, mais ce n'est pas comme ça que je vois les choses. Je prends chaque course l'une après l'autre. J'espère gagner chaque course à laquelle je participe. Mais je n'ai pas le championnat en tête. Ma stratégie consiste à être aussi rapide que je peux, tout le temps, et c'est exactement ce que je vais faire ici. Sauf qu'au trentième tour, je vais faire attention à ne pas rentrer dans un rail de sécurité !»

C'est pourtant exactement ce qu'il fera à son deuxième tour d'essai: un dérapage qui le fit sortir de la piste et dont l'avant de sa T4 sortit un peu cabossé. «C'était stupide d'essayer d'aller trop vite trop tôt», reconnut-il, tout en tournant encore plus vite lorsqu'il reprit le volant. En fait, il fut le plus rapide aux épreuves de qualification et, pour la première fois, remporta la première place sur la grille de départ en Formule I. Ce n'était pas un petit exploit pour Gilles que d'arracher le meilleur chrono à son ancien coéquipier, Carlos Reutemann, à bord d'une Lotus qui avait depuis longtemps fait ses preuves. Jody était troisième sur la grille, si bien que la Lotus de Lole se trouvait prise en sandwich entre deux Ferrari. Et après quelques hoquets au début de la course, Gilles n'en ferait finalement qu'une bouchée.

Le premier pilote sur la grille de départ est censé mener sagement le tour de parade, puis prendre sa position sur la ligne de départ en attendant le feu vert. Gilles n'était pas habitué à ces responsabilités. Quand Reutemann dut filer au stand pour faire réparer une défaillance électrique, Gilles se retrouva seul en première ligne et continua à rouler au lieu de s'arrêter. Tout le monde dut donc faire un autre tour de parade. Plus tard, Gilles écopa d'une amende de dix mille francs suisses pour avoir causé la confusion, mais qu'importe: tout alla comme sur des roulettes au deuxième essai et Villeneuve mena le Grand Prix des États-Unis Ouest depuis le début jusqu'à la fin.

Jody, qui utilisait une gomme plus dure que Gilles, dut se battre pour sa deuxième place contre Depailler, Laffite et consorts, tandis que Gilles faisait une course en solitaire, absolument impeccable, battant deux records sur ce circuit: meilleur temps total et meilleur chrono sur un tour. Une prouesse d'autant plus remarquable que des pilotes comme

222

Lauda et Tambay avaient terminé la course contre les murs ceinturant le circuit de Long Beach et que neuf voitures seulement avaient pu franchir la ligne d'arrivée.

En fait, la suprématie de Villeneuve fut si écrasante que le reste de la course ne présenta guère d'intérêt. Sa victoire le plaçait en tête pour le championnat du monde, avec vingt points (contre dix-huit pour Laffite et treize pour Scheckter). Bref, tout allait pour le mieux dans le meilleur des mondes: «Les gens disaient que j'avais eu de la chance à Montréal, parce que Jarier avait dû abandonner. En Afrique du Sud, ils disaient que si j'avais gagné, c'était uniquement à cause de la pluie et des problèmes de pneus. Mais maintenant, ils auront beau dire, cette course, je l'ai bien gagnée.»

3   *La course automobile était une affaire romantique pour lui. Nous étions des amis intimes, nous faisions le même travail pour la même équipe, mais avec une attitude complètement différente.*
Jody Scheckter

Au milieu des trois semaines qui allaient s'écouler avant le début de la saison européenne en Espagne, à la fin du mois d'avril, quelques équipes de Formule I participèrent à une course hors championnat, à Brands Hatch, en Angleterre. Choisi pour défendre les couleurs de Ferrari sur une version revue et corrigée de la T3, Villeneuve avait pour rivaux six autres habitués des Grands Prix et douze participants de la série britannique Aurora AFX pour voitures usagées de Formule I. Gilles se classa troisième aux essais de qualification, derrière Lauda et Andretti, mais devant Nelson Piquet, le nouveau pilote brésilien dont on comparait le talent à celui de Gilles quand il avait fait ses débuts en Formule I. Andretti prit un mauvais départ et fut aussitôt distancé par Lauda et Villeneuve. Lauda dut s'arrêter pour changer de pneus et Villeneuve prit un virage trop large pour laisser passer Andretti. Au vingt-septième tour, Gilles était coude à coude avec le vétéran américain, bientôt ralenti par des problèmes de boîte de vitesses et de pneus. Gilles remporta donc facilement la course des champions, devant Piquet et Andretti. Cette course ne lui donnait pas de points pour le championnat du monde, mais c'était sa troisième victoire consécutive et désormais, rien ne semblait pouvoir l'arrêter.

«Il est superbe, et je pense qu'il va faire de mieux en mieux», prédisait Jackie Stewart. «Gilles est méconnaissable», renchérissait John Watson qui l'avait pourtant critiqué autrefois et qui n'avait encore remporté que quatre points au cours de la saison 1979 sur sa Marlboro McLaren. «Il est très très rapide et il a un potentiel incroyable.» (Le coéquipier de Watson, Patrick Tambay, n'avait toujours pas remporté de points.) Quant à Jody Scheckter, il préféra prendre la chose à la plaisanterie devant les journalistes: «L'équipe était censée se composer de moi et de ce petit Canadien. J'étais censé gagner toutes les courses. Il était censé me regarder pour apprendre.»

«En fait, reconnaît-il aujourd'hui, j'étais fou furieux ! Quand Gilles a gagné les deux premières courses, c'était déjà difficile pour moi. J'ai certainement compris tout de suite qu'il était rapide et la presse italienne semblait d'humeur à nous voir nous battre ensemble. Mais indépendamment de cela, il faut bien dire que la pression est forte, parfois plus forte même quand il s'agit de votre coéquipier, parce qu'il a le même type de voiture que vous. Alors, s'il vous bat, vous n'avez pas d'excuses.»

Ferrari fit une déclaration à la presse avant le Gran Premio de España, la cinquième course de 1979, en partie pour répondre aux journalistes italiens qui réclamaient que Ferrari mette Scheckter sur la touche et pousse Villeneuve au titre de champion du monde. En résumé, le communiqué précisait que celui qui menait actuellement aux points avait la bénédiction de la Scuderia dans sa quête du titre de champion du monde et qu'il serait peut-être nécessaire de revoir le statut des pilotes de Ferrari plus tard dans la saison. En d'autres termes, Ferrari donnait clairement à entendre qu'aucun traitement préférentiel n'allait être accordé au premier pilote de l'équipe, comme cela avait été le cas chez Lotus la saison précédente lorsque Peterson avait dû jouer les seconds violons pour son chef d'équipe, Andretti. Gilles et Jody devraient donc tirer l'affaire au clair entre eux, ce qu'ils firent avec beaucoup d'acharnement sur le circuit de Jarama.

Aux essais de qualification, les deux Ferrari se livrèrent un combat qui aurait pu faire penser que le titre était en jeu à chaque tour. À la fin de la première journée, Gilles avait un meilleur temps que Jody. Le samedi, il améliorait encore légèrement son chrono, mais pas suffisamment pour rattraper les Ligier de Laffite et de Depailler. Jody fit un énorme tête-à-queue, eut des problèmes de châssis, puis fut gêné par des traînards alors qu'il allait réussir son meilleur chrono. Il était furieux, et il fallut que Mauro Forghieri le console de devoir se contenter d'une cinquième place sur la grille de départ.

Pendant la course, la chance tourna pour les deux pilotes de Ferrari. Gilles, fatigué de courir en quatrième place derrière Reutemann, tenta de l'avoir aux freins, bloqua ses roues arrière et fit un tête-à-queue devant les voitures qui le suivaient. Tout le monde parvint à l'éviter et Gilles reprit la course pour répéter sa figure de voltige au tour suivant, alors qu'il tentait une deuxième fois de passer aux freins, cette fois la voiture de Piquet. La Ferrari fit une sortie spectaculaire dans un énorme nuage de poussière, puis remonta sur la piste après un intéressant dérapage au moteur — accélérateur au plancher et magnifique chassé de l'arrière pour orienter la T4 dans la bonne direction. Tombé en treizième place, Gilles décida de se calmer un peu pour étudier la situation. Pendant ce temps, Jody filait à bonne allure en troisième place, derrière Reutemann. Vers la fin, ses pneus le lâchèrent et il retomba en quatrième place sur la ligne d'arrivée, derrière le vainqueur, Depailler.

Gilles s'était arrêté pour changer ses Michelin alors qu'il lui restait dix-sept tours à faire, puis était reparti à toute allure, remportant haut la main le meilleur chrono de la course, avec 1 seconde 56 centièmes de moins que le suivant, Alan Jones. Mais dans sa poursuite éperdue, il perdit sa deuxième vitesse et n'arriva que septième, ce qui ne lui donnait aucun point. Depailler l'avait rattrapé en tête de la course au titre de champion du monde, mais Gilles était loin d'être mécontent: «La journée a été bonne. Nous avons eu des problèmes de pneus, mais beaucoup moins que dans le passé.» Il avait prouvé qu'il était le plus rapide à Jarama, un point qui était extrêmement important pour lui — peut-être trop, selon Jody Scheckter.

«Gilles voulait faire le meilleur tour. Il ne voulait pas vraiment gagner ses courses, il ne voulait pas remporter le championnat du monde, dira Scheckter. C'était un type très intelligent, mais à mon avis il ne cherchait pas ce qu'il fallait dans la course. À voir les stupidités qu'il faisait, j'ai compris que j'avais une chance de remporter le championnat contre lui.

«Au début de ma carrière, je pense que j'étais aussi tête brûlée que lui. Mais quand je suis passé chez Tyrrell, j'ai changé et j'ai compris que ce n'était pas la manière de remporter le titre de champion du monde. Peut-être grâce à Ken Tyrrell qui ne cessait pas de me bourrer le crâne en me disant qu'on ne gagne pas des courses en faisant les meilleurs chronos. Mais Gilles voulait tellement tourner plus vite que tout le monde que lorsqu'il sentait que ses pneus le lâchaient, il filait au stand, faisait monter de nouveaux pneus et puis remportait le record du tour le plus rapide.

«Je me disputais avec lui à ce sujet. Je lui disais qu'il valait mieux rester en piste avec des pneus usés, parce que c'était probablement la manière d'obtenir le meilleur résultat en fin de compte. Moi aussi je faisais chasser mes voitures, c'était mon style naturel, mais avec l'apparition des voitures à effet de sol, les pneus surchauffaient et s'usaient très vite si vous les faisiez déraper.

«Gilles aimait son image d'enfant terrible et il la cultivait. J'allais souvent en voiture à Fiorano avec lui. Pendant tout le trajet, il était généralement parfaitement raisonnable. Et puis, à dix kilomètres de Maranello, il devenait complètement fou, faisait patiner ses roues, dérapait dans tous les sens. Gilles voulait impressionner et je lui disais qu'il perdait la boule dès que nous approchions de Maranello. Nous en plaisantions entre nous. Il arrivait comme une bombe sur le terrain de stationnement de l'usine et partait aussitôt dans un tête-à-queue à trois cent soixante degrés. Les mécaniciens étaient ravis, naturellement. Moi, j'étais assis sur mon siège, plutôt content de le voir à l'œuvre, parce que je pensais que si un type fait ce genre de choses sur la route, il va commettre pas mal de fautes en course. Autant de chances pour moi de le battre.»

«Mais je ne laissais pas Gilles faire le clown sur les autoroutes, parce qu'à la vitesse où nous allions, son petit jeu aurait pu être aussi dangereux qu'une course.» Et après quelques voyages à Fiorano, Jody insista pour conduire lui-même sa propre Ferrari 400. Mais à moins d'en faire à sa tête, Gilles s'ennuyait mortellement sur la route. Il lui fallait absolument se distraire — par exemple en brandissant le journal qu'il était en train de lire devant les yeux de Jody, au volant: «Regarde Jody, regarde un peu ce qu'ils écrivent sur toi. Tu es célèbre !»

Et ce qu'ils lisaient, particulièrement dans la presse italienne, faisait souvent rire les deux amis. «Nous avions une relation très ouverte, explique Scheckter, ce qui n'était pas du goût de certains journalistes qui essayaient d'inventer des histoires. Ils venaient me voir pour me dire: «Gilles a dit telle chose sur vous, qu'il est beaucoup plus rapide que vous, même s'il a cassé une vitesse, etc.» Mais Gilles savait que j'étais honnête, et je savais qu'il l'était lui aussi. Nous n'avons jamais eu de problèmes entre nous, à un niveau personnel. Alors, Gilles et moi, nous nous foutions pas mal de la presse, parce que nous savions bien tous les deux ce qui se passait vraiment.»

Les journalistes eurent bien des choses à raconter à propos de la course suivante, le Grote Prijs van Belgie. Le circuit de Zolder avait une allure particulièrement maussade le matin où commencèrent les essais privés, sous une pluie persistante. Le seul rayon de soleil pour les enthousiastes était la Ferrari numéro 12 qui fonçait sur la piste mouillée, projetant d'immenses gerbes d'eau dans les lignes droite, partant en crabe dans les virages, aussi vive et agile qu'une libellule à la surface d'un étang. La persévérance de Gilles fut payée de retour lorsque la pluie cessa de tomber pendant la séance officielle de l'après-midi: il réussit le meilleur chrono de la journée. Mais les éléments masquaient le fait que les pneus de qualification Michelin n'étaient pas à la hauteur de leurs concurrents Goodyear.

Les gommes de qualification, extrêmement souples, ne conservaient leur adhérence phénoménale que pendant deux ou trois tours, si bien que le pilote devait nécessairement prendre des risques. Bien des pilotes de Formule I essayaient d'ailleurs de les faire interdire (et Gilles sera plus tard de ceux-là), mais les fabricants de pneus tenaient beaucoup à la publicité que leur valait une bonne position sur la grille de départ. Les pneus de qualification joueraient un rôle dans la mort de Gilles à Zolder, en 1982; mais en 1979, ils ne servirent qu'à le faire redescendre sur la grille. La piste était sèche lors de la séance de qualification du samedi et les Ferrari dégringolèrent, laissant Gilles en sixième place et Jody en septième sur une grille de vingt-quatre voitures.

Il faisait beau et chaud le jour de la course. Comme d'habitude, la police locale ne cachait ni ses matraques ni ses chiens, sans pour autant parvenir à juguler l'enthousiasme de l'important contingent des supporters de Ferrari, installés dans la tribune principale. Drapeaux et bannières aux couleurs de la Scuderia saluèrent vigoureusement leurs favoris qui terminèrent leur premier tour dans l'ordre où ils s'étaient qualifiés, mais sur les talons des hommes de tête: Depailler, Jones, Piquet, Laffite et Andretti. Regazzoni était lui aussi parti en chasse et menaçait les Ferrari. Au deuxième tour, l'enthousiasme des fans de Ferrari baissa d'un cran quand la voiture numéro 12 ne se présenta pas au rendez-vous, après un accrochage dans la chicane, à l'autre bout du circuit.

«Dans la chicane, Regazzoni a accroché Jody. Jody avait l'avantage dans le virage, mais Clay a voulu forcer l'ouverture.» C'est ainsi que Gilles vit la situation. «J'ai pensé que quelque chose avait cassé sur la voiture de Clay, mais je ne pouvais rien faire. J'étais à un pied derrière lui, et il s'est arrêté pile. Je lui suis rentré dedans avec mon aileron et je lui ai monté dessus avec ma roue. »

Dans son récit, Gilles omet de mentionner qu'il fit une énorme cabriole par-dessus la Williams de Regazzoni, reprenant pour la deuxième fois sa figure artistique de Long Beach. Regazzoni se trouva aussitôt hors de combat, mais cette fois la voiture de Gilles n'était pas immobilisée. Gilles partit dare-dare au stand pour faire réparer son avant défoncé. Tomaini et son équipe rafistolèrent en un tournemain la voiture et Gilles repartit à fond de train — en vingt-troisième place, la dernière.

En tête, Depailler, Jones et Laffite se livraient une lutte épique et chacun des trois hommes mena la danse quelque temps. Jody, indemne après l'accrochage avec Regazzoni, faisait une course très agressive et envoya Piquet dans le décor pour prendre la quatrième place dès le quatrième tour. Au cinquième, alors que ses réservoirs d'essence étaient pourtant presque pleins, il fit le meilleur temps de la course, battant le record du circuit, à un cheveu de son chrono de qualification. Peu après, son coéquipier faisait encore mieux, dans ce qui allait être la performance de la course.

Gilles volait à une vitesse étonnante, se faufilant au milieu des voitures comme s'il avait conduit un dimanche dans les rues de Rio. Manifestement, il était de fort méchante humeur, comme ne pouvaient manquer de le voir les *tifosi* médusés par sa furieuse remontée. Et même si plusieurs de ceux qui se trouvaient entre Gilles et les premiers virent leur course se terminer plutôt brutalement (Mass, de Angelis, Giacomelli, Hunt et Depailler durent tous abandonner) et si une demi-douzaine d'autres furent éliminés de la course par suite d'ennuis mécaniques, l'important, c'était que Gilles avait forcé un grand nombre d'entre eux à le laisser passer.

Au trente-huitième tour, Villeneuve avait si bien joué des épaules qu'il se trouvait en cinquième place. Mais c'est alors que sa vitesse ascensionnelle fut brusquement ralentie par l'Arrows de Riccardo Patrese dont l'encombrante largeur était notoire. Patrese, bien qu'absout dans l'accident de Peterson en 1978, jouissait de la réputation bien méritée de manquer singulièrement de générosité quand il s'agissait de se laisser doubler. Pendant dix tours éprouvants, la Ferrari resta collée à l'arrière de l'Arrows qui zigzaguait sur la piste. Finalement, Gilles passa à l'attaque dans la chicane: une feinte d'un côté, puis il pousse de l'autre et se fraye un chemin à côté de son adversaire. Les roues des deux voitures se cognent, mais la Ferrari sort devant et Gilles part attaquer la troisième place de Pironi. L'avance de quatorze secondes de la Tyrrell fond en dix tours et Gilles double finalement Pironi. Au tour de Laffite maintenant, qui est en deuxième place.

Jody est en tête, ayant bénéficié de la sortie fracassante de Depailler qui a manqué un virage et des difficultés de l'autre Ligier, celle de Laffite, gênée par des Goodyear qui n'accrochent plus. En sept tours, Gilles ramène de vingt et une à onze secondes l'avantage de Laffite, mais ce faisant, il engloutit les précieuses réserves vitales de la Ferrari — ses réserves d'Agip. Alors que les voitures passent en coup de vent devant les stands pour leur dernier tour, Laffite recommence à distancer peu à peu la Ferrari dont l'échappement laisse fuser une note curieusement étouffée. Dans les stands, Forghieri murmure: «Il est allé trop vite. Il n'a plus d'essence.»

Et voilà qu'ils franchissent la ligne d'arrivée: Scheckter, Laffite... Pironi, Reutemann, Patrese, Watson. Pas de Villeneuve. Et puis enfin, un Gilles qui rentre à pied au stand, sa Ferrari garée à 300 mètres de la ligne d'arrivée. Le diagnostic de Forghieri était juste: panne sèche.

Jody remportait ainsi sa première victoire pour Ferrari et il était maintenant en tête, à égalité avec Laffite, au classement par points. Jody était de si bonne humeur en Belgique qu'il accepta de comparaître en personne pour recevoir son trophée de pilote le moins coopératif de la saison précédente. Les prix Orange de l'International Racing Press Association (donnés aux pilotes et organismes les plus coopératifs avec les journalistes) allèrent à Andretti, à Renault et au circuit Paul Ricard, alors que Jody, Ferrari et Monza se partageaient les prix Citron. Malgré tout, on était tout sourire chez Ferrari, même Gilles qui semblait se contenter d'avoir été le plus rapide de la journée.

«Le moins qu'on puisse faire, c'est d'applaudir Villeneuve», dit Forghieri. Et les *tifosi* ne se firent pas faute de le faire, eux qui avaient été témoins d'une magnifique course, une course faite sur mesure pour les fans de Ferrari. Mais, pour quelques cuillères à soupe d'essence, les applaudissements furent tout ce que Gilles rapporta de Zolder (il était maintenant septième au classement général) et il confia à Johanne: «J'espère que ces quatre points n'auront pas d'importance quand tout sera fini, mais j'ai bien peur du contraire. Je viens peut-être de perdre le championnat. »

4   *Gilles avait la rage de gagner, plus que tout autre pilote.*
                                                  Mauro Forghieri

À la fin du mois de mai, Jody et Gilles se préparaient à courir dans les rues de Monaco. Dès le premier jour des essais et des épreuves de qualification, les deux hommes dominèrent le terrain. De nouveau, Gilles fit des étincelles, lançant sa Ferrari sur la place du Casino avec un incroyable brio, donnant une fois de plus la preuve de son étonnante maîtrise sur le tracé tortueux du circuit devant une foule en délire. Totalement absorbé par sa brillante démonstration, il parvenait quand même à remarquer les réactions du public et il raconta plus tard ce qu'il ressentait dans son cockpit.

«Autour de la piscine, j'allais très vite, mais je voyais clairement que la foule appréciait mon travail. Ça fait du bien de savoir que les gens apprécient ce que vous faites. Vous le voyez à peine, mais votre inconscient enregistre. Par contre, je déteste quand des spectateurs se mettent en bordure de la piste avec un blouson jaune ou un chandail rouge. J'ai l'impression que c'est un drapeau jaune ou rouge. Ces choses-là, vous les voyez vraiment, parce que d'instinct vous cherchez à capter les signaux de danger.»

«À Monaco, la chicane n'est qu'une tache floue. Ça va tellement vite ! Chaque fois que vous y entrez, vous vous dites: «Oh, je vais me casser la figure ici !» Et puis — *Broum ! Zap !* — et c'est fini. Vous freinez — l'asphalte n'est pas terrible à cet endroit, alors vous sautez tellement fort que vous ne voyez pratiquement rien — et presque au même moment, vous êtes déjà de l'autre côté. Mais vous ne savez pas vraiment ce qui se passe. C'est vraiment très très rapide. Une tache floue.»

«Vous entendez — vous sentez en fait — que vous allez vite parce que le moteur ne baisse pas de régime. C'est une sensation totale: vous entendez et vous sentez — comme quand on danse, comme une valse où chaque pas, chaque note s'enchaîne avec le reste. Quand vous allez doucement, disons quand vous vous familiarisez avec un circuit, c'est plus saccadé, les niveaux d'énergie montent et baissent. Ça n'a plus rien à voir avec une valse.»

«D'une certaine manière, c'est un peu comme comparer le soccer et le hockey. Au soccer, le joueur court, et puis s'immobilise d'un seul coup. Le mouvement s'arrête. Mais au hockey, un joueur ne s'arrête jamais vraiment sur la glace. Il ralentit, il accélère, il tourne, tout cela très vite, dans une succession de mouvements qui s'enchaînent les uns avec les autres. Quand vous allez vraiment vite dans une voiture de Formule I, vous utilisez la décélération pour préparer l'accélération, comme si vous étiez en train de créer de l'énergie quand vous freinez, que vous la stockiez, que vous la mettiez en réserve pour l'accélération qui va venir ensuite. Quand vous allez vraiment vite, les niveaux d'énergie en accélération, en décélération et en virage deviennent constants. »

Mais si Gilles allait vraiment vite à Monaco, Jody ne le lâcha pas d'une semelle pendant toute la séance du jeudi et, alors qu'il ne restait que quelques minutes, il enregistra le meilleur chrono, bien en dessous du record du circuit. Gilles changea une dernière fois de pneus, boucla son harnais et prit la piste pour son assaut final. Ayant donné tout ce qu'il avait à donner pour cette journée, Jody était assis dans le stand de Ferrari, tandis que Gilles tournait de plus en plus vite, jusqu'à ce qu'il finisse par éclipser son temps de près d'une demi-seconde. Jody: «Inutile de discuter. Gilles est tout simplement plus rapide que moi. C'est tout.»

Jody avait tort. Le samedi, les chronomètres lui donnaient près d'une seconde de mieux. Au début, victime d'une fuite de carburant, Gilles ne parvint pas à riposter au volant de la voiture de réserve. Puis, ayant repris sa machine habituelle pour les quelques dernières minutes d'essais, il se donna à fond. Mais l'encombrement du circuit et le drapeau à damier ne lui permirent pas de rattraper les sept centièmes de seconde qui le séparaient encore de Jody. Gilles: «Je suis sûr que j'aurais pu aller plus vite si j'avais eu un peu plus de temps. Mais Jody aurait sans doute fait la même chose. J'ai l'impression que tout se résume à une course d'accélération dans le premier virage...»

Jody gagna cette course d'accélération dans le virage de Sainte-Dévote et remporta le Grand Prix de Monaco. Dès le feu vert, dans un nuage de caoutchouc brûlé, il partit comme une flèche, suivi de Niki Lauda qui bondit en avant de la deuxième ligne. Pour l'une des très rares fois dans sa vie, Gilles avait manqué son départ et passa les deux premiers tours à chercher le moyen de doubler la Brabham de Lauda. Alors que les voitures repassaient devant les stands pour commencer leur troisième tour sur le domaine du prince Rainier, Gilles sortit comme un éclair du sillage de Lauda et prit l'avantage dans le virage de Sainte-Dévote. Très vite, il était aux trousses de Jody et talonna son coéquipier pendant les cinquante tours suivants. Les T4 coururent ainsi en tandem jusqu'au cinquante-quatrième tour, quand Gilles dut rentrer au stand en roue libre, privé de transmission.

Jody fut donc reçu dans la loge royale par le prince et la princesse qui remirent à leur sujet honoraire les récompenses dues au champion. Pour la deuxième fois en deux semaines, il répandit le champagne à flots, célébrant non seulement une victoire, mais aussi une confortable avance dans la course au championnat: 30 points, contre 24 pour Laffite qui n'avait rien marqué à Monaco. Quant à Villeneuve, il n'avait toujours que 20 points, et il n'en était guère content. «Je n'ai pas eu de chance. Je devrais avoir une avance de 10 points, mais c'est le contraire maintenant. Tout est contre moi. »

Jody n'était pas de cet avis et il pensait que Gilles n'avait qu'à s'en prendre à lui-même: «Gilles avait toujours le pied au plancher et la main sur le levier de vitesses. Il changeait de vitesses sans lever le pied, ce qu'on peut faire avec une vieille guimbarde américaine, mais pas avec une voiture de Formule I. Si vous conduisez comme cela, vous consommez plus d'essence — c'est ce qui lui est arrivé à Zolder — et la voiture risque de casser. Il croyait probablement aller plus vite, mais l'avantage marginal que vous obtenez ainsi ne vaut pas la peine. Et puis, sur le circuit de Monaco, il y a une bosse à la sortie du virage qui précède la ligne droite des stands. Gilles passait dessus à toute allure en faisant hurler le moteur et quand il retombait de l'autre côté, les roues patinaient très fort en donnant un mauvais coup à la transmission. Moi, je changeais de vitesses à cet endroit, pour protéger la transmission.»

Dans le mois qui suivit, avant le Grand Prix de France, à Dijon, le tableau des effectifs de la Formule I connut deux grands changements de personnel. Patrick Depailler, amateur de sensations fortes, se blessa grièvement dans un accident de deltaplane près de Clermont-Ferrand, sa ville natale. Pour le remplacer, Guy Ligier fit appel au grand pilote belge Jacky Ickx qui avait remporté huit Grands Prix au cours de sa carrière, dont cinq pour Ferrari. Ickx gagnait encore régulièrement des épreuves automobiles (il détenait notamment un record de sept victoires au Mans), mais il sortit d'une semi-retraite sur monoplace pour reprendre du service pour Ligier. L'autre changement, l'apparition de Keke Rosberg au volant de la Wolf, faisait suite à la décision soudaine qu'avait prise James Hunt d'abandonner la course.

L'homme qui avait contribué à faire entrer Gilles Villeneuve en Formule I avait décidé qu'il en avait assez. À la différence de Gilles, Hunt avait peur de la course et, s'il ne le montrait jamais en compétition, il reconnaissait parfois qu'il était littéralement malade avant le départ d'une course. À Monza, en 1978, il avait aidé à sortir Ronnie Peterson de sa Lotus en flammes. L'expérience l'avait profondément perturbé et il avait bien failli tout laisser tomber sur-le-champ. Teddy Mayer, Walter Wolf et Jody Scheckter avaient réussi à le calmer et il avait repris la course, mais pour ne faire que quelques tours à basse vitesse avant d'abandonner finalement.

Quand il avait remplacé Scheckter dans l'écurie Walter Wolf Racing pour la saison 1979, Hunt avait annoncé que ce serait sa dernière année. Mais la Wolf manquait de nerf et, après la course de Monaco, Hunt préféra tirer le rideau pendant qu'il menait encore la danse. Après sept années en Formule I et quatre-vingt-douze courses, il avait dix victoires et un championnat du monde à son palmarès. Un mois avant son trente-deuxième anniversaire, il opta donc pour la sécurité et commença de l'autre côté de la barrière une nouvelle carrière de commentateur de télévision pour la BBC.

Le Grand Prix de France marqua une date historique dans les annales de la République, lorsqu'un pilote français au volant d'une voiture française gagna la course. C'était la première victoire de Jean-Pierre Jabouille en Formule I et la première aussi d'un moteur turbocompressé — le Renault EF1, dans son châssis Renault RS11.

Mais ce n'est pas la raison pour laquelle on se souvient généralement de la course du 1er juillet 1979, sur le circuit Dijon-Prenois. Si cette date est restée gravée dans les mémoires, c'est surtout à cause du duel électrisant ou terrifiant (selon le point de vue de chacun) que se livrèrent le coéquipier de Jabouille, René Arnoux, et Gilles Villeneuve, une empoignade à finir qui fut l'une des plus féroces de toute l'histoire de la course automobile.

Le circuit de 3 800 mètres, aménagé au cœur des célèbres vignobles bourguignons, ressemble un peu à un vieux sombrero mexicain cabossé. En tout cas, il malmenait certainement les pilotes de Formule I au volant de leurs voitures à effet de sol qui négociaient à des vitesses terrifiantes cette succession de virages serrés et de cuvettes abruptes. Jacky Ickx, plus habitué aux puissantes Porsche de sport, avoua qu'il avait du mal à supporter les forces d'accélération de sa Ligier. À tel point qu'à la fin de la première journée, il dut faire attacher son casque à l'arceau de sécurité pour garder la tête droite. D'autres pilotes commencèrent à arborer des minerves. Pour plusieurs, c'était même le voile noir dans les virages, comme s'ils étaient aux commandes d'un avion de chasse, et la seule perspective de devoir faire quatre-vingts tours pendant la course suffisait à leur donner mal à la tête.

Avantagées par leur puissance, les Renault se qualifièrent en première ligne, avec Jabouille juste devant Arnoux. Gilles venait ensuite, grâce à une démonstration extrêmement énergique aux essais, tandis que Jody se contentait assez mal d'une cinquième place, gêné par l'encombrement du circuit et par une T4 sous-vireuse. La nouvelle d'une première ligne entièrement française attira plus de cent mille loyaux spectateurs à Dijon le dimanche et, si le temps nuageux et frais n'était peut-être pas idéal pour les vignes des environs, on n'aurait pu rêver mieux pour un moteur turbocompressé.

Avant le départ, Gilles avait annoncé sa stratégie: «Il est très important pour moi de prendre un bon départ. D'une manière ou d'une autre, je dois au moins séparer les deux Renault au premier tour. Je ne m'intéresse pas à trois ou quatre points. Cette fois-ci, je veux gagner, rien de moins. J'ai besoin de ces points pour me rapprocher de Jody et de Jacques. Si Jabouille part trop vite, je crois que ce sera impossible de le rattraper.»

Les moteurs turbocompressés étaient délicats au démarrage, un atout pour Villeneuve. Jabouille traîna un peu et Arnoux faillit caler. Villeneuve profita de leur hésitation pour filer en tête, donnant au cours de son premier tour une version passablement haletante de la danse du sombrero mexicain. Mais il voulait prendre autant d'avance que possible sur les Renault qui ne pouvaient manquer de le rattraper plus tard. Il conserva donc ce rythme effréné pendant plusieurs tours, devant Jabouille, Scheckter, Piquet et «Jumper» Jarier. Au cinquième, il avait pratiquement cinq secondes d'avance sur ses poursuivants, mais cette charge brutale avait fait cruellement souffrir ses Michelin et Jabouille commençait peu à peu à regagner du terrain. Jody dut bientôt faire un arrêt au stand pour remplacer ses pneus, preuve certaine que les gommes de Villeneuve étaient sans doute elles aussi bien proches de l'agonie. Jody ne parviendrait pas à remonter plus haut que la septième place.

236

Mais Arnoux, que son départ mou avait relégué à la neuvième place, ne s'avouait certainement pas vaincu et il avait fait une fantastique remontée. Au quinzième tour, la course se jouait entre une voiture italienne rouge et deux voitures françaises jaune et blanc. La Ferrari se comportait de plus en plus mal — moins à cause du style flamboyant de son pilote que de l'état des pneus qui se détérioraient à un rythme alarmant. Elle survirait terriblement fort dans les virages à droite et faisait exactement le contraire en virant à gauche. La chasse tenace de Jabouille fut finalement récompensée au quarante-sixième tour, lorsqu'il doubla Gilles à l'extrémité de la ligne droite des stands pour prendre la tête, qu'il conserverait jusqu'à la fin.

La bataille Villeneuve-Arnoux venait de commencer. Un bruyant contingent de *tifosi* était bien venu sur place, mais il avait du mal à se faire entendre sous les hurlements qui saluaient le passage du Petit René. Grand favori de la foule, Arnoux avait du parcourir un chemin difficile pour atteindre la Formule I, comme Gilles. Il avait fait un long apprentissage aux plus bas échelons du sport, acceptant même de se faire la main comme mécanicien de course avant d'être admis dans la ligue majeure, sur ses seuls mérites de pilote. Cheveux en bataille, pas très bien dégrossi, Arnoux faisait un peu figure de petit voyou des rues. Son expression variait entre l'espièglerie la plus totale et l'étonnement perpétuel (ce dernier aspect l'emportant apparemment après Dijon). Un peu timide et réservé dans la vie ordinaire, il était tout le contraire au volant: brave, dur, résolu, pas tellement différent en somme du pilote de la Ferrari qui se trouvait juste devant lui.

Au soixante et onzième tour, alors qu'il n'en restait plus que neuf, Arnoux fit le tour le plus rapide de la journée, une bonne seconde plus vite que le suivant, Jabouille. Déchaînés, les supporters de Renault commençaient à entrevoir la possibilité d'un doublé français. À cinq tours de la fin, la deuxième Renault montrait insolemment le nez à côté de la Ferrari. Deux tours plus tard, à trois tours de la fin, Arnoux dépassait Villeneuve devant les tribunes. Dans la foule, tout le monde pensait que l'affaire était dans le sac, que la course était finie. Qui aurait pu croire qu'elle venait à peine de commencer ?

Gilles voyait bien qu'Arnoux ne parvenait pas à le distancer franchement. Pas étonnant: la Renault hoquetait légèrement, gênée par des problèmes d'alimentation, ce qui mettait les deux voitures à peu près sur un pied d'égalité. Plus qu'une question de mécanique, ce serait donc une lutte entre deux hommes, aussi résolus l'un que l'autre à l'emporter. La Ferrari remonte la Renault par l'intérieur dans l'approche du Double Droit de Villeroy, à la fin de la ligne droite. La Ferrari freine au dernier moment, bloquant ses quatre Michelin terriblement malmenés dans autant de nuages de fumée qui n'annoncent rien de bon. La Renault conserve sa position, refusant de bouger d'un pouce, et les deux voitures sortent du virage comme si elles étaient soudées l'une à l'autre.

Personne — pas même les deux pilotes — ne pourra compter le nombre de fois que les deux voitures se toucheront pendant ces derniers kilomètres, combien de fois leurs roues se prendront les unes dans les autres, combien de fois les deux bolides sortiront ensemble du circuit, pour y remonter au même instant et recommencer aussitôt à se heurter. Toujours côte à côte dans le S des Sablières, dans le virage à gauche de la Bretelle, dans la Parabolique. Arnoux mène par un cheveu, mais dérape et force Villeneuve à mordre la poussière. Villeneuve conserve sa trajectoire dans un nuage de terre et remonte sur l'asphalte comme un forcené.

Et maintenant, le Double Gauche de la Bretelle, la Courbe des Gorgeolles, le Virage de la Combe. Dans une dernière tentative qui frise la folie, Gilles attend jusqu'au dernier moment pour freiner et prend la tête. Arnoux jette aux orties tout ce qui lui reste de prudence et se lance dans une contre-attaque suicidaire dans la Courbe de Pouas — peine perdue. La Ferrari franchit la ligne d'arrivée sur la Droite de la Fouine après 1 heure 35 minutes 35 secondes et 1 centième de course. Il aura fallu à la Renault 24 centièmes de seconde de plus.

Alors qu'ils font encore un dernier tour pour refroidir leurs machines, les deux protagonistes de ce qui a sûrement été la plus épique de toutes les bagarres des trois cent vingt et une courses depuis la création du championnat du monde lèvent le bras en l'air, dans un salut d'appréciation mutuelle. La foule en délire hurle comme un seul homme, tout favoritisme oublié. La Ferrari et la Renault arrivent ensemble aux stands où elles sont aussitôt submergées par une marée d'enthousiasme. Quelque part dans la foule, Jabouille est couronné vainqueur de son premier Grand Prix, mais tous les yeux sont fixés sur les deux hommes qui ont fait le spectacle. Trempés de sueur, les deux pilotes sortent de leurs véhicules, s'embrassent, se félicitent.

«Non, dit René avec un large sourire, je ne suis pas déçu d'être troisième. Il aurait suffi que l'un de nous deux commence à avoir peur, et nous aurions pu avoir un terrible accident. Mais Gilles a fait une course fantastique. Nous avons fait une course comme je les aime !»

Gilles était enchanté lui aussi: «On s'est vraiment bien amusé ! J'étais certain que nous allions nous monter sur la tête, parce que vous savez, quand vous commencez à vous mettre les roues dans les roues, une voiture peut facilement grimper par-dessus l'autre. Mais nous n'avons rien cassé, et tant mieux. Je me suis énormément amusé !»

Gilles revint prendre une douche dans sa caravane où son avocat, Boris Stein, l'attendait pour le féliciter, de même que Gaston Parent, venu de Montréal pour s'occuper des affaires de Gilles à Genève. John Hogan, de Marlboro, fit savoir qu'on allait bientôt passer un vidéo du duel de Dijon dans la tente de Marlboro. En traversant le paddock, Gilles et son entourage rencontrèrent le contingent Arnoux et les deux pilotes continuèrent leur route bras dessus, bras dessous. Dans la tente, alors que les autres s'installaient sur des chaises disposées devant l'écran, Gilles et René s'assirent par terre, au premier rang. Enchantés de leur performance, ils riaient comme des écoliers, hurlaient de joie aux meilleurs moments, plus fort que tous les autres. À partir de ce jour, Gilles et René furent d'excellents amis.

Pour René Arnoux qui, à quarante ans passés, fait encore la guerre des Grands Prix, celui de Dijon en 1979 est un des meilleurs souvenirs de sa carrière: «Je crois que deux personnes seulement pouvaient faire ce genre de chose: Villeneuve et moi. C'est le meilleur souvenir que j'ai gardé de Gilles. C'était un type très bien sur la piste, et dans la vie aussi. Je l'aimais bien, parce qu'il était très naturel. Il était extrêmement populaire, parce qu'il disait tout ce qui lui passait par la tête. C'est une chose très importante pour moi. Si Gilles vous disait quelque chose, c'était comme ça. Pas d'erreur. Il disait toujours ce qu'il pensait.»

Après son passage chez Renault, Arnoux pilota pour Ferrari pendant deux saisons, puis fut licencié à l'issue d'une querelle intestine, provoquée au moins partiellement par le fait qu'il avait osé critiquer les voitures. «Je me souviens que chaque fois que Gilles n'était pas content de sa Ferrari, il disait la vérité. Il disait à tout le monde que c'était une voiture de merde.»

«Je pense que Ferrari a mis la main sur un merveilleux pilote», dira Enzo Ferrari après la prestation de Villeneuve à Dijon. Son ancien employé, Mauro Forghieri, est plus réservé aujourd'hui: «Je pense que le sport était une question d'image pour Gilles, ce qui faisait de très belles histoires pour les journalistes. Belles photos, belles séquences télévisées. Moi, j'étais fâché ce jour-là. Mais qu'est-ce que j'aurais pu faire ? À mon avis, il prenait beaucoup trop de risques. Mais comme ingénieur de l'équipe, dans les stands, je peux garder la tête froide. Celui qui est dans la voiture voit les choses sous un autre angle.»

Pour le reste du monde, qui put revoir à loisir la bataille sur les écrans de la télévision, ce spectacle avait été à la fois merveilleux et terrifiant. Mario Andretti n'y voyait qu'un incident mineur: «Deux jeunes lions qui se donnent des coups de pattes.» Mais avant la course suivante, en Angleterre, les deux hommes durent s'expliquer devant le comité de sécurité des pilotes de Grand Prix, présidé par Jody Scheckter, qui les critiqua vertement pour leur comportement turbulent. Auparavant, Jody en avait déjà dit quelques mots à Gilles, dans le privé.

«Quand j'ai vu François Cevert se tuer, j'ai pensé pour la première fois que je pouvais mourir dans une course.

240

Beaucoup de pilotes parlent de l'excitation, de la séduction, du panache du danger. Pour moi, c'est le vilain côté du sport, son côté malheureux. Et je croyais que je devais tout faire en mon pouvoir pour conduire aussi lentement et prudemment que possible afin de mettre les chances de mon côté — simplement pour rester vivant. Au début, je voulais toujours prouver quelque chose. Et puis, la vérité m'est apparue peu à peu. Mais Gilles, lui, voulait toujours prouver quelque chose, à chaque tour. Je ne l'ai jamais entendu dire: «Bon, je vais y aller doucement maintenant.» Il était toujours au maximum.

«Comme j'étais en très bons termes avec Gilles, je pouvais lui parler tranquillement et lui dire qu'il se comportait comme un idiot. Il était suffisamment intelligent pour savoir que c'était une chose stupide à faire et qu'on ne fait pas de vieux os à jouer ce petit jeu. Mais il aimait cette image, cogner les roues de l'adversaire, donner l'impression d'être fou. Il n'admettait pas qu'il courait après le danger, mais je pense qu'il s'en rendait compte. À Silverstone, nous avons parlé aux deux hommes devant tout le monde. Nous leur avons demandé leur point de vue. Et ensuite, nous leur avons passé un savon.»

Arnoux se souvient très bien de cette séance orageuse. «À Silverstone, un tas de pilotes — Scheckter, Fittipaldi, Regazzoni et Lauda — disaient que nous avions fait une course trop dangereuse. «Vous deux, vous êtes complètement fous ! Vous auriez pu avoir un grave accident, etc.» Quand Lauda a dit que c'était trop dangereux, je lui ai répondu: «Oui, peut-être pour Gilles avec toi. Mais pas avec moi et Gilles. Mais toi, tu ne risquerais pas de faire ça, parce que tu lèverais le pied aussitôt !» Et Gilles leur a carrément dit qu'il n'y avait aucun danger et qu'ils étaient complètement idiots de convoquer une réunion pour ça !»

Deux ans plus tard, Gilles en parlait encore: «C'est le meilleur souvenir que j'ai gardé d'un Grand Prix. Ces quelques tours ont été tout simplement fantastiques pour moi — à qui freinerait le dernier, à qui réussirait à prendre la corde, toucher l'autre mais sans vouloir l'envoyer en l'air. Simplement deux types qui se battaient pour la deuxième place, sans coups bas, mais deux types qui devaient se toucher parce qu'ils voulaient se doubler l'un l'autre. C'était tout simplement fantastique ! J'ai adoré ce moment-là.»

Après Dijon, les journalistes s'en donnèrent à cœur joie. Villeneuve et Arnoux étaient-ils des héros ou des crétins ? De ceux qui penchaient pour cette dernière hypothèse, Denis Jenkinson, doyen des journalistes couvrant la course automobile en Angleterre, qui décrivait des courses depuis plus de quarante ans, dira: «Eh bien, ce n'est qu'une bande de vieilles dames ! Vous voyez, les journalistes n'ont jamais fait une course. Ils sont là, assis dans la salle de presse, et ils regardent bien tranquillement: «Oh, mon Dieu, comme c'est dangereux ! Des foutaises !»

Jenkinson, alias «DSJ» dans la revue *Motor Sport,* n'avait pas froid aux yeux. Autrefois, il avait été navigateur dans le sidecar de la motocyclette de Stirling Moss pour les Mille Miglia que les deux hommes gagnèrent à une vitesse moyenne de près de 160 km/h sur mille milles de routes italiennes. Jenkinson a fait une liste des pilotes qu'il a le plus admirés à différentes époques: Alberto Acari, Stirling Moss, Jimmy Clark, Gilles Villeneuve et Ayrton Senna. «C'est tout. Pour moi, il n'y a jamais eu mieux, et Villeneuve figure sur cette liste. Il pilotait toujours avec une fougue invraisemblable. C'est ce qui faisait que je l'aimais. C'était un héros.»

5   *Les foules l'adoraient parce que, parmi tous ces hommes, lui travaillait manifestement sans filet.*
Nigel Roebuck

Après Dijon, Boris Stein et Gaston Parent se rendirent à Genève pour structurer les différentes entreprises commerciales de Gilles, regroupées sous une société parapluie, Caracer S.A. Ils devaient aussi s'occuper du testament que voulait faire Gilles. Mais pendant ce voyage en Suisse avec leur client, Stein et Parent eurent l'occasion de se demander s'ils n'auraient pas intérêt eux aussi à mettre de l'ordre dans leurs propres affaires. Gilles et Johanne étaient avec eux

242

dans une petite Volkswagen de location quand ils quittèrent Dijon, tard un soir.

«J'étais assise à l'avant, raconte Johanne, et l'avocat était au volant. Gaston était à l'arrière, à côté de Gilles. Avant de partir, Gaston avait dit à l'avocat de ne pas laisser Gilles conduire, de ne lui laisser le volant sous aucun prétexte. Mais Gaston s'est endormi. Aussitôt, Gilles a tapé sur l'épaule de l'avocat: «C'est moi qui conduis maintenant.» L'avocat, qui n'avait jamais été en voiture avec Gilles, se dit que puisque ce type est pilote de course, il doit quand même savoir ce qu'il fait. Gaston n'a pas tardé à se réveiller. D'ailleurs c'était inévitable, parce que personne n'aurait pu dormir dans ces conditions. Et il s'est mis à engueuler Gilles. L'avocat, lui, ne disait pas un mot et j'ai cru un moment qu'il était vraiment très calme. Et puis j'ai vu qu'il était tout pâle et j'ai compris qu'il ne pouvait tout simplement plus ouvrir la bouche.»

«J'avais pourtant dit à Boris de ne pas lui donner cette maudite clé, ajoute Parent. Et puis je le vois là, à côté de moi, à l'arrière, tandis que Gilles décolle à fond de train. C'est bien le mot: il décolle ! Merde ! Nous étions dans les montagnes et la route était pleine de ces feux clignotants qui veulent dire virage dangereux, ralentir, et tout le reste. Et lui, il avait le pied au plancher. Au diable les feux clignotants ! Gilles se collait derrière un camion. Vous pouviez presque sentir l'arrière du camion toucher la voiture. Deux coups de volant pour voir si quelque chose arrivait devant, et puis il doublait, très souvent en plein sur le gravier, du mauvais côté de la route. Bon Dieu ! J'ai laissé la moitié de mon estomac sur cette route. Quand nous sommes arrivés à Genève cette nuit-là, Boris m'a dit qu'il comprenait maintenant ce que je voulais dire. Mais c'était trop tard. Mes ulcères me faisaient un mal de chien.»

Pour le Grand Prix suivant qui allait avoir lieu à Silverstone, en Angleterre, il fallait traverser la Manche. Mais Gilles aurait aussi bien pu rester chez lui. Les Ferrari T4 étaient beaucoup moins compétitives sur ce circuit ultrarapide où une voiture qui n'utilisait que médiocrement l'effet de sol n'avait aucune chance. Jody se qualifia en onzième position et Gilles en treizième. À part le blâme que lui infligea le comité de sécurité de l'Association des pilotes de Grand Prix, Gilles ne rapporta rien du tout de Silverstone, victime de problèmes d'alimentation, de pneumatiques et de tenue de route. Mais Jody tint bon et remporta la cinquième place, Regazzoni l'emportant dans sa Williams.

Ce résultat lui donnait une avance de six points sur Gilles et Jody commençait à insister pour que Ferrari le soutienne davantage dans sa course au championnat. «Après Dijon, j'ai fait des pieds et des mains auprès de Piccinini et de Forghieri pour qu'ils me donnent l'avantage et qu'ils retiennent Gilles. Mon argument, c'était que j'étais en tête et qu'ils continuaient à nous laisser courir l'un contre l'autre, si bien que Ferrari risquait de perdre sur les deux tableaux. Mais ils ne voulaient rien savoir.»

La situation ne s'arrangea pas pour Jody au Grand Prix d'Allemagne. La configuration du circuit d'Hockenheim — de longues lignes droites avec moins de virages rapides — masquait l'insuffisance de l'effet de sol des T4 et Jody prit le départ en cinquième place. Gilles s'était classé en neuvième place sur la grille, après une divertissante démonstration de dérapage contrôlé. Mais durant la course, la progression de Gilles fut encore plus démentielle et chaotique. Alors qu'il était en cinquième place, l'aileron arrière de sa voiture commença à tomber en pièces et Gilles dut rentrer au stand pour le remplacer, de même que ses quatre pneus. De retour sur la piste, il enregistra le tour le plus rapide de la course et vint bientôt tenir compagnie à son coéquipier. Jody ne savait pas du tout si Villeneuve en était au même tour que lui ou s'il avait du retard et il attendait que son stand lui donne des indications sur la position de Gilles. Mais aucun message ne venait et, de plus en plus nerveux, Jody gesticulait vigoureusement chaque fois qu'il passait devant le stand de Ferrari. Finalement, le panneau du stand lui indiqua que Gilles ne menaçait pas sa quatrième place, une place qu'il allait conserver jusqu'à l'arrivée. Gilles termina huitième, sans gagner de points une fois de plus, alors qu'Alan Jones était le vainqueur, sur Williams.

244

De l'autre côté de la Manche, au Grosser Preis von Osterreich, les trois candidats au titre de champion, Villeneuve, Laffite et Scheckter, terminèrent en deuxième, troisième et quatrième places, loin derrière le vainqueur, Alan Jones. Mais Villeneuve fut le point de mire pendant la course, après un départ tout à fait spectaculaire. Pour les observateurs chevronnés, on n'avait rien vu d'aussi brillant en Grand Prix depuis une vingtaine d'années.

Au début des essais de qualification, les deux Ferrari se comportèrent plutôt mal, mais tout rentra dans l'ordre le deuxième jour, au point que Gilles réussit à faire le cinquième chrono, malgré une longue excursion tout terrain qui se termina contre un talus. Jody, mécontent de lui-même, n'était que neuvième sur la grille et, après les essais, il emmena Forghieri au stand Williams pour regarder de plus près une voiture qui, elle, savait utiliser l'effet de sol. La Saudia Williams FW07, généreusement financée par ses commanditaires du Moyen-Orient, était de toute évidence la voiture à battre maintenant. Ici, en Autriche, elle venait de placer Jones en première ligne sur la grille de départ, à côté de la Renault turbocompressée d'Arnoux.

La zone de départ de l'Osterreichring, théâtre de nombreux accidents au premier tour depuis quelques années à cause de son exiguïté, allait connaître un nouveau drame dès le début du Grand Prix d'Autriche. Gilles se trouvait à l'intérieur, en troisième ligne sur la grille, à côté de Regazzoni et derrière Lauda et Jabouille, eux-mêmes sur les talons de Jones et Arnoux, en première position. Tous terriblement concentrés pour faire un départ impeccable, les vingt-quatre pilotes attendaient le feu vert. Et quand il arriva, tous partirent comme un seul homme — sauf Gilles.

Sa T4 bondit en avant comme un boulet de canon, doubla à toute allure la Renault jaune et noire de Jabouille par l'intérieur, puis se faufila entre la Renault d'Arnoux et le mur des stands, dans un espace à peine plus large que la Ferrari. Faisant défiler ses vitesses avec la rapidité de l'éclair, pied au plancher, Gilles attaquait la côte en tête, devant Jones, Lauda, Arnoux et Regazzoni, tous complètement médusés, et le reste de la troupe. «Je m'attendais un peu à voir une

245

voiture jaune passer au départ, dira Jones, mais certainement pas une rouge. J'étais vraiment très surpris. Mais d'où sortait-il celui-là ! »

Jones savait que le départ de Gilles n'était dû qu'à des réflexes plus rapides, non à une supériorité de la Ferrari, et que l'avantage de la Williams se manifesterait bientôt dans les larges courbes du circuit autrichien. Au cinquième tour, l'Australien reprenait la place qui lui revenait de droit et qu'il n'abandonnerait plus avant de voir voler le drapeau à damier. Gilles fit alors une lutte éreintante aux Renault jusqu'à ce que la puissance de leurs turbos finisse par l'emporter. Mais Jabouille dut abandonner, victime de problèmes de boîte de vitesses, et Arnoux se vit contraint de s'arrêter au stand pour reprendre de l'essence vers la fin de la course, laissant Gilles avec une solide deuxième place sur la ligne d'arrivée. Jody, qui s'accrochait à la troisième place, fut gêné par des problèmes de freins. Jacques Laffite bondit sur l'occasion et lui arracha la troisième place au tout dernier tour.

Après le Grand Prix d'Autriche, les 32 points de Villeneuve le mettaient donc à égalité avec Laffite, derrière Scheckter (38), et Gilles était vraiment ravi d'avoir remporté une deuxième place sur un tel circuit: «J'ai fait un assez bon départ, je crois, dira-t-il avec un petit sourire en coin. Et j'ai conduit aussi dur que j'ai pu pendant toute la course. Mais je n'avais aucune chance de retenir Alan ou René. Naturellement, personne n'aime être second. Mais aujourd'hui, je suis heureux de ce résultat.»

On ne parlait plus que de la combativité de Villeneuve dans la presse italienne qui estimait maintenant que Scheckter avait renoncé trop facilement devant Laffite en Autriche. Et on ne parlait pas que de leurs performances comme pilotes: la faction pro-Villeneuve ne se gênait pas pour souligner que Scheckter ne parvenait toujours pas à parler l'italien, alors que Villanova se débrouillait déjà passablement bien; Gilles était beaucoup plus amical et son équipe l'appréciait beaucoup plus; les deux hommes avaient gagné chacun deux courses et, si Scheckter menait aux points, c'était uniquement parce qu'il avait terminé un plus grand nombre de courses. Pourquoi, demandaient les chroniqueurs sportifs, Villeneuve ne prenait-il pas maintenant le rang de premier pilote ? En fait, les deux pilotes allaient tous deux améliorer leur réputation auprès des Italiens à la course suivante, dans les dunes qui bordent la mer du Nord.

Le Grote Prijs van Nederland fut couronné par un nouveau succès de Jones, devant Scheckter et Laffite. Quant à Gilles, c'est là qu'il vit s'évanouir ses espoirs de remporter le championnat, mais sa brillante démonstration, même au volant d'une voiture condamnée par le sort, fit à nouveau la manchette des journaux. Il s'était qualifié en sixième position, immédiatement derrière son coéquipier. Avant la course, les deux hommes s'étaient entraînés à prendre des départs dans une glorieuse explosion de bruit et de fureur signée Ferrari. Mais quand le feu vert fut donné, Gilles fit un départ parfait, alors que Jody cafouillait avec son embrayage surchauffé. La meute l'encercla immédiatement.

Le brillant début de Gilles le plaçait devant Regazzoni, Jabouille et Arnoux, mais son audace fit des ravages parmi ceux qu'il avait doublés. Ils descendaient à quatre de front la ligne droite des stands quand «Regga» fut coincé contre le mur par Arnoux. La Williams perdit une roue et continua en tricycle à quelque chose comme 275 km/h avant de s'arrêter, miraculeusement intacte. Livide, Regazzoni avait eu plus de peur que de mal, mais ce n'est pas sans un brin de satisfaction qu'il constata que la Renault d'Arnoux était elle aussi hors de combat, une roue faussée.

Alors que la Ferrari numéro 11 de Scheckter amorçait une courageuse remontée à partir de la dix-huitième place, la numéro 12 resta collée au train de la Williams blanche de tête pendant dix tours. Les deux voitures roulent à tombeau ouvert devant les stands et s'approchent de la célèbre épingle de Tarzan quand Villeneuve sort du sillage de Jones, sur la gauche, dans l'intention de le doubler au freinage par l'extérieur. L'Australien, coriace, refuse de bouger, tandis que le Canadien se glisse à côté de lui dans l'entrée de Tarzan. On assiste à un colossal bras de fer entre les deux pilotes qui tiennent leurs positions pendant tout le virage. Un instant, on dirait que Gilles, à l'extérieur, y a été un peu trop fort: son vigoureux freinage fait chasser l'arrière de sa voiture. Mais il corrige au dernier moment, écrase de nouveau l'accélérateur, un tout petit peu plus tôt que Jones qu'il devance par un cheveu à la sortie de la courbe. La foule, qui retient son souffle depuis le début de cette invraisemblable démonstration d'audace dans l'un des virages les plus délicats de toute la course automobile, explose de joie.

Gilles continue tambour battant et, dix tours plus tard, il a quatre secondes d'avance sur Jones. Scheckter est maintenant en troisième place après une remontée extraordinairement agressive qui l'a notamment fait doubler la Tyrrell de Pironi par l'extérieur, dans l'épingle de Tarzan, exactement comme Gilles a doublé Jones. Mais tout ne va pas pour le mieux dans le cockpit de la Ferrari qui est en tête. Plusieurs fois, elle a frôlé la catastrophe dans l'épingle de Tarzan, après une approche en dérapage, freins bloqués. Très vite, Jones est à nouveau sur ses talons. «Elle survirait de plus en plus et j'ai cru que les pneus venaient de lâcher», dira Gilles plus tard.

Il s'agit effectivement d'un problème de pneumatiques: le pneu arrière gauche se dégonfle lentement et, au quarante-septième tour, il finit par envoyer la Ferrari en tête-à-queue dans la chicane. La voiture se met à pirouetter vicieusement dans un nuage de caoutchouc brûlé, tandis que Jones, qui suit de très près, doit freiner brutalement pour l'éviter. Comme c'est son habitude, Gilles sort en souplesse du tête-à-queue et continue sa route, mais cette fois en deuxième place. Jones roule dorénavant seul vers la victoire, qu'il remportera devant Scheckter, deuxième au terme d'une superbe course. Quant à la course de Gilles, elle ne durera plus qu'un tour et demi avant l'une des plus extraordinaires sorties de scène que l'on ait jamais vues.

Un peu après les stands, le pneu malade rend l'âme tout à coup en éclatant comme un ballon de baudruche. La T4 se met à osciller violemment, en route pour une formidable collision contre les barrières de Tarzan. Pire, elle semble foncer tout droit sur l'Arrows accidentée que Patrese a dû abandonner. Gilles cisaille au volant, son pneu arrière n'étant plus capable d'assurer un freinage en catastrophe.

Au dernier moment, il donne un violent coup de volant pour se lancer en tête-à-queue et réduire sa vitesse. La Ferrari part en crabe, puis à reculons dans le nuage de fumée que lâchent les trois Michelin survivants sous une spectaculaire pluie d'étincelles qui jaillit de la jante à nu. La voiture s'immobilise dans un grincement de freins sur un talus d'herbe, à quelques pas du désastre, moteur calé. De la foule enthousiasmée par cette impressionnante démonstration montent des hurlements d'approbation. Mais le spectacle n'est pas fini, et tout le monde va rester bouche bée devant ce qui va suivre.

Gilles appuie frénétiquement sur le bouton du démarreur et finit par relancer le 12 cylindres à plat. Marche arrière, et il est de retour sur le circuit. Première, et il repart clopin-clopant vers sa destination — les stands — à près de quatre kilomètres de là. La Ferrari bancale continue tant bien que mal sur le circuit de Zandvoort, la roue avant droite battant l'air tandis que ce qui reste de la jante arrière gauche laboure l'asphalte dans un déluge d'étincelles et de caoutchouc déchiqueté. Gilles a presque repris une vitesse digne de sa machine, mais même le plus solide des engins d'Enzo Ferrari ne pourra résister à une telle torture.

À mi-chemin, la jante arrière gauche rend l'âme et se met à traîner piteusement, comme une ancre. L'arrière du châssis touche la route et la pluie d'étincelles redouble, accompagnée de débris de carrosserie. Finalement, dans un dernier hoquet, les restes de la Ferrari s'immobilisent dans le stand où Gilles remet l'épave aux bons soins de Forghieri. Il reste assis dans son cockpit, harnais toujours bouclé. Impatient, il se retourne vers les mécaniciens. Allez, qu'on remplace cette jante et qu'on n'en parle plus !

Gaston Parent était là. «Gilles piquait sa crise: «Mettez donc une roue, que je reparte !» Finalement, les mécaniciens ont réussi à lui faire quitter son siège pour qu'il puisse constater par lui-même l'étendue des dégâts. Et puis les gens l'ont critiqué une fois de plus pour avoir conduit dangereusement. Sa réponse était qu'il ne savait pas que sa voiture était dans cet état. Mais, croyez-moi, Villeneuve serait reparti sur trois roues ! Il était comme ça.»

«Folie furieuse !» «Exhibitionnisme inconcevable !! » «Comportement stupide et dangereux !!!» Voilà ce qu'on entendra dans la tribune de la presse à Zandvoort. Mais ceux qui n'avaient pas la mémoire courte se souvenaient de Bernd Rosemeyer en 1937 et d'Alberto Ascari en 1953: tous deux avaient continué sur trois roues. Et quant à celui qui se souvenait mieux que tous les autres, Enzo Ferrari, il donna son absolution pleine et entière à son pilote: «Villeneuve fait encore des erreurs ingénieuses, mais c'est un homme qui veut être le premier à tout prix. On l'a critiqué et c'est compréhensible, mais nous ne devons pas oublier que, dans son enthousiasme et sa passion, il a eu un prédécesseur: Tazio Nuvolari. En 1935, Nuvolari a gagné le Grand Prix de Brno en Tchécoslovaquie sur trois roues.»

Et Nigel Roebuck, dans un de ces articles qu'il consacrait de plus en plus souvent à Gilles dans *Autosport,* se fit le porte-parole de tous les enthousiastes: «Grâce à Dieu, il y aura toujours quelques personnes dans ce monde qui ne savent tout simplement pas comment abandonner. Une tentative périlleuse ? D'accord. Mais elle était inspirée par ce même esprit de compétitivité absolue qui a caractérisé toutes ses courses. Il aime *gagner,* plus qu'il aime ne pas perdre.»

Denis Jenkinson prenait lui aussi sa défense, comme il le fait encore aujourd'hui. «Ramener la voiture au stand, à tout prix. Peut-être pourra-t-on la réparer et alors vous reprendrez la course. Je peux comprendre ceux qui l'ont critiqué à Zandvoort — des gens qui n'ont jamais fait une course. C'est aussi simple que cela. Si vous êtes un *coureur* et que vous êtes en train de *courir,* si le véhicule bouge encore — continuez !»

C'était exactement ce que pensait le coureur en question quand on l'interrogeait sur son Grand Prix de Hollande 1979. S'il s'était arrêté au stand lorsqu'il avait senti pour la première fois que quelque chose n'allait plus, «j'aurais perdu toutes mes chances de gagner.» Et après son tête-à-queue: «Ficelé dans la voiture, tout ce que je voyais, c'était que je pouvais encore bouger. Je savais que quelque chose n'allait pas du tout, mais tant que la voiture pouvait avancer, je pensais que nous avions une chance de pouvoir la réparer. Pour moi, tant que la voiture roule, je la pilote.»

6   *Son jugement quand il roule à une vitesse folle, ses*
réflexes, sa ténacité et son style étourdissant nous
faisaient tous sortir sur le circuit pour le voir en
pleine action.
Denis Jenkinson

À la veille du Grand Prix d'Italie, Villeneuve pesait ses chances de battre Scheckter pour le titre mondial. Si Jody gagnait à Monza, il serait le champion du monde. Mais Gilles pouvait encore lui souffler le titre s'il gagnait les trois dernières courses. «Je sais que j'ai encore une petite chance de gagner le championnat, mais je me suis fait à l'idée de ne pas y arriver. Dans ce jeu, ce genre de chance n'existe tout simplement pas. Mais je vais continuer à me battre...»

Les Renault étaient en première ligne à Monza, avec Jody sur la deuxième ligne à côté de Jones. Gilles et Regazzoni partageaient la troisième. Mais pour l'immense foule des *tifosi,* les voitures françaises et anglaises n'étaient là que pour la décoration dans une course à deux chevaux — deux chevaux cabrés sur fond d'or, naturellement.

Jody leur donna ce qu'ils voulaient voir en arrachant la première place à Arnoux au premier tour, tandis que le favori de la foule, au volant de la Ferrari numéro 12, était troisième devant Laffite, Jabouille, Regazzoni et Piquet. Au cinquième tour, ces deux derniers se touchèrent et la Brabham de Piquet alla s'écraser violemment dans la Curva Grande. Aussitôt, un rideau de flammes s'éleva et l'on craignit une répétition de l'accident de l'année précédente qui avait coûté la vie à Peterson. Mais, miraculeusement, Piquet n'était pas blessé; il n'était que terriblement secoué. Sa voiture s'était coupée en deux: le moteur brûlait d'un côté de la piste, tandis que le Brésilien était encore assis dans les vestiges de son cockpit, à quelque distance de là.

Arnoux avait si bien poussé son moteur turbocompressé qu'il avait doublé Jody, mais le treizième tour ne lui porta pas chance — la Renault commença à avoir des ratés et René, qui menait pour la première fois en Grand Prix, dut abandonner. La foule ne lui manifesta aucune sympathie, les *tifosi,* au comble du bonheur, voyant leurs deux voitures en tête, Gilles protégeant les arrières de Jody en route pour une première place qui lui vaudra le titre de champion du monde.

Loyalement, Gilles résista à une attaque de Laffite que son moteur lâcha bientôt. Et quand Gianclaudio Regazzoni, au volant de sa Williams, remontera en troisième place, derrière le tandem de Maranello, le triplé italien sera complet pour ce quinzième Gran Premio d'Italia. La victoire de Regazzoni sur ce même circuit en 1975 avait été la dernière de Ferrari à Monza. Quand Jody franchit la ligne d'arrivée avec 46 centièmes de seconde d'avance sur Gilles, la clameur de la foule fut si forte qu'elle fit sans doute vibrer les vitres de la villa d'Enzo Ferrari.

«Non, je ne sais pas comment je me sens. Demandez-le moi demain ! » Jody était incapable d'en dire plus sur cette course qui venait de lui faire gagner le titre de champion du monde. Sur le podium de la victoire, devant une mer tumultueuse de *tifosi* brandissant le drapeau de Ferrari, lui et Gilles furent applaudis comme deux égaux. Jody était donc le champion du monde au volant d'une Ferrari, mais son coéquipier était le vainqueur incontesté dans le cœur des aficionados du petit cheval cabré. Gilles, après avoir été remercié chaleureusement par toute l'équipe pour sa contribution à ce succès, annonça qu'il attendait avec impatience les deux dernières courses, en Amérique du Nord, des courses où il n'aurait plus à suivre des instructions données dans le but de protéger les intérêts supérieurs de son écurie.

«Vous savez, ce n'était pas un cadeau pour Jody, disait Gilles. Je le poussais très fort.» Plusieurs fois, dans les cinq derniers tours, il était remonté pour se mettre à côté de son coéquipier comme pour lui montrer que c'était uniquement l'honneur et la loyauté qui le retenaient. Gilles était un peu ironique: «Je suppose que je dois dire que je n'ai jamais eu l'impression que je pouvais toucher Jody — il était tellement bon...»

Quant à Jody, il avait tenu à l'œil son coéquipier. «Je dois dire que durant les quelques derniers tours — même si j'avais confiance en Gilles — je regardais plus souvent que d'habitude dans mes rétroviseurs. Au dernier tour, j'ai ralenti dans une section, et puis je suis reparti aussi vite que je pouvais pour être sûr de rester en tête jusqu'à la ligne d'arrivée. J'aurais été très surpris qu'il tente quoi que ce soit, mais je me prépare toujours aux mauvaises surprises.»

«À Monza, j'ai vécu les meilleurs moments de ma vie quand j'ai arrêté le moteur et que je suis sorti de la voiture. J'ai vu la foule en délire, les gens qui escaladaient les clôtures, qui agitaient les drapeaux de Ferrari. C'était magnifique. J'ai senti un immense plaisir, quelque chose qui me faisait vraiment chaud au cœur. Quand j'ai gagné, quand j'ai commencé à comprendre ce qui s'était passé, quand j'ai laissé la tension de toute une année s'évaporer, j'avais la gorge serrée en traversant le paddock, escorté par la police. Et je n'ai pas facilement la gorge serrée...»

«Ce soir-là, nous sommes tous allés dîner avec les mécaniciens et Gilles m'a dit que je lui avais appris plusieurs choses. Il m'a dit que j'avais fait un très bon travail et qu'il comprenait maintenant que le championnat était ce qui importait vraiment, en fin de compte. Pour la presse, il avait toujours été l'étoile, ce qui ne m'avait pas facilité la tâche. Et Gilles me disait maintenant qu'il comprenait que d'avoir son nom dans le journal ne valait pas plus qu'un bout de papier de toilette si on ne gagnait pas.»

Gilles accepta de bonne grâce sa défaite, mais demeurant convaincu que c'était le sort et non Jody qui l'avait vaincu. «J'ai été terriblement malchanceux cette année, dira-t-il après Monza. Je ne crois pas que j'aurais pu faire mieux, mais je n'ai tout simplement pas eu de chance, contrairement à Jody. C'est la seule différence entre nous. Pour moi, le tournant a été la course en Hollande. Si seulement j'avais pu marquer des points à cette course, je suis sûr que le reste de la saison aurait été une autre histoire. Jody a eu beaucoup de chance, mais c'est la vie en course automobile. Jody est peut-être devenu le champion du monde, mais je sais qui a le plus donné cette année, et je vais faire de mon mieux pour le prouver aux États-Unis et au Canada.»

Gilles eut une autre occasion de montrer ses talents avant les courses nord-américaines, lors d'une épreuve hors championnat organisée sur l'Autodromo Dino Ferrari. Baptisé du nom du fils d'Enzo et jusque-là surtout utilisé pour des courses de motos, ce circuit aménagé juste à l'est de Maranello devait accueillir le Grand Prix d'Italie en 1980. La course allait donc être une sorte de répétition générale. Tout le monde ne la prit pas très au sérieux — quinze voitures seulement prirent le départ — mais les quarante mille spectateurs ne s'intéressaient de toute manière qu'à leur équipe locale. Gilles ne les déçut pas, remportant la première place sur la grille de départ devant Jody, alors que Reutemann (Lotus-Ford) et Lauda (Brabham-Alfa Romeo) occupaient la deuxième ligne, constituant le gros de l'opposition.

Gilles devança Jody au départ, mais après quelques tours, les deux Ferrari commencèrent à déraper, victimes de leurs pneumatiques. Lauda doubla Jody sans difficulté, mais Gilles se montra moins accommodant et il fallut plusieurs tours à Niki pour prendre finalement l'avantage. Son avance ne fut cependant que de courte durée, moins d'un tour, avant que Gilles ne le double à son tour. Une fois de plus, ils échangèrent leurs places, puis la Brabham donna un coup de freins à l'improviste et la Ferrari lui rentra dedans.

Après un arrêt éclair au stand pour remplacer l'avant et les pneus de sa voiture, Gilles remonta sur le circuit et établit bientôt le tour le plus rapide, avec un chrono presque aussi bon que celui qu'il avait fait aux essais. Il continua ainsi à rouler aussi vite que possible avec sa maestria habituelle, au grand ravissement des quarante mille membres du club Gilles Villeneuve venus l'applaudir. Lauda (qui dédia sa victoire à Enzo Ferrari, avec lequel il tentait de se raccommoder) monta sur le podium, accompagné de Reutemann et de Scheckter en deuxième et troisième places. Mais ce fut Gilles, septième à l'arrivée, qui reçut de loin les acclamations les plus enthousiastes.

«La Fièvre Villeneuve»: tel fut le slogan du Grand Prix du Canada. Et compte tenu de l'intense pression qu'il ressentait lorsqu'il courait sur son propre terrain, il est bien étonnant que Gilles n'ait pas succombé à sa propre fièvre. Tout d'abord, il commença par faire un peu partout des apparitions publiques, pour la promotion de la course. Tout était organisé à la minute près, mais le programme était tout à fait épuisant. Un exemple: petit déjeuner à l'aube avec le commanditaire de la course, Labatt; à 9 heures, interview sur Radio-Canada; un court trajet en hélicoptère pour assister à 11 h 30 à une réception organisée à la mairie de Berthierville; à midi, rendez-vous avec le premier ministre du Québec; une heure plus tard, banquet publicitaire où Gilles était l'invité d'honneur; dans l'après-midi, conférence de presse; puis une émission de radio d'une heure; une apparition dans un grand magasin du centre-ville de Montréal; et pour finir en beauté, une soirée organisée par une association d'hommes d'affaires italiens.

Un autre jour, en Ontario cette fois, Gilles, qui venait de donner une conférence de presse à Hamilton, se dépêchait d'arriver à Toronto pour en donner une autre. Un policier en civil l'oblige à arrêter sa voiture. Coup de chance, l'homme porte un T-shirt avec le fameux numéro 12. Gilles en est quitte pour un autographe. Mais tous ces trajets, ces discours et ces séances de pose devant les photographes étaient éreintantes. «Après tout ça, ce sera comme des vacances pour moi quand la course va commencer. J'ai hâte de monter dans ma voiture. C'est plus tranquille ! »

Gilles fit une prévision à propos de cette épreuve qu'il avait remportée l'année précédente, en 1978: «La pression sera certainement beaucoup plus forte pour moi cette année. Mais je vais faire cette course exactement comme les autres. Je ne crois pas du tout que je puisse prendre plus de risques que d'habitude. Nous ne sommes plus aussi compétitifs aujourd'hui qu'il y a un mois. Il semble que les voitures manquent un peu d'adhérence; les pneus expliquent cette anomalie en partie, mais pas totalement. L'origine du problème est difficile à trouver. Mais Montréal est ma course favorite. C'est le type de circuit sur lequel, même si la voiture ne fonctionne pas bien, vous pouvez quand même terminer en bonne place.»

Gilles eut un concurrent de moins lorsque Niki Lauda décida, une fois de plus, de ne pas participer au Grand Prix du

Canada. Cette fois-ci, Lauda entendait se retirer définitivement de la course (en réalité, il reprendrait du service en
1982). Depuis quelque temps, Niki se demandait s'il était
bien sage de continuer dans cette profession. Et il se souvenait trop qu'il avait failli se tuer dans un accident en 1976:
«Le prêtre est entré et il m'a donné les derniers sacrements.
Puis il a fait le signe de la croix sur mon épaule et m'a dit:
«Adieu, mon ami.» J'ai presque eu une crise cardiaque!
J'avais besoin de quelqu'un qui m'aide à vivre dans ce
monde, pas qui m'expédie dans l'autre! Alors, je me suis
accroché aux voix de ceux qui m'entouraient, à ma femme qui
était à côté de moi. Je ne voulais pas perdre connaissance,
parce que j'avais peur de mourir.»

Ayant perdu beaucoup de motivation, il avait demandé
deux millions de dollars à Bernie Ecclestone pour continuer à
courir pour Brabham en 1980, somme qu'il avait finalement
obtenue. «C'est à ce moment que je me suis rendu compte
que la bulle avait crevé, écrira Niki dans *To Hell And Back*.
À peine avais-je gagné la partie contre Bernie que j'ai
compris que toute cette affaire ne m'intéressait plus. Et la
perspective de gagner deux millions de dollars ne changeait
pas vraiment grand-chose. J'avais cru jusqu'alors qu'une
fortune comme celle-là parviendrait à me motiver à nouveau
et à raviver mon intérêt pour ma carrière.»

Il espérait aussi trouver son inspiration dans la Brabham
équipée d'un nouveau moteur Ford qui devait faire ses
débuts à Montréal. Il en essaya une pendant une quinzaine
de minutes, mais le cœur n'y était plus. Il avait consacré huit
ans de sa vie à piloter des BRM, des Ferrari et des Alfa équipées de moteurs 12 cylindres, des voitures qui lui avaient
«toujours procuré une sensation de plaisir avec leur régime
élevé, leur bruit suraigu, leur agressivité brutale». Le bruit
du moteur Ford modifié par Cosworth était «plus plat, plus
sourd. Tout semblait plus lent; un peu ennuyeux... D'un
coup, le rideau tombe. Je n'ai plus qu'une idée fixe: tu n'as
plus rien à faire ici. Va-t-en faire autre chose.» Et c'est ce
qu'il fit. Le vendredi après-midi, Niki prenait l'avion pour
Los Angeles afin d'acheter un nouvel appareil, un Lear Jet,
pour sa compagnie aérienne, Lauda Air.

Alors que Lauda sortait de l'hôtel Bonaventure, à Montréal, il croisa Arturo Merzario, l'un des pilotes qui l'avaient sorti de sa Ferrari en flammes, au Nürburgring: «Au Ring, on m'a sauvé la vie une première fois, dit-il à Arturo. Je viens de la sauver une deuxième fois, aujourd'hui.»

Ecclestone engagea au pied levé un pilote qui était là en spectateur, Ricardo Zunino, pour remplacer Niki. L'Argentin, qui portait le casque de Lauda, se qualifia prudemment vers la fin du peloton, puis il remporta une fort convenable septième place lors de la course. Mais toutes ces machinations dans les coulisses de Brabham n'intéressaient que médiocrement la foule qui se pressait autour du circuit de l'île Notre-Dame; la foule n'avait d'yeux que pour le petit gars de Berthier. Et le petit gars les tenait en haleine, lui qui tournait à une vitesse incroyable sur un circuit légèrement modifié: deux S redressés et deux autres courbes rectifiées. Bref, un circuit plus rapide pour tout le monde, mais plus particulièrement pour Alan Jones dont la Williams, qui avait un meilleur effet de sol, l'emporta sur la T4 de Gilles par plus d'une demi-seconde aux essais. Gilles allait donc être deuxième sur la grille de départ.

Celui qui était désormais assuré du championnat du monde languissait en neuvième place, mais Jody était nettement plus détendu et souriant maintenant qu'il avait réalisé son ambition. N'ayant rien à perdre, il avait décidé de s'amuser. Quant à son ancien employeur, Walter Wolf, il en était maintenant réduit à jouer le rôle de simple spectateur, Keke Rosberg ayant cassé la seule Wolf encore en état de courir aux épreuves de qualification. Walter était déjà en train de liquider son écurie de Formule I, si bien que Gilles allait être le seul à défendre les couleurs du Canada — ce qu'il ferait fabuleusement bien.

Au feu vert, Gilles manqua de lever du nez, comme dans une course d'accélération, tandis qu'il partait comme une bombe devant Jones. Derrière eux, Jody sortit de l'asphalte pour essayer de les rattraper, mais il ne réussit qu'à soulever une tempête de poussière. Il retomba en douzième place, mais finit quatrième à la fin de la journée, derrière Regazzoni. Quant aux autres, ils furent presque oubliés. Il est vrai qu'en tête la lutte était épique entre Villeneuve et Jones qui se firent une magnifique bagarre durant les soixante-douze tours de ce mémorable Grand Prix du Canada.

La stratégie de Gilles, comme toujours, était simplement d'aller à fond de train, alors qu'Alan Jones avait adopté un plan d'action plus circonspect avec son patron, Franck Williams. «Avant la course, j'avais parlé avec Franck, et nous avions décidé que si Villeneuve me battait dès le départ, je resterais sur ses talons et j'économiserais la voiture autant que possible, au moins jusqu'au trentième tour.»

Mais le moment venu, Jones découvrit que la deuxième partie de son scénario, doubler Gilles, n'allait pas être facile. Sans cesse, le museau de la voiture blanche pointait à côté de la rouge, mais il devait aussitôt battre en retraite. La Williams était incontestablement plus rapide, mais l'homme au volant de la Ferrari compensait ce handicap.

Finalement, au cinquantième tour, Jones sortit légèrement plus vite de la chicane, gagnant ainsi quelques précieux centimètres dans la course sur la ligne droite qui menait à l'épingle. Jones prit la corde en freinant, mais Gilles était comme collé à lui et les deux voitures négocièrent côte à côte le virage à angle droit. Jones était un adversaire aussi résolu qu'Arnoux à Dijon et les roues des deux voitures se touchèrent. À la corde, la Williams était la mieux placée pour la sortie et elle accéléra, prenant la tête. On entendit monter un murmure de déception parmi les cent mille spectateurs haletants, mais Villeneuve continua à donner un brillant spectacle, refusant de lâcher prise malgré ses pneus usés. Il termina à moins d'une seconde de Jones.

Sur le podium, enchanté de leur lutte qui avait duré toute la course, Jones leva le bras de Gilles pour que la foule le salue. Les deux pilotes avaient immensément apprécié leur duel et Alan Jones, gagné lui aussi par «la fièvre Villeneuve», se fit l'interprète de tous: «Sensationnel ! Ce petit gars n'abandonne tout simplement jamais.»

Plus tard, Jones s'expliquera devant les journalistes: «C'était incroyable. Ce type refusait de s'avouer vaincu. Je suais sang et eau pour lui prendre quelques secondes, je me relâchais un tout petit peu pendant quelques virages, et il était de nouveau dans mes rétroviseurs. Ce fichu petit baquet rouge ne voulait pas me lâcher ! J'ai été obligé de rouler constamment à fond jusqu'à l'arrivée, parce que je savais que si je le laissais me doubler, je n'aurais jamais eu une autre occasion de reprendre la tête ! »

Le chef d'équipe du vainqueur ne ménagea pas ses félicitations pour Gilles lui non plus, avec une réserve cependant: «Même si je ne suis pas particulièrement d'accord avec son style casse-cou, dira Franck Williams, il a fait davantage pour les courses de Grand Prix cette saison que tous les autres pilotes réunis.»

Gilles apporta une nouvelle contribution au sport et à sa propre légende lors du week-end suivant, à Watkins Glen. Le spectacle Villeneuve, désormais classique, commença le vendredi sur une piste détrempée où très peu de voitures avaient osé s'aventurer, la plupart des pilotes jugeant qu'il était absolument impossible de conduire sur l'asphalte ruisselante de pluie. Mais Gilles n'était pas de cet avis. Denis Jenkinson raconte: «Lorsque nous l'avons vu sortir sous la pluie, nous nous sommes dit: «Il ne faut pas manquer ça !» Certains journalistes qui croient tout savoir ne prennent pas la peine de sortir lorsqu'il pleut. Mais moi, j'étais là, dans un coin, sous une pluie battante, avec un petit groupe de journalistes plus endurcis que les autres. Nous ne voulions pas manquer le spectacle. C'était quelque chose de spécial. Il était tout simplement fantastique ! Incroyable ! »

Nigel Roebuck était un autre de ces amateurs qui ne craignaient pas la pluie: «Gilles était le seul qui puisse vous faire sortir et chercher un bon coin pendant une séance d'entraînement, parce que vous saviez qu'alors que tous les autres rouleraient comme s'ils étaient sur des rails, Gilles donnerait un véritable spectacle. Ce jour-là, sous la pluie, à Watkins Glen, c'était presque impensable ! Littéralement. On aurait dit qu'il avait trois cents chevaux de plus que tous les autres.

Ce qu'il faisait paraissait tout simplement impossible. La vitesse à laquelle il roulait n'avait aucun rapport avec celle de ses rivaux. *Il était plus rapide de onze secondes !* Jody qui était le suivant n'arrivait pas à y croire. Il avouait qu'il était mort de peur ! Je me souviens que Laffite, dans les stands, s'est simplement mis à rire en voyant passer Gilles et qu'il a dit: «Pourquoi essayer ? Il est différent de nous autres. À un autre niveau.»

Jeff Hutchinson, un autre journaliste anglais, fut lui aussi très fortement impressionné: «Le spectacle de Villeneuve en train de pousser sa Ferrari à la limite, soulevant derrière lui des cascades de pluie pour le simple plaisir nous faisait oublier nos pieds mouillés et la longue attente sous la pluie. Il tournait à une vitesse moyenne d'un peu plus de 160 km/h ! »

«On s'est bien amusé ! » dira Gilles, la bouche fendue jusqu'aux oreilles comme c'était son habitude après de tels exploits. Mais il pensait qu'il aurait pu aller encore plus vite. «J'étais à fond en cinquième sur la ligne droite, à environ 260 km/h. J'aurais dû aller plus vite, mais le moteur a eu un raté et il a perdu environ six cents tours. Autrement, j'aurais pu aller pas mal plus vite, mais peut-être aussi que j'aurais cassé.» Sa voiture était cependant plus difficile à tenir sur revêtement sec et, le samedi, Gilles ne parvint qu'à se classer en troisième position sur la grille de départ, derrière Jones et Piquet. Il prit la chose avec philosophie: «Je n'ai qu'à prendre un de ces bons départs dont j'ai l'habitude.» Et c'est ce qu'il fit, avec l'aide de la pluie qui tomba une demi-heure avant le feu vert, forçant la plupart des pilotes à démarrer sur pneus de pluie.

Gilles dépassa aussitôt Piquet et remonta Jones qui freinait déjà pour le premier virage. «J'y allais vraiment à fond pour me placer à côté de Jones et puis je me suis dit que j'allais faire un tête-à-queue quand nous passerions le virage.» Deux roues de la Ferrari sortirent effectivement de la piste, mais Gilles réussit à maîtriser sa voiture et fut premier pendant les trente et un tours suivants. Il était dans la meilleure position possible, puisque tous les autres devaient naviguer au milieu d'un épais brouillard projeté par les roues du premier, avec pour seuls repères les minuscules feux rouges de ceux qui les précédaient.

On n'était pas encore à mi-course que le nombre des voitures mises hors de combat par la chaussée glissante dépassait déjà le total des véhicules détruits au cours de la nuit dans le *Bog*. Les flammes de ces véhicules victimes des vandales — neuf en tout — avaient disparu sous la pluie le jour de la course, mais l'odeur nauséabonde qui montait de ce ghetto de fous furieux empestait encore l'air. Une fois de plus, les journalistes étrangers avaient bien du mal à comprendre cet étrange aspect de la vie dans le Nouveau Monde, alors qu'un natif du nord de la frontière américaine faisait de son mieux pour leur changer les idées.

Gilles continuait à filer bon train sur la piste mouillée, suivi de Jones, assez loin derrière. Alors que Gilles tenait sa place en tête, Jody faisait encore mieux après un tête-à-queue en début de course qui l'avait fait descendre en queue de peloton. Il doubla tout le monde pour se placer en troisième position, au treizième tour. La piste commençait à sécher maintenant et Jody s'arrêta pour monter des pneus lisses, comme de nombreux autres pilotes. Au trentième tour, Gilles et Jones avaient pris un tour à l'ensemble du peloton, mais l'état du terrain commençait à favoriser la Williams équipée de pneus Goodyear et, deux tours plus tard, elle rattrapait la Ferrari.

Gilles s'arrêta au stand pour monter des pneus lisses, concédant ainsi un demi-tour à Jones. Mais cette avance disparut une fois pour toutes lorsque Jones dut s'arrêter lui aussi au stand. Un écrou de roue donna du fil à retordre à ses mécaniciens. En désespoir de cause, voulant à tout prix qu'il reparte devant Gilles, ils le lâchèrent sans serrer l'écrou à fond. Jones n'avait pas fait cinq cents mètres qu'il perdait sa roue. Pas de fantaisies en tricycle cette fois, puisque sa Williams dérapa et sortit du circuit avant de s'immobiliser définitivement. Même mésaventure pour Jody Scheckter dont la Ferrari perdit un pneu, exactement comme celle de Gilles à Zandvoort. Jody se gara sur l'accotement et revint à pied au stand — pour la première fois depuis le début de la saison.

Gilles remporta donc sa troisième course de la saison 1979, la quatrième de sa carrière en Formule I, terminant la saison à 4 points seulement de Jody, champion du monde avec un total de 51 points.

VII

LES TEMPS DIFFICILES: 1980

1 *La manière dont Villeneuve aborde la course automo-*
bile est peut-être trop passionnée — trop instinctive et
instantanée — pour jamais lui valoir un championnat
du monde, mais elle explique pourquoi il est adoré
dans le monde entier comme aucun autre pilote.
Nigel Roebuck

Si le classement final donnait Gilles comme le deuxième
pilote du monde en 1979, il avait été sans nul doute le pilote
le plus remarqué de l'année. Sur un total de 975 tours pour
toutes les courses de la saison, il avait été en tête sur 308,
soit un tiers du total. Jones avait mené 216 tours et le
champion du monde, Scheckter, 170 seulement. Gilles avait
réalisé cinq fois le tour le plus rapide en course, contre deux
fois pour Regazzoni, Laffite et Arnoux, et une seule fois pour
Jones, Scheckter, Depailler et Piquet. Gilles avait mené sept
des quinze courses, mais il n'en avait gagné que trois. Jody
qui n'avait mené que quatre courses en avait gagné trois lui
aussi. (À noter cependant qu'Alan Jones, avec quatre
victoires à son actif, ne finissait que troisième au championnat.)

La différence entre être le champion du monde et son rival immédiat se résumait donc à cette loi fondamentale: pour terminer premier, vous devez d'abord terminer la course. Enzo Ferrari disait: «Aujourd'hui, une voiture de Formule I comprend huit mille deux cents pièces et, pour obtenir un résultat positif, il faut que toutes ces pièces fonctionnent parfaitement.» Et même si son «Prince de la Destruction» malmenait trop souvent ces pièces, Enzo répétait que «nous aimons beaucoup aussi bien Villeneuve que Scheckter. Tous les deux sont impatients d'arriver.»

À la fin de cette saison 1979, Gilles admettait que sa hâte avait peut-être causé sa chute: «Je n'ai vraiment pas eu de chance, par comparaison avec Jody. Mais je reconnais que chaque pilote joue sa chance et que Jody a tout fait pour la conserver. J'ai peut-être encore quelque chose à apprendre dans ce domaine. Mais je suis un meilleur pilote qu'il y a un an et j'espère être encore meilleur d'ici un an. Il faut toujours progresser un peu. L'expérience. La vitesse. Tout. Je suis sûr que je suis plus réfléchi maintenant. Je n'ai pas fait autant de tête-à-queue.»

Mais Gilles ne risquait pas de changer fondamentalement d'attitude: «Je ne vais jamais relâcher mon effort, sauf si je suis premier. Je ne suis jamais sorti d'une voiture en me disant que j'aurais pu me donner plus de mal.» Et gagner n'était toujours pas pour lui le seul et unique objectif. Pour Villeneuve, le plaisir était avant tout celui de la course, pas simplement celui des résultats. «Prenez Long Beach. C'était plutôt facile, je peux vous le dire. La voiture marchait parfaitement bien et je n'avais qu'à continuer, en faisant attention à ne pas faire de fautes stupides. Mais prenez Montréal, quand j'ai terminé deuxième derrière Jones. Je me suis donné *à fond* dans cette course et j'ai tiré une énorme satisfaction d'arriver deuxième. Et ce dernier tour avec Arnoux, à Dijon, c'était fantastique !

«L'année dernière, je crois que j'ai prouvé aux gens de la course et à moi-même que j'étais rapide sur une voiture de Formule I. J'ai prouvé maintenant que j'y ai ma place, et c'est très important pour moi. Je veux qu'on me considère comme l'une des rares personnes au monde capables d'être un pilote de Grand Prix. Je ne peux pas dire combien de temps je resterai chez Ferrari. La plupart des pilotes ne restent qu'environ trois ans dans une écurie. Puis ils pensent pouvoir trouver mieux, une meilleure voiture ou un meilleur contrat. Il arrive aussi très souvent que les ingénieurs se lassent d'un pilote et commencent à regarder ailleurs.»

Mais Forghieri ne regardait pas ailleurs et, après la plus heureuse saison qu'il aurait jamais chez Ferrari, il rendit hommage à ses deux pilotes: «Scheckter: un professionnel sérieux, un pilote confirmé. Villeneuve: un pilote compétent, animé d'une extraordinaire volonté de réussir.» Marco Piccinini était tout aussi content de son pilote québécois: «Je m'entendais bien avec Gilles. Je me suis parfois trouvé dans des situations délicates, du fait que je participais à des négociations avec les pilotes et que je représentais la direction. Mais avec Gilles, je n'ai jamais eu de problèmes particuliers, car il avait toujours les idées claires et savait ce qu'il voulait. Il était très déterminé, mais on pouvait toujours discuter avec lui sur une base réaliste et parvenir rapidement à une entente durable.»

Gilles devenait un rouage essentiel de l'écurie et il commençait à comprendre comment fonctionnait l'esprit de son fondateur. «M. Ferrari aime que ses pilotes soient en concurrence l'un avec l'autre et il s'attend à ce que chacun dans son équipe fasse tout son possible. Mais il ne veut pas que ses pilotes fassent quoi que ce soit de dangereux. Il veut simplement être sûr que nous nous donnons à fond. Je ne peux pas l'imaginer pilote de course, même si je sais qu'il était très bon autrefois. Quand je le vois dans son bureau, derrière son immense table de travail, il me donne davantage l'impression d'un organisateur, peut-être bien d'un «parrain». Mais c'est un homme bon et parfois je pense qu'il se considère comme le père de ses pilotes. Il garde une photo de son fils Dino dans son bureau et je sais que la mort de ce fils a été une épreuve très douloureuse pour M. Ferrari.»

À propos de son avenir, Gilles affirmait qu'il courrait «encore six, sept, huit, peut-être dix ans. C'est vraiment difficile à dire en ce moment, mais je suppose que je vais piloter jusqu'à quarante ans.» Tout dépendrait du temps qu'il pourrait rester compétitif. «Je trouve absolument pathétique de voir des gens s'accrocher, se faire payer par une équipe professionnelle, alors qu'ils ont déjà commencé à descendre la pente. Je pense que j'aurais très mauvaise opinion de moi-même si je n'arrivais pas à faire mieux qu'une sixième place. J'ai l'impression que je devrais abandonner aussitôt.»

Quand le moment viendrait, il saurait le voir et prendrait sa décision en conséquence, comme l'avaient fait Hunt et Lauda, même en plein milieu d'une saison. «Je sais bien qu'on dit: «Quand même, ne serait-ce que pour leurs commanditaires et tous les gens qui veulent les regarder, ils auraient dû rester.» D'accord, mais les gens qui disent ça chez eux ou dans les tribunes ne risquent rien. Peut-être que les gens comprendront mieux ainsi que la course est vraiment très exigeante. À sa manière, James était très bon en Formule I, et Niki aussi. C'étaient deux hommes très importants. Il n'y a jamais assez de superstars. Alors, il est bien certain que la Formule I a perdu quelque chose en perdant ces deux pilotes.

«Quand vous avez décidé que vous ne voulez plus faire de la course, à quoi bon continuer ? Si vous restez pour terminer la saison alors que vous n'en avez plus envie, c'est à ce moment-là que les choses deviennent vraiment dangereuses. Ce n'est pas comme le golf ou le tennis, où si vous faites une erreur, vous ne risquez que d'avoir mal au bras pendant une semaine. Ici, vous risquez de vous tuer.»

Mais pour le moment présent et l'avenir prévisible, le côté positif l'emportait de loin sur les aspects négatifs pour Gilles. «D'abord, j'adore la course automobile. Si ce n'était pas le cas, rien ne pourrait m'obliger à courir, car c'est une activité beaucoup trop dangereuse. J'aime pousser une voiture à sa limite, sentir qu'elle s'en va, savoir qu'elle est absolument à son maximum. Toucher cette limite, la vitesse absolument maximale que peut supporter une voiture dans un virage, pour moi c'est un sentiment formidable — une sensation absolument fantastique. Peu importe si personne ne me regarde, ou même si personne n'est là pour me chronométrer. En soi, c'est suffisant.»

266

«Et puis, il y a cette sensation formidable de vaincre l'adversaire. C'est de l'égocentrisme mais, si on va au fond des choses, c'est exactement ça la course — battre l'autre. En plus, il y a l'argent, et je ne nie pas que j'aime ça. Mais s'il n'y avait pas d'argent en Formule I, s'il n'y en avait que juste assez pour vivre, je continuerais à faire de la course. Il se trouve qu'il y a de l'argent, alors je fais comme tout le monde. J'essaie d'en avoir autant que possible, comme les autres. J'ai l'impression d'être fondamentalement paresseux. Alors j'espère ramasser suffisamment d'argent pour pouvoir prendre ma retraite et vivre sans rien faire. Mais je ne fais pas de la course essentiellement pour gagner de l'argent.»

Gilles parlait de son travail comme s'il allait de soi: «Je fais *ma job*. Quand je dis que la course est mon travail, c'est par rapport à mon équipe et à mes commanditaires. On vous paye pour faire ce travail. On vous paye pour être plus rapide que les autres. Sous cet angle, c'est un travail comme un autre et, quand la course est terminée et que j'ai gagné, j'ai fait *ma job*. Point final. Et j'ai envie de rentrer chez moi pour voir Johanne et les enfants.»

2   *S'il pouvait revenir et tout recommencer à zéro, je crois qu'il ferait exactement la même chose — avec la même passion.*
Jody Scheckter

Quand Gilles disait «rentrer chez moi», ce n'était pas de la villa de Plascassier dont il voulait parler. La maison appartenait à un Belge qui l'avait fait construire pour y prendre sa retraite et Gilles souhaitait une résidence permanente, plus proche aussi de son principal lieu de travail. À l'époque, l'autoroute du midi de la France n'était pas terminée dans la région de Cannes et les nombreux voyages que Gilles faisait entre Plascassier et Fiorano lui prenaient beaucoup de temps. Obligé d'emprunter l'une des routes très encombrées de la corniche pour rattraper l'autoroute, Gilles perdait au moins une heure de son temps précieux. Johanne lui avait bien proposé de s'installer en Italie, mais Gilles voulait absolument que ses enfants soient élevés en français. On décida donc d'un compromis: la famille s'installerait à Monaco. Depuis toujours, les pilotes de course s'y installent volontiers pour des raisons fiscales, bien sûr, mais aussi pour la vie animée que leur offre la principauté. Les Villeneuve suivirent leur exemple.

L'avocat montréalais de Gilles, Boris Stein, avait informé Gaston Parent que Gilles, du fait qu'il habitait Plascassier, devrait payer de lourds impôts à la France. Parent s'offrit à aider les Villeneuve à chercher une nouvelle adresse et ils trouvèrent finalement un appartement juste à côté de l'endroit où habitait Jody Scheckter. C'était l'ancien appartement de Ronnie Peterson et Gilles le loua de sa veuve, Barbro. «Mais Gilles n'aimait pas l'idée que ses enfants vivent dans un immeuble, explique Parent. Il voulait avoir les deux pieds sur terre et la même chose pour ses enfants.»

L'idée de Gilles était d'utiliser l'appartement de Peterson comme domicile officiel, mais de continuer à vivre avec sa famille à Plascassier. Par l'intermédiaire de Walter Wolf, Parent avait rencontré un haut fonctionnaire français qui lui avait donné à entendre que ce stratagème ne marcherait pas, à cause de la visibilité de Gilles: les autorités fiscales, fort soucieuses de recevoir sa contribution au trésor de la République, ne manqueraient pas de découvrir le pot aux roses. On décida donc de chercher une résidence permanente à Monaco.

Mais les logements vacants ne sont pas légion dans cette minuscule principauté de cent cinquante hectares à peine, où le prix des terrains et des maisons est l'un des plus élevés du monde. Les recherches durèrent donc un certain temps, jusqu'à ce qu'on trouve une villa à Monte-Carlo, du côté est de la principauté. La propriété, cachée derrière de hauts murs en bordure d'une rue tortueuse, perchée au sommet d'une terrasse, était fort délabrée. La Mascotte, puisque c'était ainsi qu'on l'appelait, avait appartenu à un bijoutier dont les héritiers se disputaient la maison depuis bientôt sept ans. Le toit fuyait, l'intérieur était dans un état pitoyable et le jardin avait pris l'allure d'une forêt vierge.

Mais les Villeneuve y virent des possibilités — le terrain était assez grand pour que les enfants puissent y jouer et même pour qu'on puisse y aménager une petite piscine. Le prince Rainier, à qui revenait le dernier mot dans toutes les opérations immobilières, donna sa bénédiction au projet, certainement enchanté qu'un autre sujet illustre s'installe sur son domaine.

Gaston Parent s'occupa des négociations: «Ils demandaient un million deux cent mille ou trois cent mille. J'ai répondu que cette somme dépassait nos moyens. Alors ils m'ont dit de faire une offre. J'ai proposé sept cent cinquante mille dollars, et ils ont accepté. Les réparations ont coûté un demi-million de dollars, si bien que ça a remonté à un million deux cent mille, mais au moins ça valait la peine. La maison vaut plusieurs fois ce prix aujourd'hui.»

Gilles entreprit des travaux considérables: rénovation complète de l'intérieur, remplacement de la plomberie, du chauffage et de l'électricité, construction d'un grand garage, d'un atelier et d'un bureau, excavation d'un appartement indépendant au sous-sol qu'il fallut dynamiter dans le roc et, enfin, aménagement d'une piscine dans le jardin, l'une des très rares piscines privées de Monte Carlo. Gilles insista pour s'équiper d'appareils ménagers nord-américains et il commanda des réfrigérateurs, des cuisinières et des lave-vaisselle à New-York, par l'intermédiaire de John Lane. Pendant que leur nouvelle villa prenait forme, la famille passa six mois dans l'appartement de Peterson et Gilles commença à accumuler autour de lui ce qui lui paraissait nécessaire à la grande vie qu'il comptait bien mener à présent.

C'est ainsi qu'il demanda à Gaston Parent de lui expédier sa Ford Bronco 4 x 4 du Canada et l'exotique machine, haut perchée sur ses énormes pneus, devint une curiosité sur la côte d'Azur. Peinte aux couleurs personnelles de Gilles — jaune, orange et rouge — un design plutôt voyant conçu par l'un des artistes de Parent, elle ne pouvait passer inaperçue.

Gilles, qui avait encore les sports d'hiver dans le sang, loua un chalet (qu'il acheta plus tard pour quatre cent cinquante mille dollars) sur les hauteurs des Alpes maritimes, à Pra-Loup, une station de ski, et chaussa pour la première fois des skis durant l'hiver 1978-1979. Ray Wardell, John Lane et leurs familles passèrent Noël avec les Villeneuve et Wardell se souvient avec quelle rapidité Gilles se mit à ce nouveau sport. «Il n'avait jamais skié de sa vie, si bien qu'il a d'abord passé une demi-heure sur la pente des débutants. Puis il m'a dit: «On y va.» Et moins d'un jour plus tard, il descendait tout droit du sommet.»

À Pra-Loup, Gilles rencontra par hasard les membres de l'équipe canadienne masculine de ski alpin qui s'entraînaient pour le championnat du monde. On les avait surnommés les «Crazy Canucks», car il faut dire qu'ils se faisaient une conception assez aventureuse de la course à skis. Un beau jour, les skieurs virent débouler sur leur piste méticuleusement entretenue une espèce de fou en motoneige qui se mit à labourer la neige immaculée. Cris et hurlements de fureur de nos sportifs. Quand ils reconnurent Gilles, dont ils avaient tous entendu parler, l'incident fut vite oublié et tout le monde se mit à parler métier. Le coureur automobile et les coureurs à skis avaient d'ailleurs plus d'une chose en commun et Gilles se lia d'amitié avec Ken Read et Steve Podborski qu'il invita plus tard à plusieurs Grands Prix.

«Gilles avait beaucoup de respect et d'admiration pour Steve et Ken, se souvient Johanne. Il les regardait faire, et puis il venait me dire: «Tu te rends compte ce que ces types font sur une paire de skis? Descendre une pente à 140 km/h? Ils doivent être complètement fous!» Pour lui, c'était quelque chose de tout à fait incroyable. Il admirait leur discipline, leur travail, leurs heures d'entraînement et d'exercice, et bien sûr leurs succès.»

La presse canadienne élut Gilles athlète de l'année en 1979, avec 270 points contre 151 pour celui qui venait après lui, Ken Read. «J'ai l'impression que je me trouve en assez bonne compagnie, hein?» dit Gilles. Comme les Crazy Canucks, devenus célèbres dans toutes les Alpes bien avant d'être connus du grand public au pays de la feuille d'érable, l'énorme popularité de Gilles à l'étranger était encore largement ignorée dans son pays d'origine. Et ce n'est qu'après sa mort que ses compatriotes commencèrent à comprendre que

Gilles était sans doute le Canadien le plus connu dans le monde.

Read et Podborski s'étaient grièvement blessés au cours de leur carrière et ils pouvaient facilement comprendre les dangers auxquels Gilles était exposé. Malgré tout, les trois compères pensaient que le jeu en valait bien la chandelle. Après la mort de Gilles, Steve Podborski, qui deviendra champion du monde de descente au cours de la saison 1981-1982 (seule fois où le titre ne sera pas décerné à un Européen), sera l'une des personnes qui aideront Johanne et les enfants à traverser une période difficile. Il donna aussi des leçons de ski au jeune Jacques, qui semblait exceptionnellement doué. Podborski se souvient que Gilles disait toujours qu'il n'aurait pas l'impression de vraiment vivre s'il ne faisait pas de course.

Gilles comprenait cependant qu'il lui fallait mettre la pédale douce sur ses activités extra-professionnelles qui risquaient de perturber sa carrière de coureur. «Naturellement, je dois faire attention. Et c'est bien dommage, parce que j'aimerais descendre les pentes à toute allure. Je crois que si j'avais débuté à dix ou douze ans, j'aurais été très bon skieur. Par certains côtés, c'est comme la course automobile. Si je ne risquais pas de compromettre une saison de course en me blessant, je m'y mettrais à fond. Descendre à toute vitesse, ça m'amuserait vraiment beaucoup. Mais je dois être raisonnable.»

Pourtant, dévaler à toute allure une route de montagne au volant d'une Bronco pilotée à la Villeneuve était sans doute à peine moins dangereux que de descendre une pente à fond de train sur des skis. En fait, un grand nombre des expéditions montagnardes de Gilles consistaient à rechercher des situations aussi délicates que possible sur quatre roues. «Naturellement, le tout-terrain est différent en Europe, disait Gilles. Il n'y a pas de marécages ici. C'est plutôt de l'escalade. Je n'y vais pas comme si je partais en pique-nique le dimanche. Ce qui m'amuse, c'est de passer dans un endroit où en principe rien ne peut passer.»

Gilles avait quand même quelques occupations plus sédentaires. Il faisait encore un peu de musique et il s'acheta

271

même un piano. Quant à sa trompette, elle n'était jamais bien loin. «Je me suis acheté une flûte, racontait Gilles, j'ai soufflé quelques coups dedans, et puis j'ai laissé tomber.» Son intérêt pour la photographie fut cependant plus durable: il développait et imprimait lui-même ses photos. «Je m'y suis mis parce que je prends beaucoup de photos des enfants et de mes excursions en 4 x 4 et que je ne pouvais jamais obtenir des agrandissements comme je les voulais. Je déteste aller chez un photographe pour lui expliquer en long et en large ce que je veux faire agrandir sur un négatif. En plus, ça me permet de prendre des photos de nus et de les développer moi-même ! »

Gilles commençait également à se passionner pour les hélicoptères. Walter Wolf, son voisin de Plascassier, l'avait invité un jour à faire un tour à bord de son hélicoptère Bell Jet Ranger, peint aux couleurs bleu et or de la société Wolf. Gilles prit les commandes quelques minutes et fut aussitôt conquis. Wolf disait que Gilles était le seul homme qu'il avait vu faire du vol stationnaire en hélicoptère après seulement deux heures d'observation. Gilles suivit des cours dans une école de Saint-Hubert, près de Montréal, et après un stage intensif, il obtint sa licence dans le temps record de trois semaines, au lieu des trois mois habituels. Gaston Parent conclut ensuite un accord de location-vente avec l'une des sociétés de Walter, propriétaire de l'appareil. Le contrat prévoyait une option d'achat, au prix de deux cent trente-cinq mille dollars, à l'expiration du bail de deux ans.

Heureusement pour Gilles dont le style de vie devenait de plus en plus coûteux, Gaston Parent tenait sa promesse de le vendre «comme une boîte de fèves au lard». Villeneuve arborait déjà sur son casque et sa combinaison les logos de plusieurs commanditaires qui contribuaient à lui permettre de mener son train de vie. Et même si Gilles ne buvait et ne fumait pas, il se transformait en homme-sandwich pour des marques de bière (Labatt), de vin (Giacobazzi) et de cigarettes (Marlboro). Macarons de tous genres et tous modèles — pour des bougies (Champion), des produits pétroliers (Agip), des pneus (Michelin), des appareils de cuisine (Smeg) ou des vêtements (Matras) — constellaient sa combinaison de pilote où le petit cheval de l'insigne de Ferrari disparaissait presque dans un véritable patchwork de messages commerciaux. Mais ses affaires n'allaient pas trop mal non plus du côté de chez Ferrari.

«Nous n'avons jamais renégocié le contrat avec Ferrari, explique Gaston Parent. Gilles allait simplement voir Le Vieux pour lui dire qu'il voulait davantage d'argent. Ferrari acceptait. Une fois par mois, Gilles facturait à Ferrari ses frais de déplacement et on le remboursait sans discussion. En plus de ses honoraires de base, nous avions un système de primes aux points. Par exemple, à la course qu'il a gagnée à Montréal en 1978, les neuf points de sa première place lui ont valu neuf mille dollars chacun — quatre-vingt-un mille dollars en tout.»

Mais la valeur marchande de Villeneuve dépassait largement les deux cent cinquante mille à trois cent mille dollars qu'il recevait de Ferrari. Traditionnellement, la Scuderia était l'une des écuries qui payaient le moins, car le prestige de courir pour le fameux cheval cabré était tel que les pilotes acceptaient de rogner sur leurs revenus. Avant la saison 1980, Teddy Mayer avait demandé à John Lane de sonder Gilles pour savoir s'il pourrait envisager de courir pour McLaren. L'offre tournait aux alentours de sept cent cinquante mille dollars pour la saison, dont la majeure partie à la charge du principal commanditaire de McLaren, Marlboro, qui payait environ cent mille dollars à Gilles à l'époque pour porter son logo. Quand Lane lui fit part de la proposition de Mayer, Gilles fut très surpris du montant qu'on lui offrait, mais déclina l'invitation. Et il demanda à Lane de répondre à Mayer qu'il était flatté et qu'il se souviendrait de l'intérêt que McLaren lui portait, mais qu'il s'était déjà engagé avec Ferrari.

Devenu l'un des pilotes de Formule I les plus en vue, Gilles valait désormais son pesant d'or pour les commanditaires qui alimentaient en espèces sonnantes et trébuchantes le sport le plus coûteux du monde. Des centaines de journalistes, parfois plus de mille, couvraient chaque course et pondaient plus de vingt mille articles de journaux et de revues aux quatre coins du globe. Dans plus de cent pays, les réseaux de télévision transportaient plus d'un demi-million de téléspectateurs sur les circuits. Et quand les statisticiens multipliaient ces chiffres par le nombre de Grands Prix en une saison, ils arrivaient à un énorme public international de spectateurs confortablement assis dans leurs fauteuils, un public qui représentait près d'un tiers de la population de la planète.

Pour les spécialistes du marketing, ces chiffres incroyables, associés à un sport prestigieux et excitant dans lequel de courageux pilotes mettaient leur vie en jeu lors de courses qui se déroulaient dans une douzaine de pays différents, ces chiffres étaient un véritable Eldorado publicitaire. Un Eldorado qui aida Marlboro, division de Philip Morris Inc., de New York, à devenir la marque de cigarettes la plus vendue au monde. Aleardo Buzzi, président de Marlboro Europe, expliquait ainsi les investissements de plusieurs millions de dollars par an que sa société faisait en commanditant des pilotes, des équipes et des courses de Formule I: «Nous étions à la recherche d'une image qui puisse faire pendant au cowboy solitaire de Marlboro. Le cheval de chair et d'os est devenu un cheval mécanique. Ce que nous voulions, c'était projeter une image d'aventure, de virilité, de courage...»

Et aux yeux du public, le symbole numéro un de ce que devait être une course de Grand Prix était nul autre que cet audacieux Québécois qui pilotait la plus célèbre de toutes les voitures de course.

3   *La peur — le facteur limitatif dans la plupart des réactions humaines — était une chose à laquelle Gilles Villeneuve ne pensait que rarement. S'il l'avait fait plus souvent, il n'aurait pas été cette sorte de pilote de course qui nous a laissé les souvenirs que nous chérissons aujourd'hui.*
Jeff Hutchinson

D'innombrables admirateurs écrivaient à Gilles, et c'était une avalanche de lettres à Maranello, des lettres d'enfants, d'adolescents, d'adultes des quatre coins du monde. Un petit garçon écrivait: «J'ai appelé mon chat Gilles, mais j'ai été bien déçu, parce qu'il s'est endormi.» Un élève expliquait à Gilles que ses professeurs lui avaient donné l'autorisation de «sécher» ses cours, pour cause de «fièvre Villeneuve»; il en avait profité pour aller voir Gilles s'entraîner. Un pilote de kart racontait qu'il avait commencé à gagner lorsqu'il s'était fixé un nouvel objectif: atteindre «la limite de Gilles». Une bonne épouse avouait que «dans le lit conjugal, nous regardons le poster de Gilles.»

L'une des tâches de Brenda Vernor chez Ferrari était de répondre à ce volumineux courrier, généralement sous forme de cartes postales représentant le pilote et sa voiture qu'elle faisait signer par Gilles. En plus de ces milliers de lettres, il y avait aussi la correspondance régulière avec les *fan clubs* Ferrari, plus de quatre cents dans le monde. Sur ce chiffre, Brenda estime qu'il y avait sans doute cent cinquante clubs Gilles Villeneuve, dont un bon nombre subsistent encore. Aujourd'hui secrétaire du vice-président Piero Lardi Ferrari, elle a gardé un merveilleux souvenir «de ces journées heureuses avec Gilles, de ces moments que nous passions ensemble. Je regrette tellement qu'il ne soit plus ici.»

Née en Angleterre, Brenda Vernor avait fait la connaissance d'Enzo Ferrari en 1962 lorsqu'elle était venue visiter Maranello avec Mike Parkes, employé quelque temps par l'écurie comme pilote et ingénieur. Après la mort de Parkes dans un accident de voiture, en 1978, Enzo l'avait prise comme secrétaire particulière. «Le Vieux avait un faible pour Gilles. Nous avions tous un faible pour lui. Il était tellement perfectionniste. Il mangeait, il buvait, il dormait pour l'automobile. Gilles était très introverti, vous savez, même s'il me parlait beaucoup. Et il était du genre à toujours dire ce qu'il pensait vraiment. Dans une voiture, il écrasait l'accélérateur et tant que la voiture suivait, il continuait.

«Je me souviens d'une fois qu'il était ici pour des essais. Comme aucun hôtel n'était ouvert, je l'ai invité à s'installer chez moi. Je lui ai donné mon lit et je lui ai fait un peu de cuisine. La seule chose qu'il acceptait de manger, c'était un steak frites, ou des tortellini *alla penna*. Et puis un jour, le

Vieux lui a donné une Ferrari 308 pour son usage personnel et je suis partie faire une promenade dans les montagnes avec lui. Je hurlais comme une folle — «Arrête cette maudite voiture !» — à cause de la manière dont il prenait ses virages. Je me disais: «Mon Dieu ! si une autre voiture arrive en face, c'est fini et bien fini !» Et lui n'arrêtait pas de rire: «C'est quoi ton problème, Brenda ?»

«Jody lui prêtait parfois sa voiture et Gilles partait comme un fou, en brûlant quelque chose comme quarante mille lires de pneus. Jody hurlait tant qu'il pouvait: «Mes pneus, mes pneus, espèce de salaud !» Lui et Gilles me jouaient constamment des tours. Ils enfermaient des choses dans les tiroirs de mon bureau et puis ils cachaient les clés. Je devais téléphoner à Monte-Carlo pour demander à Gilles ce qu'il avait fait de mes clés ou du ruban de ma machine à écrire. Ils m'en ont fait voir de toutes les couleurs, ces deux-là.»

Jody et Gilles se chamaillaient constamment, mais jamais pour de bon. Et leur langage était beaucoup plus salé que celui qu'ils destinaient au public. Gaston Parent en fut souvent le témoin. «Jody est un type très drôle. Il aime discuter. Si Gilles disait que quelque chose était noir, Jody affirmait que c'était blanc. Ils discutaient de tout et de n'importe quoi: une jolie fille, les pneus, comment prendre un virage. Si l'un voulait aller à gauche, l'autre disait à droite. À la fin d'une course, Jody disait par exemple: «Espèce d'idiot de fils de pute, pourquoi n'y es-tu pas allé plus doucement ?» Et Gilles lui répondait: «Va te faire foutre. Tu cours à ta manière, et moi à la mienne.»

«J'ai fait le voyage avec eux plusieurs fois jusqu'à Fiorano, dans l'hélicoptère Wolf, pour des essais. Chaque fois que nous décollions, Jody laissait son estomac par terre et ne le retrouvait qu'à l'arrivée. Un jour, nous rentrions à Monaco quand un voyant rouge se met à clignoter. Jody lui demande: «Qu'est-ce que ça veut dire, ce truc-là ?» Et Gilles lui répond: «Pas de problème. Pas important.» Le voyant continue à clignoter. Gilles nous débarque à l'aéroport pour que nous passions la douane avant de sortir d'Italie. Pendant qu'il va signer des papiers, Jody cherche dans le manuel de vol ce que signifie ce clignotant rouge. Et il trouve la réponse: la batterie surchauffe et elle risque d'exploser. C'est une alarme, et vous avez trente secondes pour vous poser ! »

«Gilles revient et Jody lui rentre dedans: «Villeneuve, cette maudite batterie est kaput ! Tu ne vas pas décoller et nous tuer tous ! » Gilles lui répond: «Du calme, du calme, pas de problème.» Nous décollons et nous montons à trois ou quatre mille pieds. Nous sommes au-dessus de la mer et nous nous approchons de Monaco. Le voyant recommence à clignoter. Jody saute sur son siège, au point qu'il en perd presque ses chaussures. «Villeneuve, arrête tes conneries ! Arrête ! »

«C'est que Gilles coupe le moteur — et on entend *chhh, chhh, chhh, chhh, chhh* — et puis il redémarre. Il est en train de faire refroidir la batterie. Le rotor tourne encore, mais nous descendons — *zzzzzzzz* — et puis il repart le moteur encore une fois. Il continue comme ça à refroidir la batterie jusqu'à Monaco et Jody est en train de nous faire une crise cardiaque. Il est sorti de l'hélicoptère blanc comme un linge: «Va te faire foutre, Villeneuve ! Je ne remonte plus jamais dans cette saloperie de machine ! » Effectivement, il n'y est jamais remonté.»

Gilles pilotait l'hélicoptère comme il conduisait ses voitures et, pendant quelque temps, la machine volante lui servit à tempérer son ardeur sur les routes. Le Bell remplaçait un peu le Bronco. Gilles adorait partir explorer les vallées noyées dans le brouillard, en pleine montagne, quitte à suivre les fils téléphoniques quand il n'avait pas d'autres repères. Un jour, perdu dans une tempête de neige près de Pra-Loup, il découvrit qu'il était vraiment au ras des pâquerettes — même si ce n'était pas la saison — quand son hélicoptère frôla gentiment le sommet d'une colline couverte de neige. Malgré tout, Gilles gardait un goût prononcé pour la vitesse sur route.

Jean-Louis Moncey, un journaliste français qui travaillait pour Télé Monte-Carlo et qui habitait Nice, avait fait la connaissance de Gilles par leur ami commun, Patrick Tambay. Gilles apprit que Moncey couvrait le rallye de Monte-Carlo et, très excité, se mit à l'interroger en long et en large sur cette épreuve. À l'époque, Gilles avait une Fiat 131 et il s'intéressait tout particulièrement à connaître les temps que cette voiture faisait en rallye. Moncey raconte la scène: «Il me demande de lui donner l'itinéraire du rallye — les étapes spéciales — puis il m'annonce qu'il va essayer lui aussi, sur ces routes de montagne très sinueuses. Et c'est ce qu'il a fait, tout seul. Il a fait les étapes spéciales, les plus célèbres, en chronométrant ses temps. Il était très rapide.»

En octobre 1979, Gilles tenta sa chance pour de bon en participant au Tour d'Italie avec l'équipe officielle de rallye Lancia. Gilles, avec son coéquipier Walter Rohl, l'étoile allemande du rallye, gagna la course dans une Lancia Montecarlo turbocompressée, devant Patrese et Geistdorf qui couraient pour la même équipe. Mais les deux Lancia furent plus tard disqualifiées pour avoir utilisé d'autres itinéraires que les routes officielles entre les sept sections spéciales chronométrées.

«Vous savez, nous autres, dans la presse française, nous étions très proches de Gilles, dit Jean-Louis Moncey. Il était si pur, si honnête. Il lui arrivait de dire: «J'ai fait une erreur.» C'est plutôt rare. Je suis triste quand je pense à lui maintenant, parce que je n'ai jamais vu un homme comme lui. Entre ses mains, une voiture devenait de l'or en barre. Je n'ai jamais vu un pilote comme lui. À une époque, Johnny [Rives] et moi pensions écrire un livre uniquement sur les Grands Prix de Gilles, parce que pour chaque course nous aurions eu une anecdote fantastique à raconter sur lui.»

Johnny Rives, qui couvrait la course automobile pour le quotidien sportif français *L'Équipe* depuis 1957, n'a aucune hésitation: «C'était le plus grand pilote de Formule I que j'aie jamais vu. J'adorais sa manière d'être. Il était pur. Ce qui tranchait chez Gilles, c'était sa complète franchise — sa fraîcheur, sa brusquerie même. Il ne cachait pas ses opinions. Il ne pensait qu'à une seule chose: la course. Il adorait les moteurs, les roues, les volants. Un jour, pendant un essai privé à Dijon, Gilles somnolait dans le cockpit, les yeux fermés, pendant que les mécaniciens travaillaient sur sa voiture. Et puis Tomaini s'est approché et lui a donné une petite tape sur le casque. Gilles est aussitôt parti à toute allure sur l'allée des stands, en crabe, dans un nuage de fumée bleue ! Une autre fois, il ne pouvait pas trouver les clés de sa Ferrari 308. Alors il a forcé la porte, et il est parti encore une fois dans un nuage de fumée ! Gilles était comme ça. Je l'adorais.»

La majorité des journalistes de Formule I partageaient son avis, même si certains avaient quelques réserves et que d'autres n'approuvaient tout simplement pas la manière qu'avait Gilles de toujours vouloir aller tambour battant. Certains l'accusaient de manquer d'intelligence, d'être un voyou inconscient, de se livrer plus souvent qu'à son tour à des acrobaties dangereuses. Gérard «Jabby» Crombac, fondateur et rédacteur en chef de la revue française *Sport Auto,* n'approuvait pas le «manque de sympathie mécanique» de Gilles. «Il prenait la Ferrari 308GTB et faisait crier l'embrayage pour tourner en rond en dérapant. Jimmy n'aurait jamais fait cela», disait Crombac en parlant de celui qui avait été son ami intime, Jimmy Clark.

Nigel Roebuck, d'*Autosport,* avait une relation privilégiée avec Gilles et, de tous les journalistes, il était sans doute le plus proche de lui. «Littéralement, c'était l'un des trois ou quatre pilotes de course que j'ai connus et dont j'aurais aimé être l'ami même s'ils n'avaient pas fait de course. Normalement, lorsque vous parlez à des pilotes de course, vous vous rendez vite compte qu'il n'y pas grand-chose d'autre à tirer d'eux. C'est le seul point commun que vous avez avec eux. Mais Gilles et moi, nous nous entendions fabuleusement bien. Nous passions des heures au téléphone à parler de la pluie et du beau temps.»

À cause de son accessibilité et de sa sincérité, Gilles avait généralement d'excellents rapports avec les journalistes. Pourtant, Giorgio Piola, un pigiste italien, ne le trouvait pas très communicatif en interview: «Il n'était guère coopératif. Si quelque chose n'allait pas, il ne donnait que de courtes réponses — cette voiture ne vaut pas de la merde, etc. Il rendait la tâche difficile aux journalistes italiens qui devaient beaucoup écrire sur Ferrari. Il ne s'exprimait pas très bien. Peut-être était-ce une question de culture.»

La plupart des journalistes italiens finirent cependant par devenir des fans de Villeneuve, comme le rappelle Pino Allievi, du journal *Gazzeto Dello Sport:* «Au début, beaucoup de gens ont écrit contre Villeneuve. En fait, ils disaient exactement le contraire de ce que Villeneuve était vraiment. Il n'y en avait que quelques-uns, comme Franco Lini et moi-même, qui l'appréciaient. Et nous avons été bien contents de voir après quelques années à quel point nos collègues avaient pu changer. Villeneuve était un garçon extrêmement gentil et son image était excellente en Italie. Un élément très positif pour cette image, c'était de voir ce pilote avec le style de vie qui était le sien aller à ses courses avec une caravane, accompagné de sa famille et de ses enfants. Et puis, nous avons une longue tradition de course automobile en Italie. Une tradition de pilotes combatifs. Villeneuve touchait directement le cœur du public. Il prenait beaucoup de risques.»

Franco Lini, qui suit la course automobile depuis quarante ans, se souvient de ce que disaient certains Italiens au début: «Villeneuve est un fou, un casse-cou qui démolit les voitures. Ensuite, avec le temps, ils ont tous changé d'avis.» Lini, qui écrit maintenant pour *Il Giorno,* devint ami de toute la famille Villeneuve et il souligne avec fierté que Mélanie l'appelle encore «Oncle Franco». Les Italiens adoraient son père, explique Lini, «parce qu'il se battait constamment, qu'il poussait à bout sa voiture dans une course. Le public comprenait qu'il débordait de combativité.»

«Un jour, raconte Jean-Louis Moncey, nous sommes allés avec nos épouses, Patrick, Gilles et moi, voir le film de Sam Peckinpah, *Convoy.* Gilles était captivé, fasciné par ces gros camions qui roulaient à toute allure. À la fin, il nous a dit: «On reste pour une autre séance.» Et une autre encore. Nous avons vu le film trois fois ! Tout le monde est resté, nos femmes aussi. Et lorsque nous sommes sortis du cinéma, Gilles est monté dans sa Ferrari 308GTB et s'est mis à faire des tête-à-queue dans les rues de Cannes ! »

Les tête-à-queue de Gilles n'étaient pas tous volontaires. Alors qu'il était en voyage d'affaires en Europe, à la fin de 1979, John Lane fit un crochet à Monaco pour aller voir les Villeneuve dans leur appartement. Le temps passait vite et

Lane s'aperçut tout à coup qu'il était en retard pour l'avion qu'il devait prendre à Nice. Gilles voulait le conduire en hélicoptère, mais comme le soleil allait bientôt se coucher, impossible de décoller de l'héliport de Monaco. Villeneuve n'avait pas encore sa qualification de vol aux instruments qui lui aurait permis de piloter la nuit. Une seule solution: conduire Lane en voiture jusqu'à l'aéroport de Nice, à temps pour qu'il prenne son avion. John Lane a gardé un souvenir indélébile du trajet.

«Nous sommes partis avec la 308 sur la route de la Grande Corniche, derrière Monaco, là où Grace Kelly s'est tuée plus tard. Et le voyage a été l'un des plus excitants de toute ma vie. Nous sommes arrivés au poste de péage de l'autoroute et Gilles est passé tout droit, à environ 80 km/h, en lançant des pièces de monnaie à la volée. Les employés semblaient tous le connaître et ils ont simplement crié «Bonjour !» quand nous sommes passés. Nous sommes arrivés à fond en cinquième dans un grand virage, probablement à quelque chose comme 230 km/h, et nous sommes tombés sur une plaque de verglas. Je me suis dit que j'allais me tuer, mais qu'au moins j'allais mourir assis à côté de l'un des meilleurs pilotes du monde.»

«Et je l'ai regardé pendant que nous partions en tête-à-queue. Il a rétrogradé en quatrième, en troisième, en seconde — *clac, clac, clac* — pendant que nous faisions au moins trois tours complets en plein milieu de la route. Puis il a embrayé et nous sommes repartis, sans nous arrêter. C'est la seule fois que j'ai vu de mes propres yeux à quel point il avait une maîtrise surhumaine de son véhicule dans un tête-à-queue. Pour parler d'un grand moment, il avait un geste favori: il se donnait une tape sur le cœur. C'est ce qu'il a fait ce jour-là, et nous nous sommes mis à rire tous les deux.»

Gilles pensait qu'il devait au moins partiellement à un instinct de survie très développé le don qu'il avait de se tirer sans mal des situations les plus délicates. «Je crois que la volonté de survivre est probablement cruciale. Lorsque je fais un tête-à-queue sur la route, c'est cette volonté de survivre qui me fait essayer de découvrir par où la voiture veut s'en aller. Je cherche toujours le moyen de sortir d'une situation comme celle-là. Certains conducteurs se figent en écrasant les freins quand ils commencent à partir en tête-à-queue. Pas moi. Je veux continuer à conduire — ce qui veut dire que je dois me sortir de ce problème ! »

Sa Ferrari de tourisme, un prototype 308GTB dont Enzo lui avait fait cadeau pour ses déplacements, était déjà bien usagée quand il la reçut et l'était plus encore quand il en eut fini avec elle. Enzo donna également à Johanne une petite Autobianchi: «En fait, je suis la seule femme de pilote pour qui M. Ferrari a eu ce geste. Il m'a également donné une magnifique broche de diamants, avec le cheval de Ferrari. Il en avait fait faire cinq seulement, chez un grand bijoutier. Je n'ai presque jamais vu M. Ferrari, mais je pense qu'il était gentil avec moi parce que Gilles était très spécial pour lui. Et je crois qu'il nous respectait parce que nous donnions l'impression d'être une famille très unie.»

Ferrari fournissait aussi à Gilles une Fiat de l'année, si bien que la famille disposait de trois voitures. Mais Gilles lorgnait la Ferrari haut de gamme, la 12 cylindres Berlinetta Boxer, et il comptait bien en négocier une lors d'un futur contrat. Son appétit avait été aiguisé par l'utilisation de la Boxer de Walter Wolf: «J'avais demandé à Gilles d'emmener ma BB à l'usine Ferrari pour la faire réparer. Mais elle en avait encore plus besoin lorsqu'il me l'a rendue ! Gilles attendait toujours la dernière minute lorsqu'il partait pour Fiorano. Pour le commun des mortels, le trajet de Monte-Carlo prend à peu près cinq heures. Si vous roulez vraiment vite, vous pouvez le faire en trois heures et demie. Gilles arrivait toujours en deux heures et quarante-cinq minutes. Pas étonnant si j'ai dû changer de voiture après l'avoir confiée plusieurs fois à Gilles pour la faire réviser.»

De l'avis de Gaston Parent, Walter pouvait s'estimer heureux de ne pas avoir accompagné Gilles au cours de ces voyages. Un jour, Parent et Gilles étaient allés voir Roberto Nosetto, ancien directeur de l'écurie Ferrari et maintenant directeur de l'Autodromo Dino Ferrari d'Imola. «Nous parlions avec Nosetto, un grand admirateur de Gilles, quand tout à coup Gilles nous a dit qu'il fallait partir tout de suite, parce que Jody venait dîner chez lui à huit heures, à Monaco. Il l'avait oublié. Il était quatre heures! Nous sommes montés dans cette 308 que je détestais vraiment, parce que là-dedans vous avez toujours l'impression que votre derrière traîne par terre.»

«*Bang* ! Jésus Marie ! — il écrasait le champignon et son pied n'a jamais quitté le plancher. Et moi j'étais là les yeux fermés. Je ne voulais pas regarder parce que même en plein virage sur l'*autostrada,* il se faufilait entre un camion et le rail de sécurité. Je jure qu'il n'y avait pas plus de quelques centimètres de chaque côté. Ouf ! Pas de temps à perdre. Il faut généralement compter quatre ou cinq heures, même à la vitesse à laquelle il roulait d'habitude. Et cette fois-là, il voulait faire la route en trois heures et demie !

«Bon. Nous sommes arrivés à un embranchement pour la route de Gênes et de Monaco. Je suppose qu'on les avait prévenus, parce qu'il y avait tout un tas de policiers juste devant le péage. Ils avaient tous des petits bâtons blancs avec des réflecteurs rouges qu'ils agitaient devant nous pour nous arrêter. En voyant tout à coup une quinzaine de ces types en uniforme, j'ai dit à Gilles: «Holà, holà ! » Il a écrasé les freins et la voiture est partie sur le côté. Nous nous sommes arrêtés à un peu plus d'un mètre du chef des flics. Le type était complètement fou. Il a levé son petit bâton, et j'ai cru un moment qu'il allait taper sur la voiture. J'ai regardé Gilles: parfaitement calme. Pas un mot.

«Il a fouillé dans sa serviette, derrière le siège, et en a tiré quatre cartes postales avec sa photo. Puis il a sorti son passeport, son permis de conduire, et a baissé la vitre. Il a tendu toute la paperasse au policier en le regardant droit dans les yeux. Le policier a jeté un coup d'œil sur les cartes: «*Oh oh ! Villanova ! Villanova !*» Et tous les policiers se sont précipités. Gilles était assis, comme si de rien n'était. Il signait ses cartes. Puis il a remonté la vitre et il est parti aussi vite que nous étions venus — *Bang !*

«Chaque fois que nous arrivions à un péage, il prenait une poignée de pièces italiennes, baissait la vitre, et jetait tout le tas dans la direction de la boîte. Est-ce qu'il visait juste ? Je n'en sais rien. *Bang !* — et nous étions repartis. Tout ce temps-là, il était assis sur son siège, très calme, une main sur le volant, l'autre en train de fouiller un peu partout pour trouver un bonbon. Il adorait suçoter des sucreries, des bonbons ou de la gomme à mâcher, tout le temps. Il me rendait nerveux à farfouiller comme ça, alors j'ai commencé à lui mettre moi-même les bonbons dans la bouche, pour qu'il garde ses deux mains sur le volant. Finalement, nous sommes arrivés à huit heures et quart et nous avons dîné avec Jody. Je me suis dit ce jour-là que je ne monterais plus jamais en voiture avec Gilles. Et c'est ce que j'ai fait.»

Mais Parent voyagera encore avec Gilles à condition d'être assis du côté du passager. Un jour, ils étaient tous les deux avec Scheckter, dans sa Ferrari 400 en Italie. «Jody s'arrête à une station-service pour prendre de l'essence. Il baisse la vitre et regarde le pompiste. Jody est le champion du monde. Le type ne bouge pas. Il se contente de regarder Jody et pompe son essence. Et puis Villeneuve baisse sa vitre et le type le reconnaît aussitôt: *«Hé ! Villanova !»* Et un groupe se rassemble du côté de Gilles. Jody ouvre la porte et commence à hurler: «Écoutez, vous, fils de putes ! Bande de salauds ! C'est moi le champion du monde — pas lui !» Il remonte en voiture: «C'est quand même pas croyable, non ?» Il riait, mais je crois qu'il riait plutôt jaune.»

Malgré l'intérêt qu'il professait pour la sécurité, Jody n'avait rien lui non plus d'une limace sur les routes européennes. Et une fois, ce fut Gilles qui crut que Jody était un fou du volant. Le journaliste Peter Windsor était avec eux pour faire le trajet de Monaco à Fiorano. Jody était au volant de sa Ferrari 400. «Nous sommes entrés dans un tunnel, probablement à 220 km/h, raconte Jody. D'un seul coup, des feux clignotants devant nous. La catastrophe: une voiture de police arrêtée sur une voie, un autre véhicule sur l'autre. Tout le monde — moi compris — croit que cette fois c'est bien fini ! » Pas le temps de freiner. À la dernière seconde, Jody réussit à donner un coup de volant et la 400 se faufile à quelques centimètres de la paroi du tunnel. Peter Windsor était incapable de dire un mot mais, ajoute Jody, «Gilles m'a complimenté pour mon sang-froid dans des conditions difficiles».

4   *Je sais qu'un jour je vais avoir un accident*
                                    vraiment grave.
                                    Gilles Villeneuve

Cependant, les deux pilotes de Ferrari eurent du mal à garder leur sang-froid dans les conditions décidément difficiles que leur créa la nouvelle T5 1980. «Ce fut une très mauvaise année pour Ferrari, explique Jody, l'une des pires. Les voitures bouffaient du caoutchouc, n'avaient pas un bon effet de sol, et ainsi de suite, alors que toutes les autres écuries allaient de plus en plus vite. Ce que Ferrari avait fait, c'était de prendre la T4, qui était une très bonne voiture, puis d'en remaner l'avant avec une de ces modifications d'atelier où tout est purement théorique. Si bien que lorsque la voiture est sortie, vous aviez entre les mains une machine toute neuve, mais bien pire que l'ancienne.

«Pendant toute l'année, Gilles a été plus rapide que moi la plupart du temps. J'avais pourtant l'impression de faire de mon mieux, mais ce n'était peut-être pas le cas, au niveau de l'inconscient, car on aurait dit que je tournais toujours autour de la vingt-cinquième place. Après tout ce que j'avais fait dans ma carrière, je n'allais pas risquer ma vie simplement pour être vingt-cinquième. J'ai donc annoncé que je me retirais de la course au milieu de la saison 1980, mais je crois que j'avais probablement décidé cela avant même d'avoir remporté le championnat. Quant à Gilles, il a eu de beaux résultats dans quelques-unes de ces courses.»

On attendait beaucoup de Gilles. En Angleterre, les *bookmakers* le donnaient favori à trois contre un pour le championnat 1980. Jones était deuxième, à sept contre deux, suivi de Jody à quatre contre un et de Reutemann à cinq contre un. En réalité, la combinaison Jones-Williams l'emporta haut la main sur Piquet au volant de sa Brabham et sur Reutemann dans l'autre Williams. Gilles n'obtint que deux cinquième places et deux sixième, pour un total de six points (contre soixante-sept pour Jones). En fait, durant la période de douze mois séparant les Grands Prix du Canada 1979 et 1980, Gilles ne parvint pas à faire une seule course sans un arrêt au stand. Mais il n'abandonna jamais et, dans presque chaque course, il réussit à placer mieux qu'on aurait été en droit de l'espérer sa Ferrari T5 qui n'était manifestement pas à la hauteur.

En Argentine, en janvier, Gilles se classa huitième sur la grille de départ. On avait décidé de modifier la grille de départ, en plaçant la première voiture à quelques mètres devant la seconde sur chaque ligne. Cette mesure visait à réduire la fréquence des accidents au premier virage en séparant davantage les voitures et Gilles en fit immédiatement l'expérience. Au premier tour, il prit un virage trop large et il dérapa très fort sur l'herbe, mais il se rétablit aussitôt et reprit la course sans aucune interruption. Son excursion hors de la piste avait été en partie causée par la détérioration du revêtement, qui venait d'être refait. Puis il eut une autre mésaventure, dans le gazon cette fois, qui le fit s'approcher dangereusement près du poste d'un commissaire de piste. Il continua pourtant à se battre sans relâche jusqu'à ce qu'il remonte en deuxième place derrière Jones. Mais au trente-sixième tour, un grave accident l'écarta définitivement de la course.

Au lieu de tourner à droite, au premier virage après les stands, la Ferrari fonça tout droit, défonçant les grillages de sécurité pour s'écraser très violemment contre la barrière. La T5 était sans doute surclassée par ses concurrentes, mais elle était manifestement très robuste. Indemne, Gilles sauta hors de sa machine et expliqua ce qui était arrivé. Il avait essayé de tourner à droite, mais la voiture n'avait pas réagi: «J'avais remarqué que la position du volant avait changé dans la ligne droite et quand je suis arrivé au virage, la voiture est simplement partie tout droit.

«C'était effrayant. J'allais à peu près à 200 km/h et j'ai levé le pied, mais la voiture n'a pas ralenti. Je voyais le rail de sécurité qui fonçait droit sur moi. Je savais que si je le frappais, je risquais de me faire mal. Alors j'ai réagi — j'ai écrasé les freins en même temps que je donnais un coup de volant — et la voiture s'est mise en travers et a frappé le rail de côté. Un pilote peut faire une faute dans un virage, mais pas au point de partir tout droit. Quelque chose a certainement cassé.» C'était effectivement le cas: rupture de la suspension avant et de la direction.

Si la défaillance mécanique absolument imprévisible inquiète tous les pilotes, Gilles voyait les choses en face et n'avait pas peur de parler du risque d'un accident quand on lui posait la question. «Je sais qu'un jour je vais avoir un accident vraiment grave. J'en ai eu plusieurs déjà, mais pas autant que les gens le croient. Et il est important pour moi qu'on ne me fasse pas la réputation de casser tout le temps. En réalité, je m'inquiète davantage de ma réputation, de la voiture et de l'équipe que de ma sécurité personnelle.»

«J'avais plus souvent peur avant mon premier accident. Quand je pilotais en Formule Atlantique, au Canada, j'avais peur de ces rails d'acier autour des pistes, comme à Mosport. Mais quand j'ai frappé le rail là-bas, dans mon gros accident, et que je me suis cassé la jambe, j'ai appris ma leçon, parce que je n'ai plus peur maintenant des rails de sécurité. Je pense que tout le monde a peur de l'inconnu.»

«Ensuite, j'ai eu un grave accident au Japon et je m'en suis sorti. Peut-être que la prochaine fois on m'emmènera sur une civière. Mais je n'ai pas peur de ça. Je n'ai pas peur de me casser quelque chose. Vous passez quelques mois à l'hôpital, tout s'arrange, et vous remontez dans une voiture de course. J'essaie de ne pas trop analyser le danger. Je crois que si on y pense trop, on risque de se convaincre que c'est beaucoup trop dangereux ! »

«C'est drôle, mais vous êtes tout à fait conscient de ce qui se passe lorsqu'un accident se produit à très haute vitesse. Quand vous sortez de la voiture, vous vous souvenez de tout dans les moindres détails. Quand cette suspension avant a cassé en Argentine, ça s'est passé extrêmement vite. Mais quand j'y repense aujourd'hui, tout se déroule devant mes yeux comme un film au ralenti.»

Sur le circuit plus compact d'Interlagos, au Brésil, où les voitures possédant le meilleur effet de sol n'avaient pas autant l'avantage, Gilles mit à contribution son effet Villeneuve aux essais de qualification et se classa troisième sur la grille, derrière la Renault de Jabouille et la Ligier de

Pironi. Mais il savait que ses chances étaient médiocres et que son seul espoir d'une gloire éphémère serait de prendre un départ fulgurant.

Au feu vert, Jabouille et Pironi partirent sans traîner, mais Gilles fit encore mieux, fonçant dans l'étroit espace qui séparait la Renault de la Ligier pour mener le premier tour. Puis il retomba en arrière quand il dut s'arrêter au stand pour changer ses Michelin au septième tour. Gilles remontait de nouveau vers les premières voitures lorsqu'il fit un tête-à-queue qui l'immobilisa définitivement vers la fin de la course. Un tête-à-queue volontaire, une fois de plus, cette fois pour arrêter la voiture dont le papillon des gaz s'était bloqué à cause d'un boulon mal serré.

Certains pensèrent que ce n'était que justice, car on murmurait que Gilles avait certainement volé le départ. «Je ne vole pas, expliquera Gilles. Ma Ferrari a simplement un bien meilleur accélérateur. Et je ne devrais pas en profiter ? Si je n'étais pas prêt à faire ça, je ferais aussi bien de rester tranquillement chez moi pour regarder le Grand Prix à la télévision.»

Gilles plaisantait, car ses prouesses au départ étaient l'une de ses meilleures flèches dans son carquois de coureur. Alain Prost, qui commençait une brillante carrière en Grand Prix chez McLaren, au poste qui avait un jour été offert à Gilles, disait: «Il était toujours le plus rapide au départ. Personne ne pouvait l'égaler. Je pensais qu'il devait avoir un truc à lui.»

Prost, que l'on appellera «le Professeur» en raison de la manière très analytique dont il abordait la course, deviendra le pilote qui remportera le plus de succès dans toute l'histoire de la Formule I. Mais Gilles étudiait lui aussi attentivement tous les aspects du jeu et il cherchait constamment le moyen d'améliorer ses atouts. Alors que son style flamboyant paraissait parfaitement instinctif et improvisé, Gilles était en fait extrêmement méthodique et méticuleux. En course, chacun de ses mouvements était calculé pour en tirer le maximum d'avantages.

«Avant le départ, vous ressentez une formidable impatience. Je fais très attention aux détails de la routine de préparation. Ce rituel qui se déroule seconde après seconde vous aide à penser d'une manière ordonnée. Les portes du paddock s'ouvrent à un certain moment, vous devez sortir la voiture, les portes se referment, vous vous placez sur la grille, et ainsi de suite. Généralement, je préfère rester tranquille aussi longtemps que possible, si bien que je ne sors de la caravane qu'à la dernière minute. Je veux passer le moins de temps possible à rester assis sans rien faire.»

«Ensuite, généralement, je m'installe dans la voiture parce que je veux me préparer mentalement à la course. Les seules personnes avec qui je veux parler sont les membres de mon équipe. Si vous sortez, les gens viennent vous voir, vous donnent une tape dans le dos et commencent à vous parler. Le plus souvent, ce sont des fans qui n'ont pas beaucoup de considération pour vous et qui insistent pour vous parler ou pour se faire prendre en photo à côté de vous. Je reste dans la voiture pour éviter tout cela — sauf si je dois aller aux toilettes ! »

«Quand nous démarrons nos moteurs, c'est là que l'excitation commence vraiment à monter. Même si je suis coincé au fond de la voiture, avec ma combinaison, mon casque, mes gants et mes sous-vêtements ignifugés, je suis parfaitement conscient de tout ce qui se passe autour de moi. Le bruit et la couleur sont fantastiques. Je peux presque sentir mes terminaisons nerveuses me picoter partout et mon organisme pompe tellement d'adrénaline que j'en tremble presque.»

«Je connais certains pilotes qui disent que c'est comme d'être avec une femme. Je ne suis pas d'accord. Les sensations physiques sont fortement accentuées, c'est certain, mais c'est à cause de l'attente de la course qui va bientôt commencer. Tout est dans la tête. Quelques secondes avant le feu vert, tout se met en place dans mon esprit et tous mes sens commencent à fonctionner — à envoyer des informations, exactement comme une batterie de terminaux qui alimentent un ordinateur central.»

«La grille de départ d'une course de Formule I est un endroit très dangereux. Sur la grille, je suis toujours en train d'étudier, d'essayer de prévoir ce qui peut arriver. J'essaie d'avoir en tête toutes sortes d'alternatives. Je réfléchis à ce que les gens autour de moi risquent de faire. J'ai l'impression que si j'ai envisagé chaque éventualité dans ma tête, je serai prêt à réagir instinctivement si quelque chose tourne mal.»

«C'est plus facile si vous êtes près des premiers sur la grille, parce qu'alors vous pouvez éviter un problème simplement en accélérant pour vous en sortir. Mais quand vous êtes au milieu du peloton, les troubles peuvent venir de presque n'importe quelle direction. Et si vous avez pensé à toutes les possibilités, vos réflexes et votre instinct vous aideront à éviter les problèmes.»

Pour l'aider à laisser rapidement derrière lui les problèmes potentiels, Gilles avait un avantage sur la plupart de ses rivaux. Au volant de ses voitures personnelles, depuis l'époque de Berthierville, Gilles avait été un «coureur de rues». Chaque stop, chaque feu rouge était pour lui l'occasion de foncer en avant aussi rapidement qu'il était humainement et mécaniquement possible. Il avait perfectionné ses qualités de concentration, de prévision, de réaction et de coordination de l'embrayage, de l'accélérateur et du levier de vitesses au plus haut degré. C'était probablement le seul pilote de Grand Prix qui avait fait des courses d'accélération et Gilles pensait que cette expérience, en le conditionnant à réagir instantanément au feu vert, lui avait donné un avantage certain. Un avantage qu'il cherchait à exploiter encore mieux.

D'autres s'entraînaient à prendre des départs sur des voitures de Formule I: arrêt sur le circuit, puis un démarrage à toute vitesse qui laissait deux bandes noires de caoutchouc sur le revêtement. Mais Gilles poussait les choses un peu plus loin. Un jour, Danièle Parent, la femme de Gaston, lui demanda comment il parvenait à prendre des départs aussi rapides. Gaston se souvient de la réponse: «Il lui a répondu avec un grand sourire: «Tu n'as pas vu, hein ? Personne ne le voit. Ils disent tous que je suis casse-cou parce qu'avant la course, j'arrive à toute allure jusqu'à l'endroit où je vais prendre le départ, et puis j'écrase les freins pour laisser deux grosses marques noires sur la piste. Mais quand je prends ma place sur la grille, je place mes pneus sur les marques noires et au départ, j'ai du caoutchouc sur du caoutchouc pour me donner une meilleure adhérence.»

«Regardez les bandes ou les films de ses courses, continue Parent. Vous allez voir que Gilles avait presque toujours ces deux grosses marques noires sous sa voiture. Je me rappelle qu'il l'a fait un jour à Montréal. Il était arrivé à fond de train et il avait freiné très fort sur la grille. Tout le monde disait qu'il était complètement stupide, qu'il était fou, qu'il avait perdu la tête. Mais il y avait une raison à ça.»

Gilles cherchait perpétuellement à prendre l'avantage sur ses concurrents et, si son immense talent naturel ne faisait aucun doute, peu de pilotes cherchèrent autant que lui à développer les dons qu'ils avaient reçus de la nature. Par exemple, Gilles s'entraînait systématiquement à améliorer sa vision périphérique, qui permet de voir sur les côtés en même temps que devant. Il avait besoin de verres pour lire et portait parfois des lunettes, mais peu de gens le savaient car il s'en cachait et se donnait même beaucoup de mal pour dissimuler tout signe extérieur de faiblesse. Mais il savait qu'on peut améliorer la vision en exerçant les muscles des yeux. Et, tout à fait dans son style, il s'intéressait moins à pouvoir lire plus facilement qu'à être capable de mieux se rendre compte de ce qui se passait autour de lui dans une voiture de course.

À l'époque où il faisait de la motoneige, Gilles avait découvert que maîtriser les problèmes de visibilité lui donnait un avantage sur ses concurrents. Il avait appris à deviner les formes même en plein milieu d'un nuage de poudrerie, parfois en clignant les yeux ou en fermant un œil. Car pour maîtriser une motoneige qui part en dérapage à 150 km/h, il lui fallait garder ce contact visuel avec son environnement. Et Gilles cherla le moyen de développer encore cette faculté au volant de sa Ferrari.

Il demanda donc à un ophtalmologiste montréalais de lui préparer des exercices pour les globes oculaires, exercices qu'il pratiquait chez lui avec un dispositif très simple: une balle verte suspendue à un élastique et deux cercles verts, de la même dimension que la balle, qui représentaient les rétroviseurs de sa Ferrari. La balle était suspendue au plafond et les deux cercles verts accrochés sur un mur, à égale distance de la balle. Gilles se mettait à plat ventre sur le plancher et commençait à faire des pompes pour imiter le mouvement de la T5 lancée à pleine vitesse. Quelqu'un lançait la balle et Gilles comptait à haute voix pendant qu'elle se balançait entre les cercles. Il la suivait des yeux, puis fixait un cercle, revenait à la balle, passait à l'autre cercle, et ainsi de suite, pour faire travailler les muscles de ses yeux.

Gilles estimait qu'il avait élargi d'environ dix degrés son champ de vision périphérique avec cette technique. Précaution judicieuse, puisqu'il devait souvent utiliser les rétroviseurs de sa «brouette», comme il appelait sa nonchalante T5, apparemment les seules pièces de la voiture qui semblaient fonctionner à peu près bien. Les multiples défaillances de sa machine étaient naturellement extrêmement frustrantes pour lui, mais c'est toujours plein d'optimisme que Gilles prenait le départ de chaque course, bien décidé à ne pas perdre son calme si les choses commençaient à se gâter.»

«Pour certains pilotes, le début de la course marque le moment où ils cessent d'être malades et commencent à s'organiser mentalement. Je n'ai pas de problèmes physiques ou mentaux. Dès que la course débute, je deviens très calme. La concentration est extrêmement forte et les réflexes sont prêts, mais maintenant que la course a commencé, je sens que je suis en train de faire mon travail. Je réfléchis vite et tout s'organise comme une mécanique bien réglée. En tout cas, tant que tout fonctionne bien.

«J'essaie toujours de freiner le plus loin possible en virage, et de remettre toute la gomme aussitôt que je le peux. En plus de tenter de gagner, naturellement, j'essaie d'être régulier dans mes chronos. Idéalement, j'aimerais faire une course dont tous les tours seraient aussi proches que possible de mon meilleur temps. C'est une sensation formidable quand tout va bien pendant une course. Quand tout tombe parfaitement en place, c'est comme un ballet informatisé ultrarapide. Les mouvements deviennent précis et logiques, et vous avez l'impression que les choses se succèdent dans l'ordre.»

«Mais les problèmes mécaniques peuvent tout bouleverser. Vous commencez à sentir que les freins s'en vont. Ou qu'un pneu commence à s'user un peu trop. Ou que la suspension se dérègle. Comme vous êtes totalement à l'écoute de la voiture, vous vous rendez compte très vite qu'il y a un problème mécanique.»

«Vous pouvez imaginer comme c'est frustrant quand tout va magnifiquement bien, puis qu'un problème surgit et vous oblige à bouleverser complètement le rythme de votre course. Je passe de la satisfaction totale à la frustration et au désespoir. Alors vous comprenez que lorsque nous devons rentrer au stand avec un tas de problèmes et que tout va mal, nous ne sommes pas toujours très gentils avec les gens qui veulent nous parler.»

5   *Quand vous le regardiez, vous ne pouviez qu'être stupéfait par son rythme naturel, mais vous aviez aussi un peu peur pour lui.*
Nigel Roebuck

À vrai dire, Gilles avait de plus en plus de mal à faire bonne figure à mesure que la saison 1980 progressait. Les pannes de moteur se multipliaient pendant les essais et les épreuves de qualification et, au Grand Prix d'Afrique du Sud, après l'arrêt au stand désormais obligatoire pour changer de pneus, la transmission rendit l'âme au moment où Gilles reprenait la course.

La charge effrénée qu'il mena dans les rues de Long Beach eut raison de l'arbre de transmission, incapable de soutenir l'effort que Villeneuve lui imposait. Jody arriva cinquième lors de ce Grand Prix des États-Unis Ouest, marquant ainsi son seul point en 1980 et le dernier de sa carrière. Mais la course de Long Beach mit aussi un point final à la carrière de Clay Regazzoni.

L'accident, qui fit littéralement trembler le sol à des centaines de mètres à la ronde, fut sans doute le plus violent de toute l'histoire des courses de Grand Prix. Alors qu'il arrivait à 290 km/h au bout de la ligne droite du Shoreline Drive, Regazzoni se trouva totalement privé de freins et sa Ensign alla s'écraser contre une barrière de pneus, puis contre un mur de béton. L'avant de la voiture était tordu presque à angle droit. Regazzoni resta emprisonné dans son cockpit pendant près d'une demi-heure avant qu'on puisse le transporter à l'hôpital où les médecins diagnostiquèrent des fractures des jambes et plusieurs lésions de la moelle épinière. Avec le temps, le pilote suisse, si populaire dans le monde de la course automobile, a cependant réussi à reprendre le dessus et, même s'il ne peut plus se déplacer qu'en fauteuil roulant, il continue aujourd'hui à mener une vie active et productive. C'est ainsi qu'il a contribué à mettre au point un programme pour enseigner la conduite automobile aux paraplégiques et qu'il continue à suivre le grand cirque de la Formule I comme commentateur de télévision.

À Zolder, pour le Grand Prix de Belgique, Villeneuve parvint à pousser sa brouette en sixième place, alors que Didier Pironi remportait son premier Grand Prix. À Monaco, Pironi continua sur sa trajectoire ascendante en plaçant sa Ligier en première position sur la grille de départ. Le pilote français, qui mena une bonne partie de la course avant d'être victime d'un accident, appréciait beaucoup le circuit monégasque «qui permet à un pilote de vraiment s'exprimer». Tel étant le cas, Gilles fut certainement le plus expressif du Grand Prix de Monaco. «L'entraînement est toujours très satisfaisant ici, dira-t-il. La course elle-même n'est qu'une plaisanterie, puisqu'on ne peut pas doubler, mais l'entraînement, simplement comme exercice de pilotage, est vraiment très agréable.»

Tout en se faisant plaisir, Gilles offrit un splendide spectacle à la foule qui bordait les rues de la principauté. Il aimait tout particulièrement Monaco car sa limite, qu'il aimait tant atteindre, pouvait s'y mesurer en termes concrets — ou plutôt en nombre de contacts caoutchouc contre métal. Quand ses pneus arrière embrassaient les barrières, Gilles savait qu'il n'aurait pas pu se rapprocher davantage de la perfection. Et aux épreuves de qualification du jeudi, il évaluait à vingt ou trente le nombre de fois qu'il avait touché le rail de sécurité, un exercice de haute voltige exécuté sur pneus lisses avec un revêtement mouillé. Vers la fin de la séance, pressé de rattraper la Ligier de Pironi, supérieure à sa Ferrari, Gilles commit une erreur «stupide» qui l'envoya sur la bretelle de sécurité de Sainte-Dévote. La T5 cala et Gilles actionna par erreur le bouton de l'extincteur. Tandis que la machine s'occupait à éteindre un foyer d'incendie imaginaire, Gilles courut au stand pour sauter dans la voiture de réserve et reprendre sa promenade accélérée. Tandis que la pluie continuait à tomber, Villeneuve poursuivait son attaque contre les chronomètres et, à la fin de la journée, il réalisait le deuxième chrono.

Le samedi, Gilles toucha la Ligier qui se trouvait devant lui, endommageant ainsi le pneu avant droit de sa Ferrari. Pironi roulait lentement après avoir établi son meilleur temps et Gilles se plaignit qu'il ne l'avait pas laissé passer. Il se classa cependant sixième sur la grille de départ, tandis que Jody devait se contenter d'une médiocre dix-septième place. En hommage à son titre de champion du monde, la voiture de Jody portait le numéro 1 cette saison et celle de Gilles le numéro 2. Mais maintenant, à cette course qu'ils avaient menée l'année précédente, les deux Monégasques d'adoption venaient bien loin derrière dans la hiérarchie.

Le traditionnel accident du premier tour au virage de Sainte-Dévote eut cette fois une ampleur inhabituelle et ce fut un véritable déluge de roues et d'ailerons sur la piste. Au milieu des débris volants, la Tyrrell de Derek Daly fit une magnifique cabriole par-dessus plusieurs voitures. Il n'y eut pas de blessés, heureusement, mais plusieurs véhicules furent mis hors de combat et la manœuvre que Villeneuve dut faire pour éviter les obstacles l'envoya une nouvelle fois sur la bretelle de sécurité. Il rejoignit la mêlée dans un féroce virage dérapé au moteur — accélérateur au plancher et brusque coup de volant — un geste de colère qu'il eut en réalisant qu'il était retombé en neuvième place.

À partir de ce moment, les feuilles de pointage montrèrent que Gilles faisait une remontée régulière qui s'accéléra considérablement quand la pluie commença à tomber et que la plupart de ses rivaux préférèrent ralentir. Alors que d'autres pilotes faisaient de grands signes aux organisateurs pour qu'ils arrêtent la course, et que certains leur montraient même le poing, Gilles continuait à grenouiller dans la mare et, malgré deux arrêts pour changer de pneus et un tête-à-queue à Mirabeau, persévéra tant et si bien qu'il franchit la ligne d'arrivée en cinquième place.

La course suivante, le Grand Prix d'Espagne, sur le circuit de Jarama, gagnée par Alan Jones, fut déclarée nulle et non avenue dans une bizarre épreuve de force à laquelle se livrèrent les deux factions rivales qui se disputaient le pouvoir en Formule I. La querelle couvait depuis longtemps déjà entre la Fédération internationale du sport automobile (FISA), l'organisme officiel régissant la course automobile dans le monde, et l'Association des constructeurs de Formule I (FOCA). Le groupe FOCA décida de faire cavalier seul et d'organiser la course espagnole sans la participation de Ferrari, de Renault et d'Alfa Romeo qui avaient pris fait et cause pour la FISA (et pour qui les écuries de la FOCA n'étaient que des «*assemblatori*» ou des «garagistes», puisqu'elles ne construisaient pas elles-mêmes leurs voitures, se contentant de les assembler).

Les esprits se calmèrent un peu, si bien que le Grand Prix de France eut lieu comme prévu, mais le répit de cinq semaines dont avait bénéficié Ferrari ne lui fut pas d'un grand secours. Gilles se classa dix-septième et Jody dix-neuvième sur la grille de départ, positions conquises de haute lutte avec des T5 qui ne cessaient de déraper sur le circuit Paul Ricard. Gilles finit par renoncer et se livra à quelques facéties spectaculaires avec sa voiture, pour s'amuser et distraire le public. Mais il reprit son sérieux au feu vert et son démarrage tonitruant le fit dépasser pas moins de huit voitures en quelques centaines de mètres. Au deuxième tour, il était en septième place. Il franchira la ligne d'arrivée huitième, après son habituel arrêt au stand.

Malgré la médiocrité de sa voiture et le fait qu'il aurait pu se laisser courtiser par presque toutes les écuries rivales, Gilles avait décidé de rester chez Ferrari pour une autre année. «Je me trouve bien ici. Les choses vont mal pour le moment, c'est certain, mais j'ai confiance en Ferrari. J'aime la continuité dans ma vie et je ne vois pas l'intérêt de changer pour le plaisir de changer. De toute manière, je sens que nous serons très compétitifs l'année prochaine.» Une partie de cette compétitivité allait lui être donnée par un nouveau moteur turbocompressé qui était alors à l'essai et qui pourrait peut-être même être prêt pour une course en 1980.

Gilles passait de plus en plus de temps à Fiorano, heureux de contribuer à la mise au point d'une nouvelle technologie. Une séance d'essais durait normalement de dix heures et demie du matin jusqu'à cinq heures de l'après-midi et, de tout ce temps, c'est à peine si Gilles sortait de sa voiture. «Il est très important de connaître la mécanique, dira-t-il au sujet de ces essais, même si certains pilotes s'en tirent sans savoir comment fonctionne une voiture. Je ne crois pas qu'il y ait tellement de nouveaux jeunes pilotes qui le sachent. Mais ceux qui ont dû grimper à la force du poignet ont ces connaissances. Et puis j'ai acquis une certaine expérience avec la motoneige. J'ai appris à dessiner, à construire, à souder ma propre machine. Je peux cintrer un tuyau, une tôle. Je m'occupais moi-même de mon moteur en Formule Atlantique. Bref, les écrous et les boulons ne me font pas peur, même si je ne suis pas un vrai mécanicien.»

«Mais si quelque chose ne va pas avec la voiture, je sais à peu près ce qui se passe. Si elle tient mal la route, j'en sais suffisamment sur la géométrie de base pour parler des axes de roulis et des réglages de carrossage avec l'ingénieur. On n'en sait jamais trop dans ce domaine, mais il y a un point au-delà duquel il n'est plus nécessaire que vous sachiez exactement comment se font les choses. Peu importe si je connais le jeu entre un piston et la chemise du cylindre ou comment on monte une transmission. Savoir cela ne m'aiderait en rien à conduire plus vite.»

Pourtant, la vitesse de Gilles et le nouveau châssis plus étroit mis au point à Fiorano n'améliorèrent rien du tout au Grand Prix d'Angleterre, à Brands Hatch. Pour Gilles, les creux et les bosses de cette piste, dans la verdoyante campagne du Kent, constituaient «le plus beau circuit d'Europe». Mais il ne se classa qu'en dix-neuvième place sur la grille; Jody était vingt-troisième et avant-dernier. Malgré tout, Scheckter continua jusqu'au bout et termina dixième. Gilles s'arrêta deux fois pour changer de pneus, puis dut abandonner, lâché par son moteur.

Ce piteux résultat, ou plutôt cette absence de tout résultat, incita Gilles à faire le point de sa situation: «Cette année, je dois me donner plus de mal pour n'avoir ne serait-ce qu'une sixième place que l'an dernier pour gagner. Et plus vous allez vite, plus c'est difficile. Vous freinez plus dur, vous prenez vos virages plus rapidement, et vous avez moins de temps pour corriger une faute. Je pense que je peux surmonter certains défauts de la Ferrari en me donnant encore plus de mal. Le problème, c'est qu'il n'est pas toujours facile de voir qui se donne vraiment du mal. Quand je gagnais facilement une course l'année dernière, les gens disaient: «Quel pilote fantastique ! » Aujourd'hui, ils ne remarquent même pas que je me bats deux fois plus fort.»

S'il pouvait comprendre que le grand public n'apprécie pas ses efforts, il était incapable de tolérer la même chose de la part de son équipe. Et quand il estimait qu'on informait mal son patron sur les raisons de cette absence de résultats positifs, Gilles prenait fort mal la chose — ou plutôt, selon les termes de Gaston Parent: «Il devenait complètement fou, parce que cette voiture était un vrai tas de merde ! Gilles pensait que Forghieri et Piccinini avaient peur de critiquer les voitures. Après la course, ils téléphonaient au Vieux pour lui dire que le problème venait du pilote ou des pneus. Jamais de la Ferrari. Alors, le Vieux prenait de mauvaises décisions sur la base de renseignements inexacts. Et Gilles a fini par se mettre en rogne.»

Gilles avait installé un télex dans sa villa de Monaco pour communiquer plus facilement avec Parent à Montréal. Il avait appris à le manipuler lui-même, quoique très lentement, en pianotant avec deux doigts. «Alors, raconte Parent, il s'assied là devant son télex, à Monaco, pendant des heures d'affilée, le lundi qui suit la course, et il tape un long message pour expliquer au Vieux ce qui se passe vraiment. Le texte était en français et bourré de fautes. Il faisait au moins trois pieds de long lorsqu'il l'a eu terminé. Puis il envoie son message à Brenda. Brenda avait très bonne opinion de Gilles et elle a fait en sorte que le télex arrive bien dans les mains de Ferrari. Après cela, le Vieux a dit à Gilles qu'il devait lui envoyer un télex tous les lundis matins, après une course.»

L'atmosphère fut un peu orageuse pendant quelque temps après cette décision de Ferrari, particulièrement lorsque Jody commença lui aussi à tâter du télex. Mais les choses se tassèrent et tout le monde serra les coudes pour apporter à la voiture les améliorations dont elle avait grand besoin.

Le télex devint ainsi l'un des jouets favoris de Gilles. Parent et Brenda Vernor ont gardé en souvenir certains de ses messages, remplis de fautes, écrits dans un français désastreux mais souvent humoristique. «Quand je lui envoyais un télex, je commençais toujours par: «Bonjour mon amour Gilles», se rappelle Brenda. Et sa petite fille, Mélanie, se mettait en colère car elle ne savait pas de qui il s'agissait. Mais Johanne lui disait que ça n'avait pas d'importance, que c'était Brenda. Et Gilles me répondait: «*Hello My Love !*» Nous plaisantions beaucoup entre nous.»

6   *Malheureusement, c'était un de ces types dont on se demande toujours quand ils vont avoir un accident dont ils ne se sortiront pas.*
Jeff Hutchinson

Au début du mois d'août, Gilles assista à l'enterrement de Patrick Depailler qui s'était tué à Hockenheim aux essais. Inexplicablement, son Alfa Romeo était sortie du circuit, exactement comme la Lotus de Jimmy Clark au même endroit, douze ans plus tôt. Cette fois encore, tout le monde de la course automobile fut attristé. Depailler était un homme sympathique, insouciant, courageux, très adroit au volant. Lui et Gilles avaient plus d'un point en commun. Patrick s'adonnait à des passe-temps comme la motocyclette, le ski, la voile et le deltaplane, sport qui lui avait valu un grave accident l'année précédente. Gilles fut profondément troublé par la mort de cet homme qu'il connaissait depuis l'époque de ses courses en Formule Atlantique. Mais son seul commentaire après l'enterrement fut cette simple phrase: «Allez, on continue.»

Le Grand Prix d'Allemagne se déroula donc à Hockenheim dans une atmosphère teintée de mélancolie. Gilles se classa seizième sur la grille, fit un autre départ en boulet de canon et, au quatrième tour, il était remonté à la septième place; puis, après un arrêt forcé au stand, il se battit comme un diable pour finir cinquième. Jody était vingtième sur la grille de départ et ne termina que treizième. Pourtant, il semblait parfaitement détendu, heureux même, après avoir annoncé officiellement qu'il se retirait de la course.

Au Grand Prix d'Autriche, Jochen Mass eut un très grave accident à l'entraînement et se retrouva dans un champ de blé, emprisonné dans sa Arrows qui s'était retournée sur lui. La voiture était sortie dans un virage de l'Osterreichring, puis elle avait fait une énorme cabriole. Gilles avait été l'un de ceux qui s'étaient arrêtés pour lui porter secours. Heureusement, l'arceau de sécurité de l'Arrows avait tenu bon et Mass s'en tira avec de multiples contusions. La course marqua les débuts en Formule I de Nigel Mansell (il entrera chez Ferrari en 1989), qui resta courageusement au volant malgré de douloureuses brûlures au dos causées par une fuite de carburant dans le cockpit, jusqu'à ce que le moteur de sa Lotus rende l'âme. Gilles eut lui aussi une course mouvementée, comme à son habitude: il dépassa six voitures au cours des quatre premiers tours, redescendit ensuite, puis se battit après un changement de pneus pour arriver finalement en septième place.

Les nouveaux Michelin de qualification aidèrent Gilles à se placer en septième position sur la grille au Grand Prix de Hollande. Il était remonté jusqu'en troisième place pendant la course mais deux arrêts au stand pour changer de pneus le contraignirent à se contenter d'une septième place à l'arrivée. Le week-end de Zandvoort fut gâché par deux graves accidents dans le virage de Tarzan, tristement célèbre. Aux essais, la McLaren de John Watson perdit ses freins et s'écrasa à haute vitesse contre les barrières. L'Irlandais put s'estimer heureux de s'en tirer avec un mal de dos. Bien pis fut l'accident d'un autre pilote originaire d'Irlande, Derek Daly, dont la Tyrrell se trouva désemparée par la rupture d'un étrier de frein alors qu'elle ralentissait pour prendre le virage de Tarzan. La Tyrrell heurta les barrières de pneus à quelque chose comme 240 km/h, fit un bond en l'air et retomba finalement au sommet d'une pile de pneus. Miraculeusement, Daly, qui avait eu plusieurs accidents en 1980, sortit absolument indemne de celui-ci, le pire de tous.

Après trente années consécutives à Monza, le Gran Premio d'Italia se transporta sur le circuit d'Imola, près de Maranello, où l'Autodromo Dino Ferrari offrait aux concurrents de nouvelles installations très élaborées pour les stands, les garages, l'accueil des participants et le paddock. Le magnifique circuit était aménagé dans un parc, au point où les collines toscanes rejoignent la plaine lombarde. Et le tracé de 5 000 mètres dessiné pour les voitures de Formule I leur faisait tâter un peu des deux, serpentant au milieu des vignobles sur les collines pour redescendre ensuite dans la banlieue d'Imola.

Le directeur de la piste, Nosetto, avait demandé l'avis de Gilles et de Jean-Pierre Jabouille sur les modifications qu'il fallait apporter au circuit pour une course de Grand Prix et ce travail d'équipe donna d'excellents résultats, à l'exception d'une chicane plutôt impopulaire, Acqua Minerale, que les voitures devaient presque franchir au pas. La majeure partie du circuit se trouvait aménagée dans une sorte d'amphithéâtre, ce qui donnait une excellente vue à la vaste foule des *tifosi*. On évalue à cent cinquante mille personnes le nombre de ceux qui vinrent admirer leurs héroïques gladiateurs dans leurs voitures rouges, aux prises avec les légions étrangères de leurs concurrents.

Le samedi, Gilles donna aux fans de Ferrari une nouvelle occasion de manifester leur joie quand il fit quelques tours au volant du tout nouveau modèle 126C à turbocompresseur. Même s'il allait plus vite dans cette voiture qu'avec sa T5 habituelle, il décida cependant d'utiliser pour la course la voiture qui avait fait ses preuves et sur laquelle il se classa en cinquième place sur la grille de départ. Pourtant, il était maintenant clair que le moteur turbocompressé était la formule d'avenir: Arnoux et Jabouille le démontrèrent en se classant en première ligne sur la grille avec leurs Renault. Jody se qualifia en quinzième place et eut en fait bien de la chance de pouvoir prendre le départ.

En Autriche, quelques semaines plus tôt, Niki Lauda, venu en visiteur, s'était demandé pourquoi Scheckter n'arrêtait pas de courir tout de suite, puisqu'il avait annoncé qu'il prenait sa retraite. Mais Jody estimait qu'il devait honorer son contrat (il avait signé pour deux ans avec Ferrari) et qu'il n'aurait pas été digne du sport qu'un champion du monde se retire ainsi, immédiatement, comme Lauda et Hunt l'avaient fait. Mais à Imola, Jody se demanda certainement s'il n'aurait pas mieux fait de suivre le conseil de Lauda, après l'un des pires accidents de sa carrière.

«C'est ma faute, admettra-t-il plus tard. Je suis sorti avec des pneus froids et j'ai frappé une bosse dans le virage le plus rapide. Alors je suis parti tout droit heurter le mur par l'arrière. J'ai cogné vraiment fort, puisque la voiture s'est écrasée jusqu'au niveau du moteur. Et quand j'ai frappé le mur — bang! — j'ai encaissé une violente secousse. Je me souviens que j'avais très mal à la nuque, à cause du coup du lapin.» L'accident de Jody s'était produit dans la courbe de Tosa, extrêmement rapide, qui serait fatale à son coéquipier durant la course.

Les spectateurs, incroyablement chauvins, ignorèrent pratiquement que les Renault et la Brabham de Piquet menaient au début. Et ils ne rendirent même qu'un hommage bien modeste à l'Alfa Romeo de Bruno Giacomelli, en quatrième place. Rien d'autre n'importait que leur Gilles adoré, cinquième au bout du premier tour. Et leurs acclamations rivalisaient en décibels avec les grondements de vingt-quatre voitures de Formule I lancées à pleine vitesse. Lorsque la Ferrari numéro 2 doubla Giacomelli deux tours plus tard, le hurlement de la foule massée dans les tribunes, en face des stands, couvrit même le bruit des machines. Et tout autour du circuit, ce n'était que «*Forza Gilles*» et «Villeneuve-Villeneuve-Villeneuve».

Mais tout se termina au cinquième tour lorsque Gilles, qui allait probablement à 300 km/h, décolla littéralement au virage de Tosa et vint se planter contre le mur de ciment sans avoir rien perdu de sa vitesse. L'effroyable choc détruisit le côté gauche de la Ferrari, projetant très haut dans les airs d'innombrables débris. La roue avant se détacha et frappa violemment le casque de Gilles — mais l'accident n'était pas encore fini. Continuant sur son élan, ce qui restait de la voiture repartit sur l'herbe, puis sur l'asphalte, devant d'autres voitures qui arrivaient à toute allure, avant de s'immobiliser finalement, tas de tôles fumantes, après un tête-à-queue. Les pilotes louvoyèrent pour éviter l'épave et tous passèrent sans mal, sauf l'Alfa de Giacomelli qui monta sur un morceau de la suspension de la Ferrari et dut s'arrêter avec un pneu crevé.

Gilles était toujours assis dans son cockpit, immobile. Après plusieurs secondes angoissantes, il finit par lever les bras en l'air. Enfin, au bout d'une trentaine de secondes, la foule très inquiète qui se trouvait au virage de Tosa lança un rugissement d'approbation quand Gilles dégrafa son harnais, sortit de sa voiture et s'éloigna au petit trot, mais d'un pas mal assuré. Le médecin du circuit l'examina, puis le laissa aller s'allonger dans sa caravane. Gilles avait mal partout et se plaignait d'un violent mal de tête. Le lendemain, il se rendait à l'hôpital de Bologne pour subir une tomographie du cerveau. L'examen ne révéla aucune lésion, mais les médecins lui demandèrent quand même de s'abstenir de piloter son hélicoptère pendant vingt-quatre heures. Quelques jours plus tard, il était complètement rétabli.

L'accident avait été causé par l'éclatement du pneu arrière droit, et c'est avec son flegme habituel que Gilles raconta ce qui s'était passé: «J'ai compris ce qui était arrivé avant même que la voiture ne commence à partir en tête-à-queue, parce que j'ai entendu les chocs sourds du pneu à plat. Je savais où j'étais, à quelle distance du mur et tout le reste, et je me suis dit: «Cette fois-ci, ça va faire mal.» Tout est devenu noir quand j'ai frappé le mur et, pendant trente secondes peut-être, je ne voyais plus rien. Mais j'entendais les voitures qui passaient à côté et j'ai cru que j'avais été éjecté au milieu de la piste. J'avais peur que quelqu'un me frappe et c'est pour cette raison que j'ai levé les bras, pour qu'ils puissent me voir.»

Puis il fit son petit discours habituel sur la peur, ou plutôt sur le fait qu'il ne connaissait pas la peur, expliquant par exemple qu'il craignait davantage de tomber d'une fenêtre, ou de se trouver dans une situation inconnue, que d'avoir un accident dans une voiture de course. Mais il était plutôt rassurant de voir que la voiture avait si bien résisté au choc. «On dit que la Ferrari n'est pas une bonne voiture pour avoir un accident. Eh bien, j'ai cogné vraiment très fort et je viens de voir l'épave. Tout le cockpit et la région des pieds sont pratiquement intacts. Je me sens rassuré.»

Mais dans le privé, Gilles avouait qu'un aspect de son accident l'avait terrifié. L'impact, le plus violent qu'il avait jamais subi, et le choc de la roue sur son casque l'avaient momentanément assommé. Pis: il était resté complètement aveugle pendant au moins une demi-minute. Et il confiait à Nigel Roebuck qu'il n'avait jamais pensé pouvoir devenir aveugle un jour et que cette expérience l'avait très fortement secoué. Gilles était prêt à accepter la douleur quand il frappait un obstacle, mais l'idée de perdre la vue le perturbait considérablement. Il consulta des ophtalmologistes après son accident et dut porter plus souvent ses lunettes pour lire.

Une minerve autour du cou, Jody avait pris le départ à Imola même s'il souffrait beaucoup et avait terminé en huitième place, après une course menée avec courage. Enzo Ferrari lui rendra un vibrant hommage, comme «l'un des hommes les plus honnêtes qui aient jamais piloté pour Ferrari». Didier Pironi, le pilote de Ligier, sixième à Imola, refusa de confirmer les rumeurs voulant qu'il remplace Scheckter en 1981, se contentant de dire: «Je vais courir pour une équipe qui n'a pas de pilote numéro un et de pilote numéro deux, et j'en suis très heureux.»

Interrogé sur la possibilité d'avoir Pironi comme coéquipier, Gilles répondra ceci: «Qui sera le numéro un ? C'est le chronomètre qui va le décider... Je ne connais pas Pironi, si ce n'est pour lui avoir dit bonjour en passant. Mais il est très rapide. Je dois le battre, pas vrai ? »

Le lendemain, Ferrari annonçait officiellement que Didier Pironi allait être effectivement son nouveau pilote l'année suivante et que le Français avait signé un contrat en mai. Lorsqu'il apprit la nouvelle, Guy Ligier, bien connu pour ses explosions spectaculaires de mauvaise humeur, piqua une crise monumentale. Ligier affirmait que Pironi s'était engagé à rester dans son écurie encore une autre saison et qu'il manquait donc à sa parole.

Au Grand Prix de Montréal, Villeneuve ne réussit à obtenir qu'une désastreuse vingt-deuxième place sur la grille de départ, même si tout le monde était d'accord pour dire que la voiture n'en méritait pas tant. Gilles eut un accrochage à l'entraînement qui faussa son aileron arrière, mais il s'en préoccupait beaucoup moins que du fait que Jody avait été incapable de se qualifier pour la première fois de toute sa carrière. Après cent onze courses de Formule I, l'humiliation de Jody à Montréal montrait que l'écurie Ferrari était vraiment tombée bien bas, et Gilles passa une partie de sa frustration en décrochant un remarquable sixième temps pendant une séance d'entraînement sur piste mouillée. Laissant derrière lui un sillage de hors-bord, il navigua autour de l'île Notre-Dame à des vitesses qui n'avaient plus aucun rapport avec l'état du terrain. «Tout ce que je peux dire, c'est qu'il y a intérêt à ce qu'il pleuve dimanche.»

Mais il ne pleuvait pas le jour de la course, et il faisait assez froid. Gilles espérait quand même pouvoir courir dans de bonnes conditions: «Je ne crois pas que les Montréalais attendent de moi que je gagne, comme ils l'ont fait dans le passé. Ils attendent une bonne course et c'est bien ce que j'espère leur donner.» Ce qu'il fit en roulant à fond pendant les soixante-dix tours de la course, ce qui lui valut une splendide cinquième place devant un public admiratif qui comprenait que ce résultat était le triomphe d'un pilote décidé sur une machine inadéquate.

Le Grand Prix du Canada 1980 fut aussi l'occasion pour le vainqueur de la course, Alan Jones, de s'assurer du championnat du monde après l'abandon de son rival, Nelson Piquet. Plus tôt, les deux belligérants, aussi décidés l'un que l'autre, avaient déclenché une série d'accidents en chaîne au premier tour, provoquant l'interruption de la course. Le deuxième départ avait ensuite été désastreux pour Jean-Pierre Jabouille: la suspension avant de sa Renault s'était effondrée, et il était allé heurter de plein fouet une barrière. Il avait fallu découper l'épave au chalumeau pour l'en sortir et les multiples fractures qu'il avait subies à la jambe droite l'empêchèrent de courir de nouveau avec le brio qu'on lui avait connu. Il recommencera la saison suivante avec Ligier, comme coéquipier de son beau-frère, Jacques Laffite. Mais Jabouille s'arrêtera de piloter au bout de trois courses et préférera plus tard occuper différents postes dans des équipes de Formule I.

Pour la finale de la saison, à Watkins Glen, Gilles se qualifia en dix-huitième place et Jody en vingt-troisième. Mais Gilles dut abandonner après un dérapage qui endommagea la suspension au quarante-neuvième des cinquante-neuf tours. Quant à Jody, qui allait abandonner définitivement le sport, il persista suffisamment longtemps pour remporter la onzième place. Après être passé devant son dernier drapeau à damier, Jody fit une sortie en grand style de la Ferrari numéro 1 en grimpant sur le capot qui s'effondra aussitôt sous son poids. Les mécaniciens de Ferrari l'aspergèrent de champagne et Jody, avec dix victoires, quatorze deuxième places et neuf troisième places dans sa carrière, abandonna sans regret la course automobile.

Gilles résumait ainsi son année: «La saison a été longue, frustrante, mais c'était un peu à prévoir. Tout le monde semblait croire que j'allais remporter le titre cette année — tout le monde, sauf moi. Ferrari avait bien plus confiance que moi. Je crois que j'étais plus réaliste. Cette année allait être une année de transition pour Ferrari. Nous allions mettre au point la voiture à turbocompresseur et je savais que beaucoup d'autres auraient un peu d'avance sur nous. Je ne m'attendais pas à gagner le championnat, mais je comptais bien gagner quelques courses. Je ne suis pas découragé cependant. C'est un problème temporaire.»

«Quand vous avez beaucoup de malchance et que les choses vont mal, vous êtes tenté de piloter plus lentement, sans trop forcer, en attendant le drapeau à damier. Mais je ne veux pas de ça. Dans une voiture, il faut que vous soyez vous-même. Si vous agissez autrement que vous ne le feriez naturellement, alors vous cherchez les problèmes. Peu importe ce que racontent les journalistes, peu importe ce qu'on dit, je ne changerai pas d'attitude. Je conduirai toujours de la même manière. Ce qui veut dire que j'essaierai d'aller à fond tout le temps. Et si ça me rapporte le championnat, tant mieux. J'ai gagné quatre Grands Prix dans ma carrière et je me suis donné comme objectif de remporter trois championnats du monde et vingt-sept Grands Prix, comme Jackie Stewart. J'ai l'impression que je ferais mieux de m'y mettre ! »

VIII

LA RAGE DE VIVRE: 1981

1   *En Formule I, vous faites partie d'une écurie de course*
et le premier pilote est l'étalon.
Didier Pironi

Ce que disait Enzo Ferrari — qu'il faisait des moteurs
avec des roues — était certainement vrai de sa 126C 1981,
même si l'on aurait pu croire parfois que ses roues étaient
plutôt carrées. Car si le V6 turbocompressé était le plus
puissant au Grand Prix, le châssis était généralement celui
qui avait la pire tenue de route, faisant du petit cheval
cabré un animal décidément rétif. La puissance des Ferrari
les rendait difficile à doubler en course. Mais les Brabham,
Williams, Ligier et McLaren y parvinrent cependant suffisamment souvent pour reléguer Gilles en septième place
au classement final avec 25 points, la moitié du total du
champion du monde, Nelson Piquet. Dans la course au
titre, Piquet sur sa Brabham écarta Jones et Reutemann
au volant de leurs Williams, ainsi que Laffite dans sa
Ligier. Mais la Ferrari numéro 27, pilotée comme elle
l'était par Villeneuve, balaya toute opposition au palmarès
du pur spectacle.

La Ferrari numéro 28 ne manquait pas de punch elle non plus et Didier Pironi montra rapidement qu'il avait ce qu'il fallait pour être le coéquipier de Gilles Villeneuve. Parfois aussi rapide que lui, et même plus en certaines occasions, il remporta 9 points au cours de la saison. Dès le début, la manière dont Gilles le traitait l'avait surpris: «Quand je suis entré chez Ferrari, toute l'équipe se consacrait à Villeneuve. Il n'était pas simplement leur premier pilote, mais beaucoup plus que cela. Il avait une petite famille là-bas. Mais il m'a accueilli et m'a fait sentir chez moi du jour au lendemain. Gilles ne faisait pas de distinctions. Je m'attendais à être remis à ma place, mais Gilles a été formidable et il m'a traité en tous points comme son égal. J'étais peut-être le numéro deux au cours de cette saison, mais avec l'appui de Gilles, je ne me suis jamais découragé.»

Didier était de deux ans le cadet de Villeneuve et venait d'un milieu totalement différent. Né à Paris, il avait fait des études d'ingénieur, dans l'intention de prendre un jour la direction de l'entreprise familiale. Son père était propriétaire d'une prospère entreprise de construction de trois cents employés, mais Didier attrapa bientôt la maladie de la course au contact de son cousin, José Dolhelm. Il s'inscrivit dans une école de pilotage et consacra le reste de sa vie au sport automobile.

L'argent ne lui avait jamais manqué et il avait toujours eu les moyens de se procurer le meilleur équipement. Un équipement qu'il savait fort bien utiliser, puisqu'il devint champion de France de Formule Renault en 1973 et, deux ans plus tard, il remporta le titre européen dans cette catégorie avec douze victoires en dix-sept courses. Il avait ensuite gagné la prestigieuse course de Formule III de Monaco, fait une démonstration convaincante en Formule II et en Formule Atlantique au Canada et copiloté la Renault qui avait remporté la victoire au Mans en 1978. La même année, il avait commencé sa carrière de Formule I avec Tyrrell, puis était passé chez Ligier en 1980 et avait gagné le Grand Prix de Belgique.

Râblé, musclé, c'était un sportif accompli qui pratiquait le squash, le tennis et le ski nautique et qui avait un faible aussi pour l'avion. Il habitait Paris où il menait une vie élégante et raffinée. Didier adorait les voitures et la vitesse, mais sa grande passion en dehors de la course automobile était la vedette off-shore. Et c'est à bord d'une de ces embarcations qu'il trouvera la mort, dans une course au large des côtes anglaises, en 1987.

Réfléchi, introverti, un peu distant, Pironi prenait la course très au sérieux et ne ménageait pas ses efforts pour donner la preuve de son professionnalisme. Attiré par la politique, il fut élu président de l'Association des pilotes de Grand Prix quand Jody Scheckter prit sa retraite. À la différence de Jody, et plutôt comme Gilles, Pironi avait une conception romantique de la course et il considéra comme un honneur de piloter pour Ferrari. Il admit plus tard avoir été extrêmement ému lors de sa première rencontre avec le Vieux. Pironi, convaincu de ses capacités, était ravi de courir aux côtés de l'homme qui avait la réputation d'être le pilote le plus rapide de tous.

Au début, sa rivalité avec Gilles fut amicale, quoique toujours présente. En fait, Pironi se faisait une idée réaliste de la lutte pour le pouvoir qui risque toujours de se déclarer entre deux coéquipiers et il décrivit à l'avance la manière dont ses relations avec Gilles finiraient par évoluer: «En Formule I, vous faites partie d'une écurie de course et le premier pilote est l'étalon. C'est celui avec qui on vous compare à chaque course parce que vous utilisez le même matériel, ce qui veut dire que votre soi-disant partenaire est en réalité votre principal concurrent. Si bien que lorsqu'on en félicite un en oubliant l'autre, celui-ci ne peut que se sentir blessé dans son amour-propre.»

En 1981, la guerre entre la FISA et la FOCA connut une trêve fragile avec l'accord de la Concorde (baptisé du nom de la rue parisienne où la FISA a son siège), en vertu duquel la faction de la FOCA, menée par Bernie Ecclestone, prenait le contrôle du côté commercial du sport. En contrepartie, le comité technique de la FISA, dirigé par Jean-Marie Balestre, essaierait de tenir en laisse les ingénieurs de Formule I. Ainsi, de nouvelles règles imposèrent une garde au sol de six centimètres et l'élimination des jupes mobiles. Ces jupes qui avaient vu le jour en 1980 avaient pour fonction d'accentuer la dépression sous la voiture, afin de la plaquer plus solidement sur la piste en virage. Si on décida de les abandonner en 1981, c'était dans le but de réduire la vitesse en virage, pour des raisons de sécurité, et de redonner aux pilotes davantage de contrôle sur leurs voitures. Mais ces nouvelles règles n'eurent pas de lendemain.

En effet, les ingénieurs les contournèrent en installant des jupes fixes qui respectaient la garde au sol minimum aux stands. Mais ils mirent aussi au point un système, commandé par le pilote au moyen d'un levier installé dans le cockpit, qui abaissait la voiture sur la piste pour accentuer l'effet d'aspiration. Cette ingénieuse modification avait été mise au point par un ingénieur de Brabham, Gordon Murray, et lorsque Piquet montra dès le début de la saison à quel point elle était efficace, tout le monde lui emboîta le pas. Même si certains véhicules furent interdits de course ou disqualifiés, cette situation dura quand même toute l'année. Ces voitures roulant ventre à terre, c'est bien le cas de le dire, se comportaient comme des go-karts avec leur suspension dure comme de la pierre, prenaient les virages plus rapidement que jamais et engendraient d'énormes forces d'accélération. Mais elles étaient aussi cordialement détestées par les pilotes qui n'étaient plus que de malheureux passagers dans des machines potentiellement mortelles sur lesquelles ils avaient de moins en moins de maîtrise.

Goodyear ayant abandonné la course de Formule I, tout le monde commença la saison sur Michelin, mais l'effet égalisateur de cette conversion ne fut pas suffisant pour ramener les Ferrari — qui souffraient trop de leur mauvaise tenue de route — au niveau de leurs principales concurrentes à la première course de l'année, à Long Beach. Gilles arracha à sa mécanique une place sur la troisième ligne de la grille, fit un départ fulgurant et dépassa tout le monde pour prendre la tête dans le premier virage. Hélas, dix-sept tours plus tard, la rupture d'un arbre de transmission mettait fin à sa course.

Gilles utilisait la technique des pilotes de rallye qui consiste à freiner avec le pied gauche pour réduire au minimum le retard à l'accélération qui est la tare congénitale du moteur turbocompressé. Pied droit sur l'accélérateur pour tenir le régime, il actionnait donc la pédale de freins avec le pied gauche pour faire chasser encore plus l'arrière de la 126C dans les virages, un spectacle qu'apprécièrent beaucoup les quatre-vingt-dix mille spectateurs venus assister à la course. Pironi se qualifia six places derrière Gilles, mais son V6 turbocompressé le lâcha, victime de problèmes d'alimentation.

Le frère de Gilles, Jacques, champion régnant en Formule Atlantique, était lui aussi à Long Beach pour une course d'ouverture avant la principale épreuve de Formule I. Gilles le regarda évoluer avec beaucoup d'intérêt, surveillant du même coup son investissement puisqu'il aidait son frère sur le plan financier. Gilles lui avait payé ses cours à l'école de pilotage de Jim Russell au Mont-Tremblant et lui faisait parvenir d'autres contributions par l'intermédiaire de Gaston Parent qui gérait également les affaires du jeune Villeneuve. On avait proposé à Jacques de courir en Formule III en Europe, mais il avait préféré faire encore une autre saison de Formule Atlantique et il espérait bien renouveler son succès de l'année précédente. Mais ce ne serait pas facile. Comme l'expliquait Jacques: «Beaucoup de gens s'attendent à ce que je gagne toutes les courses, exactement comme Gilles.» En fait, Jacques arrivera second, derrière l'Australien Geoffrey Brabham, le fils de l'homme qui avait fondé l'écurie de Formule I.

Au Brésil, Gilles se qualifia en septième place, prit comme d'habitude un départ très rapide, trop peut-être puisqu'il heurta l'arrière de Prost, provoquant un carambolage parmi les voitures qui le suivaient. Gilles continua cependant avec un aileron avant tordu, ce qui n'était pas fait pour améliorer la tenue de route de sa voiture, mais son turbo claqua avant la mi-course. Quelques minutes plus tard, Pironi faisait un tête-à-queue devant Prost qui allait lui prendre un tour et les deux voitures s'embrassèrent plutôt violemment.

Comme une avant-première de ce qui allait finalement se passer dans l'écurie Ferrari, le Grand Prix du Brésil fut gagné par Reutemann, devant Jones. Lole, qui était le pilote numéro deux de l'équipe Williams, décida d'ignorer les instructions que lui donnait son stand de laisser son coéquipier passer. Jones en fut extrêmement mécontent: «Maintenant, je comprends la situation. Je vais le traiter comme n'importe quel autre pilote et cogner dans ses roues pour le dépasser, au lieu d'attendre derrière lui et d'espérer qu'il se comporte comme un gentleman.»

En Argentine, la course de Villeneuve se termina par un magnifique tête-à-queue quand l'arbre de transmission de sa Ferrari cassa une fois de plus, alors que c'était au tour de Pironi d'être victime d'une panne de moteur. Avant d'abandonner, Gilles avait beaucoup diverti les spectateurs avec de longs dérapages au moteur qui l'avaient fait jouer les tondeuses à gazon avec ses roues arrière, spectacle agrémenté d'une pluie d'étincelles projetées par les extrémités de la suspension frottant contre les bordures ainsi que par les flammes que crachait l'échappement du turbo. Parmi les photographes qui tendaient à le prendre pour cible plus souvent que les autres, plusieurs reconnurent avoir manqué de magnifiques occasions, trop occupés qu'ils étaient à le regarder, au point d'en oublier d'actionner l'obturateur.

2   *Mais la personne qui se cachait derrière l'image*
          publique avait ses insécurités.
                                    Johanne Villeneuve

Dans l'intervalle de deux semaines qui séparait les deux courses sud-américaines, plusieurs pilotes francophones firent un séjour dans un Club Med sur une île au large des côtes brésiliennes. Jean-Louis Moncey était avec eux. «Nous étions tous là pour la première fois. Gilles était avec Johanne, Alain Prost était seul, Didier était avec son amie Catherine, Jabouille avec Geneviève, Jacques Laffite avec Bernadette. Et nous étions tous très contents de nager et de nous amuser avec les *dune buggies*. Mais Johanne n'aimait pas cet endroit. Au bout de quelques jours, elle a eu un coup de cafard et Gilles a été obligé de partir avec elle. Ils sont rentrés en Europe, mais Gilles était très ennuyé que Johanne n'ait pas aimé le Club.»

En réalité, au bout de onze années, le mariage des Villeneuve commençait à donner des signes de faiblesse. Bien sûr, la vie de l'épouse d'un pilote de course n'est jamais facile, mais maintenant que Gilles était devenu une célébrité, elle était encore plus dure pour Johanne. «Je l'avais connu alors qu'il était encore presque un enfant. Je ne m'étais pas mariée avec un pilote de course. Je ne m'étais pas mariée avec une star. Je m'étais mariée avec un petit gars de Berthierville qui n'avait même pas de travail. Pour le public, Gilles était un surhomme, un héros, une légende. Mais la personne qui se cachait derrière l'image publique avait ses insécurités.»

En plus de se rajeunir de deux ans et de refuser de porter ses lunettes en public, Gilles avait d'autres coquetteries. Par exemple, il était très chatouilleux sur sa petite taille et interdisait à Johanne de porter des talons hauts, de crainte qu'elle ne paraisse plus grande que lui. Il s'inquiétait aussi de ses cheveux, qu'il croyait voir se clairsemer. Il les rabattait donc en avant pour recouvrir ce front qu'il pensait dégarni, un geste qu'on le voyait faire dès qu'il retirait son casque. Il avait d'ailleurs demandé à Gaston Parent de se renseigner sur les techniques de transplantation capillaire.

«Alors nous sommes allés voir un médecin, un esthéticien, raconte Parent. Et le docteur lui a dit: «Mais vous êtes fou ! Vous n'avez aucun problème avec vos cheveux !» Gilles se souciait beaucoup de son apparence. Même s'il s'habillait d'une manière très décontractée, même s'il était toujours en jeans, il se soignait, il était toujours propre et présentable. Il prenait deux ou trois douches par jour.

«À propos de Johanne et de ses chaussures, la vérité c'est qu'il ne voulait surtout pas qu'elle le domine, par la taille ou autrement. Dans la société québécoise, c'est traditionnellement l'homme qui est le patron. Votre femme est votre femme, et si vous l'épousez, c'est parce que vous avez les moyens de vous occuper d'elle. Et son travail à elle, c'est de s'occuper de la maison.»

«Gilles était très jaloux de tout ce qu'il possédait. À Monaco, il avait une chienne, Bella, un berger allemand dont Walter Wolf lui avait fait cadeau. Bella s'asseyait toujours à côté de Gilles et si elle se levait pour aller s'installer à côté de vous, il n'était pas content du tout. Gilles était un homme très possessif.»

Un jour, John Lane, en arrivant, embrassa Johanne sur les deux joues, à la mode européenne. Lane était un ami intime de la famille, mais Gilles lui reprocha pourtant d'être trop familier avec sa femme. En public, Johanne devait s'abstenir de tout témoignage d'affection de ce genre, même lorsqu'elle sortait avec des amies: «Il était possessif et jaloux. Un jour, je déjeunais avec Pam (Scheckter) et quelques autres amies, un déjeuner entre femmes. Nous étions là depuis deux heures quand il m'appelle au téléphone: «Qu'est-ce que tu fabriques ? Ton déjeuner devrait être fini maintenant. On n'a pas besoin de deux heures pour prendre un déjeuner.»

Gilles avait engagé une nurse anglaise pour s'occuper des enfants et leur apprendre l'anglais. La jeune fille vivait à la villa, mais il ne la laissait pas manger avec la famille, ni faire la cuisine, ni aider aux travaux du ménage. C'était le travail de Johanne, qui finit par trouver un peu lourdes toutes les exigences de son mari. «Gilles était une personne extrêmement difficile. Pas trop au début, mais plus tard, les choses ont empiré à cause de la vie qu'il menait en dehors de la famille, alors qu'on lui apportait tout ce qu'il voulait sur un plateau d'argent.»

Johanne commença à se battre pour faire respecter ses droits et ceux des enfants. «J'étais toujours sur son dos à propos des choses que je considérais comme réellement importantes. C'était un de mes défauts, je suppose. Mais un de nos sujets de dispute était les enfants. Je voulais qu'il soit un bon père pour eux. Il n'aimait pas se lever tôt et les enfants étaient à l'école de huit heures du matin jusqu'à quatre heures de l'après-midi, si bien qu'il ne les voyait qu'un peu de temps le soir, avant qu'ils aillent se coucher. Je lui disais: «Les enfants ne te voient presque pas. N'attends pas d'avoir cinquante ans, quand il sera trop tard. C'est injuste pour eux et le moins que tu puisses faire, c'est de te

316

lever pour les conduire à l'école.» Je l'ai tellement embêté avec ça qu'il a finalement compris et qu'il a accepté de le faire.»

Quand il était chez lui, Gilles passait le reste de la journée dans son garage ou dans son bureau, souvent jusqu'aux petites heures du matin. Fidèle client du kiosque à journaux de la Place du Casino, il rapportait des piles de revues et commandait des manuels sur les voitures, les bateaux, les avions et les hélicoptères. Il passait des heures au téléphone avec des gens comme John Lane et Gaston Parent, ou encore à commander des pièces pour ses différents «jouets», par exemple un treuil pour le Bronco qu'il persistait à embourber dans les routes de montagne. Plus d'un visiteur venu d'Amérique du Nord pour voir les Villeneuve fut chargé d'apporter dans ses bagages un lot de pièces.

Les jouets dangereux de Gilles, ou du moins la manière dont il s'en servait, étaient un autre sujet de dispute avec Johanne. «Au début, les enfants et moi, nous allions avec lui dans le Bronco. Mais ce n'était pas amusant d'être tous assis là-dedans pendant sept ou huit heures, avec les enfants qui me hurlaient dans les oreilles. Lui, son grand plaisir était de bousculer le camion le plus possible, de chercher les problèmes, puis de s'en sortir et de réparer les dégâts. On aurait dit qu'il passait plus de temps à réparer qu'à faire autre chose. Un jour, il a failli tuer les enfants. Là, c'était fini. Après cela, il est parti tout seul.»

La manière dont Gilles dépensait son argent fournissait également matière à querelle. Comme il l'expliquait lui-même: «Si vous n'en avez jamais eu avant, je suppose que l'argent change un peu tout le monde. Je ne suis plus le même qu'il y a quelques années, c'est certain. Maintenant, je peux me permettre d'acheter tous les petits jouets que je ne pouvais pas m'offrir avant. Dès que je veux quelque chose, je n'ai qu'à aller l'acheter. C'est amusant. »

Mais Johanne, qui avait souffert plus que lui pendant toutes ces années où le couple avait cruellement manqué d'argent, était beaucoup plus prudente financièrement que son mari. Et pourtant, Gilles comptait d'assez près l'argent qu'il consentait à lui donner. Un jour, Gaston Parent avait proposé à Gilles un investissement: un diamant pour Johanne, qui était enchantée de l'idée. Pas question, avait répondu Gilles, avant d'aller aussitôt s'acheter une vedette rapide qui coûtait plus du double.

«Il était devenu millionnaire d'un seul coup et il faisait parfois des choses complètement folles, reconnaît Jody Scheckter qui continuait d'être très proche de Gilles. On aurait dit que l'argent n'avait aucune signification pour lui. Dans sa villa, il se promenait en disant: «Je veux une piscine ici, un garage là-bas» et ainsi de suite. Et il fallait dynamiter le rocher pour ces travaux. Quand il a décidé de devenir photographe, il est parti un jour à Nice et est revenu avec peut-être huit mille dollars de matériel. Il a développé une ou deux photos, et puis: «Christ ! Ça prend trop de temps !» Fini. Comme il voulait bricoler sur ses voitures, il s'est acheté pour probablement vingt mille dollars d'outils. Et puis, il a démonté une boîte de vitesses, une fois, une seule. Ensuite, ce fut le tour de son bateau, de la folie pure et simple. Au moins pour moi. Mais il s'amusait beaucoup avec cet engin. Moi, je suis exactement le contraire, je n'achète rien. Je me contentais d'un canot à rames. Mais Gilles a commandé deux énormes moteurs V8 aux États-Unis pour cette fichue machine. Je ne suis allé qu'une seule fois avec lui. Je lui ai dit d'arrêter et de me débarquer. J'avais eu une peur bleue !»

Gaston Parent participa à l'achat de ce fameux bateau, un Abbate de 11 mètres. Il s'en souvient encore: «Ce bateau a causé une dispute comme vous ne pouvez pas imaginer. Johanne n'était vraiment pas contente. Il avait payé cent quatre-vingt-cinq mille dollars pour ce truc, à Abbate lui-même, en Italie. Abbate était devenu un bon ami de Gilles et il avait fabriqué le bateau spécialement pour lui. Et puis, Gilles a trouvé qu'il n'était pas assez rapide. Alors, il fait venir deux moteurs de 700 chevaux de Detroit. Ensuite, il a acheté un système d'échappement chromé, en Californie. Facture: dix-huit mille dollars. Ensuite, Gilles fait peindre le bateau à ses couleurs. Mais la police ne le laissait plus le démarrer dans le port de Monaco. Les deux moteurs faisaient tellement de bruit qu'il devait sortir en mer pour les faire partir.»

318

«Ce bateau, c'était une vraie torture, dit Johanne. Les enfants et moi, nous étions couverts de bleus quand nous en sortions. On ne pouvait pas s'asseoir dedans. Il fallait se tenir debout en s'accrochant. Alors je tenais les deux enfants dans mes bras pour qu'ils ne s'envolent pas par-dessus bord. Lui, il s'amusait beaucoup, pendant que j'essayais désespérément de rester dans son bateau avec les petits. Il le faisait taper contre les vagues tant qu'il pouvait, pour voir combien de temps il tiendrait le coup avant que le moteur saute ou que la coque se casse en deux. À la fin, il partait tout seul, parce que même les enfants ne voulaient plus monter dans son bateau.»

«Dans sa vie, tout se faisait à 300 km/h, explique Patrick Tambay, l'un de ceux qui furent les plus proches de Gilles. Le ski, la voiture, le bateau, le backgammon... Même sa manière de dépenser, quand il achetait des cadeaux de Noël pour les enfants ou qu'il jouait au blackjack au casino. Moi, je lui disais: «Gilles, tu es fou ! » Mais il était fait comme ça.»

Chaque fois qu'ils jouaient au Monopoly, raconte Tambay, Gilles «se comportait comme s'il était au volant de sa Formule I, très déterminé, sans jamais une hésitation, prenant des risques, fonçant vers l'avant, vers l'avant tout le temps. Une fois son idée faite, il y allait à fond — comme il faisait en pilotant.» Et cette manière de jouer au Monopoly lui valait soit de gagner beaucoup, soit de perdre tout autant — dernière possibilité qu'il n'acceptait pas de très bon cœur.

3   *J'aime la vie de pilote chez Ferrari.*
Gilles Villeneuve

Les Ferrari finirent par reprendre du poil de la bête lors d'une nouvelle épreuve inscrite au calendrier des course, le Gran Premio di San Marino. La course, organisée sur le circuit d'Imola, à peu de distance de la minuscule république qui lui avait donné son nom, avait pour prétexte de réunir des fonds pour les victimes d'un récent tremblement de terre en Italie. En réalité, ce n'était qu'une bonne excuse pour présenter une autre course de Formule I en Italie. Les *tifosi* ne furent pas déçus quand leur Gilles plaça une de leurs Ferrari en première place sur la grille, puis mena la course pendant les quatorze premiers tours. Pironi leur fit honneur lui aussi en se qualifiant en sixième place et en gardant la tête pendant de nombreux tours, avant d'être forcé de ralentir à cause de l'usure prématurée de ses pneus, pour terminer cinquième.

La course se déroula sur une piste tantôt humide, tantôt sèche, et Gilles perdit son avance lorsqu'il s'arrêta deux fois au stand pour changer de gommes. En revanche, un facteur demeura constant dans toute sa course: son agressivité étonnante. Il dérapait avec une verve éblouissante, établissant le tour le plus rapide de la course, mais retomba finalement en septième place, gêné par un embrayage fatigué.

Villeneuve remporta ses premiers points de l'année avec une quatrième place au Grand Prix de Belgique, mais la course de Zolder fut surtout marquée par l'amertume et la tragédie. Le vendredi, l'allée encombrée des stands fut le théâtre d'un accident qui serait fatal à un mécanicien d'Osella, Giovanni Amadeo, tombé sous les roues de la Williams de Carlos Reutemann. Reutemann roulait lentement pourtant, mais Amadeo fut projeté contre le mur des stands et il succomba plus tard à ses blessures. Très ébranlé par cet incident, Reutemann réussit cependant à gagner la course.

L'encombrement du circuit de Zolder fut également à l'origine d'une désagréable et dangereuse protestation des pilotes au début de la course. L'accord de la Concorde prévoyait que trente voitures au maximum pourraient prendre le départ à chaque Grand Prix et qu'une séance de pré-qualification devrait être organisée si le nombre des participants était plus élevé. Lorsque trente-deux machines se présentèrent en Belgique, les organisateurs refusèrent d'accéder à la demande de l'Association des pilotes de Grand Prix qui réclamait une séance de pré-qualification. De nombreux mécaniciens, perturbés par l'accident qui avait fait une victime dans leurs rangs, appuyèrent les pilotes et tous décidèrent de donner la preuve de leur solidarité en retardant le départ devant les caméras de la télévision. Après le tour de réchauffement, la grille se transforma en salle des pas perdus tandis que pilotes et mécaniciens déambulaient tranquillement sur la piste. Les organisateurs poursuivirent cependant le compte à rebours pour le départ prévu à trois heures.

Alors que les meneurs de la protestation continuaient à manifester — dont Pironi, président de l'APGP, et Villeneuve — les autres voitures firent un autre tour de réchauffement et les retardataires finirent par rentrer dans le rang. Ce n'est pas sans hésitation que Gilles, qui se déclarait apolitique, avait rallié le mouvement de protestation. «Normalement, je ne participerais pas à ce genre de chose. Je ne crois pas aux grèves, loin de là, à moins que ce ne soit le seul moyen d'avancer.»

À cause du retard, les voitures commençaient à surchauffer et, alors que Gilles prenait sa place sur la grille, le moteur de la dernière voiture à prendre position, l'Arrows de Patrese, cala. Le chef mécanicien de Patrese, Dave Luckett, courut à son aide et — alors que la course commençait déjà — fut frappé par Siegfried Stohr à bord d'une autre Arrows. Fort heureusement, Luckett s'en sortit avec des fractures de la jambe et d'un doigt, ainsi que des coupures au visage, mais il fallut que Didier Pironi à bord de sa Ferrari prenne l'initiative de louvoyer sur la piste pour que tous les véhicules s'arrêtent et qu'on commence à s'occuper du blessé sur la grille de départ.

Le départ fut redonné, sans incident cette fois, mais Jones ne tarda pas à faire sortir Piquet de la piste. Le Brésilien était furieux: «Il est complètement fou ! La prochaine fois, je le tue ! » Toute l'atmosphère de cette course de Zolder annonçait la tragédie qui allait s'y produire un an plus tard.

Avant le Grand Prix de Monaco, Gilles déclara qu'il avait l'intention de rester chez Ferrari dans l'avenir prévisible. «J'ai signé mon contrat le 11 mai et il s'agit d'un engagement ferme pour 1982, avec une solide option pour 1983. Je suis pratiquement sûr que je resterai cette année-là aussi. Plus que jamais, je suis convaincu que Ferrari est la meilleure écurie et qu'elle m'offre plus de possibilités que toutes les autres. Je n'ai pas démissionné pour une question d'argent — j'aurais pu obtenir la même somme, ou davantage, dans plusieurs autres équipes. J'aime la vie de pilote chez Ferrari.» Et après Monaco, il l'aimera encore davantage.

Aux épreuves de qualification, Villeneuve étonna tout le monde en se classant second, derrière la Brabham de Piquet. Lent à réagir aux sollicitations de l'accélérateur, son turbo n'était en principe pas particulièrement bien adapté aux courtes lignes droites de Monaco, un circuit plutôt conçu pour les courtes pointes de vitesse. L'encombrant châssis de sa Ferrari n'était pas fait lui non plus pour lui faciliter les choses, mais Gilles, bien résolu à surmonter ces handicaps, soutira à son moteur tout ce qu'il avait à donner, poussant sa puissante 126C dans de formidables dérapages au moteur avec un extraordinaire brio. Pironi, qui avait également signé un nouveau contrat avec Ferrari, essaya d'imiter son coéquipier, mais heurta trois fois les barrières, obligeant Forghieri à faire venir de toute urgence de Maranello un quatrième châssis.

Au départ, Piquet devançait Gilles dans le virage de Sainte-Dévote et les deux pilotes s'éloignaient déjà du traditionnel accident qui mit aux prises plusieurs voitures derrière eux. D'autres incidents et son agressivité inlassable valurent à Jones de grimper en troisième position derrière Gilles, au bout de quinze tours. Trois tours plus tard, Gilles, dont les freins commençaient à donner des signes de fatigue, s'écarta pour laisser passer la Williams. Au cinquante-quatrième tour, l'homme de tête, Piquet, peut-être distrait par la Williams de Jones qui grandissait dans ses rétroviseurs, eut le dessous dans une bagarre avec Cheever à qui il allait prendre un tour et s'écrasa contre les barrières. Jones profita de l'avantage et creusa une avance d'une demi-minute sur Gilles, puis commença à avoir des ratés.

Au soixante-septième tour, Jones s'arrêta au stand où les mécaniciens diagnostiquèrent un problème de vaporisation d'essence, mais il repartit sans que l'anomalie soit corrigée. Gilles n'était plus qu'à six secondes derrière lui et remontait encore, poussant sa machine de plus en plus fort, tandis que la horde de ses fans explosait dans un tohu-bohu hystérique de cris poussés à pleins poumons, de klaxons et de sirènes, au milieu d'une mer ondulante de drapeaux et de fanions. Ce fut le délire lorsque la Ferrari doubla la Williams devant les stands, au soixante-douzième tour, et plus encore lorsque Gilles arriva le premier au drapeau à damier, au soixante-seizième.

Les supporters de Ferrari réservèrent une part de leur euphorie pour Pironi qui avait terminé en quatrième place, mais «le petit grand homme» de la voiture numéro 27 était encore une fois le héros du jour. Trempé de sueur, le pilote parlait devant les journalistes de cette victoire imprévue — la première d'un moteur turbocompressé Ferrari, la première de Gilles en deux saisons et sa première en Europe. Une voiture extrêmement solide, expliquait-il: «Quand je suis arrivé chez Ferrari, je cassais des transmissions tout le temps et Enzo Ferrari se mettait vraiment très en colère. Un jour, il en a eu assez et il a décidé de faire fabriquer des arbres de transmission spéciaux pour moi, très gros. C'est toujours ceux-là que j'utilise maintenant. En fait, je suis très fier de mes arbres de transmission.»

«Je peux vous dire que ma voiture était très difficile à piloter, avec une suspension aussi dure que celle d'un go-kart. Je me cognais la tête tout le temps contre l'arceau de sécurité, et maintenant j'ai mal partout. Cette course a été l'une des plus fatigantes de toute ma vie — mais je suis heureux, vraiment heureux de cette victoire. Quand mes freins ont commencé à lâcher, j'ai dû être très brutal avec la voiture, mais elle a tenu le coup. J'ai eu beaucoup de chance.»

4   *Quand j'arrêterai de faire de la course, mon fils aura dix-sept ans et il connaîtra tant de filles à Monaco qu'on ne nous laissera certainement pas nous en aller d'ici !*
Gilles Villeneuve

Le fils de Gilles, Jacques, ne put assister jusqu'à la fin au Grand Prix de Monaco. Vers le milieu de la course, sa nurse anglaise dut le reconduire à la villa car il se plaignait d'un violent mal de tête. John et Elisabeth Lane étaient les invités de Gilles et de Johanne pour le week-end, et Lane se souvient que «lorsque Gilles faisait une course, Jacques devenait extraordinairement nerveux. Il restait assis sans bouger, et vous pouviez le voir grincer des dents, les mâchoires serrées très fort. Finalement, il devait s'en aller. Mélanie hurlait et gesticulait pour encourager son papa, et elle restait jusqu'à la fin de la course. Mais pas Jacques.»

Depuis plusieurs années déjà, Jacques souffrait de maux de tête nerveux et éprouvait des difficultés à l'école. Johanne croit que c'était parce que son père lui en demandait trop: «Gilles était très exigeant avec Jacques, et pas du tout avec Mélanie. Il passait plus de temps avec elle et, à ses yeux, elle était parfaite. Il voulait que son fils soit plus que parfait, alors qu'il acceptait chez sa fille tous les petits défauts qu'ont les enfants, des défauts qu'il trouvait plutôt mignons et drôles chez elle. Mais pas chez Jacques. J'étais la seule à vraiment voir la différence qu'il faisait entre les deux enfants. Moi, je n'avais aucun problème avec Jacques. Il restait assis sagement à table et ne renversait pas son verre de lait. Mais quand Gilles était là, c'était complètement différent. Il faisait tomber son verre. Il devenait très nerveux, simplement parce qu'il essayait de son mieux de faire plaisir à son père.

«Vers la fin, Gilles était devenu un meilleur père. Il commençait à se rendre compte qu'il était trop exigeant et qu'il devait traiter ses deux enfants plus équitablement. Mais les petits sentaient qu'il y avait beaucoup de tensions et de frictions entre nous. Ils en étaient malheureux et cette situation les perturbait.»

Johanne fut, elle aussi, profondément perturbée quand ce qui n'avait été jusque-là que des prises de bec et des disputes sans grande importance se transforma en véritables scènes de ménage, d'abord en privé, puis en public. «Il commençait à me faire des histoires quand nous devions sortir: «Pourquoi mets-tu cette horrible robe ? » Et naturellement, ces réflexions me mettaient de très mauvaise humeur et je ne pouvais pas les supporter. Ou encore: «Oh, que c'est mauvais

324

ce que tu as préparé pour dîner» — et cela, après m'avoir annoncé un quart d'heure plus tôt que nous allions recevoir sept personnes à table. Mais il arrivait toujours à se donner en spectacle et à se montrer charmant. Je ne parvenais pas à comprendre comment il y réussissait et son attitude me rendait furieuse. Il me critiquait devant les autres et créait constamment des situations dans lesquelles il se tirait très bien d'affaire, mais pas moi.»

Pourtant, Gilles et Johanne parvenaient le plus souvent à garder le sourire en public et ils semblaient former un couple heureux au Grand Prix de Monaco. En route pour le circuit, ils descendirent tous les deux les rues de la ville sur la mobylette familiale, tandis que Gilles klaxonnait gaiement et que Johanne saluait la foule. Après la course, ils furent les invités d'honneur du traditionnel banquet de gala, généralement présidé par le prince Rainier et la princesse Grace. Cette fois, le prince et la princesse étaient aux États-Unis où leur fils Albert allait recevoir son diplôme de fin d'études secondaires, si bien que le couple Villeneuve fut encore plus remarqué. Johanne était charmante dans une robe de soirée toute blanche, tandis que Gilles, à la grande surprise de ceux qui le connaissaient bien, portait un smoking. En réalité, il avait fait l'acquisition de cette tenue de soirée un peu plus tôt, pour une réception donnée par le premier ministre du Canada, Pierre Elliott Trudeau.

«Trudeau était un grand admirateur de Gilles», rappelle Gaston Parent qui reçut un jour un coup de téléphone du cabinet du premier ministre priant Gilles d'assister à un dîner diplomatique. Les invités d'honneur devaient être Ronald Reagan, président des États-Unis, et M. Raymond Barre, P. M. de la France. «Alors, j'ai appelé Gilles à Monaco pour lui dire qu'il devait aller s'acheter un smoking pour dîner avec le premier ministre du Canada. «Certainement pas ! Un smoking ? Tu veux rire !» Gilles détestait mettre une cravate. Je lui ai expliqué que, content ou pas, il devait y aller quand même, qu'il n'avait pas vraiment le choix. Et puis j'ai dit à Johanne d'aller s'acheter à Paris la plus belle robe qu'elle pourrait trouver. Gilles a

325

décidé de faire un saut à Nice pour s'acheter un smoking chez un tailleur.

«Quand il débarque de l'avion à Montréal, Gilles me dit que, tout compte fait, il n'a pas l'intention d'aller à Ottawa. Il a plutôt envie de s'amuser avec sa 4 x 4 à Berthier. Nous discutons, et finalement je les installe dans ma voiture pour les conduire dans un hôtel d'Ottawa, pour qu'ils s'habillent. Ils faisaient un couple fantastique, merveilleux. Johanne avait un petit bouquet de fleurs qui mettait sa robe en valeur, une robe noire de Christian Dior. Ensuite, je les ai conduits directement à la résidence du premier ministre, sur Sussex Drive, à Ottawa, et ils sont restés là-bas jusqu'à minuit passé. Le lendemain, ils m'ont raconté que la soirée avait été très agréable, qu'ils s'étaient beaucoup amusés. Quand Gilles est mort, j'ai fait un film sur lui. Et dans une séquence, Trudeau lui rendait hommage.»

5   *Je sais bien qu'aucun être humain ne peut faire des miracles. Mais avec Gilles, on se pose parfois des questions.*
Jacques Laffite

À Monaco, on avait pleuré de joie dans le stand de Ferrari. Et dans les jours qui suivirent, à Maranello, Brenda reçut une avalanche de lettres et de télégrammes des adorateurs de Gilles. Ils avaient compté le nombre de jours depuis la dernière victoire de Villeneuve — six cent un exactement — et sa première place les comblait de joie. Une phrase, parmi tant d'autres: «Quand Gilles a franchi la ligne d'arrivée, j'ai pleuré de bonheur.» Mais la course suivante allait déclencher un débordement sans précédent: Gilles remporta son dernier triomphe en Formule I, le plus remarquable de tous.

Après les deux journées de qualification du Grand Prix d'Espagne à Jarama, Gilles était septième sur la grille, à côté de l'Alfa Romeo d'Andretti. Devant lui, l'Alfa de Giacomelli, la Renault de Prost, la McLaren de Watson, le duo Reutemann-Jones sur Williams et enfin, en première position, la Ligier de Laffite. Cette position en quatrième ligne, Gilles l'avait conquise de haute lutte au volant d'une Ferrari 126CK affligée d'une tenue de route aberrante: «Une Cadillac rouge incroyablement rapide, disait Gilles. Elle valse dans tous les sens, sans aucune adhérence. J'ai cru une demi-douzaine de fois que j'allais sortir de la route. Et pourtant, c'est incroyable ce que le châssis peut supporter. Je peux me mettre tellement en travers que je regarde presque par-dessus l'arceau de sécurité ! Et pourtant, elle retombe sur ses pattes.»

Mais sa «Caddy» valseuse bouffait du pneu à une cadence peu ordinaire. «Regardez-moi pendant les quelques premiers tours, dit Gilles. Après, les pneus seront foutus et ce sera fini.» Eh bien oui, les pneus étaient effectivement foutus, mais ce n'était pas fini pour autant. Et la démonstration que donna Villeneuve sous l'écrasant soleil espagnol, par une température de près de 38 °C, appartient à la catégorie des plus extraordinaires spectacles jamais vus en Formule I.

Pour se préparer, Gilles avait suivi les conseils de deux médecins français qui suivaient les pilotes et leur recommandaient d'absorber une grande quantité de liquide pour éviter la déshydratation. Comme le disait Gilles: «Vous êtes dans la voiture pendant deux heures, habillé comme si vous alliez au Pôle Nord, alors qu'il fait 30 °C à l'extérieur et encore plus dans la voiture.» Pourtant, en temps normal, Gilles ne faisait pas particulièrement attention à sa préparation physique: «Il suffit de faire du jogging deux ou trois fois par semaine pour bien respirer et acquérir de l'endurance.» Mais cette fois-là, il se prépara à un duel avec le soleil en buvant beaucoup d'eau et en prenant un supplément spécial de sels minéraux que lui avaient prescrit les médecins.

Au feu vert, les deux voitures blanches rivales de l'écurie Williams passèrent en tête, avec un léger avantage de Jones sur Reutemann, tandis que le peloton chargeait à fond de train vers le premier virage. Sur les talons de Jones et de Reutemann, on pouvait voir aussi l'irrésistible boulet de canon rouge qu'était la Ferrari de Villeneuve. Quelques zigzags pleins d'arrogance, et elle laissait médusés derrière elle Laffite, Watson, Giacomelli et Prost, ce dernier encore un peu troublé d'avoir vu la Ferrari amputer insolemment l'aileron avant de sa Renault.

Alors que Jones s'imposait devant Reutemann au premier tour, Gilles commença à coller au train de son ancien coéquipier. Et comme il franchissait la ligne pour la première fois dans ce voyage de 264,96 kilomètres sur le circuit de Jarama, son aileron avant était déjà collé contre l'aileron arrière de Lole. Au freinage des virages de Fangio, à l'extrémité de la ligne droite, la Ferrari montra effrontément le nez à côté de la Williams et passa en deuxième place. Derrière le trio de tête venaient Andretti (qui avait lui aussi fait un brillant départ en quatrième ligne), Prost, Watson, Giacomelli, Piquet, Pironi (qui avait tordu son aileron avant en heurtant l'Arrows de Patrese au départ), Patrese et Laffite (que son embrayage surchauffé avait fait retomber au milieu du peloton dès le départ).

Jones avait une confortable avance de huit secondes au quatorzième tour, lorsqu'il eut une absence inexplicable, «un court-circuit du cerveau», et qu'il bloqua ses freins avant, ce qui l'envoya hors de la piste. Il reprit la course en quinzième place, remonta jusqu'en huitième, puis retomba à nouveau, victime de problèmes de boîte de vitesses.

Gilles menait donc le Gran Premio de España, suivi de très près par Reutemann qui s'approcha plusieurs fois jusqu'à côté de lui, mais sans le petit coup de pouce qui lui aurait permis de doubler. La cause de Gilles fut servie par Piquet qui entra en collison avec Andretti, éliminant celui-ci à toutes fins pratiques de la liste des concurrents sérieux. Quant à Prost, il se mit lui-même hors de combat au vingt-huitième tour en sortant de la piste avec sa Renault dont le nez était déjà cassé. Pironi fit un arrêt au stand pour qu'on s'occupe de son avant défiguré et qu'on lui change ses pneus avant, puis il se battit courageusement pour terminer en quinzième place.

Reutemann continuait à chercher le moyen de doubler Gilles, tandis que derrière eux le peloton connaissait encore d'autres remaniements. Piquet, épuisé par sa Brabham qui perdait de plus en plus d'adhérence, finit par sortir dans le décor au quarante-quatrième tour. Cinq tours plus tard,

Jacques Laffite, qui faisait une course vraiment inspirée, se faufila entre les retardataires pour voler à Watson la troisième place, en quête de la première qui lui revenait de droit, pensait-il, puisqu'il avait fait le meilleur chrono aux essais. Mais c'était également l'avis de Reutemann qui planait derrière Gilles comme un faucon, prêt à foncer sur sa proie à la première occasion. Les griffes de Lole avaient cependant perdu un peu de leur piquant, lui qui devait parfois retenir sa Williams en troisième. Cette faiblesse et un courageux assaut aux freins valurent à Laffite la deuxième place au soixante et unième des quatre-vingts tours. Un tour plus tard, Watson manœuvrait au milieu des retardataires pour doubler Reutemann et ce fut le dernier changement dans le peloton de tête.

Pendant les dix-huit derniers tours, les cinq premières voitures ronronnèrent autour du circuit comme un train de marchandises lancé à pleine vitesse: la locomotive Ferrari, suivie des wagons Ligier (Laffite), McLaren (Watson) et Williams (Reutemann), avec en queue de train le fourgon Lotus piloté par Elio de Angelis qui avait un peu d'avance sur son coéquipier Nigel Mansell, en sixième position.

Alors que ses poursuivants tournaient comme sur des rails, Villeneuve n'avait plus qu'une prise de plus en plus précaire sur une piste de plus en plus sale à cause de ses pneus fatigués. Au point qu'il lui fallait prendre sur la pointe des pieds les seize virages de Jarama, avant de pouvoir lâcher la bride aux cent cinquante chevaux cabrés qui hennissaient sous son pied droit pour lancer la Ferrari à toute allure dans les lignes droites. Sa leçon de virtuosité créait d'ailleurs derrière lui un effet d'accordéon, alors que la file impatiente se rapprochait de lui dans les virages, puis retombait en arrière pour quelques instants d'exaspération encore, avant de le rattraper de nouveau.

Le rythme était frénétique, la chaleur intense et la tension survoltée durant les derniers tours. Gilles n'avait qu'à perdre un instant sa concentration, cafouiller avec sa boîte de vitesses, ou déraper d'un millimètre hors de sa trajectoire. Instantanément, le vainqueur aurait été vaincu. Plusieurs fois, la Ligier bleu et blanc sortit d'une épingle serrée au

coude à coude avec la Ferrari écarlate. Derrière elles, menaçant de leur grimper dessus à tout moment, la McLaren
rouge et blanc, la Williams vert et blanc, la Lotus noir et or.
Cette lutte épique en technicolor se poursuivait sur le circuit
espagnol à une cadence effrénée.

Au dernier tour, Gilles repoussa une ultime attaque déses-
pérée de Laffite, dans le dernier virage, avant d'être salué
par le drapeau à damier au bout de 1 heure 46 minutes 35 secondes et 1 centième de course. Les autres furent tous là en
un clin d'œil — Laffite: 22 centièmes de seconde plus tard;
Watson: 36 centièmes de seconde après Laffite; Reutemann:
43 centièmes de seconde après Watson; de Angelis, enfin, 23
centièmes de seconde plus tard. Les cinq premières voitures
étaient donc arrivées dans un créneau de 1 seconde et 24
centièmes, ce qui faisait du Grand Prix d'Espagne du 21 juin
1981 la course la plus serrée de l'histoire, après le Grand
Prix d'Italie du 5 septembre 1971, à Monza, quand un écart
de 6 dixièmes de seconde avait séparé le vainqueur, Peter
Gethin, de ses poursuivants, Peterson, Cevert, Hailwood et
Ganley.

«À un moment, Gilles a complètement traversé la ligne
blanche en bordure de la piste — avec les quatre roues —
mais il est revenu sur le bitume ! Je ne sais pas comment —
mais il est revenu », dira Carlos Reutemann. «Franchement,
je n'ai jamais vu personne faire une plus belle course, ajoute-
ra Gordon Murray, l'ingénieur de Brabham. Ce châssis est
épouvantable, bien pire que le moins bon des autres. Il a
réussi l'impossible. Piloter cette voiture pendant quatre-
vingts tours sans commettre une seule faute, c'est déjà un
exploit. Mais le faire quand vous êtes en tête, sous une pression constante, c'est absolument incroyable ! »

Sur le podium de la victoire, le roi Juan Carlos d'Espagne
venait féliciter et couronner le vainqueur épuisé. Plus tard,
on entendra Reutemann grommeler: «C'était ridicule ! On
aurait dit un train.» Et Gilles qui riait aux éclats était bien
d'accord avec lui: «J'étais embarrassé par ce qui se passait.
En fait, je n'arrivais pas à comprendre pourquoi ils ne me
doublaient pas — après tout, trois d'entre eux étaient devant
moi sur la grille ! Je me disais tout le temps qu'ils pouvaient

me battre à plate couture s'ils en avaient envie... La voiture de Laffite était meilleure d'au moins deux secondes à chaque tour. C'était très, très dur pour moi. J'ai dû prendre beaucoup de risques. Je n'ai jamais relâché mon attention. Cette course a été la meilleure de ma vie.»

Dans les stands de Ferrari, l'équipe et Johanne avaient suivi la progression de Gilles sur les moniteurs de télévision et eux aussi étaient épuisés d'avoir tant sauté et hurlé pendant toute la course. À la fin, Mauro Forghieri était grimpé sur le toit du camion de Ferrari pour mieux voir l'arrivée. Lorsqu'il redescendit sur le plancher des vaches, il exultait: «Gilles a été fantastique, une véritable merveille ! J'aimerais bien voir qui aura le courage de le critiquer maintenant. Ces dernières années, il a dû supporter de nombreuses critiques imméritées. On l'a accusé de sortir de la piste, alors que ce n'était pas vraiment une faute du pilote qui était en cause. Gilles, comme Clay Regazzoni et tous les gens qui ont vraiment du courage, se donne à fond.»

Le lendemain, à Maranello, une autre voix s'élevait, celle d'Enzo Ferrari: «Dimanche, Gilles Villeneuve m'a fait revivre la légende de Nuvolari.»

6   *Oh, c'est du Gilles tout craché. Il faut reconnaître que*
ce type ne lâche jamais.
Alan Jones

Gilles dut abandonner au Grand Prix de France, à Dijon, victime d'ennuis électriques. Mais à l'entraînement et aux essais, c'est lui qui avait fourni l'électricité, branché qu'il était aux appareils de deux médecins français qui étudiaient le métabolisme des pilotes de course. Prenant les pilotes de Ferrari comme cobayes, ils avaient précédemment constaté que Gilles et Didier encaissaient de 2,4 à 2,9 g en virage et 2,9 g en freinage sur le circuit de Fiorano. Les deux médecins, Richalet et Bertrand, attachés à un hôpital de Créteil, dans la région parisienne, avaient également défini les catégories de stress d'un pilote de Formule I: stress physique (accélérations, décélérations et vibrations), stress thermique (accumulation de chaleur), stress énergétique (travail des bras et des pieds, résistance opposée par le corps) et, enfin, stress émotif (pressions sociales et consternation occasionnelle du pilote dans son cockpit).

Durant la course de Monaco, ils avaient enregistré les battements de cœur de Didier Pironi pour constater que le stress faisait passer son pouls de soixante en temps normal à cent quatre-vingts en course — avec une pointe à deux cent sept, au moment où le pilote était complètement exaspéré par l'obstruction que lui faisait Cheever. Dans le cas de Gilles, à Dijon, les médecins découvrirent avec beaucoup de surprise que c'est à peine si son rythme cardiaque faisait quelques pointes au-dessus d'une moyenne de cent vingt-sept, malgré ses activités toujours extrêmement éprouvantes sur la piste.

Le samedi matin, Gilles eut un vilain accident qui le fit sortir de la piste à 225 km/h pour s'écraser dans une clôture de sécurité dont un piquet matraqua son casque, le fendit, et lui coupa légèrement le visage. Au cours de cet incident, son pouls grimpa quelques instants à cent soixante-huit. Plus tard, alors qu'il essayait de faire un chrono rapide au volant de sa voiture de réserve, il ne dépassa pas cent quatre-vingt-deux et les médecins durent conclure que Gilles était effectivement un phénomène que pas grand-chose ne pouvait ébranler. (Une étude précédente faite sur Niki Lauda avait montré que le pouls du courageux Autrichien était en moyenne de cent quatre-vingt-dix.) Gilles réagissait donc avec un flegme tout à fait étonnant à ce qui était certainement l'une des situations les plus stressantes qu'on puisse imaginer. Et son échelle de Richter cardiaque semblait aussi confirmer la théorie qui voulait que Gilles soit toujours davantage préoccupé par ses temps que par le risque d'un accident.

Mais ses acrobaties dans la dernière séance de qualification à Dijon accélérèrent considérablement le pouls de ceux qui le regardaient faire, et, en particulier, celui de Nigel Roebuck qui s'était posté dans le virage où Gilles était sorti le matin. Roebuck regarda l'heure à sa montre — 13 h 45;

encore un quart d'heure avant la fin de la séance. «Au sommet de la montée, la Ferrari était déjà en travers, roues contrebraquées. Quand elle est passée devant moi pour dévaler la pente, l'arrière était toujours en travers, de plus en plus, et pourtant Gilles avait le pied au plancher. Je savais que cette position était insoutenable au fond de la cuvette. J'ai gardé une image très claire de cette voiture, pratiquement en crabe, les roues contrebraquées à fond, avec le casque de Villeneuve dirigé dans le sens de la piste — perpendiculairement à sa voiture ! » Naturellement, contrairement à toutes attentes, à part ses attentes à lui, Gilles continuait comme si de rien n'était, tour après tour. À côté de Roebuck, Charles Cevert, frère de François, qui s'était tué au volant de sa voiture, admirait le spectacle: «Ce n'est pas souvent que vous voyez une voiture en crabe à près de 210 km/h — sur plus de cent mètres ! »

Il y eut encore du spectacle à la Villeneuve à Silverstone, pour le Grand Prix d'Angleterre. Gilles se classa huitième aux essais et, à la fin du premier tour en course, il était troisième derrière Pironi et Prost — et manifestement très désireux de soulager son coéquipier (qui l'avait battu aux essais, en quatrième position) de sa deuxième place. Dans les trois virages suivants, Gilles remonta à côté de Didier qui ne tenait pas du tout à jouer les seconds violons et refusa de lui céder le passage. Incapable de passer, Gilles dut reculer brutalement et Arnoux se faufila en troisième place.

À la fin du quatrième tour, Gilles grimpa sur la bordure à la chicane de Woodcote et fit une pirouette en travers de la piste, dans un grand nuage de fumée de caoutchouc. La Ferrari sortit de son obscurité momentanée étroitement enlacée avec la Williams d'Alan Jones et les deux s'enterrèrent dans la clôture de sécurité. Tous les autres parvinrent à éviter l'accident, sauf Andrea de Cesaris qui bloqua ses freins et envoya sa McLaren contre un muret de traverses de chemin de fer où il rejoignit Jones — indemne, mais sur la touche pour le reste de la course.

Pourtant, l'instigateur de l'incident n'avait pas terminé. Gilles emballa son moteur, arracha sa voiture à la clôture et repartit en dérapage sur le gazon pour remonter sur le circuit où il accéléra aussitôt à une vitesse manifestement suicidaire. Car sa Ferrari n'était qu'un fouillis d'ailerons tordus, de pneus crevés, de panneaux de carrosserie battant au vent. Une fois de plus, dans une démonstration de sa règle cardinale: «Si la voiture bouge encore, avance», démonstration qu'il avait déjà faite à Zandvoort, Gilles entendait se diriger vers les stands pour réparer. Mais il ne dépassa pas le virage de Copse où l'épave rouge refusa définitivement de bouger.

Avant la course, on avait demandé au champion du monde en titre, Alan Jones, quel était le pilote qu'il respectait le plus: «Villeneuve. Ce qu'il a de particulier, c'est qu'il est agressif et dur, mais également sensé et responsable, ce qui ajoute encore à son esprit compétitif. Il *réfléchit*. Très peu de pilotes auraient pu gagner dans cette Ferrari en Espagne, avec ou sans avantage de puissance.» Jones précisait ensuite que beaucoup d'autres pilotes le rendaient nerveux, car «ils se laissent emmener par leur voiture la moitié du temps».

On aurait pu croire que Jones, bien connu pour son tempérament colérique, aurait modifié le jugement qu'il avait porté sur Gilles après l'incident de Silverstone. À l'époque, le journaliste anglais Mike Doodson travaillait en collaboration étroite avec Jones (et écrivait notamment pour lui une chronique automobile) et il obtint un témoignage direct de la réaction de l'Australien: «Quand Gilles est arrivé à Woodcote à son absurde allure habituelle, dit Doodson, à environ 120 p. 100 de la vitesse vraiment possible à tenir dans ce virage, Jones était une victime totalement innocente. Je lui ai demandé plus tard: «Que penses-tu de cet idiot de Villeneuve ?» Or il n'en fallait pas beaucoup à Jones pour se mettre en colère si quelqu'un lui mettait des bâtons dans les roues. Et si vous repensez à cet incident, il aurait pu coûter à Alan Jones le championnat de la saison. Pourtant, il ne montrait aucun signe d'animosité à l'égard de Gilles. Il m'a répondu: «Oh, c'est du Gilles tout craché. Il faut reconnaître que ce type ne lâche jamais.»

En Allemagne, la ténacité de Villeneuve ne lui rapporta qu'une dixième place après un arrêt au stand pour changer de pneus. Et un peu plus tard, en Autriche, son agressivité fut la cause d'un autre accident. Aux essais de qualification, il força sa Ferrari qui cabriolait comme un marsouin dans les terribles descentes de l'Osterreichring à décrocher une étonnante troisième place sur la grille. Mais Goodyear était de retour en Formule I et fournissait plusieurs équipes. Gilles prédit que ses Michelin ne seraient pas à la hauteur et qu'ils ne dureraient pas plus de vingt tours avant qu'il ne faille les changer. En réalité, il n'ira même pas jusque-là.

Au départ, tout le monde, y compris Arnoux et Prost qui se trouvaient devant lui au volant de leurs Renault, savaient que Gilles volerait la première place — ce qu'il fit, si bien qu'il était en tête au passage de la ligne à la fin du premier tour. Mais l'allure qu'il imposait à sa Ferrari dans la chicane de Hella Licht était plus qu'elle n'en pouvait supporter. Elle sous-vira et partit sur la bretelle de sécurité, pour remonter sur la piste en sixième place.

Au douzième tour, Gilles s'approchait à bonne allure de la Bosch Kurve, ce qui allait nécessiter une contribution appréciable de ses freins s'il voulait négocier ce virage sans danger. Hélas, l'effet modérateur de sa pédale ne fut pas suffisant et la Ferrari cogna brutalement contre le rail de sécurité, ricocha, et se gara dans un fossé, bien esquintée. Gilles sortit du cockpit, rentra à pied au paddock et, quelques instants plus tard, il décolla dans son hélicoptère. En vol stationnaire, il resta un moment au-dessus de l'épave de sa voiture, puis mit le cap sur Monaco.

À propos de l'incident autrichien, Gilles dira: «Il y a des courses où si vous ne prenez pas de risques, vous ne gagnerez jamais. Je reconnais que je suis parfois imprudent et impétueux. Je suis comme ça. Évidemment, si j'avais pris la Bosch Kurve plus lentement, je ne serais pas sorti du circuit. Mais si j'y avais été doucement, je n'aurais pas été un pilote de Formule I. Je n'aurais pas été Gilles Villeneuve.

«Naturellement, si vous êtes en tête et que vous avez tout ce qu'il faut sous votre pied droit, vous pouvez ralentir et tourner à votre rythme. Mais si vous n'êtes pas en tête, vous devez charger à fond la caisse pour essayer d'être le premier. Ça ne vous sert à rien de rester là sans rien faire. Vous devez charger tout le temps, sauf si vous êtes premier. C'est ça toute la course.» Gilles avait quelques expressions choisies pour les pilotes qui ne partageaient pas sa théorie et qu'il appelait des pilotes de parade, des trouillards ou des chauffeurs de ballet. Mais sa philosophie personnelle sera aussi à l'origine d'un Grand Prix de Hollande sévèrement amputé.

En Hollande, les Ferrari furent absolument incapables de soutenir la cadence aux épreuves de qualification, handicapées par de graves problèmes de tenue de route dont l'ampleur fut démontrée par Pironi dans un terrible accident qui catapulta sa voiture hors du circuit de Zandvoort à haute vitesse et la planta dans la clôture de sécurité. Il était douzième sur la grille et, pendant la course, eut un accrochage avec Patrick Tambay qui avait pris la succession de Jabouille chez Ligier. Sa suspension endommagée, Pironi s'arrêta au quatrième tour. Mais Gilles, qui s'était qualifié en seizième place, se rendit encore moins loin.

Avant la course, il était clair que l'état de son matériel commençait à lui faire monter la moutarde au nez: «Je ne veux pas vraiment passer le reste de ma vie à me battre contre une voiture qui n'est pas compétitive. Vous n'avez pas idée comme c'est irritant et frustrant d'avoir une voiture qui n'est pas capable de faire mieux qu'une seizième place sur la grille.»

Mauro Forghieri en rit aujourd'hui, mais il était d'humeur moins détendue ce jour-là, à Zandvoort: «Sur sa voiture, nous avions monté un nouveau moteur expérimental, avec des pistons modifiés et tout le reste. Nous n'avions que ce moteur-là, et il était très important qu'il reste en course pour le tester. Alors j'ai dit à Gilles: «Oublie la course aujourd'hui. Contente-toi de faire trois cents kilomètres d'essai.» Gilles m'a répondu: «D'accord, pas de problème. Comme tu voudras.» Ils partent, et Gilles double quatre voitures dès le début, en quelques mètres. La cinquième était celle de Giacomelli [Alfa Romeo]. Gilles la frappe, décolle et vole dans les pneus du virage de Tarzan.

«Gilles est rentré à pied au stand et il n'osait pas venir me dire ce qui était arrivé. Il a fait un détour de vingt-cinq mètres autour du stand pour ne pas me voir quand il est rentré dans sa caravane. Il était embarrassé. Mais je ne lui ai pas dit un mot, parce que je le connaissais bien. C'était le caractère de Gilles.»

7 *... les gens me regardent comme si j'étais un singe en cage.*
Gilles Villeneuve

Le week-end précédant le Grand Prix d'Italie, Villeneuve put mettre à profit ses expériences nautiques en participant à une course sur le lac de Côme, au nord de Monza. L'épreuve, organisée par son ami Abbate, le constructeur de bateaux, mettait en lice des vedettes de cette marque équipée de moteurs de 180 chevaux, contre les 1 400 chevaux des deux Ford V8 dont Gilles se servait à Monaco. Didier Pironi, importateur des bateaux Abbate en France, était propriétaire d'une vedette semblable à celle de Gilles et sa longue expérience de la course sur l'eau faisait de lui le favori pour l'emporter.

L'épreuve devait se dérouler en deux manches, sur un parcours balisé devant le somptueux hôtel de la Villa d'Este. Plusieurs pilotes de Formule I étaient là: Riccardo Patrese, Marc Surer, Bruno Giacomelli, «Jumper» Jarier, Beppe Gabbiani, Pironi et Villeneuve. Giacomelli remporta la première manche, alors que Gilles heurtait une bouée en essayant de dépasser Patrese et terminait en quatrième place. Mais Gilles gagna la deuxième manche, après avoir envoyé valser Patrese qui manqua de chavirer. Enchanté, Villeneuve se vit déclarer vainqueur au classement général: «C'est vraiment bien. Je me suis bien amusé. J'arrivais à faire prendre au bateau des angles tout à fait incroyables. Ça fait plaisir de recommencer à gagner quelque chose.»

Gilles fut moins heureux de ce qui s'était passé à terre: son hélicoptère, garé près de la Villa d'Este, avait été délesté d'une serviette contenant toutes ses cartes de crédit, ses billets d'avion, ses permis de conduire sa licence d'hélicoptère, son passeport et d'autres documents importants. Il lui faudra une semaine pour tout remplacer. Puis ce fut un autre vol sur le terrain de camping du paddock de Monza où, malgré la surveillance de la police, l'équipement radio de l'hélicoptère de Villeneuve disparut. Cette fois, Gilles encaissa mal le coup, parce qu'il ne pouvait pas voler sans radio. Finalement, on l'autorisa à décoller, à condition qu'il suive l'hélicoptère de Parmalat (commanditaire de l'équipe Brabham) qui lui servirait de guide.

Gilles était convaincu que les coupables devaient être des chasseurs de souvenirs un peu trop zélés, plutôt que de simples voleurs. (Quand Gilles était monté sur le podium avec une casquette Michelin à Monaco, un fan avait proposé à Nigel Roebuck — qui avait refusé — deux mille francs français s'il parvenait à mettre la main sur le précieux couvre-chef.) Il était désormais, et de loin, le plus admiré et le plus poursuivi des pilotes de Formule I et ces incidents malheureux en Italie servirent à lui rappeler qu'être une personnalité très en vue ne présente pas que des avantages. S'il ne voyait aucun inconvénient à ce qu'on reconnaisse ses qualités au volant, c'est souvent à contrecœur qu'il jouait son rôle de célébrité hors de la piste. Gilles ne perdit jamais sa timidité et la curiosité incessante du public le lassait.

«Vous n'avez absolument aucune liberté, aucune vie privée, et les choses semblent empirer d'année en année. On laisse entrer de plus en plus de gens dans le paddock et les stands, et vous n'avez tout simplement plus une minute à vous. Je déteste tout ça. Si je suis dans ma caravane, les gens me regardent comme si j'étais un singe en cage. Vous ne pouvez pas mettre le nez dehors pour parler à quelqu'un, vous ne pouvez pas sortir acheter des frites, vous ne pouvez pas regarder la course de Formule III, ou bien — wouuuch — des centaines de personnes vous tombent dessus. Je suis heureux de signer des autographes et je le fais souvent. Mais il y a tant de gens maintenant et ils sont si pressés qu'ils ne vous laissent même pas le temps de le faire convenablement. Ils m'arrachent le stylo des doigts et me tirent par le bras quand j'essaie de signer.»

«Alors sur les circuits, je suis un prisonnier, un vrai prisonnier, enfermé dans la caravane ou dans le cockpit. Quand je vais au garage, cinquante personnes me demandent un autographe. Et si je commence à signer, il y en a aussitôt trois cents. Ce n'est pas facile de savoir quoi faire. Chez moi, à Monaco, ma vie privée ne pose pas de problèmes. Les gens me reconnaissent, mais il y a tant de rois, de princes et de stars de cinéma dans le coin que personne n'y fait très attention. C'est bien.»

«Là-bas, au Québec, c'est un peu plus un problème. J'aimerais ne pas trop me faire remarquer et être capable d'aller voir mes vieux amis. Mais les gens me reconnaissent et veulent me parler, ou ils me montrent du doigt et me regardent avec des yeux ronds. Ce n'est pas bien grave, sans doute, mais je n'ai plus de vie privée. Avec ma famille et mes vrais amis, rien n'a changé. Je fais de mon mieux pour que ça continue comme ça à Berthier, pour que je sois comme tout le monde. C'est ce que je veux.»

«Tout ce que la plupart des gens savent de ma vie, c'est ce qu'ils lisent dans les journaux ou ce qu'ils voient à la télévision — le côté flamboyant. Mais ils ne voient pas tout le travail dans les coulisses, tous les essais, et le reste. Et puis il y a les voyages, la pression constante d'être tout le temps entouré par des gens. Je n'ai jamais la paix et je ne peux pas vraiment avoir une vie normale. J'aime piloter, c'est certain, mais parfois il m'arrive d'en avoir marre.»

Il y avait aussi une autre complication dans la vie de Gilles: une relation de plus en plus intense avec une femme. Jusque-là, Gilles avait plaisanté comme tous les autres sur les «coquelicots» ou les «poulettes» qui fleurissaient ou picoraient autour des stands — ces femmes qui traînaient dans l'ombre des courses de Formule I, à l'affût des pilotes. En réalité, leurs efforts étaient beaucoup plus rarement récompensés qu'on ne le croit généralement. «Je suppose, expliquait Gilles, que le problème est qu'elles n'obtiennent pas les laisser-passer qu'il faut, parce que j'ai parlé à d'autres pilotes et ils m'ont tous répondu la même chose — *nous*, nous ne voyons jamais ces belles filles qui sont censées traîner dans les stands. La théorie générale est que toutes les femmes vont aux courses de Formule III, parce que c'est plus facile d'entrer et de faire la connaissance d'un pilote ! »

En fait, Gilles avait eu un flirt ou deux en Italie, en compagnie de Didier Pironi. Par l'intermédiaire d'un photographe de mode italien, ils rencontraient des mannequins et sortaient avec elles à Milan. «Gilles n'était pas toujours très sage, dit Jody Scheckter, et il n'avait pas toujours besoin qu'on lui donne le mauvais exemple. Il lui arrivait d'être motivé par autre chose que la vitesse. C'était un des sujets dont Gilles et moi parlions entre nous. Il sortait avec quelques femmes, mais ce n'était pas le genre «une fille dans chaque port». Mais je sais qu'il en aimait une tout particulièrement.»

Cette femme dont Gilles avait fait la connaissance dans un avion en direction du Canada n'était pas du tout du genre à fréquenter les courses. En fait, elle ne savait rien du sport ni de la place que Gilles y occupait. Elle était de Toronto et travaillait avec ses trois sœurs et son père dans l'entreprise familiale, une compagnie d'assurances. Elle et Gilles échangèrent leurs cartes à bord de l'avion et, à l'occasion d'autres voyages au Canada, ils se revirent. Gilles fit la connaissance de sa famille et trouva dans ce milieu une sérénité totalement étrangère au monde de la course. Son père pilotait des avions et s'intéressait à la mécanique, si bien que lui et Gilles s'entendirent très bien.

Johanne ne soupçonna jamais qu'il y avait une autre femme dans la vie de Gilles, jusqu'après la mort de son mari et Gilles se donna beaucoup de mal pour garder sa liaison secrète. Quant à Gaston Parent, il devint malgré lui le complice de Gilles qui le chargeait d'organiser des rendez-vous en cachette, de réserver des billets d'avion et des chambres d'hôtels pour elle lors de certaines courses, où elle restait un jour ou deux jusqu'à l'arrivée de Johanne. Gilles demanda aussi à Parent d'acheter un manteau de fourrure à sa maîtresse et Parent se rendit avec elle chez un fourreur de Montréal où elle choisit un splendide manteau de loup.

Ce double jeu ne plaisait pas à Gilles qui se sentait de plus en plus déchiré entre ses obligations maritales et cette autre femme qui occupait elle aussi une place dans sa vie. Ces sentiments de culpabilité ne firent qu'envenimer ses disputes avec Johanne et Gilles devint encore plus difficile à vivre chez lui. À l'époque, Johanne était totalement déconcertée par son comportement, un comportement qu'elle comprend mieux aujourd'hui: «Je crois qu'il avait terriblement peur que je découvre sa liaison, car il savait très bien ce que cela signifierait. Il savait exactement ce que je pensais du mariage et que je ne tolérerais jamais quelqu'un d'autre.»

«Il n'a jamais rien admis devant moi. Finalement, je lui ai dit un jour: «Écoute, ce n'est pas normal. Est-ce qu'il y a quelqu'un d'autre dans ta vie ? Si c'est le cas, ne te casse pas la tête pour savoir quoi faire, demande simplement le divorce.» Et il m'a répondu: «Non, non, tu es la seule personne que j'aime. Tu es la seule personne que je veux.» Peut-être était-ce ce que je voulais croire à ce moment-là.»

La vie de Gilles ne fut en rien facilitée par les événements qui entourèrent le Grand Prix d'Italie, où le pillage de l'hélicoptère ne fut que le point final d'un week-end malheureux. Pironi, qui finirait cinquième, partit du mauvais pied quand il fut victime d'un énorme accident durant la séance de qualification du vendredi. Sans prévenir, sa Ferrari s'envola dans le virage de Lesmo qu'elle négociait à 240 km/h et le pilote put s'estimer heureux de s'en tirer avec quelques contusions. Le samedi, Gilles rentra au stand avec un turbo moribond, bien décidé à reprendre les essais dans sa Ferrari de réserve. L'équipe disposait de quatre voitures, mais Gilles fut extrêmement contrarié d'apprendre que Pironi s'était plaint d'une vibration sur sa propre voiture de réserve et qu'il utilisait maintenant celle de Gilles pour se qualifier en huitième place.

Ce fut la rogne et la grogne pendant le reste de la journée: «J'étais fou furieux ! Didier est dehors avec ma voiture, en train d'améliorer son temps. Et moi je suis assis dans le stand, avec un jeu de pneus de qualification complètement neuf ! Je suis sûr que j'aurais été cinquième sur la grille, pas plus haut que ça, mais certainement pas neuvième.» Et il était particulièrement déçu de ne pouvoir donner aux *tifosi* le spectacle qu'ils attendaient de lui. Durant la course, leurs cris de «Gilles-Gilles-Gilles» s'éteignirent en un murmure quand Villeneuve rentra au stand au bout de six tours seulement, lâchant flammes et fumée. Son turbo avait claqué.

8 *Il est un peu fou, mais c'est certainement un phénomène.*
Nelson Piquet

À Montréal, avant ce qui allait être sa dernière apparition devant ses compatriotes, Gilles était si mécontent qu'il critiqua ouvertement Ferrari: «La voiture a été mal conçue depuis le début. Il n'y a pas d'excuses. Les ingénieurs ont fait un mauvais travail. J'ai eu de la chance de gagner à Monaco et en Espagne. Nous avions la puissance, mais même avec de la puissance, il vous faut de la tenue de route dans les virages. Il faut être réaliste dans ce métier et je sais que je n'ai aucune chance de gagner à Montréal. Les gens pourront dire que je suis pessimiste et que je n'ai pas la volonté de gagner. Mais ce n'est pas simplement la volonté de gagner qui vous fait remporter une course. Je n'ai tout simplement pas le matériel. Si vous donnez à John McEnroe une raquette de ping-pong et que vous lui dites de jouer contre Bjorn Borg, avec toute la volonté du monde, il ne va pas gagner.»

«J'ai renouvelé mon contrat avec Ferrari, mais ce contrat n'est qu'un bout de papier. Personne ne peut me faire piloter pour Ferrari si je ne le veux pas. Ils pourraient me faire un procès, ou nous pourrions trouver une sorte d'accord à l'amiable, ou je pourrais leur payer quelque chose pour qu'ils me laissent partir. Mais à moins que je ne change d'avis ici, ou dans la dernière course à Las Vegas, je piloterai pour Ferrari l'année prochaine. Les choses peuvent changer cependant. Quelqu'un peut m'offrir cinquante millions de dollars pour piloter dans son écurie, et je ferais n'importe quoi pour cinquante millions ! »

Il se trouvait que quelqu'un s'apprêtait à lui offrir une somme rondelette pour quitter Ferrari, dans les stands de l'île Notre-Dame. Lors du traditionnel jeu de chaises musicales en fin de saison, plusieurs écuries avaient déjà fait des ouvertures à Gilles. Entre-temps, McLaren avait sondé Niki Lauda pour voir s'il n'accepterait pas de sortir de sa retraite pour la saison 1982. À Montréal, le nom de Villeneuve entra dans l'équation McLaren. En sa qualité d'ami de Gilles et de

342

McLaren, John Lane fut approché par Teddy Mayer et Ron Dennis (qui plus tard prendra la suite de Mayer et fera de Marlboro McLaren la première écurie de Formule I) qui lui demandèrent de servir d'intermédiaire entre eux et Gilles. Lane prit le petit déjeuner avec Gilles et Johanne le vendredi matin, avant l'ouverture de la piste de l'île Notre-Dame.

Gilles indiqua à Lane qu'il était prêt à ce qu'on lui fasse des offres et Lane lui proposa de démarrer au sommet et de demander cinq millions de dollars. Lane présenta ce chiffre à Ron Dennis, qui répondit en offrant la moitié. Et les négociateurs trouvèrent un moyen ingénieux pour poursuivre leurs négociations: les panneaux de signalisation des stands.

«Nous étions donc dans les stands, se souvient Lane, entre les séances du matin et de l'après-midi, et nous devions faire attention parce que Marco [Piccinini] était là. Les deux stands se trouvaient côte à côte. Ron s'est avancé vers le mur et a affiché 2,5 sur le tableau de McLaren. Mine de rien, je l'ai montré à Gilles qui m'a dit: «Ils ne sont pas sérieux ! Et qu'est-ce que je fais maintenant ? Est-ce qu'on peut décrocher davantage ? » Je lui ai dit que je croyais bien que oui, qu'on n'avait encore tiré que deux salves d'ouverture. Alors Gilles s'avance d'un air nonchalant et s'appuie contre la barrière, à côté du tableau de McLaren. Il tend la main vers la boîte de chiffres, sort un numéro 3, enlève le 2 du tableau et le remplace par le 3. Le tableau indique maintenant 3,5.

«C'est alors que Marco voit Gilles. Il lui demande ce qu'il est en train de fabriquer avec le tableau de McLaren. Gilles lui répond qu'il fait une blague et Marco s'en va. Je m'avance vers Ron et je lui dis: «Regarde ton tableau.» Dennis jette un coup d'œil et me répond: «Est-ce qu'il garde aussi sa combinaison ? » Gilles n'en avait pas parlé, mais je prends sur moi de répondre: «Oui, il garde sa combinaison.» Alors Dennis accepte: «Dis-lui que c'est entendu. Je veux qu'il vienne à Lausanne [le siège de Philip Morris/Marlboro en Europe] aussitôt après cette course.» Mais à partir de ce moment, Gilles a commencé à se poser des questions. Et ce soir-là, il m'a dit: «Je ne crois pas que c'est correct.» Gilles a toujours eu un sens moral très développé. Il était extrêmement intègre. Il tenait à sa parole et il avait donné sa parole à Enzo.»

Après Montréal, Gilles revint à Monaco et Gaston Parent rencontra les responsables de Marlboro McLaren en Suisse. Parent lança les enchères pour les services de Gilles à trois millions cinq cent mille dollars et l'on mentionna des chiffres qui atteignaient jusqu'à cinq millions. Les négociations se poursuivirent pendant deux jours. Finalement, Parent fixa un délai. Si la réponse ne venait pas d'ici là, le marché ne tenait plus. Gilles, qui s'avouait terrorisé à l'idée de devoir annoncer à Enzo Ferrari qu'il le quittait, fut immensément soulagé de ne pas avoir à envisager de rompre ses liens avec Maranello.

Précédemment, Gilles avait coupé les ponts avec Marlboro, à la suite d'un désaccord sur le montant de son cachet. Le fabricant de cigarettes commanditait plusieurs pilotes individuels dans ce qu'on appelait l'Équipe du championnat du monde Marlboro. Marlboro avait participé au transfert de Didier Pironi chez Ferrari et la société le payait deux cent cinquante mille dollars par saison, en partie pour augmenter le salaire que lui versait Ferrari. Mais Gilles, à qui Marlboro donnait un cachet de cent vingt cinq mille dollars, avait exigé que John Hogan le paie autant que Pironi, faute de quoi il ne faudrait plus compter sur lui. Le supplément n'ayant pas été accordé, Gilles ne porta plus aucune pièce d'identification Marlboro. Sa position publique était la suivante: «Et pourquoi est-ce que je devrais être membre de cette équipe du championnat ? La moitié des pilotes en font partie — raison de plus pour être différent. Et puis, ils n'auraient pas les moyens de m'avoir avec eux ! »

Selon John Hogan, de Marlboro, «Gilles était un emmerdeur de première classe quand il s'agissait de ses cachets. Il était quand même très cher et il avait probablement une vision un peu exagérée de sa valeur personnelle. C'était un homme très agréable, très honnête et direct. Mais je pense qu'il était fondamentalement un peu naïf à propos de tout ce qui touchait à la politique de la Formule I.»

Malgré leurs difficultés, Gilles continuait à s'appuyer sur Johanne pour planifier sa carrière. «Même lorsque nous nous disputions beaucoup, il me demandait encore mon avis et me faisait confiance. Peut-être est-ce moi qui suis à blâmer pour lui avoir dit que l'honnêteté était la meilleure politique à suivre. Mais il m'a écouté et il est resté chez Ferrari au lieu de mettre fin à son contrat. Moi, je crois toujours que c'était ce qu'il fallait faire. Même si je savais parfaitement que si Ferrari avait été mécontent de lui, contrat ou pas, il aurait aussitôt pris la porte.»

Parmi les concurrents de Gilles à Montréal, il y avait notamment son frère, car Gaston Parent s'était entendu avec l'écurie Arrows pour que Jacques remplace Siegfried Stohr. Gilles donna à Jacques de nombreux conseils, mais commença par lui dire qu'à son avis c'était une erreur que de faire ses débuts en Grand Prix au volant d'une Arrows, une voiture qui dans la meilleure hypothèse ne pouvait faire mieux que le milieu du peloton cette saison-là.

Jacques, âgé de vingt-cinq ans, avait montré qu'il possédait un grand potentiel en Formule Atlantique et certains le comparaient déjà à Gilles à ce stade de sa carrière. Mais Gilles ne partageait pas cet avis: «Je ne crois pas qu'il sera aussi bon que moi. Mais c'est tout à fait naturel. Si vous lui posiez la même question, il vous dirait sans doute que c'est lui le meilleur ! »

Sur la piste, disait l'aîné des deux frères, «il n'est pas différent d'un autre. Si je dois le pousser, je le pousserai.» En fait, Gilles plaça sa Ferrari devant l'Arrows de son frère et essaya de le prendre en remorque pour le faire rouler plus vite. Mais les deux frères faillirent bien avoir une rencontre désastreuse.

«Je voyais bien que son moteur était très lent pendant toutes les épreuves de qualification, disait Gilles, et c'est à cause de ça que nous avons bien failli avoir un accident. En sortant de l'épingle, j'étais à une quinzaine de mètres derrière lui et je le rattrapais. Jacques est parti sur la gauche et j'ai pensé qu'il ralentissait pour me laisser passer. Mais c'était son moteur qui le faisait ralentir et au moment où j'allais le doubler sur la droite, Jacques s'est mis devant moi. Il ne m'avait pas vu. Nous aurions donné un beau spectacle à tout le monde si nous avions cassé de la tôle ! »

Jacques ne réussit pas à se classer aux essais de qualification, retardé par un moteur qui surchauffait le vendredi, puis immobilisé par un accident le samedi. Mais Gilles eut lui aussi sa petite casse privée. Le vendredi, il enthousiasmait la foule en prenant à fond de train en cinquième la série de S droite-gauche-droite au bout de la ligne des stands où la bosse faisait décoller la Ferrari qui reprenait contact avec la piste avec des angles toujours plus bizarres. Chaque fois, Gilles parvenait à se tirer d'affaire après avoir frôlé le désastre et il continuait sa route sans ralentir. Mais le samedi, la voiture lui échappa finalement, sauta par-dessus la bordure et rebondit contre le rail de sécurité. Bilan: un avant déchiré et une suspension endommagée.

Gilles prit l'incident avec philosophie, naturellement, mais parla cependant des risques que présentaient maintenant les machines de Formule I, particulièrement la Ferrari. «Le problème avec ces voitures, c'est que la suspension n'a plus de débattement et que ma voiture fait des écarts de deux mètres sur les bosses. Les voitures n'arrêtent pas de rebondir. C'est très dangereux.» Et Gilles ne parvint à rebondir qu'en onzième place sur la grille de départ.

Le départ fut retardé de quatre-vingt-dix minutes tandis que Bernie Ecclestone renégociait les conditions du contrat d'assurance (qui dégageaient les organisateurs de toute responsabilité en cas de dégâts matériels ou de lésions corporelles résultant d'un accident), afin de mieux protéger les intérêts des écuries. La précaution ne paraissait pas inutile, compte tenu de l'état de la piste de l'île Notre-Dame, ruisselante de pluie.

Au feu vert, tout le monde semblait décidé à en finir au plus vite, mais presque toute l'action disparut derrière une immense muraille de gouttelettes d'eau projetées en l'air par quatre-vingt-seize pneus de pluie qui patinaient furieusement. Les voitures chassaient dans tous les sens dans cet aquarium improvisé et, quelque part dans la mêlée, Gilles accrocha la Renault d'Arnoux avec l'avant de sa Ferrari, envoyant son duelliste de Dijon dans les rails et retardant considérablement Pironi qui le suivait de très près. Alors que l'essaim de machines bourdonnait devant les stands pour terminer le premier des soixante-dix tours prévus, Jones et

Piquet étaient en tête et Gilles s'était hissé à la neuvième place. L'avant de sa Ferrari avait l'air plutôt de travers, souvenir de l'incident avec Arnoux, mais cela n'avait pas d'effet apparent sur la vitesse du pilote. Sa vitesse ne semblait pas non plus atténuée par la tenue de route de la Ferrari numéro 27 qui avançait plus souvent en travers qu'autrement, comme d'habitude.

Les quarante-six mille spectateurs trempés jusqu'aux os devaient sans doute regarder le spectacle à travers les gouttes de pluie, mais ils le faisaient avec un plaisir grandissant. Oh oui, il pleuvait, et beaucoup, mais leur héros local semblait d'humeur à vouloir faire des étincelles. Gilles jouait brillamment à saute-mouton dans le peloton, comme un éclair rouge vif fonçant à travers le rideau de pluie soulevé par ceux qui se trouvaient entre lui et les hommes de tête. Au septième tour, il était troisième.

Gilles était manifestement parti à la pêche d'une très bonne place et ses méthodes n'étaient pas toujours des plus subtiles. Ainsi, lancé comme une vedette rapide, il arrivait derrière de Angelis quand celui-ci freina brusquement. Sa Lotus se trouva éperonnée jusqu'à la boîte de vitesses par la Ferrari. Les deux voitures firent un tête-à-queue mais continuèrent sur leur lancée, Gilles reprenant la piste après un spectaculaire dérapage au moteur sur 180 degrés pour reprendre son cap malgré un volet avant de plus en plus tordu. Il le fut encore davantage lorsque la Ferrari défonça l'arrière de l'Alfa d'Andretti. Cet aileron avant commençait maintenant à se rabattre sur le cockpit à cause de la pression aérodynamique considérable qu'engendrait l'application continue d'un pied droit plutôt lourd sur l'accélérateur.

Il y eut encore tout un lot d'incidents: la piste, devenue traîtresse en raison des conditions météorologiques, eut raison de dix voitures mises hors de combat par des tête-à-queue ou des accidents. Mais Gilles continuait à tourner sur l'île, égayant cette journée maussade par ses acrobaties. On commençait à craindre que le drapeau noir ne vienne l'arrêter, le temps de retirer cette section avant qui prenait décidément une allure bien dangereuse. Le problème fut résolu lorsque le morceau de tôle coupable finit par se détacher tout seul et s'envola par-dessus le casque de Gilles pour atterrir dans une pluie d'étincelles. L'une des roues arrière de la Ferrari écrasa les débris, mais le pilote continua avec la même vigueur qu'auparavant. Maintenant complètement déséquilibrée, au point que l'on voyait souvent la lumière du jour sous les roues avant dans les virages serrés, la Ferrari numéro 27 finit par déraper jusqu'en troisième place sur la ligne d'arrivée.

Un drapeau à damier dégoulinant de pluie apparut au soixante-troisième tour, à l'expiration du maximum prévu de deux heures de course, et tous furent bien soulagés de le voir. Le vainqueur, Jacques Laffite, était naturellement très heureux de sa victoire, mais il trouvait que la journée n'avait pas été très drôle: «Je n'ai pas aimé courir aujourd'hui. Avec la pluie, on ne pouvait rien voir.» Le second, John Watson, dira du quatorzième Grand Prix du Canada: «Je n'ai jamais piloté dans des conditions aussi épouvantables. À certains moments, on ne voyait pratiquement rien.»

Et le troisième — le héros incontesté de la journée, celui qui avait reçu le trophée Walter Wolf décerné au pilote le plus combatif de la course, que disait-il ? «Eh bien, la pluie, moi ça ne me dérange pas du tout. Même s'il avait neigé, j'aurais pu m'en sortir. Il y a toujours une certaine vitesse à laquelle vous pouvez rouler — même si ce n'est que 15 km/h ! »

Mais les problèmes de visibilité, aggravés par son aileron en capilotade ? «Quand il s'est cassé et qu'il s'est mis devant moi, je ne voyais plus rien du tout, ce qui était plutôt bien dans les circonstances, car si on avait sorti le drapeau noir, je n'aurais pas pu le voir ! »

Mais Gilles n'avait pas continué à foncer le nez en l'air. Quand il avait été incapable de voir droit devant lui, il s'était servi de sa vision périphérique pour naviguer en prenant pour repères les marques jaunes des deux côtés de la piste. Sachant que le drapeau noir allait bientôt apparaître si l'aileron continuait à faire des siennes, il avait attendu qu'aucune voiture ne le suive de trop près, puis il avait délibérément roulé sur la bordure de béton nervuré pour déloger cette tôle gênante.

«Rien au monde n'aurait pu me faire arrêter, dira-t-il plus tard. Je voulais finir dans les trois premiers pour monter sur le podium et si je m'étais arrêté au stand, tous mes efforts n'auraient servi à rien. C'était un risque que je prenais et j'en connaissais les conséquences. C'est ma manière de courir et je ne vois aucune raison de faire autrement.»

Il y eut encore des accusations de comportement irresponsable envers Gilles après Montréal, mais la plupart étaient tempérées par l'admiration. «Il est un peu fou, mais c'est sûrement un phénomène. Il est capable de faire des choses que personne d'autre ne pourrait accomplir», disait Nelson Piquet. «Villeneuve a montré que l'homme est plus important que la voiture», renchérissait Eddie Cheever. Et James Hunt faisait remarquer à qui voulait l'entendre: «Je peux dire que j'ai été le premier à le découvrir.»

Gilles finit par s'attirer les foudres des officiels lors de la finale de la saison 1981, le Grand Prix du Caesar's Palace à Las Vegas, où Piquet décrocha le titre de champion devant Jones, Reutemann et Laffite. Après une brillante démonstration aux épreuves de qualification qui lui donna la troisième place sur la grille, Gilles ne plaça pas sa voiture exactement dans l'espace qui lui était destiné au départ, ce qui le condamnait à la disqualification. Il fut second, puis troisième pendant quelques tours, mais dut bientôt abandonner en raison de problèmes insurmontables d'alimentation, avant que les officiels n'aient eu le temps de statuer sur son infraction aux règles de la course sur la grille de départ.

9   *Et qu'est-ce qui te fait croire que je vais être ici*
            l'année prochaine ?
            Gilles Villeneuve

À sa conférence de presse de fin de saison, Enzo Ferrari parla de ses deux pilotes devant les journalistes: «Didier Pironi est sans aucun doute l'un des meilleurs pilotes de Formule I, mais pendant l'année, il a eu 90 p. 100 de notre malchance. On pourrait croire que nous lui avons donné toutes nos mauvaises machines. Ce n'est pas le cas. Il n'a simplement pas eu de chance. Je m'attends à ce qu'il fasse une grande saison en 1982.

«On a beaucoup parlé dans la presse des erreurs de Villeneuve. Mais toute personne qui travaille, où que ce soit, fait des erreurs. C'est tout à fait compréhensible et acceptable. Je n'ai pas à me plaindre de la saison de Gilles. Oui, il a commis quelques fautes, mais après Monaco et Jarama, tout le monde disait que Ferrari pourrait bien être champion du monde. Nous ne l'avons pas été. Si nous avons gagné là-bas, c'est à cause du talent de Villeneuve et de rien d'autre. De toute façon, j'aime Gilles comme il est, avec son agressivité incroyable et sa volonté de prendre des risques.»

Et quand Gilles s'expliquera sur sa quatrième saison chez Ferrari, il commencera par commenter les critiques qu'il avait faites publiquement sur les voitures. «Ce n'était pas vraiment de la colère, mais plutôt de l'impatience que j'ai montrée de temps en temps. Contrairement à ce que certaines personnes pensent, il n'y a pas eu tellement de disputes dans l'équipe cette année. Oui, la voiture aurait pu être meilleure. Compte tenu de toutes les installations dont nous disposons chez Ferrari, avoir le pire châssis de toutes les équipes, c'est peut-être pousser quand même un peu trop.»

«Je m'entends aussi bien avec Didier qu'avec Jody auparavant et je crois que son entrée dans l'écurie a été une aussi bonne chose pour l'équipe que pour moi. Et il n'y a jamais eu de difficultés entre M. Ferrari et moi-même. Nous nous parlons régulièrement, et pas seulement par télex. Quand je vais à Fiorano, nous parlons beaucoup ensemble, beaucoup plus cette année qu'auparavant. Notre relation se développe graduellement. Quand j'ai commencé à piloter pour lui, je ne le connaissais pratiquement pas, mais maintenant nous nous entendons très bien.»

«Je peux lui parler très ouvertement et franchement. J'ai même dû lui dire que, sur certains circuits, la voiture est la pire de toutes. De toute façon, je n'ai pas besoin de le lui dire: il le sait déjà, il le voit à la télévision. La seule chose qui pourrait me faire quitter Ferrari un jour, ce serait d'être certain de pouvoir piloter une meilleure voiture. Mais comment peut-on être certain ? Au risque de ne rien trouver de mieux, j'aimerais continuer chez Ferrari aussi longtemps que possible. Contrairement à ce que certaines personnes ont dit de lui, c'est le plus humain de tous les patrons d'écuries de Formule I.»

Gilles garda le silence sur les négociations qui s'étaient déroulées dans le stand de McLaren à Montréal, mais donna à entendre qu'il avait refusé plusieurs ouvertures. «Oui, j'aurais pu quitter Ferrari. Disons que j'aurais pu aller dans à peu près n'importe laquelle des grandes équipes établies, mais on me cherchait plus que moi je cherchais ! Peut-être que si je n'avais pas signé si tôt dans la saison, je serais sur le marché en ce moment et je pourrais obtenir davantage d'argent que chez Ferrari, mais ce n'est pas important. Certainement que pendant la saison, quand la voiture n'était plus compétitive, je me suis posé des questions. Mais ces regrets n'ont été que temporaires. Ce qui est fait est fait, et ce n'est pas la fin du monde.»

À Las Vegas, le bruit avait couru dans les stands que l'on offrait des sommes considérables à Niki Lauda, à Jackie Stewart et à James Hunt pour qu'ils reviennent à la course. La presse britannique disait qu'on avait offert trois millions de livres sterling à Stewart pour qu'il pilote pour Brabham en 1982. Une somme de deux millions six cent mille livres avait été proposée à Hunt qui reconsidérait très sérieusement son avenir, même s'il disait: «Je n'ai pas besoin de cet argent et, si j'ai pris ma retraite, c'était pour ma protection. Rien n'a changé.»

Alors que Stewart et Hunt décidaient de ne pas sortir de leur retraite, Lauda allait reprendre du service chez McLaren — acceptant la place qui aurait pu être celle de Gilles. Tous ces chiffres que l'on brandissait pour faire revenir les anciennes étoiles au bercail de la Formule I pouvaient faire penser que Gilles Villeneuve — l'atout numéro un du sport — n'était pas assez payé. En 1981, le total de ses revenus, en comptant son salaire chez Ferrari et les cachets des commanditaires, s'élevait à environ un million deux cent mille dollars, même si la presse canadienne avançait des chiffres beaucoup plus optimistes — jusqu'à deux millions sept cent mille dollars. Les journalistes étaient également fascinés par les deux millions cinq cent mille dollars de l'assurance-vie de Gilles, moyennant une prime annuelle de trente mille dollars.

En réalité, la presse devançait la réalité d'à peu près un an, car Gilles aurait dû réaliser les prévisions des journalistes en 1982. L'accord conclu avec Ferrari prévoyait soixante-cinq mille dollars pour chacune des seize courses du calendrier, plus des primes si Gilles obtenait des points. Quant aux commandites privées de Villeneuve — Giacobazzi, Smeg, un nouveau commanditaire, les céramiques Piemme, Labatt et les autres —, elles devaient représenter environ un million cinq cent mille dollars.

Caracer, la société parapluie de Villeneuve, établie à Genève, administrait plusieurs filiales financières, dont une société du Liechtenstein qui était propriétaire de tous les droits commerciaux sur le nom de Villeneuve, à l'exception des licences et redevances dont s'occupait une entreprise hollandaise. Tous les excédents de trésorerie devaient être placés en titres industriels par des conseillers financiers installés à Genève, mais en réalité le travail que leur client de Monaco laissait aux spécialistes suisses ne fut jamais très lourd.

Pourtant, Gilles ne faisait pas que jeter l'argent par les fenêtres et, par exemple, il se donna beaucoup de mal pour régler une ancienne dette, comme le raconte Gaston Parent. «Un jour, il vient me voir et me dit: «Fais un chèque de quatre mille dollars pour Canadian Tire. Je lui réponds: «Mais pourquoi ? On ne peut quand même pas envoyer de l'argent comme ça à une société.» Lui: «Écoute, quand je n'avais pas un sou et que j'avais besoin d'outils, j'allais chez Canadian Tire et je volais ce qu'il me fallait. Je leur dois de l'argent, quatre mille dollars à peu près, et maintenant je veux les rembourser.» Personne n'était au courant, mais des années et des années plus tard, cette affaire pesait encore sur la conscience de Gilles.»

Sans révéler la raison véritable de ce geste, Parent proposa à Canadian Tire plusieurs stratagèmes pour effectuer ce remboursement. Finalement, la société accepta de faire paraître sous son logo une chronique signée «Gilles Villeneuve» dans le mensuel automobile canadien *Wheelspin News*. Parent ne demanda que la somme symbolique de vingt-cinq dollars pour chaque chronique qui serait rédigée par un journaliste de la revue et Canadian Tire put ainsi tirer profit de l'impact publicitaire du nom de Villeneuve.

«Gilles était content de cette solution. Il ne voulait rien devoir à personne, raconte Parent. Et il était généreux aussi pour sa famille. Il s'était arrangé pour faire verser une pension de deux mille dollars par mois à ses parents. Il avait l'impression qu'il devait quelque chose à sa famille, particulièrement à sa mère qui avait travaillé dur toute sa vie. Il avait réussi à la convaincre de vendre toutes les machines à coudre de l'entreprise familiale qui se trouvaient encore dans la maison. Aujourd'hui, elle reçoit toujours cette pension, maintenant qu'elle est seule [Séville est mort d'une crise cardiaque en 1987]; la mère de Johanne reçoit mille dollars par mois.»

À la fin du mois de novembre 1981, Gilles participa à une course entre des voitures de Formule I et un avion de chasse F104 de l'armée de l'air italienne sur la piste de l'aéroport d'Istrana. La course devait se dérouler sur une distance d'un kilomètre et une immense foule vint admirer le nouveau champion du monde, Nelson Piquet, et Riccardo Patrese dans leurs Brabham, Bruno Giacomelli au volant d'une Alfa Romeo et Gilles dans sa 126C. Les pilotes devaient se mesurer en trois essais au temps marqué par le chasseur supersonique.

À la fin de son premier essai, Gilles lança sa voiture dans une spectaculaire pirouette à haute vitesse: un tête-à-queue de trois cent soixante degrés, dans un enfer de flammes et de fumée. La foule adora la démonstration. Pour son troisième et dernier essai, Gilles fit enlever les ailerons avant et arrière de sa voiture afin d'augmenter sa vitesse en ligne droite. Il termina la journée avec le meilleur temps, battant tout le monde, y compris l'avion à réaction.

Gilles avait eu d'excellentes relations avec le général de l'armée de l'air qui avait organisé cette course. Le militaire lui avait proposé de l'emmener avec lui dans un avion de chasse et de passer le mur du son. Gilles attendait ce moment avec impatience. Mais il poursuivait aussi ses propres aventures aériennes, comme le raconte Gaston Parent. «Il est venu me voir pour me dire qu'il ne voulait plus acheter l'hélicoptère Bell de Wolf. Il voulait piloter de nuit, et on ne peut pas piloter un hélicoptère monomoteur de nuit. Vous avez besoin de deux moteurs pour piloter aux instruments. Bref, il voulait donc s'acheter un plus gros hélicoptère. Il avait choisi l'Agusta, un appareil d'un million deux cent cinquante mille dollars.»

«Et je me souviens que j'étais assis avec lui dans son petit bureau, en bas, à Monaco: «Christ ! C'est un million de trop pour toi ! Pourquoi est-ce que tu n'achètes pas le Bell de Walter ? Tu n'as pas besoin de voler la nuit.» Mais il était comme un enfant avec un nouveau jouet. Il s'était déjà procuré de la documentation sur l'Agusta, sur un radar couleurs, sur l'équipement qu'il voulait installer. Je lui explique que c'est impossible, qu'il n'a qu'à regarder combien va lui coûter l'assurance. Finalement, je lui dis: «Et pourquoi ne pas attendre l'année prochaine ? »

«Je me souviendrai toujours de sa réponse. Une phrase très simple: «Et qu'est-ce qui te fait croire que je vais être ici l'année prochaine ? »

IX

LA DERNIÈRE LIGNE DROITE: 1982

1
J'ai appris à beaucoup apprécier Gilles Villeneuve.
J'aimais tout dans sa personne, même si je pensais
qu'il prenait trop de risques. C'était le plus casse-cou
de tous les fous que j'ai rencontrés en Formule I.
Niki Lauda

Son nouvel hélicoptère Agusta 109, qui pouvait transporter sept passagers, coûta neuf cent mille dollars à Gilles, au lieu du montant original d'un million cent cinquante mille, à condition qu'il porte le macaron d'Agusta sur sa combinaison de pilote. Pourtant, il dut quand même prendre une hypothèque sur la villa et Johanne en fut très mécontente. Elle consentit cependant à ce sacrifice dans l'espoir de lui montrer jusqu'où elle était prête à aller pour le rendre heureux. Mais ce nouveau jouet qui plaisait tant à Gilles ne servait finalement qu'à l'emporter encore plus loin de chez lui — et plus vite.

«C'est le plus rapide de sa catégorie, cent soixante-quinze en croisière. Je l'adore !» jubilait-il. Et la machine aux couleurs vives — ses couleurs personnelles — devint une habituée du ciel au-dessus de Monaco et des pistes de course.

Gilles se livrait à des acrobaties à faire dresser les cheveux sur la tête, comme par exemple faire décrocher l'appareil. Et plus le décrochage était violent, plus Gilles était content: «Ce que je préfère, c'est de voler avec une visibilité pratiquement nulle, disons cent cinquante mètres. Ça, c'est vraiment du sport ! »

Dans ses mémoires, Niki Lauda parle des exploits aériens de Gilles: «J'ai appris à beaucoup apprécier Gilles Villeneuve. J'aimais tout dans sa personne, même si je pensais qu'il prenait trop de risques. C'était le plus casse-cou de tous les fous que j'ai rencontrés en Formule I... Un épisode typique à la Villeneuve: Je suis dans ma chambre d'hôtel, à Zolder. Il fait nuit noire. Tout à coup, j'entends le claquement des pales d'un rotor. J'ouvre la fenêtre et je vois un hélicoptère qui tourne dehors et qui cherche avec ses projecteurs un endroit pour se poser. Totalement fou ! Illégal, impossible, démentiel! Naturellement, c'était Gilles. Qui d'autre ? »

Sur la route, Gilles et Didier Pironi rompaient la monotonie de leurs voyages ultrarapides à Fiorano en s'inventant des distractions. Les deux coéquipiers avaient par exemple mis au point un système pour savoir qui des deux était le plus casse-cou. Il fallait mettre la Ferrari 308 en cinquième et l'y laisser, pied au plancher, sans toucher aux freins, aussi longtemps que possible. Pendant ce temps, l'autre chronométrait.

«Celui qui tenait le plus longtemps était le gagnant, explique Pironi. Quand Gilles était mon passager et que je commençais à mollir un peu, je regardais de son côté. Il avait l'air tout à fait calme et tranquille. Plus tard, il me disait qu'il avait eu peur, mais il réussissait à ne pas le montrer. C'est ainsi qu'il s'était fait une réputation de quelqu'un qui n'a jamais peur. Il m'a dit un jour: «Chaque fois que je monte dans la voiture, je pense à tout ce qui peut arriver — à toutes les choses dont ma vie dépend.»

Et pourtant, quand ils avalaient ainsi les kilomètres, on aurait souvent pu croire que l'aiguille du compteur était bloquée aux alentours de 250 km/h. Un jour, ils firent près de 215 km/h de moyenne sur un tronçon de cent cinquante

356

kilomètres d'une *autostrada* italienne, malgré une circulation très dense. À la fin de leur excursion de quarante-deux minutes, un peloton de policiers armés les attendait au poste de péage. En fait, les policiers étaient à la recherche d'une Ferrari volée et ils furent enchantés de tomber sur Pironi, qui était au volant, et sur Villeneuve. Quelques autographes, et les deux pilotes d'Enzo Ferrari reprirent la route. Inutile d'ajouter qu'ils arrivèrent à Fiorano avec une bonne avance.

Les deux hommes s'entendaient fabuleusement bien, comme le disait Pironi: «Nous avons beaucoup de choses en commun. Nos caractères sont semblables et nos rapports très agréables — bien meilleurs que ceux que j'ai eus auparavant dans d'autres écuries.» Et Pironi jugeait que l'équipe les traitait tous les deux comme des égaux. «Absolument. Nous échangeons toutes les informations que nous possédons. Généralement, nous discutons entre nous avant d'aller voir les ingénieurs pour parler des modifications et du reste.»

Leurs Ferrari 126C2 1982 représentaient un bond en avant sur le plan de la technologie, un bond qui rapprochait l'écurie de ses principales rivales dans la conception des châssis. Alors que Forghieri s'occupait des moteurs turbo, toujours plus puissants, et des transmissions, Harvey Postlethwaite était chargé d'introduire à Maranello les nouvelles méthodes de construction en fibre de carbone. L'Anglais, qui avait travaillé pour Wolf avec tant de succès (et qu'Enzo avait engagé sur la chaude recommandation de Jody Scheckter), avait reçu carte blanche de Ferrari pour faire sortir ses voitures de l'état préhistorique où elles se trouvaient sur le plan de l'aérodynamique et de la tenue de route. L'une des premières choses que Postlethwaite constata à son entrée dans l'équipe, c'était à quel point les victoires de Gilles à Monaco et en Espagne avaient été remarquables, compte tenu des handicaps certains de la 126C: «Brillant, tout simplement brillant ! Tout à fait hors du commun. Je sais à quel point la voiture était mauvaise.»

Depuis qu'il était entré chez Ferrari, la saison précédente, Postlethwaite avait observé Gilles de très près et il était devenu un de ses plus fervents admirateurs. «Je ne pense pas avoir jamais rencontré quelqu'un d'une franchise plus désarmante. Il était absolument sans complexe. Devant le Vieux, devant n'importe qui, il arrivait dans les stands et disait que la voiture était de la merde, qu'elle n'avait pas d'effet de sol, pas de force verticale, et qu'il perdait son temps.» «Je vais la conduire toute la journée, disait-il. Je vais lui faire faire des tête-à-queue. Je vais la flanquer dans la clôture. Je vais faire ce que vous voulez. Je vais la conduire, parce que c'est mon boulot et que j'adore le faire. Mais je vous dis que nous ne sommes pas compétitifs.»

Comme tous ceux qui étaient montés en voiture avec Gilles, Postlethwaite avait quelques histoires d'horreur à raconter sur ces péripéties routières, qui le laissèrent cependant plus calme que la plupart. «Ce n'était pas terrifiant d'être avec lui en voiture, parce que vous saviez que vous étiez assis à côté du meilleur pilote du monde. Gilles doublait une file de voitures sans aucun espace pour se rabattre tandis qu'un camion arrivait en face, simplement comme exercice pour se mettre en forme ! Et je ne plaisante pas. Il savait qu'il trouverait un trou où se faufiler. Il avait une confiance aveugle dans ses capacités.»

En janvier, le grand cirque de la Formule I se réunit en Afrique du Sud pour commencer la saison 1982 et aussitôt les stars qui en étaient les attractions se mirent en grève. Les meneurs ? Didier Pironi, Gilles Villeneuve, Jacques Laffite et Niki Lauda qui venait de sortir de sa retraite. Les pilotes étaient en colère, car leurs superlicences 1982 de la FIA n'étaient valides que pour les équipes dont ils faisaient actuellement partie, ce qui restreignait leur liberté de chercher ailleurs de meilleures conditions. Une autre clause stipulait que toute observation ou action négative de la part d'un pilote pouvait entraîner la révocation de sa licence. Bref, ils voulaient que tout cela soit modifié immédiatement et le président de l'Association des pilotes de Grand Prix, Didier Pironi, fit part de leurs doléances à Balestre et à Ecclestone, alliant ainsi la FISA et la FOCA contre un adversaire commun: les pilotes.

Le jeudi précédant la course, les pilotes se barricadèrent dans un hôtel où ils restèrent vingt-quatre heures, dormant sur des matelas qu'ils avaient fait apporter dans une salle de conférences. Unis dans une cause commune, ces homme qui étaient des rivaux sur la piste virent naître entre eux une camaraderie nouvelle. Elio de Angelis et Gilles (dont la plupart découvraient avec surprise les talents musicaux) se mirent au piano, tandis que les autres s'essayaient à la chanson. Pironi négociait sur la piste et tenait Lauda au courant par téléphone. Chaque nouveau communiqué était annoncé par une fanfare tonitruante, signée Gilles Villeneuve. Pendant ce temps, Bruno Giacomelli dessinait des caricatures et tout le monde faisait des plaisanteries plus ou moins réussies sur cette promiscuité temporaire. Patrick Tambay disait par exemple que Villeneuve et Alain Prost devraient bien profiter de l'occasion pour se faire un enfant. Ce serait le bébé le plus rapide du monde !

Pendant que les pilotes s'amusaient, les organisateurs, les chefs d'équipe et les autres officiels ne plaisantaient pas du tout. On en vint très vite aux menaces: on allait faire venir de nouveaux pilotes pour remplacer les grévistes; les organisateurs allaient poursuivre les équipes; les pilotes seraient congédiés; jamais plus ils ne seraient autorisés à courir, etc. Finalement, Balestre accepta de négocier avec les pilotes sans délai. La grève prit fin et l'entraînement commença aussitôt. Mais pas pour Patrick Tambay, qui remplaçait Marc Surer blessé au volant d'une Arrows. Il décida que cette fois il en avait par-dessus la tête et qu'il prenait sa retraite.

«Je n'ai plus confiance dans la Formule I, dit Tambay avant de quitter l'Afrique du Sud. À part les merveilleux moments que nous venons de vivre, je déteste l'atmosphère depuis quelque temps... La manière dont les pilotes sont traités par les officiels, la manière dont les voitures se comportent, au point d'être pratiquement impossibles à piloter, le fait que je ne sois qu'un remplaçant pour quelques courses seulement.»

Un seul point positif dans ce tableau plutôt sombre: «Cette vie communautaire fantastique que nous avons eue ici et qui nous a permis de mieux nous connaître.» «Finalement», disait l'homme qui allait remplacer son ami

Gilles Villeneuve au volant d'une Ferrari quelques mois plus tard seulement, «bien des choses devront changer avant que je ne revienne».

Gilles avait été l'un des principaux artisans de la grève. Il avait lu attentivement le nouveau texte de la demande de superlicence, et il était clair pour lui que les patrons d'équipes étaient effectivement en passe de devenir «propriétaires» de leurs pilotes. Un problème semblable s'était d'ailleurs posé au Canada, quand les joueurs de la Ligue nationale de hockey s'étaient vu privés de leur liberté individuelle par leurs équipes. Mais Bernie Ecclestone n'était pas du même avis que Gilles. Après la grève, il empêcha son pilote, le champion du monde Nelson Piquet, de participer à la séance d'entraînement d'ouverture, à Kyalami. Ce jour-là, comme par hasard, toutes les Brabham d'Ecclestone portaient le numéro 2, ce qui signifiait qu'elles étaient réservées à Riccardo Patrese. Prétexte invoqué par Ecclestone: Piquet était «inapte à piloter», après avoir passé une nuit par terre avec ses amis grévistes.

La position qu'Ecclestone occupait à la tête de la FOCA intimidait la plupart des pilotes, mais certainement pas Gilles. Alors qu'il ne s'était jamais battu de sa vie, cette fois-là, à Kyalami, il pensa sérieusement se frotter un peu avec Ecclestone. Leur antipathie mutuelle couvait depuis des années. Maintenant, un débat passionné les opposait: Gilles soutenait que c'était les pilotes que les spectateurs venaient voir, pas les voitures; Ecclestone ne voulait pas démordre du contraire.

Bernie Ecclestone faisait vraiment une très grosse colère pour un si petit homme. (Denis Jenkinson, qui mesurait à peine un mètre cinquante, disait du président de la FOCA qu'il était «comme moi-même, moitié grandeur nature».) Ecclestone était offensé dans sa dignité et particulièrement furieux de la haute opinion que les pilotes avaient d'eux-mêmes. «Ce sont les Borg et les McEnroe qui attirent les foules, disait-il. Si ces pilotes pensent pouvoir faire la même chose, je leur suggère d'enfiler leurs combinaisons, de mettre leurs casques et de louer le New York Shea Stadium, qui peut contenir cinquante-six mille spectateurs. On verra bien combien de gens viendront aux guichets. Nous saurons alors vraiment ce que le public veut.»

«Nous regardons les Ferrari depuis cinquante ans, continuait-il. Ferrari a eu Dieu sait combien de pilotes. Ils vont et ils viennent, mais pourtant tout ce que les gens veulent voir, c'est une Ferrari. De toute manière, ils ne peuvent pas le voir, ce foutu pilote !... Vraiment, je vous le demande, qu'est-ce qu'ils peuvent bien représenter comme atout ? »

Gilles avait la langue bien pendue lui aussi: «Le sport est plus important que tout le reste. Plus important que toutes les personnes qui y participent. Naturellement, je dis ce que je pense. Je l'ai toujours fait, même si je dérange des gens comme Ecclestone et Balestre. Et pourquoi devrais-je avoir peur d'eux ? Les spectateurs ne sont pas là pour voir des politiciens et des manipulateurs. Ils sont là pour voir Alain, Mario, Carlos et moi-même. Je suis très sûr de moi dans ce que je pense de la course. Je gagne beaucoup d'argent grâce à elle, mais je peux vous assurer d'une chose: si cet argent disparaissait du jour au lendemain, je continuerais à faire de la course, parce que c'est une passion pour moi. Les hommes d'affaires, eux, ne seraient plus là.»

Gilles et ses camarades seront les seuls à perdre de l'argent à cause de cette grève: la FISA imposa à Villeneuve une amende de dix mille dollars, de même qu'à Pironi, à Patrese, à Prost, à Giacomelli et à Laffite. Vingt-trois autres pilotes reçurent une amende de cinq mille dollars. Raison du tarif double appliqué aux six premiers ? Ils étaient tous récidivistes, puisqu'ils avaient déjà été les meneurs d'une autre insurrection, à Zolder.

Le Grand Prix d'Afrique du Sud eut finalement lieu. La Renault de Prost gagna la course, alors que le turbo de Gilles sautait au bout de six tours. Villeneuve s'était pourtant qualifié en bonne place, troisième sur la grille, alors que Pironi était sixième. Pendant la course, Pironi dut s'arrêter pour changer de pneus et termina en queue de peloton. Les nouvelles Ferrari marchaient bien, semblait-il, mais elles dévoraient encore du caoutchouc, qui cette année était fourni par Goodyear.

2 *Vous ne pouvez pas lever le pied quand vous
faites un tour chronométré. Impossible. Tout ce
que vous pouvez faire, c'est espérer que l'autre
regarde dans ses rétroviseurs.*
Gilles Villeneuve

Pour le Grand Prix du Brésil, Gilles Villeneuve se qualifia
sur la première ligne, à côté de Prost, mais non sans s'in-
quiéter de ce qu'il lui avait fallu faire pour y parvenir. Avec
seulement deux jeux de pneus de qualification par voiture, le
pilote devait prendre des risques terribles au milieu de véhicules plus lents. «Vous restez assis dans le stand pendant
une demi-heure, vous sortez à froid, vous tournez lentement,
et puis vous faites un tour à toute vitesse pour votre chrono.
Christ ! C'est dangereux ! Et puis vous trouvez quelqu'un sur
votre chemin. Vous ne pouvez pas lever le pied quand vous
faites un tour chronométré. Impossible. Tout ce que vous
pouvez faire, c'est espérer que l'autre regarde dans ses rétroviseurs.»

Didier eut des difficultés aux essais, multipliant erreurs et
tête-à-queue. Il finira par remporter une médiocre huitième
place pendant la course. Il est vrai qu'avant l'épreuve du
Brésil, Pironi avait eu un grave accident alors qu'il faisait
des essais sur le circuit Paul Ricard. Tout était arrangé,
disait-il, et il n'avait plus qu'un peu mal au genou. Mais
Gilles n'en était pas si sûr, et il en dit un mot à Nigel
Roebuck: «Après l'entraînement, Gilles m'a pris à part pour
me dire que Didier traversait une période difficile: «C'était
vraiment un très grave accident et il a eu peur. Il s'en sorti-
ra, mais ne le critique pas trop s'il est lent ici.»

«J'ai trouvé cela extraordinaire, dit Roebuck, car la
plupart des coéquipiers ne ratent jamais une occasion de se
tirer dans les pattes. Mais là, Gilles me disait d'y aller doucement avec Didier. C'était très généreux de sa part et j'ai été
fortement impressionné. Pour moi, il est absolument certain
que jusqu'à l'affaire d'Imola, Gilles croyait qu'ils étaient bons
amis. C'est pour cette raison qu'il a été si fortement secoué
par la suite.»

Gilles dit aussi à Roebuck combien il détestait la nouvelle génération des voitures de Formule I, avec leur puissant effet de sol et leur absence presque totale de suspension. Il lui fallait porter une minerve à Rio pour se protéger contre les forces d'accélération, suffisantes pour provoquer un début de voile noir. Et comme si ce n'était pas assez, il avait du mal à voir à cause des vibrations de la 126C2, affreusement mal suspendue. Bref, il n'avait pas grand plaisir à piloter cette machine qui lui donnait mal à la tête dès qu'il s'installait au volant. «Ce n'est plus piloter, ce n'est plus qu'une question de viser pour prendre le virage, d'enfoncer l'accélérateur, et d'espérer que vous vous trouvez sur la bonne trajectoire — parce que vous ne pouvez rien voir et que vous ne pouvez rien corriger. Il n'y a plus aucune satisfaction à piloter ces sales voitures... J'aime lorsque la vitesse d'une voiture dans un virage a quelque chose à voir avec les capacités du pilote, pas avec le fonctionnement des jupes.»

Pour Gilles, les Formule I ressemblaient maintenant à ces voitures électriques miniatures qui tournent à toute allure sur un circuit, guidées par un rail, et les spectateurs avaient certainement perdu au change. Il proposait même une formule de son cru: «L'idéal pour moi, ce serait quelque chose comme une McLaren M23 avec un moteur de 5 litres, 800 chevaux, et des gros pneus... Ce serait un sacré spectacle, vous pouvez me croire ! On rétrograderait dans les virages et on pourrait refaire du crabe. Les gens parlent encore de Ronnie Peterson dans sa Lotus 72, et je peux les comprendre. Je suis avec eux. C'est le genre de spectacle que je veux donner aux foules. Faire fumer les pneus ! Ouais ! »

Il avait la nostalgie de ses débuts, en Formule Atlantique: «Vous savez, vous prenez une bonne voiture, vous faites quelques essais, et puis vous partez et vous en mettez plein la vue à tout le monde, à Trois-Rivières ou ailleurs. Et puis après, vous faites une course Can-Am... Les voitures sont fantastiques, elles ont de la gueule, de la puissance... La foule adorerait ça. Et moi aussi.» Gilles disait souvent qu'il rêvait de faire la course parfaite: «Premier sur la grille de départ, je redescends en dernière place après une crevaison au cinquième tour, puis je double tout le monde et je gagne la course avec une demi-minute d'avance.»

Il y avait même place pour la course de Formule Indy dans son esprit et il en avait parlé à Enzo Ferrari. Son idée était de faire un «raid» sur l'Indianapolis 500. Ferrari construirait une voiture pour le circuit ovale et lui ferait la course — une seule fois — et la gagnerait, facilement.

Une fois de plus, à Rio, certains journalistes eurent droit à une représentation privée du spectacle Villeneuve. Mike Doodson s'en souvient: «Jeff Hutchinson et moi sommes montés avec Gilles et Johanne dans une petite Fiat brésilienne que Gilles avait empruntée. Johanne était assise à l'avant, à côté de Gilles, et nous étions à l'arrière. Gilles parlait d'hélicoptère et, comme Jeff est un grand aviateur, ils n'ont pas arrêté de bavarder pendant tout le trajet.»

«Gilles ne connaissait qu'une seule manière de conduire. Et si on avait soudé l'accélérateur au plancher sur toutes ses voitures de tourisme ou de course, personne n'aurait vu la différence. Une seule règle pendant les quinze kilomètres qui devaient nous mener au circuit: ne jamais lever le pied, en aucun cas. Il écrasait l'accélérateur tout le temps et, s'il y avait un obstacle, le contournait, même s'il fallait foncer contre les véhicules qui arrivaient en face et risquer de passer sous un énorme camion — ce que nous avons failli faire une douzaine de fois en quinze kilomètres.»

«Cette voiture n'avait pas de ceintures de sécurité et Gilles était censé être un bon père de famille, parfaitement heureux. Et là, il était avec sa femme à l'avant et il jouait avec nos vies à nous tous. Pour ne rien arranger, il parlait de pilotage avec Jeff, ce qui veut dire qu'il se tournait la moitié du temps pour regarder Jeff dans les yeux.»

Ce fut aussi un voyage mémorable pour Hutchinson: «Gilles m'expliquait comment il avait eu sa qualification de vol aux instruments sur hélicoptère, en pleine tempête de neige, avec des rotors qui givraient. Un temps épouvantable, quelque part au Canada. Nous bavardions et je n'ai pas eu terriblement peur, peut-être parce qu'il parlait si lucidement de pilotage.»

«Mais je me suis quand même un peu inquiété quand nous sommes entrés dans un tunnel tout noir à environ 130 km/h, avec un autocar qui faisait peut-être 30 km/h devant nous et une autre voiture qui roulait à quelque chose comme 60 km/h dans la voie d'à côté. La plupart des gens auraient ralenti. Mais Gilles n'a pas hésité un instant. À une trentaine de centimètres de l'arrière de l'autocar et à la même distance de l'autre voiture qui se trouvait à côté de nous, malgré les différences de vitesse, Gilles est passé en diagonale et nous avons doublé l'autocar.

«Il avait un jeu qui consistait à essayer de se rendre jusqu'au circuit sans utiliser une seule fois l'embrayage, en passant les vitesses au régime maximum. Il a réussi, jusqu'à l'embouteillage qui nous a arrêtés un peu avant l'entrée. Et lorsque nous sommes arrivés sur le bouchon, il a simplement foncé sur le terre-plein central, jusqu'à l'entrée.»

«Plus tard, je me trouvais à l'épingle lorsqu'il est sorti de la piste après avoir mené pendant pratiquement la moitié de la course. Il était évident que ses pneus étaient en train de lâcher et qu'il allait devoir faire un arrêt au stand pour les changer. Il perdait du terrain devant Piquet qui était beaucoup plus rapide. Tout à coup, Gilles est sorti dans un incroyable nuage de poussière. Il est descendu de sa voiture avec son petit sourire habituel. Je lui ai demandé pourquoi diable il ne s'était pas arrêté pour changer de pneus: «Oh, c'est bien mieux de sortir quand on est en tête que de s'arrêter au stand pour finir sixième.» Du Gilles typique. Il ne connaissait qu'une seule chose: mener une course. Naturellement, vous ne gagnez pas de championnats avec une attitude comme celle-là. Mais il était le pilote le plus passionnant qu'il m'ait jamais été donné de suivre. C'était un pilote de course, à 100 p. 100.»

Si la plupart des journalistes ne demandaient pas mieux que de parler des excentricités de Villeneuve qui donnaient un peu de piquant à des courses parfois ternes, certains continuaient à critiquer ses méthodes. L'un de ceux-là était Rob Walker, l'aristocrate anglais qui avait consacré toute sa vie à la Formule I, d'abord en découvrant des pilotes comme Stirling Moss, puis plus récemment en travaillant comme journaliste pour la revue américaine *Road and Track*. Après Rio, Walker avait dit: «Le seul défaut que je trouve à Gilles, c'est que lorsqu'il a une poussée d'adrénaline, ce qui lui arrive presque tout le temps, il a tendance à faire des choses dangereuses, non seulement pour lui, mais pour les autres pilotes.»

James Hunt, le champion du monde devenu commentateur de télévision, allait un peu plus loin. À son avis, cette folie de la vitesse ne servait pas les intérêts de Gilles. «Villeneuve possède un extraordinaire talent naturel. J'ai toujours eu la meilleure opinion de sa technique de pilotage — sa vitesse, sa maîtrise de la voiture, sa détermination, son enthousiasme. Il vit pour la course automobile et c'est peut-être son principal problème. Il pilote avec énormément d'agressivité et de flair, mais il semble incapable d'y associer un peu de bon sens. Je m'inquiète pour lui, parce qu'il fait sur la piste des choses qui ne sont pas compatibles avec sa personnalité hors du circuit. Alors qu'il organise sa vie avec beaucoup d'intelligence, sa prestation au volant d'une voiture fait parfois penser le contraire.»

En sortant de la piste à Rio, Gilles offrit la victoire à Piquet, mais le Brésilien était tellement épuisé à la fin de la course qu'il s'effondra, victime de déshydratation. Et c'est aussi le manque d'eau qui fut à l'origine de sa disqualification au Grand Prix du Brésil, ainsi que de celle de Rosberg, arrivé en deuxième place. Prost fut alors déclaré le vainqueur. Voici ce qui se passa.

Certaines équipes de la FOCA, tentant de se hisser à la hauteur des machines dotées de moteurs turbocompressés, avaient équipé leurs voitures de réservoirs d'eau, en principe pour refroidir les freins. L'usage était de refaire le plein d'huile et d'eau après la course, avant que les officiels ne contrôlent les véhicules, ce qui permettait de les ramener au poids minimum réglementaire de cinq cent quatre-vingts kilos en cas de besoin. Pour compenser l'avantage des moteurs turbocompressés, certaines équipes avaient donc eu l'ingénieuse idée de faire courir leurs voitures sans mettre d'eau dans le réservoir de leur «radiateur de freins» , ce qui les allégeait dans certains cas d'une cinquantaine de kilos. On refaisait le plein avant le contrôle officiel. Ni vu ni connu.

Manifestement, ce petit tour de passe-passe avait donné de bons résultats à Rio pour les Brabham et les Williams, mais la FISA le déclara illégal et la bataille rangée entre la FOCA et la FISA repartit de plus belle.

À Long Beach, ce fut au tour de Gilles d'être disqualifié alors qu'il avait remporté une magnifique troisième place derrière un Niki Lauda en pleine forme et un Keke Rosberg plus agressif que jamais. Gilles (dont la voiture arborait un aileron arrière de largeur imposante) et le Finlandais volant se livrèrent une magnifique bataille qui faisait penser à l'époque de leurs féroces empoignades en Formule Atlantique. Après plusieurs vigoureux échanges de positions, ils descendaient tous les deux en tandem le Shoreline Drive, la Williams devant la Ferrari. Gilles laissa son pied un peu trop longtemps sur le frein. La Ferrari partit en travers et sortit à reculons sur la bretelle de sécurité. Gilles passa en première, écrasa l'accélérateur et fit dans un épais nuage de fumée une rentrée en beauté que les nombreux spectateurs saluèrent avec enthousiasme.

Mais tous ses efforts furent réduits à néant lorsque Ken Tyrrell affirma que l'aileron arrière de Mauro Forghieri était trop large. Les officiels se déclarèrent d'accord avec lui et Gilles fut donc privé de sa troisième place. Marco Piccinini riposta en contestant la première et la deuxième place de la McLaren et de la Williams qui avaient encore utilisé le petit subterfuge du réservoir d'eau plus ou moins rempli. Sa protestation ne fut cependant pas retenue et Niki Lauda retrouva donc ses habitudes de vainqueur, trois courses seulement après sa rentrée. Keke Rosberg, lui, était parti pour remporter le championnat du monde 1982.

C'est à Long Beach que le mariage Villeneuve atteignit un point critique. Johanne avait sérieusement proposé à Gilles de divorcer. «Je croyais que c'était la meilleure solution. Il n'était pas heureux et ma vie était misérable. Je lui ai donc demandé d'y réfléchir. Je ne sais pas ce qui s'est passé dans sa tête à ce moment-là. Mais il a certainement changé. Il a demandé à ses avocats d'étudier la question, mais il n'était pas prêt à aller jusqu'au bout. Et il m'a dit finalement: «Non. Pas de divorce.»

Gilles avait demandé à Boris Stein et à Gaston Parent de lui résumer par écrit ce que seraient les conditions matérielles du divorce s'il donnait la moitié de ses biens à Johanne. Les trois hommes se rencontrèrent à Long Beach, derrière les stands. Gilles lut le document, le relut, puis demanda qu'on lui remette toutes les copies, les déchira en mille morceaux et les jeta dans une poubelle.

Un soir, Gilles dîna avec John Lane qui avait divorcé avant de faire la connaissance de Gilles, et les deux hommes parlèrent de Johanne: «Gilles me disait qu'il aimait sa femme, mais qu'il ne pouvait pas vivre avec elle. Ils ne faisaient que se disputer. Nous avons parlé ensemble de ce qui s'était passé dans leur mariage, un mariage qui n'était pas parti du bon pied. Ils étaient tous les deux très jeunes à l'époque et leur vie avait énormément changé depuis ce temps-là.»

«Il comparait Johanne à la jeune femme de Toronto, mais je lui disais que vivre avec une autre personne n'allait pas changer quoi que ce soit à long terme. En fin de compte, tout le monde évolue et c'est votre aptitude à vous adapter à ces changements qui fait qu'une relation continue à fonctionner. Nous avons parlé de toutes les conséquences possibles, de la réaction des amis quand ils apprennent le divorce, de la position de l'Église. Gilles n'était pas très religieux, mais nous avons quand même parlé de ce sujet. Lui et Johanne venaient de rentrer d'un voyage aux Antilles et Gilles me disait qu'ils avaient passé un bon moment. Ils aimaient encore être ensemble, si bien que tout n'était peut-être pas perdu. En fin de compte, il m'a dit: «Bon, je vais encore essayer. Je ne jette pas encore l'éponge.»

À Long Beach, Didier Pironi n'avait fait que six tours avant d'être immobilisé par un accident. Une semaine plus tard, il épousait son amie, Catherine Beynie. Son témoin était le directeur de l'équipe Ferrari, Marco Piccinini. Étrangement, Gilles n'avait pas été invité au mariage, mais il crut à un simple oubli.

Pironi passa une partie de sa lune de miel à faire des essais sur le circuit d'Imola, en préparation du prochain

Grand Prix de San Marino. Plusieurs équipes étaient là, mais les Ferrari étaient les plus rapides, avec un chrono de 1 minute, 30 secondes et 81 centièmes pour Pironi sur pneus de qualification Goodyear, tandis que Gilles le suivait de près avec 1 minute, 31 secondes et 58 centièmes sur gommes de course. Gilles enchanta les vingt mille *tifosi* en concluant la séance par un de ses tête-à-queue brevetés à trois cent soixante degrés devant les stands.

Le Grand Prix de San Marino du 25 avril 1982 allait être la dernière course de Gilles, une course boycottée par dix écuries de la FOCA pour protester contre les disqualifications imposées au Brésil. Ainsi, quatorze voitures seulement participèrent à la course d'Imola. Mais en réalité, il n'y en avait que deux pour l'immense foule des *tifosi,* et la Ferrari numéro 27, en particulier, était saluée par des rugissements d'enthousiasme dès qu'elle sortait sur le circuit.

Et chaque fois que Gilles descendait de sa voiture, des hordes d'admirateurs venaient se presser autour de lui. À côté des nuées habituelles de banderoles *«Forza Gilles»* et *«Viva Villeneuve»* , on pouvait voir aussi une énorme pancarte avec ces mots: *«Dio Perdona... Gilles No»* — «Dieu pardonne... Pas Gilles» , un slogan qu'on avait voulu un hommage suprême au héros des *tifosi,* mais qui annonçait en fait ce qui allait se passer après la course d'Imola.

3   *Il se consacrait totalement à ce en quoi il croyait: la course automobile, sa famille, ses amis. C'est pour cette raison qu'il était furieux contre Pironi. C'était une trahison.*
Franco Lini

Poussées par la foule, les Ferrari ne purent cependant pas suivre le rythme des Renault aux essais de qualification. Arnoux remportait la première position avec un chrono de 1 minute 29 secondes et 765 millièmes. Prost se classait juste à côté de lui, avec une demi-seconde de plus. Le temps de Gilles — 1 minute 30 secondes et 717 millièmes — lui valait la troisième place sur la grille. Et cette dernière position qu'il occupa sur une grille de départ est aujourd'hui commémorée par un drapeau canadien, repeint tous les ans sur l'asphalte du circuit d'Imola.

Pironi était quatrième aux essais, avec 1 minute 31 secondes et 20 millièmes, mais il avait eu un gros accident avant de décrocher ce temps. La Ferrari numéro 28 était sortie de la route à très haute vitesse et avait violemment percuté une barrière par l'arrière, sans que son pilote sache pourquoi. «Tout d'un coup, la voiture m'a échappé. Peut-être à cause d'une défaillance de la suspension, peut-être à cause d'un pneu. Je ne sais pas exactement.»

Arnoux prit un départ en force, Prost sur ses talons, mais les Ferrari dépassèrent la deuxième Renault avant la fin du premier tour. Prost dut abandonner au septième tour, victime d'une défaillance de piston, et le Grand Prix de San Marino devint ainsi une course entre trois voitures. Le trio Renault-Ferrari-Ferrari continua dans cet ordre jusqu'au vingt-septième tour, quand Gilles dépassa René et garda la première place pendant quatre tours. La Renault reprit l'avantage et, au trente-cinquième tour, Didier doubla Gilles et resta devant lui pendant une demi-douzaine de tours, puis Gilles reprit la deuxième place. Les trois hommes de tête n'étaient séparés que par moins d'une seconde jusqu'au quarante-quatrième tour, lorsque la machine française commença à cracher flammes et fumée en passant devant les stands. Les voitures italiennes passèrent aussitôt en tête.

Autour de l'Autodromo Dino Ferrari, la foule des spectateurs massés sur les collines explosa en un rugissement d'approbation quand les deux Ferrari de Maranello se retrouvèrent collées l'une derrière l'autre, avec leur idole de la voiture numéro 27 certainement destinée à remporter un autre Grand Prix. Puis la numéro 28 usurpa la première place au quarante-sixième tour. Trois tours plus tard, la 27 reprenait la tête, après s'être fait brutalement couper la route par la 28 dans l'entrée du virage de Tosa. Les fans étaient ravis. Leur équipe avait manifestement l'intention de leur donner un beau spectacle.

Dans le stand de Ferrari, l'équipe était privée de la présence de Mauro Forghieri, absent pour des raisons de famille. Du stand, on montre le panneau «*SLOW*» à Villeneuve qui obéit aussitôt, ralentissant de deux secondes par tour pour éviter aux voitures un traitement inutilement rigoureux et plus particulièrement pour économiser le carburant, dont on risque de manquer pour finir la course, comme l'ont montré les essais.

Mais au cinquante-troisième tour, Pironi accélère brutalement et passe en tête. Quatre tours plus tard, Villeneuve se faufile en crabe dans la chicane d'Acque Minerali et semble pousser très fort derrière Pironi. Au cinquante-huitième tour, il remonte à la hauteur de Pironi au freinage de Tosa et, une fois de plus, son coéquipier le coupe vigoureusement. La foule commence à comprendre que les manœuvres des Ferrari ne sont plus du tout un petit jeu.

Cinquante-neuvième tour, l'avant-dernier. Villeneuve fonce dans le virage de Tosa, devant Pironi, et tout semble joué. La numéro 27 ralentit immédiatement en passant devant les stands pour le dernier tour. Puis, alors que les deux voitures rouges foncent vers Tosa à 290 km/h, vers le virage à droite qui porte aujourd'hui le nom de Curva Villeneuve, la numéro 28 sort du sillage de la numéro 27 et lui coupe la route avec une brutalité qui laisse la foule bouche bée. Il n'y plus la place ni le temps de réagir, et les voitures franchissent la ligne d'arrivée avec Pironi en tête.

Sur le podium de la victoire, un Pironi triomphant saluait la foule. Michele Alboreto était tout sourire, heureux d'avoir terminé troisième au volant de sa Tyrrell. Mais le deuxième homme n'était pas là de bon cœur. Il avait refusé de parler à Marco Piccinini et le directeur de l'équipe avait dû demander l'aide de Johanne pour persuader Gilles de venir rejoindre son coéquipier devant la foule d'Imola. L'expression de Gilles, un mélange de fureur et de désespoir, avait quelque chose de terrifiant dans son intensité. Il était clair, même pour ceux qui ne le connaissaient pas, que quelque chose n'allait plus du tout.

Et Johanne savait exactement ce qui n'allait plus, parce que pendant la course, son analyse des temps montrait que les Ferrari tournaient jusqu'à trois secondes plus lentement lorsque Gilles était en tête. Pour elle, il était clair que Didier avait poursuivi ses propres intérêts, plutôt que ceux de son équipe. Immédiatement après la remise des prix, sans un mot pour Pironi, Gilles s'éloigna rapidement du podium, se dirigea tout droit vers son hélicoptère et partit aussitôt pour Monaco.

Didier Pironi plaisanta que sa victoire était un parfait cadeau de mariage, mais sa jubilation avait quelque chose d'embarrassé. Comprenant que tout n'allait pas pour le mieux avec son coéquipier, il chercha à défendre son attitude: «Même Gilles sait que le panneau «*SLOW*» veut seulement dire que vous devez vous servir de votre tête, que vous devez garder l'œil sur vos freins, vos pneus, votre carburant et le reste. Il ne veut certainement pas dire de ne pas gagner, si vous pensez que vous pouvez le faire. J'espère que Gilles ne m'en gardera pas rancune. Le temps cicatrise toutes les blessures.»

Mais les treize jours que Gilles allait encore vivre ne cicatrisèrent pas ses blessures. Deux jours après Imola, Nigel Roebuck lui téléphona à Monaco et eut une longue conversation avec lui: «J'ai été très troublé par cette conversation téléphonique. Elle m'a fait peur. Je ne pouvais pas lui reprocher d'être en colère. C'était tout à fait normal. Mais ce qui m'effrayait, c'est qu'il me disait qu'à la course suivante, à Zolder, il prendrait les mêmes risques avec Pironi qu'avec n'importe quel autre pilote. Il était absolument décidé à ne plus jamais adresser la parole à Pironi.»

Dans un article publié dans *Autosport,* Roebuck reprenait une bonne partie de ce que Gilles lui avait dit au téléphone. Tout d'abord, la raison du départ précipité de Gilles à Imola: «Je suis parti parce qu'autrement j'aurais dit des choses désagréables. Il était là, le héros qui a gagné la course, et moi j'avais l'air d'un sale enfant gâté qui fait la tête... Je ne lui ai pas dit un mot et je ne lui parlerai jamais plus — *jamais plus !* J'ai déclaré la guerre. Maintenant, je vais faire à ma tête. C'est la guerre. La guerre totale.»

Gilles rappelait ensuite combien de fois il avait obéi aux ordres de ralentir donnés par le stand Ferrari, qu'il était resté sagement collé derrière Jody pendant toute la course de Monza en 1979, «sachant que c'était ma dernière chance de gagner le championnat du monde. Et j'espérais comme un fou le voir casser ! Mais je n'ai jamais pensé à manquer à ma parole. Je sais parfaitement ce que sont les ordres de l'équipe chez Ferrari.»

«Après la course, je pensais que tout le monde aurait compris ce qui s'était passé. Mais non. Pironi a dit que nous avions tous les deux des problèmes de moteur et que l'équipe ne nous avait pas donné d'ordres. Et ce qui m'a vraiment dégoûté, c'est que Piccinini l'a confirmé devant la presse, qu'il a dit qu'il n'y avait pas d'ordre de l'équipe. Mon moteur était parfait et, oui, nous avions des ordres.»

«Quand René a cassé à Imola, j'ai pris la tête et le stand nous a montré le panneau «*SLOW*». Ce panneau veut dire: «Gardez vos positions». Ce n'est tout simplement pas vrai que l'équipe ne donne pas d'instructions chez Ferrari... Imola devait être ma course, parce que j'étais devant Pironi quand Arnoux a abandonné. Si ça avait été le contraire, eh bien, tant pis pour moi... Je n'aurais pas essayé de lui prendre la première place. Christ ! Nous vivons ensemble chez Ferrari depuis un an et demi. Je croyais connaître ce type. Nos relations avaient toujours été bonnes et je lui faisais confiance.»

«Les gens semblent croire que nous avons eu la bataille de notre vie ! Christ ! Je suis resté devant lui pendant la majeure partie de la course, j'avais une seconde et demie d'avance sur lui aux essais. Où était mon problème ? Je faisais de la roue libre pendant ces quinze derniers tours. Lui, il courait. Je crois avoir prouvé qu'à voiture égale, si je veux que quelqu'un reste derrière moi... eh bien, il y reste.

«J'ai sans doute donné l'impression que j'étais furieux de terminer second. D'accord, j'aurais été furieux contre moi-même de ne pas avoir été assez rapide si j'avais été franchement battu. Deuxième, c'est une chose, mais être deuxième parce qu'on vous vole la première place, ça c'est autre chose.»

À peu près au moment où Gilles déclarait cela, Enzo Ferrari prenait la décision sans précédent de se prononcer publiquement sur la controverse qui agitait maintenant tout le monde de la course: Ferrari déclara que Pironi n'avait pas interprété correctement les signaux du stand; Ferrari comprenait parfaitement la déception de Villeneuve et il était d'accord avec lui.

Marco Piccinini eut pour tâche difficile d'essayer d'apaiser la tempête après Imola et, aujourd'hui encore, il hésite à jeter un blâme catégorique: «Je n'ai jamais dit qui avait raison ou qui avait tort, et ce ne serait certainement pas utile à ce stade. De plus, comme les deux personnes en cause sont aujourd'hui disparues, ce ne serait ni loyal ni correct.»

«J'ai une idée claire de ce qui est arrivé selon moi et j'ai été absolument désolé de ce qui s'est passé ensuite. Peut-êtrc était-ce à cause du fait que la pression était moins forte, avec seulement quatorze voitures en course et les deux Renault immobilisées. Peut-être ont-ils oublié alors qu'ils appartenaient à la même famille. Je crois que c'est ainsi que les choses se sont passées.»

«Pironi regrettait beaucoup ce qui était arrivé et les deux pilotes se sont rencontrés en présence de M. Ferrari, de son fils et de moi-même après la course, dans le bureau de M. Ferrari, à Fiorano. Nous avons parlé de la situation. Je pense d'ailleurs qu'elle était due en partie à des facteurs extérieurs, la presse, les amis des deux pilotes, des facteurs qui ont peut-être contribué à créer un certain malentendu.»

Alors que Gilles s'était juré de ne jamais plus parler à Pironi, il s'oublia momentanément ce jour-là, à Fiorano. Gilles venait de descendre de son Agusta quand il croisa Pironi: «Salut, Gilles», lança Didier. Gilles fit un signe de tête et répondit: «Salut», puis se mordit aussitôt la langue. Il ne pouvait pas comprendre ce qu'il considérait comme une trahison de la part de Pironi, une trahison dont l'idée ne lui serait jamais venue à l'esprit. Mais la haine n'était pas un sentiment naturel pour lui et Gilles ne savait plus trop où il en était.

Toujours à Fiorano, Mauro Forghieri parla à Jody Scheckter, qui était venu avec Gilles, ainsi qu'à Gaston Parent. «Jody m'a demandé ce que j'en pensais, si le personnel des stands n'aurait pas dû indiquer aux pilotes que le vainqueur devait être Gilles. Je lui ai répondu que j'étais d'accord avec lui, ce que j'ai dit aussi à Gilles pour tenter de le calmer. Mais Gilles gardait tout en lui-même. Il était content de savoir que j'étais de son côté, mais ce n'était pas suffisant, parce qu'il avait perdu le Grand Prix.»

L'affaire d'Imola eut cependant un effet positif en rapprochant Gilles de Johanne. Gilles avait toujours eu confiance dans le jugement et l'intuition de sa femme, à tel point qu'il l'emmenait souvent avec lui pour lui présenter ses nouvelles relations. Dès le début, Johanne avait eu des réserves à propos de Didier Pironi. Elle ne le croyait pas très franc et le soupçonnait d'être un intrigant. Elle en avait parlé à Gilles, qui n'avait pas été de son avis. Et puis, tout récemment, lorsque les Villeneuve n'avaient pas été invités au mariage de Pironi, Johanne était devenue encore plus méfiante à l'égard du coéquipier de son mari. Une fois de plus, elle lui avait dit qu'il se trompait sur le compte de Pironi. Gilles se souvenait de tout cela maintenant. Et il se souvenait aussi que Johanne ne faisait pas davantage confiance à ces gens qui étaient censés commanditer l'Équipe Villeneuve.

Gilles avait été enchanté lorsque des hommes d'affaires milanais l'avaient abordé l'année précédente pour lui proposer de former sa propre Équipe Villeneuve, avec un financement important d'une grande société de tabac (qui n'était pas Marlboro). Gilles avait sauté sur cette idée et consacré beaucoup de temps à faire des plans. Au début, il serait le seul pilote. Ensuite, l'écurie présenterait peut-être deux voitures. Et qui sait ? Le jour où il se retirerait de la course, son fils Jacques prendrait peut-être la relève dans l'Équipe Villeneuve ?

Les commanditaires devaient donner à Gilles des ressources financières suffisantes pour qu'il ait les coudées franches, qu'il puisse avoir sa propre usine avec une piste d'essai comme celle de Fiorano, qu'il puisse construire ses propres voitures. Et Gilles avait pensé faire appel à ses vieux amis: Ray Wardell pour les questions techniques, Jody comme directeur de l'équipe. Les deux étaient ravis de cette idée, tout comme Gaston Parent qui, avec Boris Stein, s'était occupé de rédiger les documents nécessaires. Dans les coulisses, Gilles avait sondé plusieurs spécialistes de la Formule I pour les inviter à participer à son projet. Jody avait déjà repéré des installations provisoires, près du circuit Paul Ricard dans la région de Marseille. Gilles avait même dessiné les aménagements intérieurs et attendait avec impatience le moment de mettre son plan à exécution, peut-être dès le début de la saison 1983.

Mais la semaine qui suivit la course d'Imola, la vérité fut dévoilée au cours d'une réunion à Milan et tous ces beaux projets s'écroulèrent comme un château de cartes. Jody avait fait sa petite enquête sur le principal interlocuteur financier de Gilles. Et il était clair que l'homme avait menti. En réalité, il n'avait pas le moindre dollar d'une société internationale de tabac derrière lui et le groupe ne faisait qu'utiliser le nom de Villeneuve — peut-être pour obtenir cette commandite, mais en tout cas certainement pour servir les intérêts de ses membres. Gilles se souvenait que lorsqu'il avait dîné avec Johanne et l'homme d'affaires en question, sa femme avait eu l'impression que quelque chose ne tournait pas rond.

L'effondrement de son rêve d'une Équipe Villeneuve fut un autre coup pour Gilles, une autre trahison. La seule personne en qui il avait la certitude de pouvoir avoir confiance était sa femme et il revint à elle. Dans le court laps de temps qu'il leur restait encore à vivre ensemble, Johanne sentit qu'ils étaient près de se réconcilier, de reprendre les choses là où ils les avaient laissées. Gilles avait grand besoin de son soutien moral une fois de plus et son attitude envers elle changea de façon très sensible.

L'incident d'Imola raviva aussi l'amitié de Gilles pour Jody, après une brouille passagère. Les Scheckter avaient donné une fête à Monaco et Johanne y était allée seule, en l'absence de Gilles. À son retour, Johanne lui avait parlé de cette réception et lui avait avoué qu'elle y avait bu un peu plus que de raison. Gilles descendit de sa colline pour faire la leçon à Jody, très fâché qu'il l'ait laissée prendre un verre de trop. «Ce n'était qu'une dispute de gamins, dit Jody. Mais pendant quelque temps, nous nous sommes vus moins souvent. Et je m'en sentais gêné, même si je n'avais vraiment aucune raison de l'être.»

Jody était parfaitement au courant des problèmes entre Gilles et Johanne et il pouvait comprendre leur point de vue à tous les deux. «Quand vous êtes pilote de course, vous avez le choix entre être un gentil père de famille détendu qui se fait mener par le bout du nez par sa femme ou essayer d'être un gagnant qui fait tout son possible pour utiliser au maximum les atouts qu'il a en main. Vous devez être égocentrique. Je pense que Gilles était égocentrique dans certains domaines, en dehors de la course. Il passait peut-être beaucoup de temps avec ses jouets, et moins avec sa famille.»

«Être la femme d'un pilote de course est un travail tout simplement horrible. Vous devez vous sentir tout émoustillée d'être là dans les stands, jolie et pimpante, et laver les affaires de votre mari, parce que c'est à ça que se résume votre travail. Vous êtes la femme du pilote de course étoile, mais en réalité vous n'êtes l'étoile de rien du tout. Il y a des femmes qui ne demandent pas mieux que de vivre dans l'ombre d'une star. Mais c'est un travail horrible, infect.»

À part le profond sentiment de trahison qu'il ressentit après l'incident d'Imola, Gilles était sans aucun doute très ennuyé que sa réputation de pilote le plus rapide soit ternie. L'une des raisons pour lesquelles il s'était bien entendu avec Scheckter comme coéquipier était que Jody ne voyait pas d'inconvénient à laisser Gilles être plus rapide, tandis que lui, Scheckter, avait l'œil sur le titre de champion. Quand il l'avait remporté, il avait mis la pédale douce pendant sa deuxième année chez Ferrari et n'avait jamais menacé le prestige de Villeneuve. À Imola, par contre, Pironi avait blessé Gilles dans sa fierté.

«La manière dont il l'a fait, explique Jody, quand il lui a volé sa première place à Imola, a encore aggravé les choses. Gilles était naïf. Bien sûr, il faut faire confiance aux gens, mais en gardant la main sur la crosse de son pistolet.»

«Gilles voulait toujours être le plus rapide du monde. Et tout ce qu'il faisait n'était pas toujours bien bon pour sa santé. Il avait simplement horreur d'être battu. C'était son point faible. Il s'imposait toujours une pression énorme et Pironi le poussait encore davantage en devenant plus rapide, en se rapprochant de lui. Alors, quand Pironi l'a battu comme il l'a fait, il n'a pas pu le supporter.»

Gilles et Jody parlèrent longuement de l'affaire d'Imola et Jody essaya de calmer son ancien coéquipier avant la course de Zolder. Jody se souvenait de la colère qu'il avait lui-même ressentie durant certaines courses et il connaissait les risques d'une rage aveugle. La course autobile est suffisamment dangereuse sans que la colère vienne perturber votre jugement.

«Il m'est arrivé d'être fou de colère, au point que j'aurais pu sauter hors de la voiture à 160 km/h. Il m'est arrivé de changer de vitesse sans lever le pied de l'accélérateur, pour détruire la voiture. Je me mettais dans tous mes états à l'entraînement et aux essais de qualification, le pire moment. Pendant les courses, je contrôlais mieux mon agressivité. Mais à l'entraînement et aux essais, j'essayais tellement de réussir que je prenais beaucoup plus de risques. Vous êtes vraiment désespéré et il ne reste plus que quelques tours. C'est là que les choses deviennent très dangereuses. Lorsque vous commencez à jeter les dés un peu trop souvent, le mauvais numéro risque de sortir tôt ou tard. Mais vous vous en moquez éperdument, vous continuez à écraser l'accélérateur.»

4   *Tout le monde sait que Gilles prenait toujours plus de risques que n'importe quel autre pilote. C'était ainsi qu'il avait fait sa carrière.*
Eddie Cheever

Le Grote Prijs van Belgie, qui aurait été le soixante-huitième Grand Prix de Gilles Villeneuve, commença le vendredi 7 mai 1982 par les séances d'entraînement et de qualification au Omloop Terlamen Zolder. Et l'on regardait beaucoup les Ferrari, car l'affaire Villeneuve-Pironi était maintenant le sujet de conversation favori dans le monde de la Formule I. La tension dans le stand de l'équipe était évidente. Gilles paraissait préoccupé, plus nerveux que d'habitude. Et il était clair qu'il se faisait un point d'honneur d'éviter tout contact avec Didier. Mais il ne voulait pas non plus parler de l'affaire avec les journalistes: «Rien n'a changé depuis Imola. Je ne lui parle toujours pas et je préfère ne pas en dire davantage.»

Il y eut cependant une exception, quand Gilles prit à part Nigel Roebuck: «J'étais à côté du stand Ferrari et il m'a fait signe de venir. Nous avons commencé à parler de la voiture et je lui ai remis le texte de l'article que j'avais écrit. Puis Pironi est arrivé au stand et est descendu de sa voiture. Gilles l'a vu et m'a dit: «Fichons le camp d'ici.» Il n'allait pas rester dans le stand tant que Pironi y serait. Il ne voulait pas le regarder, encore moins lui parler. C'était à ce point.

«Le lendemain, il est venu me voir et m'a parlé de l'article: «C'est exactement ce que je voulais qu'on dise. Je suis content qu'on l'imprime. C'est ma version de l'affaire et je crois que les faits la confirment. Merci d'avoir expliqué les choses honnêtement.» C'est la dernière fois que je lui ai parlé.»

Le vendredi, le meilleur temps de Gilles était de 1 minute 17 secondes et 507 millièmes, ce qui le classait en cinquième place pour la journée (derrière le chrono de 1 minute 15 secondes et 903 millièmes d'Arnoux sur sa Renault), alors que Didier était plus lent que son coéquipier avec 1 minute 18 secondes et 796 millièmes. Gilles se plaignait que sa voiture était impossible à conduire avec ses pneus Goodyear trop durs: «J'ai eu vraiment peur plusieurs fois. Nous n'avons pas assez d'adhérence, mais c'était mieux sur des pneus plus mous.»

Gilles signala également que la direction semblait se bloquer momentanément au neutre dans les virages gauche-droite de la colline, vers Terlamenbocht, et qu'à cause de cette anomalie, il n'était pas facile d'aller au maximum sur cette section — où l'accident allait avoir lieu. Il était également irrité par l'encombrement du circuit de 4 262 mètres sur lequel jusqu'à trente voitures évoluaient en même temps. La différence de vitesse était énorme entre les plus lents et les plus rapides, alors que certains pilotes tournaient en vitesse de croisière pour réchauffer leurs pneus de qualification, ralentissaient après leur tour chronométré, attendaient que la circulation soit moins dense pour faire un temps rapide, et ainsi de suite.

«Je suppose que ce n'est pas pire que d'habitude, dit Gilles, ce qui veut dire que c'est très mauvais. Chaque fois que je faisais un tour chronométré, je tombais sur quelqu'un qui roulait lentement. Comme je l'ai déjà dit un million de fois, c'est complètement fou d'avoir seulement deux jeux de pneus pour faire votre temps. Vous êtes forcé de prendre des risques énormes.»

Le rapport d'incidents du vendredi faisait mention des difficultés de Gilles: «Le Canadien français s'est déclaré stupéfait des habitudes de freinage anticipé de certains des pilotes les plus lents et il a avoué avoir connu plusieurs mauvais moments lorsqu'il a failli emboutir une Renault et une March.» La March était la voiture numéro 17, pilotée par Jochen Mass; Gilles avait dû freiner très dur pour l'éviter.

Ce même vendredi, les membres de l'Association des pilotes de Grand Prix se réunirent pour parler des problèmes de sécurité en Formule I. Le président, Didier Pironi, et le vice-président, Niki Lauda, formèrent un comité de pilotes chargés d'étudier les moyens de réduire les dangers du sport, particulièrement aux épreuves de qualification. Jochen Mass devait être du nombre.

Toujours le même jour, le journal belge Le Soir publiait une interview de Gilles. Que pensait-il des dangers de la course ? «Il est normal d'avoir un ou deux accidents dans une saison. Je sais que je risque de me retrouver à l'hôpital. Cela ne me fait pas peur, parce que j'ai conscience des risques. Mais il arrive qu'on ne puisse rien faire. Si ma voiture dérape à Zolder, tout ce que je pourrai faire, c'est de crier maman et de faire le signe de la croix.»

Gilles était seul à Zolder et la caravane n'était pas sur le circuit. Johanne n'avait manqué qu'une demi-douzaine des courses de Formule I de son mari mais, cette fois, elle était restée avec les enfants à Monaco pour préparer la première communion de Mélanie, le dimanche. Gilles était descendu dans un hôtel près de Zolder et, le vendredi soir, il avait dîné avec un Belge qui avait vécu au Canada et qui l'avait aidé à obtenir l'appui de certains commanditaires, du temps où il courait en Formule Atlantique. Son compagnon de dîner remarqua que Gilles, très distrait et préoccupé, avait encore l'impression d'être victime d'une conspiration.

Le samedi, les soixante dernières minutes des essais de qualification commencèrent à treize heures. Les Renault de Prost et d'Arnoux se battaient pour la première ligne, tandis que les Ferrari semblaient vouloir se rapprocher d'elles sur la grille de départ. Un peu plus d'un quart d'heure avant la fin, la Ferrari de Pironi était légèrement plus rapide avec un chrono de 1 minute 16 secondes et 501 millièmes, contre 1 minute, 16 secondes et 616 millièmes pour Villeneuve, un temps qui représentait une vitesse moyenne d'un peu plus de 200 km/h. Les minutes passaient et de plus en plus de voitures sortaient sur le circuit pour essayer d'améliorer leur position, parmi elles celle de Jochen Mass, que son temps de 1 minute 19 secondes et 777 millièmes avait relégué à la dernière ligne de la grille.

Il restait moins d'un quart d'heure maintenant, et Gilles était toujours sur le circuit avec son dernier jeu de pneus de qualification. Il avait déjà fait un très bon temps, mais il continuait à tourner sur les pneus usés pour tenter de l'améliorer encore. Quand Gilles passa devant son stand, Mauro Forghieri lui donna le signal «*IN*» sur son tableau.

«Je l'ai rappelé au stand, parce que ses pneus étaient finis. Il avait déjà fait trois tours rapides avec eux et il n'était pas loin du meilleur temps de Pironi. Il n'aurait pas pu faire davantage. Il savait que c'était le cas et il rentrait. Gilles rentrait donc au stand quand il a eu son accident. Mais même pour ramener la voiture au stand, il roulait à plus de 200 km/h. Gilles était ainsi.»

Gilles arriva au sommet de la butte dans le petit virage à gauche qui précède la courbe de Terlamenbocht à une vitesse que l'on évaluera plus tard à 225 km/h. Juste devant lui, la March. Jochen Mass, qui courait son centième Grand Prix, était un pilote prudent et courtois, attentif aux voitures qui le suivaient. À ce moment-là, il se trouvait en cinquième, mais refroidissait ses pneus et roulait beaucoup plus lentement que la Ferrari. «J'ai vu Gilles dans mes rétroviseurs et j'ai cru qu'il allait me doubler sur la gauche. J'ai fait un écart à droite et j'ai été complètement stupéfié quand je l'ai vu pratiquement grimper sur moi. Il a fauché ma roue droite, a rebondi sur le pneu avant et est parti voltiger en l'air.»

La catastrophe eut la violence inouïe d'un accident d'avion. À la différence d'une voiture qui dérape et frappe ensuite un obstacle, il n'y eut aucune diminution de vitesse, aucune décélération avant l'impact. La Ferrari fit un bond de plus de cent mètres avant de s'écraser contre le sol. L'avant de la voiture se tordit sur le pilote, mais l'épave avait à peine perdu de son élan et elle continua encore sur sa lancée.

La voiture fit un autre bond, très haut dans les airs, et elle commença une série d'horribles cabrioles, touchant à un moment un talus à quelque distance derrière les rails de sécurité, du côté droit de l'entrée de Terlamenbocht. Alors qu'elle revenait sur le circuit, le projectile rouge faillit atterrir sur la March qui suivait. Mass parvint de justesse à l'éviter en montant sur le gazon.

Le châssis de la Ferrari se désintégra en mille morceaux. Le pilote, le siège et le volant se détachèrent, projetés à près de cinquante mètres dans les airs, sur le côté gauche de Terlamenbocht, et fauchèrent deux rangs de grillage. Le casque de Gilles s'envola et roula pour s'arrêter à quelque distance du corps.

Quelques secondes plus tard, un médecin était sur les lieux de l'accident et commençait à pratiquer le bouche à bouche, puis un massage cardiaque externe. D'autres médecins arrivèrent, entourés de commissaires de piste. Frénétiquement, les sauveteurs poursuivaient leurs efforts. Jochen Mass, qui s'était arrêté, se précipita à travers la foule de plus en plus dense des curieux. Le long du circuit, les drapeaux noirs apparurent et Didier Pironi s'arrêta lui aussi. Il courut vers Mass qui l'obligea à rebrousser chemin. René Arnoux et Derek Warwick les rejoignirent et les quatre pilotes, bouleversés, rentrèrent à pied aux stands.

Parmi les médecins qui s'occupaient de Gilles se trouvait le président de la commission médicale de la FISA, le professeur E.S. Watkins, qui était sur place à chaque Grand Prix.

Il y avait également le chef du service de neurochirurgie du London Hospital, Sid Watkins, «très ébranlé... non pas qu'on aurait pu éviter d'aucune façon ce qui était inévitable une fois réunies les circonstances qui ont été à l'origine de l'accident — mais parce que je le connaissais très bien. Il était toujours rationnel et raisonnable, une personne très agréable à fréquenter. Quand j'avais rencontré Gilles pour la première fois, il m'avait fait l'impression d'un homme extrêmement poli, d'un gentleman. Je me souviens qu'il m'avait dit: «J'espère ne jamais avoir besoin de vous.» Lorsque j'ai reconnu sa voiture sur les lieux de l'accident... eh bien, ces mots me sont revenus à l'esprit.»

Peu à peu, tout le monde revint dans les stands et plus d'un pilote cacha des yeux remplis de larmes derrière son casque quand il entra dans le paddock. Mais certains n'avaient pas honte de pleurer, parmi eux Alain Prost: «J'ai perdu toute motivation pour cette course. C'était mon ami.»

La dernière partie de l'accident fut montrée sur les moniteurs de télévision et son énormité apparut aussitôt à tous. Incessamment, on repassait l'enregistrement de la catastrophe et bien des gens éclataient en sanglots à le regarder. Dans l'allée des stands, dans le paddock, partout c'était la tristesse, le chagrin. Atterré, le personnel de Ferrari chargeait déjà son matériel et reprenait la route de Maranello. Marco Piccinini resta cependant sur place: «Un miracle est encore possible.»

L'accident s'était produit à 13 h 52. À peine onze minutes plus tard, un hélicoptère évacuait Gilles vers l'hôpital de l'université Saint-Raphaël, à Louvain. À 17 h 40, les médecins de l'hôpital annonçaient qu'il était inconscient et qu'il avait subi de graves lésions à la nuque: fracture des vertèbres cervicales et sectionnement de la moelle épinière. Ses fonctions vitales étaient maintenues artificiellement.

Quelques heures plus tard arrivait un dernier bulletin de l'hôpital: «Gilles Villeneuve est décédé à 21 h 12.»

Cette journée du 8 mai 1982 restera à jamais gravée dans les mémoires de millions de personnes dans le monde entier. Pour les journalistes automobiles, en réalité des enthousiastes qui ont trouvé le moyen de faire un métier de leur passion, l'accident de Zolder était une catastrophe. C'est la voix étranglée par l'émotion que nombre d'entre eux envoyèrent leurs dépêches aux quatre coins du monde. «Je me souviens très bien avoir pleuré, dit Nigel Roebuck, et nous ne sommes pas censés pleurer lorsque des pilotes de course se tuent. Mais Gilles était extrêmement important pour moi comme ami et, très sérieusement, je n'ai jamais plus senti tout à fait la même chose pour la course depuis. J'ai passé très près de tout laisser tomber à ce moment-là.»

«J'étais terriblement ému d'avoir perdu un ami, mais en même temps je perdais aussi ce qui était pour moi le pôle d'attraction de la course, le seul type qui en faisait quelque chose de valable. Parce que tout allait vraiment très mal en Formule I, avec ces luttes entre la FISA et la FOCA, ces disputes dans les stands et les paddocks, cette amertume partout où vous tourniez les yeux. Gilles était l'unique raison pour continuer à suivre les courses de Formule I.»

Alan Henry, un journaliste anglais qui était proche de Ronnie Peterson et qui avait contribué à la rédaction d'un livre sur lui, écrira plus tard un long portrait de Gilles. «Ce n'était pas simplement la disparition de l'homme que je ressentais personnellement, parce que j'avais déjà connu cette épreuve auparavant et que je me sentais immunisé dans une certaine mesure. Non, la mort de Gilles signifiait en réalité la disparition d'une certaine conception de la course. Il était le dernier à s'être abandonné sans réserve à la joie de piloter une voiture de course.»

Peter Windsor était un adolescent lorsque Jimmy Clark s'était tué en 1968 et sa mort l'avait rendu «physiquement malade» pendant quelque temps. «J'étais anéanti. Quand l'accident de Gilles est arrivé, j'avais connu mon lot de tragédies et de tristesse: Mark Donohue, Tom Pryce, et d'autres dont j'étais proche. Mais la mort de Gilles m'a terriblement bouleversé. Et ce qui s'était passé à Imola ne faisait qu'aggraver les choses. Gilles faisait totalement confiance à Didier, comme à un ami. L'incident d'Imola avait été un coup de poignard dans le cœur de Gilles.»

«Je suis convaincu que l'affaire Pironi est ce qui a tué Gilles, dit Rob Walker. Cela ne fait aucun doute dans mon esprit. Gilles y pensait certainement quand il a trouvé la mort.»

John Blunsden, qui couvre la Formule I depuis de nombreuses années pour *The Times,* partage l'opinion de Walker: «L'une des techniques les plus importantes que les pilotes doivent développer et utiliser régulièrement consiste à savoir réprimer leurs émotions aux moments critiques, et l'un des moments les plus cruciaux est la fin des épreuves de qualification. J'ai le sentiment profondément enraciné que Villeneuve pilotait sous le coup d'une intense émotion ce jour-là. Je pense qu'il avait oublié toute notion de prudence.»

«Vous pouvez peut-être vous en tirer quatre-vingt-dix-neuf fois sur cent. Mais dans ce cas particulier, toutes les circonstances qui transforment une alerte en catastrophe se sont tout à coup trouvées réunies. Il n'avait plus aucun pouvoir sur les événements à ce moment-là, il n'était plus qu'un acteur parmi d'autres sur la scène. Il a parié qu'il allait passer. Et il a perdu. C'est tout. Rideau.»

Derick Allsop était lui aussi à Zolder, comme correspondant du *Daily Mail.* C'était sa deuxième année de Grand Prix seulement. En 1988, Allsop aidera Nigel Mansell à écrire son autobiographie, alors que Mansell s'apprêtera à devenir pilote chez Ferrari. Mansell lui dira alors qu'il se sentait honoré de piloter la Ferrari numéro 27, car Gilles était le pilote qu'il avait le plus admiré et il était fier d'avoir été en bons termes avec lui. Allsop eut lui aussi bien du mal à accepter la mort de Gilles:

«C'était le premier accident mortel de ma vie de journaliste et il m'a très profondément troublé. Je me sentais extrêmement coupable ce week-end, car moi, je vivais de ce sport. Quand je suis allé au circuit le lendemain, le garage Ferrari était fermé, et pourtant la course a continué. Comme si de rien était. J'avais du mal à l'accepter. Je trouvais que c'était une sorte de sacrilège. Bien sûr, tous les pilotes savent ce qui peut les attendre. Ils sont très fatalistes à ce sujet. Et le temps, j'en ai bien peur, vous endurcit. Mais je me livrais une lutte intérieure ce week-end, en

Belgique. Je me battais avec ma conscience. Pouvais-je continuer dans ce sport ? Je dois avouer que je ne le souhaitais plus vraiment. Je m'en souviens très clairement. Et pourtant, j'ai continué.»

Le Grand Prix de Belgique se déroula donc comme prévu, sauf que c'était la première course depuis 1976 à laquelle aucune Ferrari n'allait participer. On avait proposé d'observer une minute de silence avant le départ, à la mémoire de Gilles. Mais la proposition fut écartée parce qu'elle aurait pu perturber la concentration des pilotes. Avant le départ, Eddie Cheever dit quelques mots sur l'accident: «Dans une situation comme celle-là, je sais que j'aurais eu affreusement peur. Mais je suis sûr que lorsque Gilles a compris que sa Ferrari décollait, la dernière chose qu'il a ressentie a été de la colère, pure et simple, de la colère pour avoir manqué ce tour chronométré.»

«Je pense que Gilles était le parfait pilote de course, dira Niki Lauda. De nous tous, c'est lui qui avait le plus grand talent.» Mais Lauda pensait aussi que son goût du risque n'avait pas été étranger à son accident. Après avoir critiqué Jochen Mass pour ne pas avoir laissé passer Gilles, Lauda continuait: «Ceci dit, je dois ajouter que Villeneuve était peut-être le seul pilote ici qui aurait choisi l'option risquée de dépasser une voiture plus lente en s'écartant résolument de la ligne idéale. Les risques de malentendu étaient tout simplement trop élevés.» (Une enquête de la FISA déterminera plus tard que la cause de l'accident avait été une erreur de Gilles, sans aucune responsabilité de la part de Mass.)

John Watson arracha à Keke Rosberg la première place au Grand Prix de Belgique, ce même Rosberg qui disait: «En un sens, nous portions tous des brassards noirs à Zolder ce dimanche.»

Le lendemain, Rosberg passait seul à côté du circuit, en voiture. «C'est l'endroit le plus désolé du monde. Après toute cette activité, toute cette intensité, il n'y a plus âme qui vive. Tout est mort. Des ordures partout. Et garé là-bas, l'hélicoptère de Gilles. Quand je l'ai aperçu, ça a été un coup très dur pour moi.»

5   *Nous ne pouvons que nous consoler avec ces souvenirs*
éphémères de l'homme qui nous a laissés comme il
aurait voulu que nous nous souvenions de lui: en nous
donnant tout ce qu'il avait.
Alan Henry

Le samedi de l'accident, Jody Scheckter était en convales-cence chez lui, à Monaco, après avoir été opéré d'une hernie. «Un ami m'a appelé de Zolder et m'a dit: «Gilles a eu un acci-dent, très grave. Il faut s'attendre au pire.» J'ai téléphoné à Johanne et je suis aussitôt parti chez elle, à toute vitesse. Ensuite, ça a été le chaos, le désastre. Je ne veux même plus y penser.»

Johanne faisait des biscuits dans sa cuisine quand elle reçut le coup de téléphone de Jody. «Il m'a dit que c'était très grave. J'ai eu un choc terrible et Jody m'a donné des tran-quillisants qu'il avait à cause de son opération. Il ne pouvait pas se déplacer, si bien que sa femme Pam est venue avec moi en Belgique. Les médecins m'ont fait entrer dans un bureau pour m'annoncer qu'il n'y avait plus rien à faire. Ils avaient consulté par téléphone plusieurs spécialistes à Montréal et ailleurs. Je voulais qu'ils essaient d'opérer, de faire quelque chose, n'importe quoi. Ils m'ont dit que je devais décider de faire arrêter le respirateur artificiel. Je leur ai répondu qu'ils étaient fous. Finalement, Gilles est mort. À partir de ce moment, tout est très vague dans mon esprit. Beaucoup de gens m'ont aidée. Jody a été très, très bien. Très fort.»

Alors qu'il souffrait encore constamment de son opération, Jody se consacra complètement à la tâche difficile qui allait suivre. «Je pensais que c'était mon devoir envers Gilles. Je voulais m'occuper de Johanne, m'assurer qu'elle serait proté-gée. M'occuper de Johanne et des enfants. Plus rien d'autre n'avait d'importance. Il fallait que je le fasse. J'étais proba-blement moi aussi en état de choc.»

John Lane prit l'avion pour Monaco dès qu'il apprit la nouvelle. Il se souvient de la réaction de Jacques et de Mélanie: «Ils avaient à peine dix et huit ans à l'époque, mais

387

ils semblaient s'en tirer beaucoup mieux que je ne m'y attendais. Cette nuit-là, ils sont tous les deux montés se coucher et, un peu plus tard, je suis allé les voir pour m'assurer que tout allait bien. Ils étaient endormis. Quand j'ai vu Mélanie, je me suis mis à pleurer. Elle avait une photo de son papa avec elle. Elle la serrait dans ses bras.»

Ray Wardell arriva lui aussi immédiatement en Europe et s'occupa avec Scheckter et Lane de faire rapatrier le corps au Canada. Les trois se relayèrent auprès de Johanne pour qu'elle ne soit jamais seule. Au Canada, la femme de Gaston Parent, Danièle, commençait à prendre les premières dispositions pour l'enterrement, car Gaston, anéanti, était incapable de faire quoi que ce soit: «Lorsqu'il est mort, lorsqu'il nous a quittés, je me suis enfermé dans ma coquille. Je ne voulais plus voir personne. Je ne voulais plus aller nulle part. Je ne voulais plus rien faire. Je me suis tout simplement coupé du reste du monde.»

Le gouvernement canadien envoya un Boeing 707 des Forces armées de Francfort à l'aéroport de Bruxelles où six soldats canadiens portèrent jusqu'à l'avion le cercueil recouvert du drapeau national. Parmi ceux qui firent le vol de sept heures jusqu'à Montréal avec Johanne et les enfants se trouvait l'amie de Bruno Giacomelli, Linda Marso, qui avait aidé Scheckter, Wardell et Lane à s'occuper de Johanne, accablée de chagrin. Marco Piccinini était lui aussi à bord, de même qu'un journaliste québécois, Christian Tortora, qui avait eu pour mission de choisir le cercueil. Tortora se souvient que, pendant tout le vol, les enfants faisaient des dessins et écrivaient des poèmes sur leur père et que Jacques dessinait des voitures de course.

À Montréal, la foule attendait à l'aéroport de Dorval. Johanne refusa l'hélicoptère qu'on lui proposait, préférant suivre le corps en voiture jusqu'à Berthierville où son mari fut exposé solennellement dans le centre culturel de la ville pendant deux jours. Environ cinq mille cinq cents personnes défilèrent silencieusement devant le cercueil de bronze où Gilles reposait, vêtu d'un cardigan blanc, une rose rouge sur la poitrine. À ses pieds, son casque rouge et bleu, marqué par l'accident, ses gants orange de pilote. À côté, une gerbe de fleurs rouges représentant une Ferrari, avec une simple carte: «Papa et Maman.»

Toutes les cloches de Berthier sonnaient le glas. Et dans leur coquette maison blanche, Georgette et Séville Villeneuve recevaient des messages de condoléances du monde entier. «Quand il sortait sur la piste, j'étais avec lui, disait Séville. Je prenais les virages avec lui, j'appuyais sur l'accélérateur avec lui. À la fin de la course, j'étais plus fatigué que lui. C'est terrible d'être fauché comme cela, après avoir travaillé tellement dur. Il est trop jeune. C'est trop tôt. Il voulait encore faire de la course pendant dix ans. C'est dur d'accepter sa mort, mais je sais qu'il adorait la course et que s'il est mort ainsi, au moins il est mort en faisant ce qui le rendait heureux.»

Leur autre fils était à leurs côtés. Ce tragique samedi, Jacques avait eu une prémonition. «Je ne sais pas pourquoi, mais quand le téléphone a sonné, j'ai eu l'impression qu'il s'agissait de mon frère. Je ne peux pas expliquer pourquoi. Je le savais, c'est tout. Il était à peu près dix heures du matin ici et je savais qu'il avait une course le lendemain. Ma belle-mère a entendu la mauvaise nouvelle à la radio et m'a téléphoné. Je suis allé aussitôt chez mes parents, mais ma mère avait entendu elle aussi la radio. Elle a très fortement réagi. Mon père et moi étions tellement occupés à nous occuper d'elle et du reste que nous n'avons pas vraiment compris ce qui se passait sur le moment. Ce n'est que plus tard que j'ai fini par me rendre compte de ce qui était arrivé. Ça a été très dur et j'ai pleuré toute la nuit. Je venais de comprendre que j'avais perdu mon meilleur ami.»

L'enterrement eut lieu à 15 heures le mercredi 12 mai 1982, en l'église Sainte-Geneviève de Berthier, celle que Gilles avait fréquentée dans son enfance. Des haut-parleurs retransmettaient le service à l'extérieur, pour les centaines de personnes qui n'avaient pu trouver place dans l'église. À l'intérieur du sanctuaire blanc et or, neuf cents invités assistaient à la cérémonie. Parmi eux, Pierre Elliott Trudeau, premier ministre du Canada, René Lévesque, premier ministre du Québec et d'innombrables personnalités. Un peu plus tôt, le premier ministre du Canada avait fait une déclaration: «Au nom de tous les Canadiens, je présente mes plus sincères condoléances à son épouse, à ses enfants, à ses parents et à ses amis. Le destin a voulu que nous n'ayons plus jamais l'occasion d'applaudir les exploits de cet homme dont nous étions si fiers.»

Le monde de la course était représenté par Jean Sage, directeur de l'écurie Renault, Walter Wolf, Jacques Laffite et Peter Windsor, de même que par Marco Piccinini et deux autres représentants de Ferrari. «À Zolder, nous avons tous éprouvé beaucoup de chagrin, disait Marco Piccinini, car Gilles nous était très cher. Ce n'était pas seulement un collègue, mais aussi un ami. Toute mon expérience de la Formule I chez Ferrari, je l'avais vécue avec lui, au point qu'il faisait totalement partie de mon cadre de travail. Privés de sa personnalité, de ses commentaires, de sa présence et de son enthousiasme, c'était être privés d'une partie importante de notre vie à l'époque.»

Jean Sage soulignait combien Renault aurait aimé avoir Gilles dans son équipe, comme n'importe quelle autre écurie de Formule I: «Gilles était extraordinaire. Il aura une place permanente dans notre panthéon. La plupart le considèrent comme le meilleur de notre époque en voiture de Formule.»

Jackie Stewart était également à l'enterrement. Il avait parlé à Gilles à Imola: «Il avait été complètement abasourdi par cette course. Je crois que c'était un homme très pur, presque innocent, sans aucune méchanceté. Et il est bien triste que les deux dernières semaines de sa vie aient été si tourmentées, marquées par la désillusion.»

À l'église, Johanne portait une simple robe noire à laquelle elle avait accroché la broche de diamants que lui avait donnée Enzo Ferrari. Là-bas, à Maranello, le Vieux avait fait part de sa tristesse: «Il nous a laissés pour une raison incompréhensible. Sa disparition nous a privés d'un grand champion — d'un homme que j'aimais beaucoup. Ma vie a été marquée par le chagrin: mon père, ma mère, mon frère, mon fils m'ont quitté. Elle est remplie de tristes souvenirs. Je regarde en arrière et je vois ceux que j'ai aimés. Et parmi ceux-là, je vois le visage de ce grand homme, Gilles Villeneuve.»

Le prêtre qui officiait, Eugène Dumontier, rendit hommage au courage de Gilles Villeneuve, à sa ténacité, à sa simplicité. Pierre Elliott Trudeau escortait Johanne à la sortie de l'église. Debout sur les viaducs qui enjambent l'autoroute, des milliers de personnes regardèrent silencieusement passer le cortège funèbre, en route pour Montréal où les restes de Gilles allaient être incinérés.

Pour beaucoup, les quelques mots prononcés par Jody Scheckter laisseront un souvenir durable: «Gilles va me manquer. Pour deux raisons. Tout d'abord, il était le pilote le plus rapide dans l'histoire de la course automobile. Deuxièmement, c'était l'homme le plus authentique que j'aie jamais connu. Mais il n'est pas parti. Le souvenir de ce qu'il a fait, de ce qu'il a accompli, sera toujours avec nous.»

ÉPILOGUE

Une semaine après la mort du pilote, le conseil municipal de Montréal rebaptisait le circuit de l'île Notre-Dame du nom de Gilles Villeneuve pour «perpétuer sa mémoire, honorer les grandes qualités de bravoure et de conscience professionnelle dont il était l'exemple et reconnaître la renommée que ses exploits et son talent ont apportée à la ville de Montréal.»

À Berthierville, la municipalité créa le parc Gilles-Villeneuve et y fit dresser un bronze grandeur nature de Gilles dans sa combinaison de pilote constellée de macarons, son casque à la main. Au-dessus de la statue battent les drapeaux de Berthierville, du Québec et du Canada. Une inscription, toute simple: «Gilles Villeneuve, 1950-1982. Merci Gilles.»

Non loin de là, on peut visiter le musée Gilles-Villeneuve, un bâtiment de deux étages rempli de souvenirs: une de ses motoneiges, une de ses voitures de Formule Atlantique, la carrosserie d'une de ses Ferrari, et même un disque de freins usé jusqu'à l'âme d'une 126C2, sa combinaison de pilote, son casque, ses gants, ses chaussures, une boîte à outils. À côté des centaines de trophées, de photographies, de plaques commémoratives, de diplômes d'honneur, une plaque d'immatriculation d'une de ses voitures personnelles, sa trompette, la partition de *Dark Eyes,* un morceau qu'il avait joué autrefois.

Sur le circuit de Zolder, en Belgique, un monument se dresse à la mémoire de Gilles. À Fiorano, la rue principale menant au circuit d'essai a été officiellement baptisée Via Gilles Villeneuve. Près de l'entrée de la piste, un autre monument encore: un buste de Gilles qui domine une forme circulaire de métal symbolisant un pneu de course. Aujourd'hui, c'est devenu un sanctuaire, toujours décoré de fleurs fraîchement coupées, régulièrement visité par des admirateurs recueillis qui viennent y prendre des photos dans un silence respectueux.

Sur les murs et dans les rues de Fiorano ou de Maranello apparaissent encore des graffiti peints par les *tifosi,* pour qui la légende de Villeneuve semble grandir sans cesse: «Gilles, Pour Toujours» . Et des milliers de visiteurs étrangers vont en pèlerinage à la librairie et à la boutique de souvenirs Ferrari, en face des portes de l'usine. On s'y arrache insignes, macarons et banderoles Gilles Villeneuve, des maquettes de sa voiture numéro 27, des répliques de son casque, plusieurs livres de photos consacrés à sa carrière.

Sur les circuits de Monza et d'Imola, les kiosques de souvenirs ont peine à satisfaire la demande de leur clientèle: photos encadrées, plaques, bustes miniatures en bronze, répliques de la combinaison de Gilles. Tous les ans, au Grand Prix de San Marino, le slogan *«Gilles Vivo»* (Gilles vit) apparaît tout autour de l'Autodromo Dino Ferrari et le drapeau canadien, sur la troisième place de la grille de départ, là où Gilles a commencé sa dernière course, marque un territoire sacré.

Chez Ferrari, où arrivent encore des lettres adressées à Gilles Villeneuve, Brenda Vernor a reçu des milliers de témoignages et de messages de condoléances. La presse internationale publia un grand nombre de ces hommages que les admirateurs de Gilles rendirent à leur héros disparu. Six mois après la mort du pilote, une jeune femme de vingt et un ans écrivait: «Salut, Gilles ! Je ne peux toujours pas croire que tu n'es plus ici... Je n'ai pas connu Nuvolari, mais je parlerai de toi avec fierté à ma fille. Je pourrai lui dire que tu faisais mes délices, que j'ai pleuré pour toi. Je ressens en moi un vide infini que rien ne me semble pouvoir combler, si ce n'est mes larmes. J'espère que là-haut, tu as trouvé un circuit. Et quand le feu passe au vert, vas-y, Gilles. Tu seras toujours le premier. Lorsque je lève les yeux vers le ciel, c'est toi que je vois dans la plus belle étoile. La plus brillante. Et je suis sûre que toi, là-haut, tu penses à nous, tu penses à moi, moi qui suis morte dans mon cœur avec toi. Un jour, je t'apporterai une rose, à toi qui a été mon premier rêve brisé.»

Après la tragédie, Enzo Ferrari voulut faire retirer définitivement le numéro 27, en hommage à la mémoire de Gilles. Il demanda sans succès à la FISA qu'on le remplace par le numéro 37. L'écurie ne présenta qu'une seule voiture, celle de Pironi, à la course suivante, dans la ville d'adoption de Gilles. Pironi termina deuxième ce quarantième Grand Prix de Monaco. Et dans le programme de la course, Clay Regazzoni rendait un dernier hommage à l'homme que pleuraient tous les Monégasques.

À la suite de son accident de Long Beach, en 1980, dont Regazzoni était sorti paralysé pour la vie, Gilles s'était senti rempli d'admiration pour le pilote désormais cloué sur un fauteuil roulant. Gilles avouait: «Je ne pourrais pas supporter d'avoir un accident comme celui-là. C'est épouvantable. Je ne pourrais plus jamais courir.»

Et maintenant, Clay Regazzoni écrivait: «Adieu, Gilles. Tu étais jeune, loyal, audacieux, simple, et tu aimais t'exprimer dans notre sport comme nul autre ne l'a fait ces dernières années. Tu venais d'arriver au sommet de la gloire et, comme un coup de tonnerre, le destin s'est cruellement emparé de ta vie. Tu laisses un vide immense. Ton talent était une fantastique démonstration qui manquera aux nombreux admirateurs que tu aimais et à qui tu donnais toujours le meilleur de toi-même. Ils n'oublieront jamais ce que tu as fait et tu laisseras un souvenir impérissable aux amateurs du sport automobile. Johanne, Mélanie et Jacques, comme nous, seront toujours fiers de toi. Adieu, Gilles.»

La Formule I allait être encore une fois endeuillée au cours de la saison 1982. Au Circuit Gilles-Villeneuve, en juin, à peine un mois après que le circuit eut été rebaptisé, un accident sur la grille de départ coûta la vie au jeune pilote italien Riccardo Paletti, lorsque sa Osella emboutit une voiture qui avait calé: la Ferrari de Didier Pironi.

Pironi était indemne et il gagna la course suivante, le Grand Prix de Hollande, qu'il dédia à la mémoire de Gilles Villeneuve. Également en Hollande, Patrick Tambay remplaça son ami au volant de la Ferrari numéro 27. Tambay n'avait donné suite à cette proposition qu'après s'être longuement demandé si remplacer Gilles «ne risquait pas d'être un facteur inhibant, en termes sentimentaux et psychologiques. J'ai eu beaucoup de mal à accepter de remplacer Gilles. Un moment, j'ai cru que les aspects négatifs pourraient l'emporter sur les côtés positifs. Je sentais que je pilotais dans l'ombre de Gilles et que tout le monde pensait à lui.»

«Remplacer Gilles, disait Tambay à l'époque, en plus d'être un honneur, a été davantage une sorte de devoir. Personne n'oubliera jamais, parce que nous parlons d'une blessure qui ne peut pas se cicatriser, mais avec le temps elle deviendra moins douloureuse. Il faudra la traiter avec beaucoup de compréhension, de travail et d'amitié. Mais personne ne parviendra à combler un vide tel que celui que Gilles nous a laissé, d'aucune manière.»

Trois mois jour pour jour après la mort de Gilles, la carrière de Formule I de Didier Pironi prenait fin dans un horrible accident à l'entraînement pour le Grand Prix d'Allemagne, à Hockenheim. Pironi menait dans la course pour le championnat du monde (il finirait deuxième derrière Keke Rosberg) et il pilotait plus dur que jamais. Ayant déjà fait le meilleur temps aux essais de qualification, Pironi roulait à très haute vitesse, malgré la pluie qui rendait la visibilité extrêmement mauvaise. La Renault d'Alain Prost était masquée par un nuage de gouttelettes. Pironi ne la vit pas à temps et la frappa par derrière. La voiture de Pironi fut catapultée dans les airs, d'une manière qui rappelait trop l'accident fatal de Gilles à Zolder. La Ferrari allait sans doute à 240 km/h, alors que la Renault roulait à moins de 190 km/h, et la voiture numéro 28 atterrit trois cents mètres plus loin. Quand Prost, Eddie Cheever et Nelson Piquet s'arrêtèrent pour porter secours au pilote, ils furent épouvantés par la gravité de ses blessures aux jambes. Piquet en fut même malade.

Patrick Tambay remporta le Grand Prix d'Allemagne 1982, sa première victoire en Formule I, et cette journée fut chargée d'une intense émotion pour lui: «Je pensais à Gilles et à Didier. Je pensais à eux sans arrêt. Ils m'ont accompagné tout le temps. C'était très difficile.»

Les jambes de Pironi avaient été très gravement mutilées dans l'accident d'Hockenheim et, pendant l'année qui suivit, il dut subir au moins trente et une opérations chirurgicales. Enzo Ferrari lui avait promis une place dès qu'il serait rétabli et Pironi espérait encore reprendre la course de Formule I. Mais il n'allait pas en être ainsi. Il trouva la mort au volant d'une vedette off-shore à l'été 1987.

Didier Pironi avait été sincèrement navré de la controverse qui avait suivi l'affaire d'Imola. Sa maison était remplie de photos de lui et de Gilles et, après sa mort en 1987, sa compagne (son précédent mariage s'était terminé par un divorce), Catherine Goux, donna naissance à deux jumeaux qu'elle appela Didier et Gilles.

À sa conférence de presse annuelle, en 1982, Enzo Ferrari rendit une fois de plus hommage au pilote pour lequel il avait eu tant d'affection: «Il convient de rappeler la mémoire du pilote que nous ne verrons plus et qui avait atteint une telle célébrité avec Ferrari grâce à sa magnanimité et à son audace... J'avais de l'affection pour Villeneuve. À mes yeux, il faisait partie de ma famille. Aujourd'hui, je trouve une consolation dans cette lettre que j'ai reçue de sa veuve: «Cher Ferrari, j'ai été profondément touchée par votre générosité qui m'a soulagée d'un grand fardeau. Grâce à vous, je pourrai plus facilement consacrer toute mon attention à mes enfants qui constituent mon seul réconfort dans cette période très difficile. Je voudrais vous remercier de tout et j'espère venir vous rendre visite à Maranello avec mes enfants dans le proche avenir.»

Après le service funèbre, Johanne rapporta les cendres de son mari avec elle à Monaco. Les amis de la famille continuèrent à lui apporter le soutien moral dont elle et les enfants avaient tant besoin. Il fallut aussi s'occuper de la succession qui présentait des difficultés, compte tenu des différents régimes juridiques qui pouvaient s'appliquer à un citoyen canadien résidant à Monaco et possédant des intérêts financiers dans plusieurs pays différents. Au cours de l'année qui suivit, Jody Scheckter consacra beaucoup de temps à percevoir les sommes d'argent que devaient encore les différents commanditaires de Gilles. John Lane resta à Monaco pour aider à trier les effets personnels de Gilles. Gaston Parent, l'exécuteur testamentaire, s'occupa avec Boris Stein d'administrer la succession afin que Johanne, Jacques et Mélanie ne manquent de rien.

Mentalement et physiquement épuisée, Johanne traversa une période d'adaptation très difficile, soutenue par les nombreuses personnes qui lui vinrent en aide. Avant toute chose, elle voulait consoler les enfants et fit de son mieux pour être courageuse devant eux. Grâce à elle, Jacques et Mélanie purent s'adapter sans trop de difficultés. Ils entrèrent dans une école privée en Suisse, tandis que Johanne étudiait la mode à Nice pendant deux ans. Puis elle interrompit ses études, comptant bien les reprendre un peu plus tard, et se consacra entièrement à élever ses enfants et à perpétuer la mémoire de leur père. Mélanie pense faire une carrière en droit international, alors que Jacques, contre les vœux de sa mère (mais son père l'aurait certainement approuvé), a décidé de se lancer dans la course.

La famille est encore très en vue en Europe et lorsque la femme et les enfants de Gilles Villeneuve assistent à un Grand Prix, ils y sont reçus comme des célébrités à part entière par le public et ils sont chaleureusement accueillis par les membres de la fraternité automobile. Pour les enfants, c'est un retour dans le monde qui les a vus grandir. Pour Johanne, c'est l'occasion de se souvenir de ces jours où son mari lui murmurait à l'oreille: «Attends-moi, ce ne sera pas long.»

LE PALMARÈS DE GILLES VILLENEUVE

1973
Formule Ford : Série provinciale (Québec)
Vainqueur dans sept des dix épreuves; champion du Québec; jeune pilote
de l'année.

1974
*Formule Atlantique (March 74B – Ford BDA) : Challenge Player's
(Canada)*
26 mai : Westwood, C.B.		Résultat : 3^e
2 juin : Edmonton, Alberta	Grille : 6^e	Résultat : 22^e
16 juin : Gimli, Manitoba	Grille : 15^e	Résultat : Abandon
1er juillet : Mosport, Ontario	Grille : 14^e	Résultat : Accident
11 août : Halifax, Nouvelle-Écosse		Résultat : Abandon
1er septembre : Trois-Rivières, Québec	Grille : 13^e	Résultat : Accident
		(Course hors championnat)

Classement final : Challenge Player's
1.	Bill Brack	128
2.	Tom Klausler	117
3.	Wink Bancroft	74
16.	Gilles Villeneuve	

1975
*Formule Atlantique (March 75B – Ford BDA) : Challenge Player's
(Canada)*
1er juin : Westwood, C.B.   Grille : 8e Résultat : 5^e

22 juin : Gimli, Manitoba	Grille : 19^e	Résultat : 1er
6 juillet : Saint-Jovite, Québec	Grille : 4^e	Résultat : 2^e
17 août : Halifax, Nouvelle-Écosse	Grille : 7^e	Résultat : 14^e
31 août : Trois-Rivières, Québec	Grille : 3^e	Résultat : Abandon
		(Course hors championnat)

Classement final : Challenge Player's

1.	Bill Brack	112
2.	Bertil Roos	94
3.	Tom Klausler	92
5.	Gilles Villeneuve	69

1976

Challenge IMSA Camel GT (Chevrolet Camaro) avec Maurice Carter
31 janvier / 1er février : Daytona Beach, Floride   Résultat : Abandon

Formule Atlantique (March 76B – Ford BDA): Challenge Player's (Canada); IMSA (États-Unis)

11 avril : Road Atlanta, Géorgie	Grille : 1er	Résultat : 1er
2 mai : Laguna Seca, Californie		Résultat : 1er
9 mai : Ontario, Californie	Grille : 1er	Résultat :1er; Meilleur tour
16 mai : Edmonton, Alberta	Grille : 1er	Résultat : 1er; Meilleur tour
30 mai : Westwood, C.B.	Grille : 1er	Résultat : Abandon
13 juin : Gimli, Manitoba	Grille : 1er	Résultat : 1er
11 juillet : Saint-Jovite, Québec	Grille : 1er	Résultat : 1er; Meilleur tour
8 août : Halifax, Nouvelle-Écosse	Grille : 1er	Résultat : 1er; Meilleur tour
5 septembre : Trois-Rivières, Québec	Grille : 1er	Résultat : 1er; Meilleur tour
		(Course hors championnat)
19 septembre : Road Atlanta, Géorgie	Grille : 1er	Résultat : 1er;

Classement final : Challenge Player's
1.	Gilles Villeneuve	120
2.	Bertil Roos	72
3.	Bill Brack	67

Classement final : IMSA
1.	Gilles Villeneuve	80
2.	Price Cobb	45
3.	Elliott Forbes-Robinson	45

Formule II (March 762 – Hart) : Série européenne
7 juin : Pau, France   Grille : 10e Résultat : Abandon

1977

Formule Atlantique (Chevron B39 – Ford BDA) : Championnat internatio-
nal de Formule Atlantique Phillips (Afrique du Sud)
15 janvier : Roy Hesketh, Natal   Grille : 10e Résultat : 3^e
29 janvier : Kyalami, Transvaal   Grille : 2e Résultat : 5^e
5 février : Goldfields, OFS   Grille : 5e Résultat : Abandon
19 février : Killarney, Cape Town   Grille : 5e Résultat : Accident

Classement final : Championnat international Phillips
  1.   Ian Scheckter   27
  6.   Gilles Villeneuve   6

Formule Atlantique (March 77B Ford BDA/BDN) : Challenge Labatt
(Canada)
22 mai : Mosport, Ontario   Grille : 1er Résultat : 2e;
                                                              Meilleur tour
26 juin : Gimli, Manitoba   Grille : 2e Résultat : Abandon
3 juillet : Edmonton, Alberta   Grille : 1er Résultat : 1er
7 août : Halifax, Nouvelle-Écosse   Grille : 1er Résultat : Accident
14 août : Saint-Félicien, Québec   Grille : 1er Résultat : 1er
4 septembre : Trois-Rivières, Québec   Grille : 1er Résultat : 4^e
                                              (Course hors championnat)
25 septembre : Québec, Québec   Grille : 3e Résultat : 1er

Classement final : Challenge Labatt
  1.   Gilles Villeneuve   114
  2.   Bobby Rahal   92
  3.   Bill Brack   87

Can-Am (Wolf Dallara WD1 – Chevrolet) : Challenge Citicorp SCCA (États-
Unis et Canada)
10 juillet : Watkins Glen, New York   Grille : 4e Résultat : Abandon
24 juillet : Road America, Wisconsin   Grille : 1er Résultat : 3^{en}
21 août : Mosport, Ontario   Grille : 6e Résultat : Abandon
4 septembre : Trois-Rivières, Québec   Grille : 3e Résultat : Abandon

Classement final : Challenge Citicorp SCCA
  1.   Patrick Tambay   159
  2.   Peter Gethin   108
  3.   Elliott Forbes-Robinson   71
 12.   Gilles Villeneuve   16

Championnat du monde d'endurance (BMW 320i) : avec Eddie Cheever
20 août : Mosport, Ontario   Grille : 11e Résultat : 3^e

Formule I (McLaren M23<197>Ford Cosworth DVF) : Championnat du monde
16 juillet : Silverstone, Angleterre   Grille : 9e Résultat : 11^e

Formule I (Ferrari 312-T2) : Championnat du monde
9 octobre : Mosport, Canada   Grille : 17e Résultat : 12^e
23 octobre : Fuji, Japon   Grille : 20e Résultat : Accident

1978
Formule I (Ferrari 312-T2 / T3) : Championnat du monde
15 janvier : Buenos Aires, Argentine   Grille : 7e Résultat : 8^e
29 janvier : Jacarepaguá, Brésil   Grille : 6e Résultat : Accident
4 mars : Kyalami, Afrique du Sud   Grille : 8e Résultat : Abandon
2 avril : Long Beach, États-Unis   Grille : 2e Résultat : Accident
7 mai : Monaco   Grille : 8e Résultat : Accident
21 mai : Zolder, Belgique   Grille : 4e Résultat : 4^e
4 juin : Jarama, Espagne   Grille : 5e Résultat : 10^e
17 juin : Anderstorp, Suède   Grille : 7e Résultat : 9^e
2 juillet : Paul Ricard, France   Grille : 9e Résultat : 12^e
16 juillet : Brands Hatch, Angleterre   Grille : 13e Résultat : Abandon
30 juillet : Hockenheim, Allemagne   Grille : 15e Résultat : 8^e
13 août : Osterreichring, Autriche   Grille : 11e Résultat : 3^e
27 août : Zandvoort, Hollande   Grille : 5e Résultat : 6^e
10 septembre : Monza, Italie   Grille : 2e Résultat : 7^e
                                                             (Deuxième en
                                                             course. Pénalité
                                                             d'une minute pour
                                                             faux départ.)

1er octobre : Watkins Glen, États-Unis Grille : 4e Résultat : Abandon
8 octobre : Ile Notre-Dame, Canada   Grille : 3e Résultat : 1er

Classement final : Championnat du monde
   1.   Mario Andretti   64
   2.   Ronnie Peterson   51   (à titre posthume)
   3.   Carlos Reutemann   48
   9.   Gilles Villeneuve   17

1979
Formule I (Ferrari 312-T3 / T4) : Championnat du monde
21 janvier : Buenos Aires, Argentine   Grille : 10e Résultat : Abandon
4 février : Interlagos, Brésil   Grille : 5e Résultat : 5^e
3 mars : Kyalami, Afrique d Sud   Grille : 3e Résultat : 1er;
                                                             Meilleur tour

8 avril : Long Beach, Californie   Grille : 1er Résultat : 1er;
Meilleur tour
15 avril : Brands Hatch, Angleterre   Grille : 3e Résultat : 1er
(Course hors championnat)
29 avril : Jarama, Espagne   Grille : 3e Résultat : 7e;
Meilleur tour
13 mai : Zolder, Belgique   Grille : 6e Résultat : 7^e
27 mai : Monaco   Grille : 2e Résultat : Abandon
1er juillet : Dijon-Prenois, France   Grille : 3e Résultat : 2^e
14 juillet : Silverstone, Angleterre   Grille : 13e Résultat : 14^e
29 juillet : Hockenheim, Allemagne   Grille : 9e Résultat : 8e;
Meilleur tour
12 août : Osterreichring, Autriche   Grille : 5e Résultat : 2^e
26 août : Zandvoort, Hollande   Grille : 6e Résultat : Abandon;
Meilleur tour
9 septembre : Monza, Italie   Grille : 5e Résultat : 2^e
16 septembre : Imola, Italie   Grille : 1er Résultat : 7e;
Meilleur tour
(Course hors championnat)
30 septembre : Ile Notre-Dame, Canada   Grille : 2e Résultat : 2^e
7 octobre : Watkins Glen, États-Unis   Grille : 3e Résultat : 1er

Classement final : Championnat du monde
1.   Jody Scheckter   51
2.   Gilles Villeneuve   47
3.   Alan Jones   40

1980
Formule I (Ferrari 312-T5) : Championnat du monde
13 janvier : Buenos Aires, Argentine   Grille : 8e Résultat : Accident
27 janvier : Interlagos, Brésil   Grille : 3e Résultat : 16^e
1er mars : Kyalami, Afrique du Sud   Grille : 10e Résultat : Abandon
30 mars : Long Beach, États-Unis   Grille : 10e Résultat : Abandon
4 mai : Zolder, Belgique   Grille : 12e Résultat : 6^e
18 mai : Monaco   Grille : 6e Résultat : 5^e
29 juin : Paul Ricard, France   Grille : 17e Résultat : 8^e
13 juillet : Brands Hatch, Angleterre   Grille : 19e Résultat : Abandon
10 août : Hockenheim, Allemagne   Grille : 16e Résultat : 6^e
17 août : Osterreichring, Autriche   Grille : 15e Résultat : 8^e
31 août : Zandvoort, Hollande   Grille : 7e Résultat : 7^e
14 septembre : Imola, Italie   Grille : 8e Résultat : Accident
28 septembre : Ile Notre-Dame, Canada   Grille : 22e Résultat : 5^e
5 octobre : Watkins Glen, États-Unis   Grille : 18e Résultat : Accident

Classement final : Championnat du monde
1.   Alan Jones   67
2.   Nelson Piquet   54
3.   Carlos Reutemann   42
10. Gilles Villeneuve   6

1981

Formule I (Ferrari 126C) : Championnat du monde

15 mars : Long Beach, Californie	Grille : 5^e	Résultat : Abandon
29 mars : Jacarepaguá, Brésil	Grille : 7^e	Résultat : Abandon
12 avril : Buenos Aires, Argentine	Grille : 7^e	Résultat : Abandon
3 mai : Imola, Italie	Grille : 7^e	Résultat : 4e; Meilleur tour
17 mai : Zolder, Belgique	Grille : 7^e	Résultat : 4^e
31 mai : Monaco	Grille : 2^e	Résultat : 1er
21 juin : Jarama, Espagne	Grille : 7^e	Résultat : 1er
5 juillet : Dijon-Prenois, France	Grille : 11^e	Résultat : Abandon
18 juillet : Silverstone, Angleterre	Grille : 8^e	Résultat : Accident
2 août : Hockenheim, Allemagne	Grille : 8^e	Résultat : 10^e
16 août : Osterreichring, Autriche	Grille : 3^e	Résultat : Accident
30 août : Zandvoort, Hollande	Grille : 16^e	Résultat : Accident
13 septembre : Monza, Italie	Grille : 9^e	Résultat : Abandon
27 septembre : Ile Notre-Dame, Canada	Grille : 11^e	Résultat : 3^e
17 octobre : Las Vegas, États-Unis	Grille : 3^e	Résultat : Abandon

Classement final : Championnat du monde
1.   Nelson Piquet   50
2.   Carlos Reutemann   49
3.   Alan Jones   46
7.   Gilles Villeneuve   25

1982

Formule I (Ferrari 126 C2) : Championnat du monde

23 janvier : Kyalami, Afrique du Sud	Grille : 3^e	Résultat : Abandon
21 mars : Jacarepaguá, Brésil	Grille : 2^e	Résultat : Accident
4 avril : Long Beach, États-Unis	Grille : 7^e	Résultat : Disqualifié (Troisième en course)
25 avril : Imola, Italie	Grille : 3^e	Résultat : 2^e
8 mai : Zolder, Belgique	Tué aux essais de qualification	

CIRCUITS DE GRAND PRIX

Les cartes des circuits nous ont été aimablement fournies par la Fédération Internationale de l'Automobile.

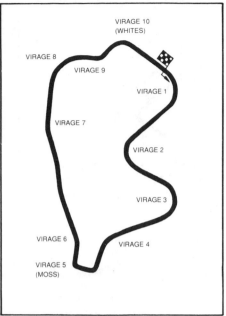

Mosport Park: Ontario, Canada
3 957 mètres

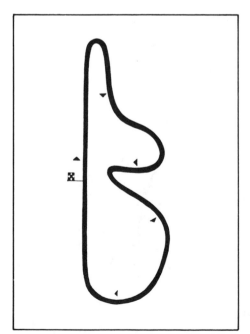

Fuji International Speedway:
près de Gotemba, Japon
4 359 mètres

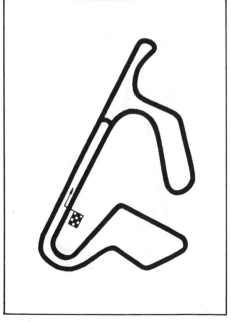

Autodromo Internacional do Rio de Janeiro:
Jacarepaguá, Brésil
5 031 mètres

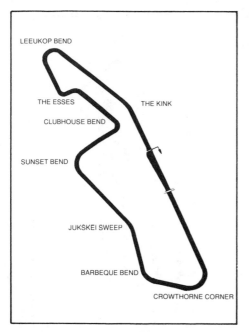

Kyalami: Johannesburg, Afrique du Sud
4 104 mètres

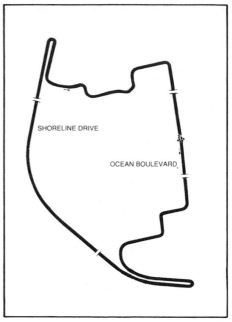

Long Beach: Long Beach Californie, États-Unis
3 251 mètres

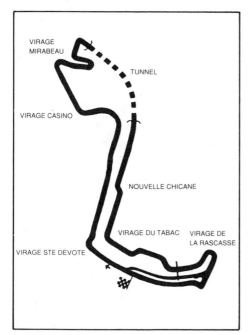

Circuit de Monaco: Monte Carlo
3 312 mètres

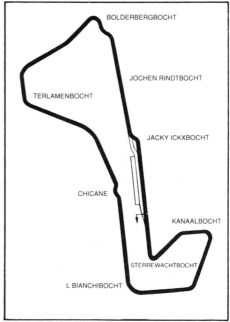

Omloop Terlaemen Zolder: Hasselt, Belgique
4 262 mètres

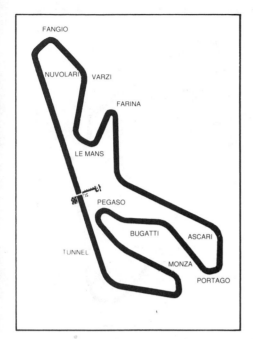

Jarama: près de Madrid, Espagne
3 404 mètres

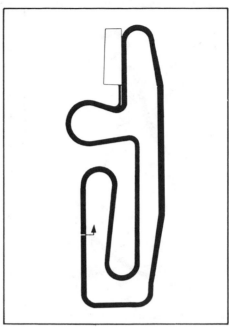

Scandinavian Raceway: Anderstorp,
Suède
4 031 mètres

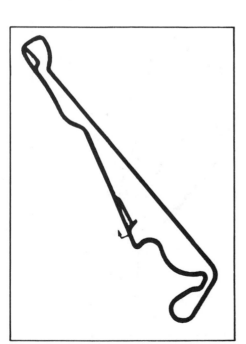

ASA Paul Ricard: près de Marseille, France
5 810 mètres

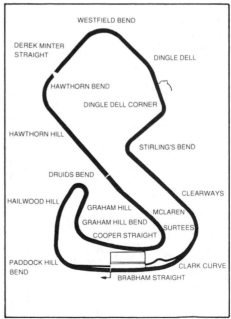

Brands Hatch: Fawkharn, Kent, Angleterre
4 206 mètres

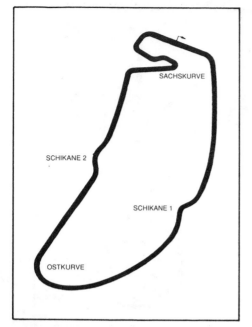

Hockenheim-Ring:
près de Heidelberg, Allemagne de l'Ouest
6 789 mètres

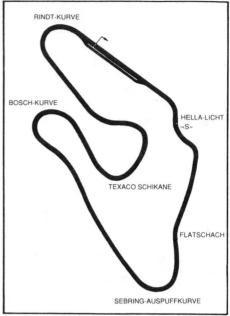

Osterreichring: près de Knittelfeld, Autriche
5 942 mètres

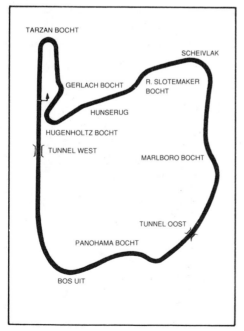

Zandvoort: près de Haarlem, Pays-Bas
4 226 mètres

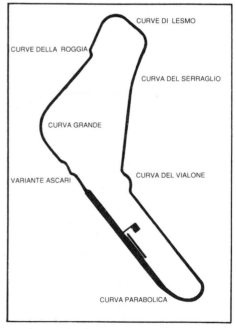

Autodromo di Nazionale di Monza:
près de Milan, Italie
5 800 mètres

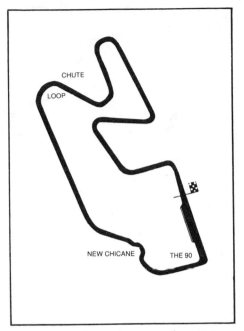

Watkins Glen: État de New York, États-Unis
5 435 mètres

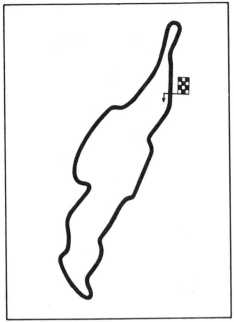

Circuit Ile Notre-Dame (Gilles-Villeneuve):
Montréal, Québec, Canada
4 500 mètres

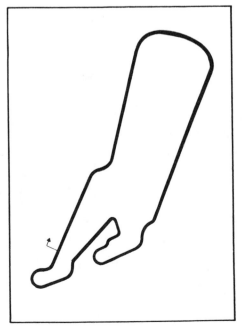

Autodromo Municipal de la Ciudad de
Buenos Aires: Buenos Aires, Argentine
5 968 mètres

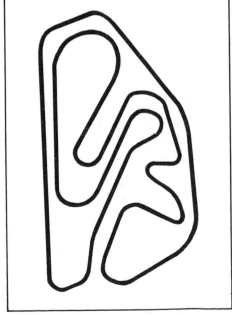

Interlagos: près de São Paulo, Brésil
7 960 mètres

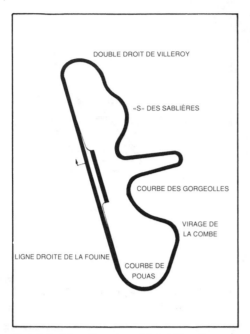

Circuit de Dijon-Prenois: près de Dijon, France
3 800 mètres

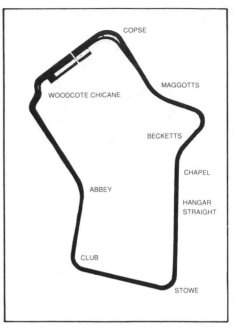

Silverstone: près de Towcester,
Northamptonshire, Angleterre
4 719 mètres

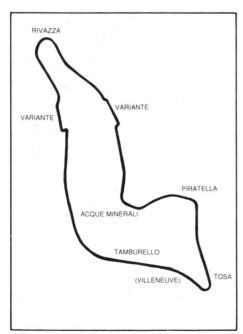

Autodromo Dino Ferrari, Imola:
Imola Italie
5 040 mètres

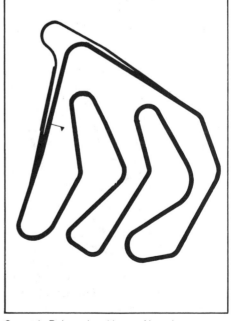

Caesar's Palace: Las Vegas, Nevada,
États-Unis
3 650 mètres

INDEX

413

TABLE DES MATIÈRES

Ouvrages parus chez les éditeurs du groupe Sogides

LES ÉDITIONS DE L'HOMME

AFFAIRES

* **Acheter une franchise,** Levasseur, Pierre
* **Bourse, La,** Brown, Mark
* **Comprendre le marketing,** Levasseur, Pierre
* **Devenir exportateur,** Levasseur, Pierre
  Étiquette des affaires, L', Jankovic, Elena
* **Faire son testament soi-même,** Poirier, Me Gérald et Lescault-Nadeau, Martine
  Finances, Les, Hutzler, Laurie H.
  Gérer ses ressources humaines, Levasseur, Pierre

Gestionnaire, Le, Colwell, Marian
Informatique, L', Cone, E. Paul
* **Lancer son entreprise,** Levasseur, Pierre
  Leadership, Le, Cribbin, James
  Meeting, Le, Holland, Gary
  Mémo, Le, Reinold, Cheryl
* **Ouvrir et gérer un commerce de détail,** Roberge, C.-D. et Charbonneau, A.
  Patron, Le, Reinold, Cheryl
* **Stratégies de placements,** Nadeau, Nicole

ANIMAUX

Art du dressage, L', Chartier, Gilles
Cheval, Le, Leblanc, Michel
Chien dans votre vie, Le, Margolis, M. et Swan, C.
Éducation du chien de 0 à 6 mois, L', DeBuyser, Dr Colette et Dehasse, Dr Joël
* **Encyclopédie des oiseaux,** Godfrey, W. Earl
  Guide de l'oiseau de compagnie, Le, Dr R. Dean Axelson
  Guide des oiseaux, Le, T.1, Stokes, W. Donald
  Guide des oiseaux, Le, T.2, Stokes, W. Donald et Stokes, Q. Lilian

* **Mon chat, le soigner, le guérir,** D'Orangeville, Christian
  Observations sur les mammifères, Provencher, Paul
* **Papillons du Québec, Les,** Veilleux, Christian et Prévost, Bernard
  Petite ferme, T.1, Les animaux, Trait, Jean-Claude
  Vous et vos oiseaux de compagnie, Huard-Viau, Jacqueline
  Vous et vos poissons d'aquarium, Ganiel, Sonia
  Vous et votre beagle, Eylat, Martin
  Vous et votre berger allemand, Eylat, Martin

ANIMAUX

Vous et votre boxer, Herriot, Sylvain
Vous et votre braque allemand,
  Eylat, Martin
Vous et votre caniche, Shira, Sav
Vous et votre chat de gouttière,
  Mamzer, Annie
Vous et votre chat tigré, Eylat, Odette
Vous et votre chihuahua, Eylat, Martin
Vous et votre chow-chow,
  Pierre Boistel
Vous et votre cocker américain,
  Eylat, Martin
Vous et votre collie, Éthier, Léon
Vous et votre dalmatien, Eylat, Martin
Vous et votre danois, Eylat, Martin
Vous et votre doberman, Denis, Paula
Vous et votre fox-terrier, Eylat, Martin
Vous et votre golden retriever,
  Denis, Paula
Vous et votre husky, Eylat, Martin

Vous et votre labrador,
  Van Der Heyden, Pierre
Vous et votre lévrier afghan,
  Eylat, Martin
Vous et votre lhassa apso,
  Van Der Heyden, Pierre
Vous et votre persan, Gadi, Sol
Vous et votre petit rongeur,
  Eylat, Martin
Vous et votre schnauzer, Eylat, Martin
Vous et votre serpent, Deland, Guy
Vous et votre setter anglais,
  Eylat, Martin
Vous et votre shih-tzu, Eylat, Martin
Vous et votre siamois, Eylat, Odette
Vous et votre teckel, Boistel, Pierre
Vous et votre terre-neuve,
  Pacreau, Marie-Edmée
Vous et votre yorkshire,
  Larochelle, Sandra

ARTISANAT/BRICOLAGE

Art du pliage du papier, L',
  Harbin, Robert
* **Artisanat québécois, T.1,** Simard, Cyril
* **Artisanat québécois, T.2,** Simard, Cyril
* **Artisanat québécois, T.3,** Simard, Cyril
* **Artisanat québécois, T.4,** Simard, Cyril
  et Bouchard, Jean-Louis
* **Construire des cabanes d'oiseaux,**
  Dion, André

* **Encyclopédie de la maison québécoise,**
  Lessard, Michel et Villandré, Gilles
* **Encyclopédie des antiquités,**
  Lessard, Michel et Marquis, Huguette
* **J'apprends à dessiner,** Nassh, Joanna
  Taxidermie moderne, La, Labrie, Jean
* **Tissage, Le,** Grisé-Allard, Jeanne et
  Galarneau, Germaine
  Vitrail, Le, Bettinger, Claude

BIOGRAPHIES

* **Brian Orser - Maître du triple axel,**
  Orser, Brian et Milton, Steve
* **Dans la fosse aux lions,** Chrétien, Jean
* **Dans la tempête,** Lachance, Micheline
* **Duplessis, T.1 - L'ascension,**
  Black, Conrad
* **Duplessis, T.2 - Le pouvoir,**
  Black, Conrad
* **Ed Broadbent - La conquête obstinée
  du pouvoir,** Steed, Judy
* **Establishment canadien, L',**
  Newman, Peter C.
* **Larry Robinson,** Robinson, Larry et
  Goyens, Chrystian
* **Michel Robichaud - Monsieur Mode,**
  Charest, Nicole

* **Monopole, Le,** Francis, Diane
* **Nouveaux riches, Les,**
  Newman, Peter C.
* **Paul Desmarais - Un homme et son em-
  pire,** Greber, Dave
* **Plamondon - Un cœur de rockeur,**
  Godbout, Jacques
* **Prince de l'Église, Le,** Lachance, Micheline
* **Québec Inc.,** Fraser, M.
* **Rick Hansen - Vivre sans frontières,**
  Hansen, Rick et Taylor, Jim
* **Saga des Molson, La,** Woods, Shirley
* **Sous les arches de McDonald's,**
  Love, John F.
* **Trétiak, entre Moscou et Montréal,**
  Trétiak, Vladislav

BIOGRAPHIES

* Une femme au sommet - Son
  excellence Jeanne Sauvé,
  Woods, Shirley E.

CARRIÈRE/VIE PROFESSIONNELLE

* Choix de carrières, T.1, Milot, Guy
* Choix de carrières, T.2, Milot, Guy
* Choix de carrières, T.3, Milot, Guy
  Comment rédiger son curriculum vitae,
  Brazeau, Julie
  Guide du succès, Le, Hopkins, Tom
* Je cherche un emploi, Brazeau, Julie
  Parlez pour qu'on vous écoute,
  Brien, Michèle

  Relations publiques, Les, Doin, Richard
  et Lamarre, Daniel
  Techniques de vente par téléphone,
  Porterfield, J.-D.
* Test d'aptitude pour choisir sa carrière,
  Barry, Linda et Gale
  Une carrière sur mesure,
  Lemyre-Desautels, Denise
  Vente, La, Hopkins, Tom

CUISINE

* À table avec Sœur Angèle,
  Sœur Angèle
* Art d'apprêter les restes, L',
  Lapointe, Suzanne
  Barbecue, Le, Dard, Patrice
* Biscuits, brioches et beignes,
  Saint-Pierre, A.
* Boîte à lunch, La,
  Lambert-Lagacé, Louise
  Brunches et petits déjeuners en fête,
  Bergeron, Yolande
  100 recettes de pain faciles à réaliser,
  Saint-Pierre, Angéline
* Confitures, Les, Godard, Misette
  Congélation de A à Z, La, Hood, Joan
  Congélation des aliments, La,
  Lapointe, Suzanne
  Conserves, Les, Sœur Berthe
  Crème glacée et sorbets, Lebuis, Yves
  et Pauzé, Gilbert
  Crêpes, Les, Letellier, Julien
  Cuisine au wok, Solomon, Charmaine
  Cuisine aux micro-ondes 1 et
  2 portions, Marchand, Marie-Paul
* Cuisine chinoise traditionnelle, La,
  Chen, Jean
* Cuisine créative Campbell, La,
  Cie Campbell
  Cuisine facile aux micro-ondes,
  Saint-Amour, Pauline
* Cuisine joyeuse de Sœur Angèle, La,
  Sœur Angèle
  Cuisine micro-ondes, La, Benoît, Jehane

* Cuisine santé pour les aînés,
  Hunter, Denyse
  Cuisiner avec le four à convection,
  Benoît, Jehane
* Cuisiner avec les champignons sau-
  vages du Québec, Leclerc, Claire L.
  Faire son pain soi-même,
  Murray Gill, Janice
* Faire son vin soi-même,
  Beaucage, André
  Fine cuisine aux micro-ondes, La,
  Dard, Patrice
  Fondues et flambées de maman
  Lapointe, Lapointe, Suzanne
  Fondues, Les, Dard, Patrice
  Je me débrouille en cuisine,
  Richard, Diane
  Livre du café, Le, Letellier, Julien
  Menus pour recevoir, Letellier, Julien
  Muffins, Les, Clubb, Angela
  Nouvelle cuisine micro-ondes I, La,
  Marchand, Marie-Paul et
  Grenier, Nicole
  Nouvelles cuisine micro-ondes II, La,
  Marchand, Marie-Paul et
  Grenier, Nicole
  Omelettes, Les, Letellier, Julien
  Pâtes, Les, Letellier, Julien
* Pâtisserie, La, Bellot, Maurice-Marie
* Recettes au blender, Huot, Juliette
* Recettes de gibier, Lapointe, Suzanne
* Robot culinaire, Le, Martin, Pol

DIÉTÉTIQUE

Combler ses besoins en calcium,
Hunter, Denyse

* Compte-calories, Le, Brault-Dubuc, M.
et Caron Lahaie, L.

* Cuisine du monde entier avec Weight
Watchers, Weight Watchers

Cuisine sage, Une, Lambert-Lagacé,
Louise

Défi alimentaire de la femme, Le,
Lambert-Lagacé, Louise

* Diète Rotation, La, Katahn, Dr Martin

* Diététique dans la vie quotidienne,
Lambert-Lagacé, Louise

Livre des vitamines, Le, Mervyn, Leonard

Menu de santé, Lambert-Lagacé, Louise

Oubliez vos allergies, et… bon appétit,
Association de l'information sur les
allergies

* Petite et grande cuisine végétarienne,
Bédard, Manon

* Plan d'attaque Weight Watchers, Le,
Nidetch, Jean

* Plan d'attaque Plus Weight Watchers,
Le, Nidetch, Jean

* Régimes pour maigrir,
Beaudoin, Marie-Josée

Sage bouffe de 2 à 6 ans, La,
Lambert-Lagacé, Louise

* Weight Watchers - Cuisine rapide et
savoureuse, Weight Watchers

* Weight Watchers - Agenda 85 -
Français, Weight Watchers

* Weight Watchers - Agenda 85 -
Anglais, Weight Watchers

* Weight Watchers - Programme -
Succès Rapide, Weight Watchers

ENFANCE

* Aider son enfant en maternelle,
Pedneault-Pontbriand, Louise

Années clés de mon enfant, Les,
Caplan, Frank et Thérèsa

Art de l'allaitement maternel, L',
Ligue internationale La Leche

Avoir un enfant après 35 ans,
Robert, Isabelle

Bientôt maman, Whalley, J., Simkin, P.
et Keppler, A.

Comment nourrir son enfant,
Lambert-Lagacé, Louise

Deuxième année de mon enfant, La,
Caplan, Frank et Thérèsa

Développement psychomoteur du
bébé, Calvet, Didier

Douze premiers mois de mon enfant,
Les, Caplan, Frank

* En attendant notre enfant,
Pratte-Marchessault, Yvette

* Enfant unique, L', Peck, Ellen

Évoluer avec ses enfants,
Gagné, Pierre-Paul

Exercices aquatiques pour les futures
mamans, Dussault, J. et Demers, C.

* Femme enceinte, La,
Bradley, Robert A.

* Futur père, Pratte-Marchessault, Yvette

Jouons avec les lettres,
Doyon-Richard, Louise

Langage de votre enfant, Le,
Langevin, Claude

Mal des mots, Le, Thériault, Denise

Manuel Johnson et Johnson des
premiers soins, Le, Rosenberg,
Dr Stephen N.

Massage des bébés, Le,
Auckette, Amédia D.

Mon enfant naîtra-t-il en bonne santé?
Scher, Jonathan et Dix, Carol

* Pour bébé, le sein ou le biberon?
Pratte-Marchessault, Yvette

* Pour vous future maman, Sekely, Trude

Préparez votre enfant à l'école,
Doyon-Richard, Louise

Psychologie de l'enfant de 0 à 10 ans,
Cholette-Pérusse, Françoise

Respirations et positions
d'accouchement, Dussault, Joanne

Soins de la première année de bébé,
Les, Kelly, Paula

Tout se joue avant la maternelle,
Ibuka, Masaru

ÉSOTÉRISME

Avenir dans les feuilles de thé, L,
Fenton, Sasha
Graphologie, La, Santoy, Claude
Interprétez vos rêves, Stanké, Louis
Lignes de la main, Stanké, Louis

Lire dans les lignes de la main,
Morin, Michel
Vos rêves sont des miroirs, Cayla, Henri
Votre avenir par les cartes,
Stanké, Louis

HISTOIRE

* **Arrivants, Les,** Collectif
* **Civilisation chinoise, La,** Guay, Michel
* **Or des cavaliers thraces, L',**
Palais de la civilisation

* **Samuel de Champlain,**
Armstrong, Joe C.W.

JARDINAGE

* **Chasse-insectes pour jardins, Le,**
Michaud, O.
* **Comment cultiver un jardin potager,**
Trait, J.-C.
* **Encyclopédie du jardinier,**
Perron, W. H.
* **Guide complet du jardinage,**
Wilson, Charles
J'aime les azalées, Deschênes, Josée
J'aime les cactées, Lamarche, Claude
J'aime les rosiers, Pronovost, René
J'aime les tomates, Berti, Victor

J'aime les violettes africaines,
Davidson, Robert
Jardin d'herbes, Le, Prenis, John
* **Je me débrouille en aménagement
extérieur,** Bouillon, Daniel et
Boisvert, Claude
* **Petite ferme, T.2- Jardin potager,**
Trait, Jean-Claude
* **Plantes d'intérieur, Les,** Pouliot, Paul
* **Techniques de jardinage, Les,**
Pouliot, Paul
Terrariums, Les, Kayatta, Ken

JEUX/DIVERTISSEMENTS

* **Améliorons notre bridge,**
Durand, Charles
* **Bridge, Le,** Beaulieu, Viviane
* **Clés du scrabble, Les,** Sigal, Pierre A.
**Dictionnaire des mots croisés, noms
communs,** Lasnier, Paul
**Dictionnaire des mots croisés, noms
propres,** Piquette, Robert
Dictionnaire raisonné des mots croisés,
Charron, Jacqueline

* **Jouons ensemble,** Provost, Pierre
Livre des patiences, Le, Bezanovska, M.
et Kitchevats, P.
Monopoly, Orbanes, Philip
* **Ouverture aux échecs,** Coudari, Camille
* **Scrabble, Le,** Gallez, Daniel
Techniques du billard, Morin, Pierre

LINGUISTIQUE

Anglais par la méthode choc, L',
Morgan, Jean-Louis
J'apprends l'anglais, Sillicani, Gino et
Grisé-Allard, Jeanne

* **Secrétaire bilingue, La,** Lebel, Wilfrid

LIVRES PRATIQUES

* **Acheter ou vendre sa maison,** Brisebois, Lucille
* **Assemblées délibérantes, Les,** Girard, Francine
  Chasse-insectes dans la maison, Le, Michaud, O.
  Chasse-taches, Le, Cassimatis, Jack
* **Comment réduire votre impôt,** Leduc-Dallaire, Johanne
* **Guide de la haute-fidélité, Le,** Prin, Michel
  Je me débrouille en aménagement intérieur, Bouillon, Daniel et Boisvert, Claude
  Livre de l'étiquette, Le, du Coffre, Marguerite
* **Loi et vos droits, La,** Marchand, Me Paul-Émile
* **Maîtriser son doigté sur un clavier,** Lemire, Jean-Paul
* **Mécanique de mon auto, La,** Time-Life
* **Mon automobile,** Collège Marie-Victorin et Gouv. du Québec

  Notre mariage (étiquette et planification), du Coffre, Marguerite
* **Petits appareils électriques,** Collaboration
  Petit guide des grands vins, Le, Orhon, Jacques
* **Piscines, barbecues et patio,** Collaboration
* **Roulez sans vous faire rouler, T.3,** Edmonston, Philippe
  Séjour dans les auberges du Québec, Cazelais, Normand et Coulon, Jacques
  Se protéger contre le vol, Kabundi, Marcel et Normandeau, André
* **Tout ce que vous devez savoir sur le condominium,** Dubois, Robert
  Univers de l'astronomie, L', Tocquet, Robert
  Week-end à New York, Tavernier-Cartier, Lise

MUSIQUE

Chant sans professeur, Le, Hewitt, Graham
Guitare, La, Collins, Peter
Guitare sans professeur, La, Evans, Roger

Piano sans professeur, Le, Evans, Roger
Solfège sans professeur, Le, Evans, Roger

NOTRE TRADITION

* **Encyclopédie du Québec, T.2,** Landry, Louis
  Généalogie, La, Faribeault-Beauregard, M. et Beauregard Malak, E.
* **Maison traditionnelle au Québec, La,** Lessard, Michel

* **Moulins à eau de la vallée du Saint-Laurent, Les,** Villeneuve, Adam
* **Sculpture ancienne au Québec, La,** Porter, John R. et Bélisle, Jean
* **Temps des fêtes au Québec, Le,** Montpetit, Raymond

PHOTOGRAPHIE

Apprenez la photographie avec Antoine Désilets, Désilets, Antoine
8/Super 8/16, Lafrance, André
Fabuleuse lumière canadienne, Hines, Sherman
* **Initiation à la photographie,** London, Barbara

* **Initiation à la photographie-Canon,** London, Barbara
* **Initiation à la photographie-Minolta,** London, Barbara
* **Initiation à la photographie-Nikon,** London, Barbara

PHOTOGRAPHIE

* **Initiation à la photographie-Olympus,**
  London, Barbara
* **Initiation à la photographie-Pentax,**
  London, Barbara

Photo à la portée de tous, La,
Désilets, Antoine

PSYCHOLOGIE

Aider mon patron à m'aider,
Houde, Eugène
* **Amour de l'exigence à la préférence,**
  L', Auger, Lucien
Apprivoiser l'ennemi intérieur,
Bach, Dr G. et Torbet, L.
Art d'aider, L', Carkhuff, Robert R.
Auto-développement, L', Garneau, Jean
* **Bonheur au travail, Le,** Houde, Eugène
Bonheur possible, Le, Blondin, Robert
**Ces hommes qui méprisent les
femmes... et les femmes qui les
aiment,** Forward, Dr S. et
Torres, J.
**Changer ensemble, les étapes du
couple,** Campbell, Suzan M.
Chimie de l'amour, La,
Liebowitz, Michael
Comment animer un groupe,
Office Catéchèse
Comment déborder d'énergie,
Simard, Jean-Paul
Communication dans le couple, La,
Granger, Luc
**Communication et épanouissement
personnel,** Auger, Lucien
Contact, Zunin, L. et N.
**Découvrir un sens à sa vie avec la logo-
thérapie,** Frankl, D^r V.
* **Dynamique des groupes,** Aubry, J.-M.
  et Saint-Arnaud, Y.
**Élever des enfants sans perdre la
boule,** Auger, Lucien
Enfants de l'autre, Les, Paris, Erna
Être soi-même, Corkille Briggs, D.
Facteur chance, Le, Gunther, Max
Infidélité, L', Leigh, Wendy
Intuition, L', Goldberg, Philip
* **J'aime,** Saint-Arnaud, Yves
Journal intime intensif, Le, Progoff, Ira
Mensonge amoureux, Le,
Blondin, Robert
Parce que je crois aux enfants,
Ruffo, Andrée

Parle-moi... j'ai des choses à te dire,
Salomé, Jacques
**Perdant / Gagnant - Réussissez vos
échecs,** Hyatt, Carole et
Gottlieb, Linda
* **Personne humaine, La ,**
  Saint-Arnaud, Yves
* **Plaisirs du stress, Les,**
  Hanson, Dr Peter, G.
**Pourquoi l'autre et pas moi? - Le droit
à la jalousie,** Auger, Dr Louise
Prévenir et surmonter la déprime,
Auger, Lucien
* **Prévoir les belles années de la retraite,**
  D. Gordon, Michael
* **Psychologie de l'amour romantique,**
  Branden, D^r N.
Puissance de l'intention, La,
Leider, R.-J.
S'affirmer et communiquer, Beaudry,
Madeleine et Boisvert, J.R.
S'aider soi-même, Auger, Lucien
S'aider soi-même d'avantage,
Auger, Lucien
* **S'aimer pour la vie,** Wanderer, Dr Zev
Savoir organiser, savoir décider,
Lefebvre, Gérald
**Savoir relaxer pour combattre le
stress,** Jacobson, Dr Edmund
Se changer, Mahoney, Michael
Se comprendre soi-même par les tests,
Collectif
Se connaître soi-même, Artaud, Gérard
Se créer par la Gestalt, Zinker, Joseph
* **Se guérir de la sottise,** Auger, Lucien
Si seulement je pouvais changer!
Lynes, P.
Tendresse, La, Wolfl, N.
Vaincre ses peurs, Auger, Lucien
Vivre avec sa tête ou avec son cœur,
Auger, Lucien

ROMANS/ESSAIS/DOCUMENTS

* **Baie d'Hudson, La,** Newman, Peter. C.
* **Conquérants des grands espaces, Les,**
  Newman, Peter. C.
* **Des Canadiens dans l'espace,**
  Dotto, Lydia
* **Dieu ne joue pas aux dés,** Laborit, Henri
* **Frères divorcés, Les,** Godin, Pierre
* **Insolences du Frère Untel, Les,**
  Desbiens, Jean-Paul
* **J'parle tout seul,** Coderre, Émile

Option Québec, Lévesque, René
* **Oui,** Lévesque, René
* **Provigo,** Provost, René et
  Chartrand, Maurice
Sur les ailes du temps (Air Canada),
  Smith, Philip
* **Telle est ma position,** Mulroney, Brian
* **Trois semaines dans le hall du Sénat,**
  Hébert, Jacques
* **Un second souffle,** Hébert, Diane

SANTÉ/BEAUTÉ

* **Ablation de la vésicule biliaire, L',**
  Paquet, Jean-Claude
* **Ablation des calculs urinaires, L',**
  Paquet, Jean-Claude
* **Ablation du sein, L',** Paquet, Jean-claude
* **Allergies, Les,** Delorme, Dʳ Pierre
  Bien vivre sa ménopause,
  Gendron, Dʳ Lionel
  Charme et sex-appeal au masculin,
  Lemelin, Mireille
  Chasse-rides, Leprince, C.
* **Chirurgie vasculaire, La,**
  Paquet, Jean-Claude
  Comment devenir et rester mince,
  Mirkin, Dʳ Gabe
  De belles jambes à tout âge,
  Lanctôt, Dʳ G.
* **Dialyse et la greffe du rein, La,**
  Paquet, Jean-Claude
  Être belle pour la vie, Bronwen, Meredith
  Glaucomes et les cataractes, Les,
  Paquet, Jean-Claude
* **Grandir en 100 exercices,**
  Berthelet, Pierre
* **Hernies discales, Les,**
  Paquet, Jean-Claude
  Hystérectomie, L', Alix, Suzanne
  Maigrir: La fin de l'obsession,
  Orbach, Susie
* **Malformations cardiaques
  congénitales, Les,**
  Paquet, Jean-Claude
  Maux de tête et migraines,
  Meloche, Dʳ J. , Dorion, J.
  Perdre son ventre en 30 jours H-F, Bur-
  stein, Nancy et Roy, Matthews

* **Pontage coronarien, Le,**
  Paquet, Jean-Claude
* **Prothèses d'articulation,**
  Paquet, Jean-Claude
* **Redressements de la colonne,**
  Paquet, Jean-Claude
* **Remplacements valvulaires, Les,**
  Paquet, Jean-Claude
  Ronfleurs, réveillez-vous, Piché, Dʳ J.
  et Delage, J.
  Syndrome prémenstruel, Le,
  Shreeve, Dʳ Caroline
  Travailler devant un écran,
  Feeley, Dʳ Helen
  30 jours pour avoir de beaux cheveux,
  Davis, Julie
  30 jours pour avoir de beaux ongles,
  Bozic, Patricia
  30 jours pour avoir de beaux seins,
  Larkin, Régina
  30 jours pour avoir de belles fesses,
  Cox, D. et Davis, Julie
  30 jours pour avoir un beau teint,
  Zizmon, Dʳ Jonathan
  30 jours pour cesser de fumer,
  Holland, Gary et Weiss, Herman
  30 jours pour mieux s'organiser,
  Holland, Gary
  **30 jours pour redevenir un couple
  amoureux,** Nida, Patricia et
  Cooney, Kevin
  **30 jours pour un plus grand épanouisse-
  ment sexuel,** Schneider, A.
  Vos dents, Kandelman, Dʳ Daniel
  Vos yeux, Chartrand, Marie et
  Lepage-Durand, Micheline

SEXUALITÉ

Contacts sexuels sans risques, I.A.S.H.S.
* Guide illustré du plaisir sexuel, Corey, Dr Robert et Helg, E.
Ma sexualité de 0 à 6 ans, Robert, Jocelyne
Ma sexualité de 6 à 9 ans, Robert, Jocelyne
Ma sexualité de 9 à 12 ans, Robert, Jocelyne
Mille et une bonnes raisons pour le convaincre d'enfiler un condom et pourquoi c'est important pour vous..., Bretman, Patti, Knutson, Kim et Reed, Paul

* Nous on en parle, Lamarche, M. et Danheux, P.
Pour jeunes seulement, photoroman d'éducation à la sexualité, Robert, Jocelyne
Sexe au féminin, Le, Kerr, Carmen
Sexualité du jeune adolescent, La, Gendron, Lionel
Shiatsu et sensualité, Rioux, Yuki
* 100 trucs de billard, Morin, Pierre

SPORTS

Apprenez à patiner, Marcotte, Gaston
Arc et la chasse, L', Guardo, Greg
Armes de chasse, Les, Petit-Martinon, Charles
Badminton, Le, Corbeil, Jean
* Canadiens de 1910 à nos jours, Les, Turowetz, Allan et Goyens, C.
Carte et boussole, Kjellstrom, Bjorn
Comment se sortir du trou au golf, Brien, Luc
Comment vivre dans la nature, Rivière, Bill
Corrigez vos défauts au golf, Bergeron, Yves
* Curling, Le, Lukowich, E.
De la hanche aux doigts de pieds, Schneider, Myles J. et Sussman, Mark D.
Devenir gardien de but au hockey, Allaire, François
Golf au féminin, Le, Bergeron, Yves
Grand livre des sports, Le, Groupe Diagram
Guide complet de la pêche à la mouche, Le, Blais, J.-Y.
Guide complet du judo, Le, Arpin, Louis
Guide complet du self-defense, Le, Arpin, Louis
Guide de l'alpinisme, Le, Cappon, Massimo
Guide de la survie de l'armée américaine, Le, Collectif
Guide des jeux scouts, Association des scouts
Guide du trappeur, Le, Provencher, Paul
Initiation à la planche à voile, Wulff, D. et Morch, K.

J'apprends à nager, Lacoursière, Réjean
Je me débrouille à la chasse, Richard, Gilles et Vincent, Serge
Je me débrouille à la pêche, Vincent, Serge
Je me débrouille à vélo, Labrecque, Michel et Boivin, Robert
Je me débrouille dans une embarcation, Choquette, Robert
Jogging, Le, Chevalier, Richard
* Jouez gagnant au golf, Brien, Luc
* Larry Robinson, le jeu défensif, Robinson, Larry
Manuel de pilotage, Transport Canada
Marathon pour tous, Le, Anctil, Pierre
Maxi-performance, Garfield, Charles A. et Bennett, Hal Zina
Mon coup de patin, Wild, John
Musculation pour tous, La, Laferrière, Serge
* Partons en camping, Satterfield, Archie et Bauer, Eddie
Partons sac au dos, Satterfield, Archie et Bauer, Eddie
Passes au hockey, Chapleau, Claude
Pêche à la mouche, La, Marleau, Serge
Pêche à la mouche, Vincent, Serge
Planche à voile, La, Maillefer, Gérard
Programme XBX, Aviation Royale du Canada
Racquetball, Corbeil, Jean
Racquetball plus, Corbeil, Jean
Rivières et lacs canotables, Fédération québécoise du canot-camping
S'améliorer au tennis, Chevalier Richard
Saumon, Le, Dubé, J.-P.

SPORTS

le jour, éditeur

ANIMAUX

* **Poissons de nos eaux,** Melançon, Claude

ACTUALISATION

Agressivité créatrice, L' - La nécessité de s'affirmer, Bach, Dr G.-R., Goldberg, D^r H.

Aimer, c'est choisir d'être heureux, Kaufman, B.-N.

Arrête! tu m'exaspères - Protéger son territoire, Bach, Dr G., Deutsch, R.

Ennemis intimes, Bach, Dr G., Wyden, P.

Enseignants efficaces - Enseigner et être soi-même, Gordon, D^r T.

États d'esprit, Glasser, W.

Focusing - Au centre de soi, Gendlin, Dr E.T.

Jouer le tout pour le tout, le jeu de la vie, Frederick, C.

Manifester son affection -De la solitude à l'amour, Bach, Dr G., Torbet, L.

Miracle de l'amour, Kaufman, B.-N.

Nouvelles relations entre hommes et femmes, Goldberg, D^r H.

* **Parents efficaces,** Gordon, D^r T.

Se vider dans la vie et au travail - Burnout, Pines, A. , Aronson, E.

Secrets de la communication, Les, Bandler, R., Grinder, J.

DIVERS

* **Coopératives d'habitation, Les,** Leduc, Murielle
* **Hiérarchie ethnique dans la grande entreprise,** Rainville, Jean

* **Initiation au coopératisme,** Bédard, Claude
* **Lune de trop, Une,** Gagnon, Alphonse

ÉSOTÉRISME

Astrologie pratique, L',
Reinicke, Wolfgang
Grand livre de la cartomancie, Le,
Von Lentner, G.
Grand livre des horoscopes chinois, Le,
Lau, Theodora

* **Horoscope chinois,** Del Sol, Paula
Lu dans les cartes, Jones, Marthy
Synastrie, La, Thornton, Penny
Traité d'astrologie, Hirsig, H.

GUIDES PRATIQUES/JEUX/LOISIRS

* **1,500 prénoms et significations,**
Grisé-Allard, J.

* **Backgammon,** Lesage, D.

NOTRE TRADITION

* **Lettre à un Français qui veut émigrer
au Québec,** Dubuc, Carl

PSYCHOLOGIE/VIE AFFECTIVE ET PROFESSIONNELLE

Adieu, Halpern, Dr Howard
Adieu Tarzan, Franks, Helen
Aimer son prochain comme soi-même,
Murphy, Dr Joseph
* **Anti-stress, L',** Eylat, Odette
Apprendre à vivre et à aimer,
Buscaglia, L.
**Art d'engager la conversation et de se
faire des amis, L',** Gabor, Don
Art de convaincre, L', Heinz, Ryborz
* **Art d'être égoïste, L',** Kirschner, Joseph
Autre femme, L', Sévigny, Hélène
Bains flottants, Les, Hutchison, Michael
**Ces hommes qui ne communiquent
pas,** Naifeh S. et White, S.G.
Ces vérités vont changer votre vie,
Murphy, Dr Joseph
Comment aimer vivre seul,
Shanon, Lynn
**Comment dominer et influencer les
autres,** Gabriel, H.W.
**Comment faire l'amour à la même per-
sonne pour le reste de votre vie!,**
O'Connor, D.
Comment faire l'amour à une femme,
Morgenstern, M.
Comment faire l'amour à un homme,
Penney, A.
Comment faire l'amour ensemble,
Penney, A.

Contacts en or avec votre clientèle,
Sapin Gold, Carol
Contrôle de soi par la relaxation, Le,
Marcotte, Claude
Dire oui à l'amour, Buscaglia, Léo
* **Famille moderne et son avenir, La,**
Richards, Lyn
Femme de demain, Keeton, K.
Gestalt, La, Polster, Erving
Homme au dessert, Un,
Friedman, Sonya
Homme nouveau, L',
Bodymind, Dychtwald Ken
Influence de la couleur, L',
Wood, Betty
Jeux de nuit, Bruchez, C.
Maigrir sans obsession, Orbach, Susie
Maîtriser son destin, Kirschner, Joseph
Massage en profondeur, Le, Painter, J.,
Bélair, M.
Mémoire, La, Loftus, Élizabeth
* **Mémoire à tout âge, La,**
Dereskey, Ladislaus
Miracle de votre esprit, Le,
Murphy, Dr Joseph
Négocier entre vaincre et convaincre,
Warschaw, Dr Tessa
On n'a rien pour rien, Vincent, Raymond
Oracle de votre subconscient, L',
Murphy, Dr Joseph

PSYCHOLOGIE/VIE AFFECTIVE ET PROFESSIONNELLE

Passion du succès, La, Vincent, R.

Pensée constructive et bon sens, La,
Vincent, Raymond

* Personnalité, La, Buscaglia, Léo

Petit répertoire des excuses, Le,
Charbonneau, C., Caron, N.

Pourquoi remettre à plus tard?,
Burka, Jane B., Yuen, L.M.

Pouvoir de votre cerveau, Le,
Brown, Barbara

Puissance de votre subconscient, La,
Murphy, Dr Joseph

Réfléchissez et devenez riche,
Hill, Napoleon

S'aimer ou le défi des relations
humaines, Buscaglia, Léo

Sexualité expliquée aux adolescents,
La, Boudreau, Y.

Succès par la pensée constructive, Le,
Hill, Napoleon et Stone, W.-C.

Transformez vos faiblesses en force,
Bloomfield, Dr Harold

Triomphez de vous-même et des
autres, Murphy, Dr Joseph

Univers de mon subconscient, L',
Vincent, Raymond

Vaincre la dépression par la volonté et
l'action, Marcotte, Claude

Vieillir en beauté, Oberleder, Muriel

Vivre avec les imperfections de
l'autre, Janda, Dr Louis H.

Vivre c'est vendre, Chaput, Jean-Marc

ROMANS/ESSAIS

* Affrontement, L', Lamoureux, Henri
* C't'a ton tour Laura Cadieux,
Tremblay, Michel
* Cœur de la baleine bleue, Le,
Poulin, Jacques
* Coffret petit jour, Martucci, Abbé Jean
* Contes pour buveurs attardés,
Tremblay, Michel
* De Z à A, Losique, Serge
* Femmes et politique, Cohen, Yolande

* Il est par là le soleil, Carrier, Roch
* Jean-Paul ou les hasards de la vie,
Bellier, Marcel
* Neige et le feu, La, Baillargeon, Pierre
* Objectif camouflé, Porter, Anna
* Oslovik fait la bombe, Oslovik
* Train de Maxwell, Le, Hyde, Christopher
* Vatican -Le trésor de St-Pierre,
Malachi, Martin

SANTÉ

Tao de longue vie, Le,
Soo, Chee

Vaincre l'insomnie, Filion, Michel et
Boisvert, Jean-Marie

SPORT

* Guide des rivières du Québec,
Fédération cano-kayac

* Ski nordique de randonnée,
Brady, Michael

TÉMOIGNAGES

Merci pour mon cancer,
De Villemarie, Michelle

Quinze

COLLECTIFS DE NOUVELLES

* **Aimer,** Beaulieu, V.-L., Berthiaume, A.,
  Carpentier, A., Daviau, D.-M.,
  Major, A., Provencher, M., Proulx,
  M., Robert, S. et Vonarburg, E.
* **Crever l'écran,** Baillargeon, P.,
  Éthier-Blais, J., Blouin, C.-R.,
  Jacob, S., Jean, M., Laberge, M.,
  Lanctôt, M., Lefebvre, J.-P.,
  Petrowski, N. et Poupart, J.-M.
* **Dix contes et nouvelles fantastiques,**
  April, J.-P., Barcelo, F., Bélil, M.,
  Belleau, A., Brossard, J.,
  Brulotte, G., Carpentier, A.,
  Major, A., Soucy, J.-Y. et
  Thériault, M.-J.
* **Dix nouvelles de science-fiction
  québécoise,** April, J.-P., Barbe, J.,
  Provencher, M., Côté, D., Dion, J.,
  Pettigrew, J., Pelletier, F.,
  Rochon, E., Sernine, D., Sévigny, M.
  et Vonarburg, E.

* **Dix nouvelles humoristiques,** Audet, N.,
  Barcelo, F., Beaulieu, V.-L.,
  Belleau, A., Carpentier, A.,
  Ferron, M., Harvey, P., Pellerin, G.,
  Poupart, J.-M. et Villemaire, Y.
* **Fuites et poursuites,** Archambault, G.,
  Beauchemin, Y., Bouyoucas, P.,
  Brouillet, C., Carpentier, A.,
  Hébert, F., Jasmin, C., Major, A.,
  Monette, M. et Poupart, J.-M.
* **L'aventure, la mésaventure,**
  Andrès, B., Beaumier, J.-P.,
  Bergeron, B., Brulotte, G.,
  Gagnon, D., Karch, P., LaRue, M.,
  Monette, M. et Rochon, E.

DIVERS

* **Beauté tragique,** Robertson, Heat
* **Canada — Les débuts héroïques,**
  Creighton, Donald
* **Défi québécois, Le,**
  Monnet, François-Marie
* **Difficiles lettres d'amour,**
  Garneau, Jacques

* **Esprit libre, L',** Powell, Robert
* **Grand branle-bas, Le,** Hébert, Jacques
  et Strong, Maurice F.
* **Histoire des femmes au Québec, L',**
  Collectif, CLIO
* **Mémoires de J. E. Bernier, Les,**
  Therrien, Paul

DIVERS

* **Mythe de Nelligan, Le,** Larose, Jean
* **Nouveau Canada à notre mesure,**
  Matte, René
* **Papineau,** De Lamirande, Claire
* **Personne ne voudrait savoir,**
  Schirm, François
* **Philosophe chat, Le,** Savoie, Roger
* **Pour une économie du bon sens,**
  Bailey, Arthur
* **Québec sans le Canada, Le,**
  Harbron, John D.

* **Qui a tué Blanche Garneau?,**
  Bertrand, Réal
* **Réformiste, Le,** Godbout, Jacques
* **Relations du travail,** Centre des
  dirigeants d'entreprise
* **Sauver le monde,** Sanger, Clyde
* **Silences à voix haute,**
  Harel, Jean-Pierre

LIVRES DE POCHES 10 /10

* **37 1/2 AA,** Leblanc, Louise
* **Aaron,** Thériault, Yves
* **Agaguk,** Thériault, Yves
* **Blocs erratiques,** Aquin, Hubert
* **Bousille et les justes,** Gélinas, Gratien
* **Chère voisine,** Brouillet, Chrystine
* **Cul-de-sac,** Thériault, Yves
* **Demi-civilisés, Les,** Harvey, Jean-Charles
* **Dernier havre, Le,** Thériault, Yves
* **Double suspect, Le,** Monette, Madeleine

* **Faire sa mort comme faire l'amour,**
  Turgeon, Pierre
* **Fille laide, La,** Thériault, Yves
* **Fuites et poursuites,** Collectif
* **Première personne, La,** Turgeon, Pierre
* **Scouine, La,** Laberge, Albert
* **Simple soldat, Un,** Dubé, Marcel
* **Souffle de l'Harmattan, Le,**
  Trudel, Sylvain
* **Tayaout,** Thériault, Yves

LIVRES JEUNESSE

* **Marcus, fils de la louve,** Guay, Michel et
  Bernier, Jean

MÉMOIRES D'HOMME

* **À diable-vent,** Gauthier Chassé, Hélène
* **Barbes-bleues, Les,** Bergeron, Bertrand
* **C'était la plus jolie des filles,**
  Deschênes, Donald
* **Bête à sept têtes et autres contes de
  la Mauricie, La,** Legaré, Clément
* **Contes de bûcherons,**
  Dupont, Jean-Claude
* **Corbeau du Mont-de-la-Jeunesse, Le,**
  Desjardins, Philémon et
  Lamontagne, Gilles

* **Guide raisonné des jurons,**
  Pichette, Jean
* **Menteries drôles et merveilleuses,**
  Laforte, Conrad
* **Oiseau de la vérité, L',** Aucoin, Gérard
* **Pierre La Fève et autres contes de la
  Mauricie,** Legaré, Clément

ROMANS/THÉÂTRE